Projet OCDE/G20 sur l'érosion de la base d'imposition et le transfert de bénéfices

Relever les défis fiscaux posés par l'économie numérique, Action 1 - Rapport final 2015

OCDE
DES POLITIQUES MEILLEURES
POUR UNE VIE MEILLEURE

Merci de citer cet ouvrage comme suit :
OCDE (2017), *Relever les défis fiscaux posés par l'économie numérique, Action 1 - Rapport final 2015*, Projet OCDE/G20 sur l'érosion de la base d'imposition et le transfert de bénéfices, Éditions OCDE, Paris.
http://dx.doi.org/10.1787/9789264252141-fr

ISBN 978-92-64-25213-4 (imprimé)
ISBN 978-92-64-25214-1 (PDF)

Série : Projet OCDE/G20 sur l'érosion de la base d'imposition et le transfert de bénéfices
ISSN 2313-2620 (imprimé)
ISSN 2313-2639 (en ligne)

Les données statistiques concernant Israël sont fournies par et sous la responsabilité des autorités israéliennes compétentes. L'utilisation de ces données par l'OCDE est sans préjudice du statut des hauteurs du Golan, de Jérusalem-Est et des colonies de peuplement israéliennes en Cisjordanie aux termes du droit international.

Crédits photo : Couverture © ninog – Fotolia.com

Les corrigenda des publications de l'OCDE sont disponibles sur : *www.oecd.org/about/publishing/corrigenda.htm.*

Avant-propos

Les questions fiscales internationales sont aujourd'hui plus que jamais au cœur des préoccupations des pouvoirs publics. L'intégration des économies et des marchés nationaux a connu une accélération marquée ces dernières années, mettant à l'épreuve le cadre fiscal international conçu voilà plus d'un siècle. Les règles en place ont laissé apparaître des fragilités qui sont autant d'opportunités pour des pratiques d'érosion de la base d'imposition et de transfert de bénéfices (BEPS), appelant une action résolue de la part des dirigeants pour restaurer la confiance dans le système et faire en sorte que les bénéfices soient imposés là où les activités économiques sont réalisées et là où la valeur est créée.

À la suite de la parution du rapport intitulé *Lutter contre l'érosion de la base d'imposition et le transfert de bénéfices* en février 2013, les pays de l'OCDE et du G20 ont adopté en septembre 2013 un Plan d'action en 15 points visant à combattre ces pratiques. Les 15 actions à mener s'articulent autour de trois principaux piliers : harmoniser les règles nationales qui influent sur les activités transnationales, renforcer les exigences de substance dans les standards internationaux existants, et améliorer la transparence ainsi que la certitude.

Depuis lors, tous les pays de l'OCDE et du G20 ont œuvré sur un pied d'égalité, et la Commission européenne a également apporté sa contribution tout au long du projet BEPS. Les pays en développement ont été étroitement associés au moyen de différents mécanismes, notamment une participation directe aux travaux du Comité des affaires fiscales. En outre, des organisations fiscales régionales, comme le Forum sur l'administration fiscale africaine (ATAF), le Centre de rencontres et d'études des dirigeants des administrations fiscales (CREDAF), et le Centre interaméricain des administrations fiscales (CIAT), ont travaillé aux côtés d'organisations internationales, telles que le Fonds monétaire international (FMI), la Banque mondiale et les Nations Unies. Les parties prenantes ont été largement consultées : au total, le projet BEPS a fait l'objet de plus de 1 400 contributions d'entreprises, de fiscalistes, d'ONG et d'universitaires. De plus, 14 réunions publiques de consultation se sont tenues et ont été transmises en direct sur l'Internet, tandis que le Secrétariat de l'OCDE a diffusé des sessions interactives sur le Web afin de tenir le public informé de l'évolution du projet et de répondre à ses questions.

Après deux ans de travail, les 15 rapports prévus par le Plan d'action ont été établis. Tous ces rapports, y compris ceux publiés à titre provisoire en 2014, ont été réunis au sein d'un ensemble complet de mesures, qui représente le premier remaniement d'importance des règles fiscales internationales depuis près d'un siècle. La mise en œuvre des nouvelles mesures devrait conduire les entreprises à déclarer leurs bénéfices là où les activités économiques qui les génèrent sont réalisées et là où la valeur est créée. Les stratégies de planification fiscale qui s'appuient sur des règles périmées ou sur des dispositifs nationaux mal coordonnés seront caduques.

La mise en œuvre revêt donc une importance cruciale à ce stade. L'application des mesures prévues passe par des modifications de la législation et des pratiques nationales et par l'adoption de nouvelles dispositions conventionnelles, grâce à la négociation d'un instrument multilatéral qui devrait aboutir en 2016. Les pays de l'OCDE et du G20 ont également décidé de poursuivre leur coopération en vue de garantir une application cohérente et coordonnée des recommandations issues du projet BEPS. La mondialisation exige de trouver des solutions de portée mondiale et de nouer un dialogue mondial qui va au-delà des pays de l'OCDE et du G20. Pour promouvoir cet objectif, les pays de l'OCDE et du G20 concevront en 2016 un mécanisme complet de suivi auquel tous les pays intéressés participeront sur un pied d'égalité.

Une meilleure compréhension de la manière dont les recommandations issues du projet BEPS sont mises en pratique pourrait limiter les malentendus et les différends entre États. Une attention accrue portée à la mise en œuvre des actions et à l'administration de l'impôt pourrait être bénéfique tant pour les États que pour les entreprises. Enfin, des solutions sont proposées pour améliorer les données et les analyses, ce qui permettra d'évaluer et de quantifier régulièrement l'impact des mécanismes d'érosion de la base d'imposition et transfert de bénéfices et les résultats des mesures issues du projet BEPS appliquées pour lutter contre ces pratiques.

Table des matières

Figures

Tableaux

Encadrés

Abréviations et acronymes

API	Programmation d'applications (*Application programming interface*)
BEPS	Érosion de la base d'imposition et le transfert de bénéfices (*Base erosion and profit shifting*)
BIAC	Comité consultatif économique et industriel auprès de l'OCDE (*Business and Industry Advisory Committee to the OECD)*
B2C	Business-to-Consumer
OCDE	Organisation de coopération et de développement économiques
CAF	Comité des affaires fiscales
CPA	Coût-par-action
CPC	Coût-par-clic
CPM	Coût-par-mille
C2C	Consumer-to-Consumer
DDME	Data-Driven Marketing Economy
ES	Établissement stable
FAI	Fournisseur d'accès Internet
FSA	Fournisseur de services d'applications
FSI	Fournisseur de services sur l'Internet
GTC	Groupe technique consultatif
HTTP	Hypertext Transfer Protocol
HTM	Hypertext Markup Language
IaaS	L'infrastructure-service (*Infrastructure as a service*)
IMAP	Internet Message Access Protocol
IP	Internet Protocol
NIST	National Institute of Standards and Technology
OMC	Organisation mondiale du commerce
OTT	Over-the-top
POP	Post Office Protocol
PME	Petite et moyenne entreprise
SDK	Kits de développement de logiciel (*Software development kits*)

SEC	Société étrangère contrôlée
SMTP	Simple Mail Transfer Protocol
TIC	Technologies de l'information et de la communication
TVA/TPS	Taxe sur la valeur ajoutée/Taxe sur les produits et services
VLAN	Réseaux locaux virtuels (*Virtual local area network*)
XaaS	X-as-a-Service
XML	Extensible Markup Language

Synthèse

L'Action 1 du Plan d'action concernant l'érosion de la base d'imposition et le transfert de bénéfices (BEPS) est consacrée aux défis fiscaux posés par l'économie numérique.

Dans le monde entier, les dirigeants, les médias et la société civile expriment une préoccupation croissante vis-à-vis des pratiques d'optimisation fiscale des entreprises multinationales, qui exploitent les failles provoquées par l'interaction entre les différents systèmes fiscaux pour réduire artificiellement leur bénéfice imposable ou transférer des bénéfices vers des pays à faible fiscalité dans lesquels leur activité économique est très modeste, voire inexistante. Pour répondre à cette préoccupation, et à la demande du G20, l'Organisation de coopération et de développement économiques (OCDE) a publié en juillet 2013 un Plan d'action sur l'érosion de la base d'imposition et le transfert de bénéfices (le « Plan d'action BEPS », OCDE, 2013). L'Action 1 du Plan d'action appelle à engager des travaux visant à relever les défis fiscaux posés par l'économie numérique.

Le Groupe de réflexion sur l'économie numérique, organe subsidiaire du Comité des affaires fiscales (CAF) de l'OCDE auquel des pays du G20 non membres de l'OCDE participent en qualité d'associés, au même titre que les pays de l'Organisation, a été créé en septembre 2013 et chargé de rédiger pour septembre 2014 un rapport permettant de recenser les problèmes fiscaux soulevés par l'économie numérique et de proposer des solutions détaillées permettant de les résoudre. Le Groupe de réflexion sur l'économie numérique a consulté largement les parties prenantes et analysé les contributions écrites émanant de représentants des entreprises, de la société civile, du monde universitaire et des pays en développement. Après avoir publié en septembre 2014 un rapport d'étape, il a poursuivi ses activités en 2015. Le présent rapport final expose les conclusions du Groupe de réflexion sur l'économie numérique concernant l'économie numérique, les préoccupations en matière de BEPS et les défis fiscaux plus larges qu'elle soulève, ainsi que les actions et mesures recommandées.

L'économie numérique est le résultat d'un processus de transformation découlant des technologies de l'information et de la communication (TIC), fondé sur l'émergence de technologies moins chères, plus puissantes et largement standardisées, qui a permis d'améliorer les processus commerciaux et a favorisé l'innovation dans tous les secteurs de l'économie.

L'économie numérique s'assimilant de plus en plus à l'économie proprement dite, il serait difficile, pour ne pas dire impossible, de la distinguer du reste de l'économie dans une optique fiscale. L'économie numérique et ses nouveaux modèles d'affaire présentent cependant quelques caractéristiques fondamentales dont il peut être judicieux de tenir compte à des fins fiscales. Ces caractéristiques concernent notamment la mobilité, l'importante utilisation des données, les effets de réseau, la multiplication des modèles d'activité multi-faces, une tendance vers le monopole ou l'oligopole ainsi que la volatilité. Différents types de modèles d'affaires émergent, à l'instar, notamment des différentes formes de commerce électronique, des sites de vente en ligne d'applications, de la publicité en ligne, de l'informatique en nuage (« infonuagique »), des plateformes participatives en réseau, des transactions à haute fréquence, sans oublier les services de paiement en ligne. L'économie numérique a également contribué à accélérer et à modifier le développement des chaînes de valeur mondiales au sein desquelles les multinationales inscrivent leurs activités internationales.

Problèmes d'érosion de la base d'imposition et de transfert de bénéfices soulevés dans le contexte de l'économie numérique

Si l'économie numérique et ses modèles d'affaire ne soulèvent pas de préoccupations qui leur soient propres en matière de BEPS, certaines de ses caractéristiques fondamentales accentuent toutefois les risques à cet égard. Ces risques d'érosion de la base d'imposition et de transfert de bénéfices ont été répertoriés et portés à l'attention des groupes de travail en charge des autres actions du Projet BEPS, pour faire en sorte que les solutions proposées répondent pleinement aux problèmes d'érosion de la base d'imposition et de transfert de bénéfices dans le contexte de l'économie numérique. En conséquence :

- Il a été convenu de modifier la liste d'exceptions à la définition de l'établissement stable (ES) de telle sorte que chacune des exceptions prévues soit limitée aux activités qui revêtent au cas particulier un caractère « préparatoire ou auxiliaire », et de mettre en place une nouvelle règle anti-fragmentation pour s'assurer qu'il n'est pas possible de bénéficier de ces exceptions grâce à un fractionnement des activités commerciales entre entreprises étroitement liées. À titre d'exemple, pour un revendeur en ligne de biens corporels (dont le modèle d'affaires repose sur la proximité avec la clientèle et la capacité à assurer des livraisons rapides), un vaste entrepôt local dans lequel travaillerait un nombre important de salariés pour stocker et livrer à la clientèle les produits vendus en ligne constituerait, selon la nouvelle norme, un établissement stable pour ce revendeur.
- Il a également été convenu de modifier la définition de l'ES afin de couvrir les cas de figure dans lesquels des accords artificiels concernant la vente de biens ou de services d'une société appartenant à un groupe multinational aboutissent effectivement à la conclusion de contrats, en faisant en sorte de traiter les ventes concernées comme si elles avaient été effectuées par cette société. Par exemple, dès lors que les forces de vente de la filiale locale d'un vendeur en ligne de biens corporels ou d'un fournisseur en ligne de services publicitaires jouent habituellement le rôle principal dans la conclusion, auprès d'éventuels grands clients, de contrats de vente desdits produits ou services, ces contrats étant d'ordinaire souscrits sans modification substantielle par la société mère, cette activité conduirait à la reconnaissance d'un ES pour la société mère.
- Les principes révisés applicables en matière de prix de transfert indiquent clairement que la simple propriété légale d'un actif incorporel ne confère pas automatiquement le droit de percevoir la totalité (voire une fraction) des bénéfices engendrés par l'exploitation de cet actif, et prévoient en revanche que les sociétés du groupe qui exercent des fonctions clés, utilisent des actifs importants et assument des risques élevés d'un point de vue économique, comme permet de l'établir une description précise de la transaction réelle, sont en droit de percevoir une rémunération appropriée. Des orientations spécifiques permettront également de garantir que l'analyse des prix de transfert ne soit pas affectée par l'existence d'une asymétrie d'information entre l'administration fiscale et le contribuable concernant des actifs incorporels difficiles à valoriser, ou par des clauses contractuelles particulières, à l'instar des accords de répartition des coûts.

- Les recommandations relatives à l'élaboration de règles efficaces à l'égard des sociétés étrangères contrôlées (SEC) contiennent des définitions du revenu de SEC en vertu desquelles certains revenus générés fréquemment dans l'économie numérique seront imposables dans la juridiction où se trouve la société mère ultime du groupe.

La mise en œuvre de ces mesures ainsi que d'autres mesures décidées dans le cadre du Projet BEPS (notamment un standard minimum pour mettre fin au chalandage fiscal; des bonnes pratiques en matière de conception de règles nationales sur les charges d'intérêts et autres frais financiers déductibles; l'application aux régimes de propriété intellectuelle d'une exigence d'activité substantielle selon une « approche du lien »), permettront de limiter significativement les préoccupations en matière de BEPS qui sont exacerbées par l'économie numérique, tant dans la juridiction où se situe le marché que dans la juridiction où est établie la société mère ultime, l'objectif étant de mettre un coup d'arrêt au phénomène des « revenus apatrides ».

Problèmes plus larges soulevés par l'économie numérique en matière de fiscalité

L'économie numérique place également les responsables de l'action publique devant des défis fiscaux plus larges. Ces problèmes ont trait en particulier à la question du lien, aux données et à la qualification des bénéfices aux fins de la fiscalité directe, sachant que ces trois problématiques se chevauchent fréquemment. L'économie numérique génère en outre des défis en matière de recouvrement de la TVA, notamment lorsque des particuliers acquièrent des produits, services ou actifs incorporels auprès de fournisseurs installés à l'étranger. Le Groupe de réflexion sur l'économie numérique, qui a examiné différentes mesures possibles, notamment en procédant à une analyse de l'impact économique de chaque option, est parvenu aux conclusions suivantes :

- L'option qui consiste à modifier les exceptions au statut d'ES pour faire en sorte que ces exceptions soient uniquement réservées aux activités préparatoires ou auxiliaires par nature, qui a été adoptée dans le cadre des travaux relatifs à l'Action 7 du Projet BEPS, devrait être mise en application dans l'ensemble du réseau des conventions fiscales existantes de façon efficiente et synchronisée au moyen de la conclusion, au titre de l'Action 15, d'un instrument multilatéral qui modifie les conventions fiscales bilatérales.
- La collecte de la TVA/TPS sur les transactions internationales, et en particulier celles conclues entre entreprises et consommateurs, est une question importante. Les pays sont invités à suivre les règles des Principes directeurs internationaux pour l'application de la TVA/TPS et à envisager de mettre en place les mécanismes de collecte qui y sont décrits.
- Aucune des autres approches étudiées par le Groupe de réflexion sur l'économie numérique, à savoir : *i)* une nouvelle règle de lien sous la forme d'une présence économique significative; *ii)* une retenue à la source sur certaines transactions numériques; et *iii)* un prélèvement d'égalisation; n'a donné lieu à une recommandation à ce jour. Ce choix s'explique, entre autres raisons, par trois effets attendus du Projet BEPS : les mesures découlant du projet BEPS devraient réduire significativement l'ampleur des phénomènes de BEPS précédemment recensés dans l'économie numérique; elles devraient également remédier en partie à certains problèmes de nature plus larges en matière de fiscalité; enfin, les impôts sur la consommation devraient être recouvrés efficacement dans le pays du marché.

- Les pays pourraient néanmoins adopter l'une de ces approches, soit dans leur législation nationale, en tant que garde-fou supplémentaire contre les pratiques de BEPS, en veillant à respecter les dispositions des conventions fiscales existantes, soit dans leurs conventions fiscales bilatérales. La transposition de ces approches en droit interne supposera que les modalités d'application soient davantage affinées et précisées, et adaptées pour garantir leur compatibilité avec les engagements juridiques internationaux existants.

Prochaines étapes

Les conclusions actuelles étant susceptibles d'évoluer sous l'effet des développements de l'économie numérique, il est essentiel de poursuivre l'étude de ces questions et d'en suivre l'évolution au fil du temps. À cette fin, les travaux consacrés à l'économie numérique se prolongeront à l'issue des autres activités de suivi conduites au titre du Projet BEPS. Ces travaux à venir seront effectués en consultant les nombreuses parties prenantes concernées, et selon un mandat détaillé qui sera finalisé au cours de l'année 2016 avec la définition d'un processus inclusif de suivi de la mise en œuvre du Plan BEPS. Un rapport présentant les résultats des travaux dédiés à l'économie numérique devrait être publié d'ici 2020.

Chapitre 1

Présentation des défis fiscaux posés par l'économie numérique

Ce chapitre décrit l'historique qui a mené à l'adoption du Plan d'action BEPS, notamment le travail pour relever les défis fiscaux posés par l'économie numérique. Il résume ensuite les travaux menés par le Groupe de réflexion sur l'économie numérique qui ont abouti à la rédaction de ce rapport. Enfin, il retranscrit les grandes lignes de ce rapport.

1. Dans le monde entier, les dirigeants, les médias et la société civile expriment une préoccupation croissante vis-à-vis des pratiques d'optimisation fiscale des entreprises multinationales, qui exploitent les failles provoquées par l'interaction entre les différents systèmes fiscaux pour réduire artificiellement leur bénéfice imposable ou transférer des bénéfices vers des pays à faible fiscalité dans lesquels leur activité économique est très modeste, voire inexistante. Pour répondre à cette préoccupation, et à la demande du G20, l'Organisation de coopération et de développement économiques (OCDE) a publié en juillet 2013 un *Plan d'action concernant l'érosion de la base d'imposition et le transfert de bénéfices* (le Plan d'action BEPS, OCDE, 2013). Ce document de référence identifie 15 actions visant à résoudre de manière globale la question de l'érosion de la base d'imposition et du transfert de bénéfices et définit des dates limites pour la mise en œuvre de ces actions.

2. Comme indiqué dans le Plan d'action BEPS, « la progression de l'économie numérique est également source de défis dans le domaine de la fiscalité internationale. L'économie numérique a plusieurs caractéristiques : un recours sans équivalent à des actifs incorporels, l'utilisation massive de données (et notamment de données personnelles), l'adoption généralisée de modèles d'activité à plusieurs faces qui créent de la valeur à partir d'externalités générées par des produits gratuits, et la difficulté de déterminer le pays dans lequel la valeur est créée. Ces évolutions conduisent à s'interroger sur la manière dont les entreprises de l'économie numérique créent de la valeur et réalisent leurs bénéfices, et sur la façon dont les concepts de source et de résidence peuvent être rattachés à l'économie numérique ou sur la qualification des bénéfices aux fins fiscales. Néanmoins, le fait que de nouveaux modèles d'activité puissent aboutir à une relocalisation des fonctions économiques essentielles résultant dans une répartition différente des droits d'imposition susceptible d'entraîner de faibles prélèvements, n'est pas en soi un indicateur de défaillance du système en vigueur. Il est important d'examiner attentivement comment les entreprises de l'économie numérique créent de la valeur et réalisent leurs bénéfices pour déterminer si, et dans quelle mesure, il faudrait adapter les règles actuelles pour tenir compte des spécificités de ce secteur et empêcher l'érosion de la base d'imposition et le transfert de bénéfices ».

3. Dans ce contexte, le Plan d'action BEPS décrit comme suit les travaux devant être engagés dans le domaine de l'économie numérique :

Action 1 – Relever les défis fiscaux posés par l'économie numérique

Identifier les principales difficultés posées par l'économie numérique pour l'application des règles fiscales internationales existantes, et élaborer des solutions détaillées pour les résoudre, en adoptant une démarche globale et en tenant compte à la fois de la fiscalité directe et indirecte. Les aspects à examiner incluent notamment la possibilité, pour une entreprise, d'avoir une présence numérique significative dans l'économie d'un autre pays sans pour autant y être soumise à l'impôt en raison de l'absence de lien au regard des règles internationales en vigueur, l'attribution de la valeur générée par la création de données géo localisées grâce à l'utilisation de produits et de services numériques, la qualification des bénéfices générés par de nouveaux modèles économiques, l'application des règles du pays de la source, et les moyens permettant de garantir le recouvrement effectif de la TVA/TPS en cas de fourniture transnationale de biens et de services numériques; cette liste n'est pas exhaustive. Ces travaux nécessiteront une analyse approfondie des différents modèles économiques en vigueur dans ce secteur.

4. Lors de leur réunion des 5 et 6 septembre 2013 à Saint-Pétersbourg, les dirigeants des pays du G20 ont pleinement approuvé le Plan d'action BEPS et ont inclus à ce propos le paragraphe suivant dans leur déclaration finale :

> *Dans un contexte marqué par un rééquilibrage rigoureux des finances publiques et par des difficultés sociales, veiller, dans de nombreux pays, à ce que tous les contribuables versent la part d'impôt qui leur incombe est plus que jamais une priorité. Il convient de lutter contre l'évasion fiscale, les pratiques dommageables et l'optimisation fiscale intensive. La croissance de l'économie numérique crée des défis au regard des règles d'imposition internationale. Nous entérinons pleinement le plan d'action ambitieux et exhaustif, élaboré par l'OCDE, pour enrayer l'érosion de la base d'imposition et le transfert de bénéfices, qui sera assorti d'un mécanisme pour le compléter si besoin. Nous nous félicitons du lancement du projet commun au G20 et à l'OCDE sur l'érosion de la base d'imposition et de transfert de bénéfices, et nous encourageons tous les pays intéressés à y participer. Les bénéfices devraient être imposés là où les activités économiques qui sont à l'origine de ces bénéfices sont exercées et là où la valeur est créée.* [...] (G20, 2013).

5. Le Groupe de réflexion sur l'économie numérique, organe subsidiaire du Comité des affaires fiscales (CAF) a été créé en septembre 2013 pour conduire ces travaux et établir avant septembre 2014 un rapport recensant les problèmes posés par l'économie numérique et les mesures permettant d'y remédier.

6. Le Groupe de réflexion sur l'économie numérique a débattu de la portée des travaux et a pu écouter des exposés émanant de spécialistes de l'économie numérique. Il a également examiné la pertinence des travaux conduits précédemment sur ce sujet. Il a notamment débattu des résultats de la Conférence ministérielle de l'OCDE sur le commerce électronique, tenue à Ottawa en 1998, durant laquelle les ministres avaient accueilli favorablement le rapport intitulé « Conditions-cadres pour l'imposition du commerce électronique » (OCDE, 2001) rédigé par le CAF en 1998 qui définissait les principes d'imposition applicables au commerce électronique présentés dans l'encadré 1.1.

Encadré 1.1. **Mise en œuvre des Conditions cadres d'Ottawa sur la fiscalité – Principes**

Neutralité : La fiscalité devrait viser à assurer la neutralité et l'équité entre les différentes formes de commerce électronique et entre les formes conventionnelles et les formes électroniques de commerce. Les décisions devraient être motivées par des considérations économiques et non fiscales. Les contribuables qui se trouvent dans des situations similaires et qui effectuent des transactions similaires devraient être soumis à des niveaux d'imposition similaires.

Efficience : Les coûts de la discipline fiscale pour les contribuables et l'administration devraient être réduits autant que possible.

Certitude et simplicité : Les règles fiscales devraient être claires et simples à comprendre de façon que les contribuables puissent anticiper les conséquences fiscales d'une transaction, notamment sur le point de savoir ce qui doit être imposé ainsi que la date et le mode d'évaluation de l'impôt.

Efficacité et équité : L'imposition devrait procurer le montant approprié d'impôt à la date voulue. Il faut réduire au maximum les possibilités de fraude et d'évasion fiscales, tout en veillant à ce que les contre-mesures soient proportionnées aux risques encourus.

Flexibilité : Les systèmes d'imposition devraient être flexibles et dynamiques de manière à suivre le rythme de l'évolution des techniques et des transactions commerciales.

7. Ces principes demeurent pertinents et peuvent constituer, moyennant les ajouts nécessaires, une base utile pour évaluer les défis fiscaux posés par l'économie numérique. Le Groupe de réflexion sur l'économie numérique a en outre examiné le dossier réuni après la conférence d'Ottawa, en particulier les documents issus du Groupe technique consultatif (GTC) sur l'imposition des bénéfices des entreprises et traitant de l'attribution des bénéfices à des établissements stables (ES), du concept de siège de direction effective et des dispositions des conventions fiscales dans le contexte du commerce électronique. L'annexe A propose un aperçu de ces premiers travaux.

8. Compte tenu de l'importance des contributions des parties prenantes, l'OCDE a lancé un appel public à contributions le 22 novembre 2013. Au cours de sa deuxième réunion, les 2 et 3 février 2014, le Groupe de réflexion sur l'économie numérique a examiné les contributions reçues. Il a débattu de l'évolution et de la généralisation de l'économie numérique et des défis fiscaux qui en découlent. Le Groupe de réflexion sur l'économie numérique a pu écouter des exposés des délégués concernant les options envisageables pour résoudre les défis propres aux pratiques relatives à l'érosion de la base d'imposition et au transfert de bénéfices et les autres défis fiscaux posés par l'économie numérique, et est convenu de l'importance de publier un projet de document permettant de recueillir les observations et contributions du public. Les contributions reçues ont été examinées par le Groupe de réflexion sur l'économie numérique qui a rédigé un rapport intermédiaire publié en septembre 2014. Conformément à ce rapport, le Groupe de réflexion sur l'économie numérique a poursuivi ses activités jusqu'en septembre 2015 afin *i)* de s'assurer que les travaux menés dans les autres domaines du Projet BEPS répondent bien aux problèmes de BEPS soulevés par l'économie numérique, et d'évaluer le résultat de ces travaux ; et *ii)* de poursuivre les travaux relatifs aux défis fiscaux plus larges entourant la règle du lien, l'accès aux données et la qualification des bénéfices, dans le but d'améliorer techniquement les options éventuelles et d'en permettre l'évaluation au regard des recommandations issues du Projet BEPS.

9. Ce rapport final fournit d'abord un aperçu des principes fondamentaux de la fiscalité, en s'attachant à présenter la distinction entre impôts directs et indirects, les notions qui les sous-tendent, ainsi que les conventions fiscales (chapitre 2). Il aborde ensuite l'évolution au fil du temps des technologies de l'information et de la communication (TIC) ainsi que les tendances récentes et les changements possibles à l'avenir (chapitre 3). Le rapport souligne la diffusion des TIC dans l'ensemble de l'économie et leur importance, décrit plusieurs nouveaux modèles d'entreprise ainsi que les caractéristiques clés de l'économie numérique (chapitre 4). Il expose ensuite en détail les principales caractéristiques des stratégies d'érosion de la base d'imposition et au transfert de bénéfices utilisées dans le contexte de l'économie numérique (chapitre 5) avant d'examiner comment les mesures issues du Plan d'action BEPS et des travaux de l'OCDE sur la fiscalité indirecte permettront d'y mettre un coup d'arrêt (chapitre 6). Il identifie également les défis fiscaux plus larges que soulève l'économie numérique et résume les solutions envisageables débattues et étudiées par le Groupe de réflexion sur l'économie numérique dans le domaine de l'impôt sur les bénéfices des sociétés (chapitre 7) et de la fiscalité indirecte (chapitre 8). Il propose enfin une évaluation des défis fiscaux plus larges relevant de la fiscalité directe et indirecte que soulève l'économie numérique, ainsi que les solutions envisageables (chapitre 9), en prenant en considération non seulement l'impact sur les phénomènes de BEPS des mesures élaborées au titre du Projet BEPS, mais aussi l'incidence économique des différentes solutions étudiées pour répondre aux défis fiscaux plus larges. Les conclusions du Groupe de réflexion sur l'économie numérique, ainsi que les prochaines étapes, sont présentées à la fin du rapport (chapitre 10).

Bibliographie

G20 (2013), *Déclaration des chefs d'État et de gouvernement du G20*, Sommet de Saint-Pétersbourg, 5-6 septembre 2013, Russie, www.banque-france.fr/fileadmin/user_upload/banque_de_france/Eurosysteme_et_international/G20_Saint_Petersburg_DeclarationFR_092013.pdf.

OCDE (2013), *Plan d'action concernant l'érosion de la base d'imposition et le transfert de bénéfices*, Éditions OCDE, Paris, http://dx.doi.org/10.1787/9789264203242-fr.

Chapitre 2

Principes fondamentaux en matière de fiscalité

Ce chapitre passe en revue les grands principes fiscaux appliqués jusqu'à présent pour concevoir les systèmes d'imposition. Il propose ensuite un aperçu des principes fondamentaux en matière d'impôt sur les sociétés, en mettant l'accent sur les systèmes d'imposition des revenus générés par des activités transnationales, tant au titre du droit fiscal interne que dans le contexte de conventions fiscales. Enfin, il présente les principales caractéristiques de la taxe sur la valeur ajoutée (TVA).

2.1. Les grands principes fiscaux

10. Dans un contexte où de nombreux pays sont confrontés à une baisse des recettes publiques assortie d'une hausse de leurs dépenses et doivent faire face aux contraintes budgétaires qui en découlent, le recouvrement des recettes est la première fonction dévolue à l'impôt, principal instrument de financement des biens publics tels que le maintien de l'ordre public et les infrastructures publiques. Une fois établi le montant à recouvrer, compte tenu des politiques économiques et budgétaires globales du pays considéré, plusieurs grands principes sont habituellement appliqués pour définir les systèmes d'imposition, notamment la neutralité, l'efficience, la certitude et la simplicité, l'efficacité et l'équité des règles, ainsi que la flexibilité. Dans le contexte de la préparation du rapport relatif à l'imposition du commerce électronique (voir annexe A pour plus de détails), ces grands principes ont constitué la base de travail de la conférence ministérielle d'Ottawa de 1998, et sont depuis désignés comme les Conditions cadres pour l'imposition du commerce électronique (OCDE, 2001). Ces principes étaient alors jugés appropriés pour évaluer les problématiques fiscales liées au commerce électronique. Si la plupart des nouveaux modèles économiques décrits dans le chapitre 4 n'existaient pas lorsqu'ils ont été définis, ces principes restent pertinents, moyennant quelques modifications, dans le contexte de l'économie numérique comme indiqué dans le chapitre 8. Outre ces principes largement reconnus, l'équité doit elle-aussi être prise en compte lors de la définition d'un système d'imposition.

- **Neutralité :** La fiscalité devrait viser à assurer la neutralité et l'équité entre les différentes formes d'activités industrielles et commerciales. Un impôt neutre contribuera à l'efficience du système en garantissant une allocation optimale des moyens de production. Une distorsion, assortie du coût correspondant, se produit lorsque qu'une variation de la ponction fiscale déclenche des variations de l'offre et de la demande différentes de celles qui seraient observées en l'absence d'imposition. En ce sens, la neutralité suppose également que le système fiscal permette un recouvrement des recettes qui minimise les discriminations pouvant influencer (favorablement ou non) un choix économique donné. Ceci implique que toutes les formes d'activité soient soumises aux mêmes principes fiscaux et que le système remédie à tout élément pouvant remettre en cause les notions d'égalité et de neutralité dans l'application de ces principes.

- **Efficience :** Les coûts de la discipline fiscale pour les entreprises et l'administration devraient être réduits autant que possible.

- **Certitude et simplicité :** Les règles fiscales devraient être claires et simples à comprendre de façon à ce que les contribuables sachent à quoi s'en tenir. Un système fiscal simple permet aux particuliers et aux entreprises de comprendre plus facilement quels sont leurs droits et devoirs. Dans ce cas, les entreprises sont plus aisément en mesure de prendre les décisions optimales et d'agir dans le sens voulu par les pouvoirs publics. La complexité favorise par ailleurs la planification fiscale agressive, qui peut entraîner des coûts de distorsion pour l'économie.

- **Efficacité et équité :** L'imposition devrait procurer le montant approprié d'impôt à la date voulue, tout en évitant la double imposition et la non-imposition involontaire. De plus, il faut réduire au maximum les possibilités de fraude et d'évasion fiscales. Au cours des débats qu'ils ont déjà conduits, les Groupes techniques consultatifs (GTC) ont considéré que si une catégorie de contribuables est techniquement assujettie à un impôt sans jamais l'acquitter parce celui-ci est inapplicable, l'ensemble des contribuables pourrait juger cet impôt inéquitable et inefficace. En conséquence, l'effectivité des règles fiscales est un paramètre important pour les autorités fiscales. De par son influence sur le recouvrement et la gestion de l'impôt, la mise en pratique effective des règles est un facteur déterminant de l'efficacité d'un système fiscal.

- **Flexibilité :** Les systèmes d'imposition devraient être flexibles et dynamiques de manière à suivre le rythme de l'évolution des techniques et des transactions commerciales. Il est important qu'un système fiscal soit flexible et dynamique de manière à couvrir les besoins de recettes des États tout en s'adaptant en permanence aux nouveaux besoins identifiés. Cela signifie que les caractéristiques structurelles du système devraient être pérennes dans un contexte changeant, tout en demeurant suffisamment flexibles et dynamiques, afin que les États puissent s'adapter en temps utile et prendre en compte les évolutions des techniques et des transactions commerciales, sans négliger la difficulté à anticiper les évolutions à venir.

11. L'équité entre contribuables revêt elle aussi de l'importance dans le cadre des politiques fiscales. Elle recouvre deux composantes principales : l'une horizontale, l'autre verticale. L'équité horizontale suppose que les contribuables se trouvant dans la même situation acquittent la même somme au titre de l'impôt. L'équité verticale est un concept normatif dont la définition peut varier selon les cas de figure. Selon certains, elle suppose que les contribuables dont les revenus sont plus élevés doivent payer proportionnellement plus que les autres contribuables. En pratique, les États mettent en œuvre l'équité verticale différemment selon leur volonté de réduire les variations de revenus ou selon qu'elle s'applique aux revenus perçus sur une période donnée ou sur l'ensemble des revenus perçus au cours de la vie. L'équité entre contribuables est habituellement prise en compte dès la conception du système d'impôt sur le revenu et de transferts.

12. Cette notion peut également renvoyer à l'équité entre les États. Du point de vue théorique, cette notion est liée à l'allocation des profits et des pertes à l'échelle internationale et vise à assurer une répartition équitable entre les différents pays de la recette fiscale découlant des bénéfices générés par des activités transnationales (OCDE, 2001). Le principe fiscal de l'équité entre les États a occupé une place importante dans les débats relatifs à la répartition des droits d'imposition entre le pays d'origine des revenus et le pays de résidence. Durant les travaux conduits à Ottawa sur l'imposition du commerce électronique, cette problématique a été reconnue selon les termes suivants : « [...] toute adaptation des principes existants en matière de fiscalité internationale devrait être organisée de manière à préserver la souveraineté fiscale des pays, [et] à assurer une répartition équitable de la base d'imposition du commerce électronique entre les différents pays [...] » (OCDE, 2001 : 260).

13. Les choix retenus en matière de fiscalité traduisent habituellement la position des autorités quant à l'importance relative de chacun de ces principes et reflètent souvent des considérations socio-économiques plus larges qui débordent du champ de la fiscalité.

2.2. Les impôts sur le revenu et la consommation

14. La plupart des pays imposent à la fois les revenus et la consommation. Tandis que les impôts sur le revenu s'appliquent aux revenus nets (revenus du travail et du capital) perçus au cours d'une période d'imposition annuelle, les impôts sur la consommation grèvent les dépenses de consommation de biens et services lors de chaque transaction.

15. Il existe différentes catégories d'impôts sur le revenu et la consommation. Les impôts sur le revenu sont généralement dus sur les revenus nets perçus par le contribuable au cours d'une période d'imposition. À l'inverse, les impôts sur la consommation peuvent s'appuyer sur un fait générateur qui est une transaction commerciale, un échange de

biens et services considéré soit lors de la dernière transaction conclue avec l'acheteur final (impôt sur la vente au détail et TVA), soit lors des transactions intermédiaires entre entreprises (TVA) (OCDE, 2011), ou prendre la forme de prélèvements sur des produits ou services particuliers, ce qui est le cas des droits d'accise, des droits de douane et des taxes à l'importation. Les impôts sur le revenu sont prélevés à l'endroit de la source des revenus alors que les impôts sur la consommation le sont à l'endroit de destination (dans le pays importateur).

16. Il convient également de noter que la charge fiscale ne pèse pas toujours sur ceux qui sont juridiquement tenus d'acquitter l'impôt. Selon l'élasticité-prix des facteurs de production (qui dépend elle-même des préférences des consommateurs, de la mobilité des facteurs de production, du degré de concurrence, etc.), la charge fiscale peut être déplacée, de sorte que les impôts sur le revenu et la consommation peuvent avoir des effets fiscaux comparables. En règle générale, il est considéré que la charge fiscale est supportée par le capital, le travail et/ou la consommation. Ainsi, en supposant que le capital soit plus mobile que le travail et dans le cas d'un marché hautement concurrentiel fonctionnant correctement, la charge fiscale serait majoritairement supportée par les travailleurs.

2.3. L'impôt sur les bénéfices des sociétés

17. Si son assiette peut être établie selon un large éventail de définitions, l'impôt sur les bénéfices des sociétés s'appuie le plus souvent sur une assiette large, destinée à embrasser tous types de revenus perçus par la société, quelle que soit leur nature[1], y compris la rémunération des capitaux propres qui s'ajoutent à ce qui pourrait être décrit comme les « revenus purs » ou « économiques », autrement dit ce que l'entreprise retire d'avantages compétitifs particuliers pouvant découler de conditions avantageuses en matière de facteurs de production (telles que des ressources naturelles aisément exploitables ou de faibles coûts de main-d'œuvre) ou d'avantages propres au marché sur lequel les produits seront vendus (par exemple une position de monopole).

18. Lorsque les systèmes d'impôts sur les bénéfices des sociétés ont été mis en place, l'un des principaux objectifs recherchés était de tenir lieu de paiement anticipé des impôts sur le revenu des personnes physiques dus par les actionnaires (fonction consistant à « combler des lacunes » (Bird, 2002), parfois désignée comme « prise de garantie ») et d'éviter ainsi un report potentiellement indéfini du paiement de l'impôt sur le revenu des personnes physiques (Vann, 2010). De ce fait, l'assiette de l'impôt sur les bénéfices des sociétés était considérée comme une valeur approchée de la rentabilité du capital social. En conséquence, l'impôt sur les bénéfices des sociétés s'applique, en règle générale, sur les bénéfices nets, c'est-à-dire sur les recettes diminuées des dépenses. Deux modèles fondamentaux, dont l'approche diffère mais qui conduisent en pratique à des résultats comparables, sont employés pour évaluer ce bénéfice imposable :

- Le système des recettes et des dépenses (ou méthode des profits et pertes) : le bénéfice net est calculé comme la différence entre tous les revenus obtenus par une entreprise comptabilisés au cours de la période d'imposition et toutes les dépenses déductibles engagées par cette entreprise sur la même période.
- Le système fondé sur le bilan (ou méthode de la variation de l'actif net) : le bénéfice net est calculé en comparant la valeur des actifs nets au bilan du contribuable à la fin de la période d'imposition (augmentée du montant des dividendes distribués) avec la valeur des actifs nets au bilan du contribuable au début de la même période.

19. Certains pays sont parvenus à un niveau important d'uniformité, même si certaines différences qui peuvent apparaître lorsque le traitement comptable est affecté par des manipulations destinées à fausser la mesure du bénéfice imposable (par exemple le refus de déduire certaines dépenses, une méthode différente de comptabilisation des dépenses en capital, les écarts temporels dans la comptabilisation des gains réalisés sur certains actifs immobilisés). Dans d'autres pays, les comptabilités financières et fiscales sont largement indépendantes et le droit fiscal couvre en grande mesure le traitement des transactions conduites par une entreprise.

2.3.1. L'imposition des bénéfices engendrés par les activités transfrontalières des sociétés en droit interne

20. Il est communément admis que la souveraineté d'un État s'articule autour de deux composantes : l'autorité exercée sur un territoire (compétence d'exécution) et l'autorité exercée sur une population considérée (allégeance politique). Cette dualité de la souveraineté était profondément ancrée dans les esprits au cours des XIXe et XXe siècles et a joué un rôle certain dans la conception de la compétence d'un État en matière de fiscalité. Partant du principe que tout impôt devrait se limiter aux sujets et objets imposables présentant un certain lien avec l'État qui l'applique, les dirigeants sont parvenus à la conclusion qu'une créance fiscale, pour être légitime, doit être fondée soit sur un lien avec une personne (« liens personnels ») soit sur un lien avec un territoire (« liens territoriaux ») (Schon, 2010 ; Beale, 1935).

21. Dans le même sens, la dualité de la souveraineté a également contribué à la formulation de la doctrine réaliste, définie autour des préoccupations d'application, d'administration et de recouvrement de l'impôt, qui a limité la définition traditionnelle de la souveraineté (Tadmore, 2007). Alors que le droit d'un pays à lever des impôts repose sur les notions de territoire ou de résidence, la doctrine réaliste considère que le pouvoir d'appliquer l'impôt est une condition nécessaire de la compétence fiscale et donne la priorité à l'exercice efficace du droit d'imposition par un pays (Tadmore, 2007). La doctrine réaliste établit une distinction entre le droit d'un pays de lever l'impôt et son droit de le recouvrer, également appelé « compétence d'exécution » (Hellerstein, 2009), en mettant l'accent sur la pratique plutôt que sur la théorie.

22. Les dispositions du droit fiscal interne en matière d'imposition des bénéfices générés par des activités transnationales envisagent en règle générale deux cas de figure : l'imposition des investissements sortants des sociétés résidentes et l'imposition des investissements entrants des sociétés non résidentes. Dans le premier cas, la définition donnée à la résidence est un élément déterminant. Certains pays déterminent la résidence d'une société selon des critères formels, comme le lieu où la société a été constituée. D'autres pays s'appuient sur des critères factuels, comme le siège de direction effective ou des notions similaires. Certains pays, enfin, disposent de systèmes mixtes et prennent en compte à la fois le lieu où la société a été constituée et le siège de direction effective.

23. Concernant l'imposition des investissements sortants des sociétés résidentes, deux grands modèles peuvent être identifiés : le système mondial et le système territorial. Il convient de noter que ces catégories correspondent à une simplification puisque, dans la pratique, la plupart des pays ont adopté un modèle combinant ces deux systèmes.

24. Un pays disposant d'un système mondial applique l'impôt aux revenus mondiaux de ses résidents, que la source de ces revenus soit ou non située sur son territoire. Pour mettre en œuvre le principe de résidence, l'administration fiscale du pays de résidence doit réunir les informations relatives aux revenus de source étrangère perçus par ses résidents. En

conséquence, les pays ne retiennent que rarement, voire jamais, des systèmes d'imposition exclusivement mondiaux. Dans la plupart des cas, les revenus de source étrangère des filiales étrangères sont imposés lors de leur rapatriement (système de report), et non lors de leur réalisation. De plus, la déduction au titre des impôts acquittés sur les bénéfices réalisés à l'étranger est le plus souvent limitée au montant de l'impôt qui aurait été appliqué dans le pays de résidence à ces revenus de source étrangère, ce qui permet d'assurer que le système mondial n'affecte pas l'imposition par le pays de résidence des revenus qui prennent leur source sur son propre territoire.

25. Un pays ayant adopté un système territorial en matière d'impôt sur les bénéfices des sociétés n'impose ses résidents que sur les revenus dont les sources sont situées sur son territoire. Par conséquent, les sociétés résidentes ne sont imposées que sur leurs revenus locaux (revenus dont la source est réputée située dans le pays). Dans un système territorial, la détermination de la source des revenus de l'activité économique est donc un élément essentiel.

Encadré 2.1. **Règles applicables aux sociétés étrangères contrôlées (SEC)**

Les règles applicables aux SEC prévoient les modalités d'imposition des bénéfices issus de sociétés non résidentes entre les mains de leurs actionnaires résidents. Elles peuvent être classées parmi les règles de lutte contre l'évasion fiscale, ou considérées comme un élargissement de l'assiette fiscale visant à imposer les actionnaires sur des revenus passifs ou très mobiles obtenus par des sociétés non résidentes dans des situations où, en l'absence de telles règles, les revenus considérés auraient été exempts de tout impôt (notamment dans un système territorial) ou imposés uniquement lors de leur rapatriement (par exemple dans un système mondial incluant un régime de report d'imposition).

Les règles applicables aux SEC ont été définies selon des approches très variées. Elles ont parfois pour objectif de limiter l'incitation à réaliser une activité ou un investissement par l'intermédiaire d'une société non résidente. Mais elles peuvent aussi prévoir des dispositions (comme l'exclusion des revenus d'activités) visant à assurer que certaines catégories d'investissements réalisés à l'étranger par des résidents du pays appliquant le régime applicable aux SEC ne supportent pas une charge fiscale d'ensemble supérieure à celle supportée par un investissement dans le même pays étranger réalisé par des actionnaires non résidents. La plupart des règles applicables aux SEC entrent dans la catégorie des règles de lutte contre l'évasion fiscale et visent des revenus soustraits à l'impôt, et ne cherchent pas à avoir un effet dissuasif sur les véritables investissements à l'étranger.

Les règles applicables aux SEC supposent que tout ou partie des bénéfices de la société étrangère soient inclus dans les revenus de l'actionnaire résident; elles peuvent ainsi contribuer à protéger l'assiette fiscale du pays d'origine en ayant un effet dissuasif sur les investissements susceptibles d'éroder cette assiette ou visant à transférer des bénéfices vers des pays à faible fiscalité.

26. Concernant l'imposition des investissements entrants des sociétés non résidentes, tant le système mondial que le système territorial soumettent à l'impôt les revenus issus de sources situées sur le territoire. La détermination de la source des revenus est donc un élément essentiel. Les règles utilisées pour déterminer cette source varient selon les pays. En matière de revenus d'entreprise, la notion de source retenue en droit interne s'approche souvent de la notion d'établissement stable (ES) au sens des conventions fiscales. Les bénéfices des entreprises sont en règle générale imposés sur une base nette. Cependant,

un pays peut rencontrer des difficultés d'ordre pratique pour imposer certaines catégories de revenus découlant de sociétés non résidentes. Il peut également s'avérer difficile de déterminer quelles dépenses ont été engagées par un non-résident afin d'obtenir les revenus considérés. En conséquence, l'imposition à la source de certaines catégories de revenus (comme les intérêts, les redevances, les dividendes) est souvent pratiquée au moyen de retenues à la source appliquée sur une base brute. Pour compenser l'absence de crédit d'impôt, les taux des retenues à la source appliquée sur une base brute sont généralement inférieurs au taux normal de l'impôt sur les bénéfices des entreprises.

2.3.2. L'imposition des bénéfices générés par des activités transnationales selon les conventions fiscales

27. L'exercice de la souveraineté en matière fiscale peut donner lieu à des créances concurrentes portant sur le même montant imposable et se traduire par une double imposition juridique, soit l'application d'impôts comparables dans deux (ou plusieurs) États au même contribuable, pour les mêmes revenus. La double imposition a des effets néfastes sur les échanges internationaux de biens et services et sur les mouvements transfrontaliers de capitaux, de technologie et de personnes. Les conventions fiscales bilatérales traitent les cas de double imposition en attribuant des droits d'imposition aux États contractants. La plupart des conventions fiscales en vigueur ont été établies à partir de modèles, comme le Modèle de Convention fiscale de l'OCDE ou le Modèle de convention des Nations Unies, directement inspirés du premier Modèle de convention fiscale bilatérale rédigé en 1928 par la Société des Nations. Aussi, en dépit de différences significatives entre conventions de double imposition, celles-ci suivent pour la plupart une structure relativement uniforme, correspondant à une liste de dispositions ayant des fonctions distinctes : *(i)* articles relatifs à la portée de la convention et à son application, *(ii)* articles régissant les conflits de compétence fiscale, *(iii)* articles régissant l'allégement de la double imposition, *(iv)* articles consacrés à la prévention de l'évasion et de la fraude fiscales et *(v)* dispositions diverses (par exemple, assistance administrative).

2.3.2.1. Aperçu historique des notions retenues pour définir la répartition de la compétence fiscale

28. En réponse au développement du commerce mondial et des préoccupations relatives aux situations de double imposition au début du xxe siècle, la Société des Nations a désigné, assez tôt dans les années 1920, quatre économistes (Bruins et al., 1923) chargés d'étudier la question de la double imposition sous l'angle théorique et scientifique. Ce groupe d'économistes devait notamment déterminer s'il était possible d'énoncer des principes pouvant constituer un cadre international en matière de fiscalité permettant d'éviter les doubles impositions, y compris en matière de revenus d'entreprise[2]. Dans ce contexte, le groupe avait identifié la notion d'allégeance économique comme concept clé pour la conception d'un système fiscal international. L'allégeance économique était établie selon l'importance des liens éventuels entre un État et les revenus ou le contribuable devant être imposé. Les économistes distinguaient quatre facteurs d'allégeance économique : *(i)* l'origine des richesses ou revenus, *(ii)* la localisation matérielle des richesses ou revenus, *(iii)* la faculté de faire valoir ses droits sur ces richesses ou revenus et *(iv)* le lieu de la résidence ou du domicile de la personne habilitée à disposer de ces richesses ou revenus.

29. Les économistes avaient conclu que les facteurs essentiels étaient : « l'origine de la richesse et la résidence ou domicile du propriétaire qui consomme la richesse ». Aux fins du rapport, l'origine de la richesse recouvrait l'ensemble des étapes de création de la richesse : « au point de vue de la forme matérielle de la richesse, de ses modifications matérielles

ultérieures, de son transport, des organismes directeurs et de la vente. » En d'autres termes, le groupe d'économistes proposait que la compétence fiscale soit en règle générale répartie entre l'État de la source et l'État de résidence en fonction de la nature des revenus considérés. Selon cette approche, dans les situations simples où la totalité des facteurs d'allégeance économique (ou une majorité d'entre eux) coïncidaient, la compétence fiscale était attribuée exclusivement à l'État dans lequel des éléments pertinents d'allégeance économique avaient été identifiés. Dans des situations plus complexes, faisant apparaître des conflits entre les facteurs pertinents d'allégeance économique, la compétence fiscale était partagée entre les différents États selon l'importance relative des liens unissant chacun d'eux au contribuable et à ses revenus.

30. Sur ce fondement, le groupe a examiné quel serait le lieu d'imposition approprié pour les différentes catégories de richesses ou de revenus. Les bénéfices d'entreprise n'avaient pas été distingués, mais étudiés au titre de catégories d'entreprises qui seraient aujourd'hui qualifiées « d'entreprises traditionnelles », en l'occurrence les « mines, les gisements de pétrole », les « établissements industriels » ou « usines » et les « entreprises commerciales »[3]. Pour toutes ces activités, le groupe avait conclu que le lieu de production des revenus constituait « l'élément prépondérant » et que « dans une répartition idéale, il convient d'accorder une importance prépondérante au lieu d'origine ». En d'autres termes, la répartition de la compétence fiscale en matière d'impôt sur les bénéfices de sociétés dépendait en priorité du lien entre les revenus d'entreprise et les différentes localisations physiques intervenant dans la production des revenus.

31. De nombreuses conclusions du rapport ont donné lieu à controverse et n'ont pas été pleinement reprises dans les conventions fiscales. En particulier, la préférence des économistes pour une exonération générale dans le pays d'origine pour tous les « revenus destinés à l'étranger » comme approche pratique permettant d'éviter la double imposition[4] a été explicitement écartée par la Société des Nations qui retint, dans le modèle de 1928, la méthode de « classement et de répartition des sources » – qui consiste à appliquer à la source une imposition totale ou partielle pour certaines catégories de revenus et à attribuer à l'État de résidence la compétence fiscale sur les autres revenus. Les fondements théoriques énoncés dans le rapport de 1923 ont cependant été conservés pratiquement en l'état et sont aujourd'hui considérés comme le « substrat intellectuel » (Ault, 1992 : 567) des différents modèles établis par la Société des Nations (et donc de pratiquement toutes les conventions fiscales modernes) (Avi-Yonah, 1996).

32. Avant d'adopter le critère de l'allégeance économique, le groupe des quatre économistes avait brièvement examiné d'autres approches, notamment la théorie des bénéfices (alors appelée « théorie de la contrepartie ») et noté que les conclusions obtenues selon cette approche avaient été supplantées, en grande partie, par la théorie des capacités contributives. Plusieurs auteurs considèrent que, si d'autres approches ont sans conteste détrôné la théorie des bénéfices pour ce qui touche à la détermination du quantum des créances fiscales, elle prévaut toujours dans l'analyse de la compétence fiscale dans un contexte international (Vogel, 1988). Selon la théorie des bénéfices, la compétence fiscale d'une juridiction recouvre la totalité des avantages et des services publics obtenus par un contribuable entré en relation avec un pays (Pinto, 2006), et les entreprises, en leur qualité d'agents jouant un rôle dans la vie économique d'un pays considéré, devraient contribuer au financement des dépenses publiques de ce pays. En d'autres termes, selon la théorie des bénéfices, un pays est en droit d'imposer les entreprises résidentes et non résidentes qui retirent un avantage des services qu'il fournit. Ces bénéfices peuvent être de nature générale ou plus spécifique. Les services relatifs à l'enseignement, la police, la protection contre les incendies ou encore la défense en sont des exemples évidents. Mais le pays concerné peut en outre fournir un cadre juridique opérationnel et favorable à une bonne conduite des affaires, en

particulier en offrant un environnement législatif et réglementaire stable, en protégeant la propriété intellectuelle et le capital intellectuel de l'entreprise, en faisant respecter les textes relatifs à la protection des consommateurs, ou en fournissant des moyens de transport, de télécommunications, des services d'utilité publique et d'autres infrastructures (Pinto, 2006).

2.3.2.2. La répartition de la compétence fiscale selon les conventions de double imposition

33. Lorsque les quatre économistes présentèrent leur rapport, plusieurs juridictions avaient déjà traité de la question de la double imposition juridique au moyen de mesures bilatérales ou unilatérales. Les Comités fiscaux de la Société des Nations se sont appuyés sur l'expérience pratique des experts des administrations fiscales pour la négociation et la mise en œuvre des conventions alors en vigueur. Sous l'effet conjugué de la dépendance historique et du besoin de répartir efficacement les droits d'imposition entre des systèmes fiscaux aux différences parfois marquées, la double taxation n'a pas été évitée grâce à un système alternatif tel qu'une répartition selon une formule ou un autre système fondé sur les principes identifiés par les quatre économistes. À l'inverse, du fait de l'apparition des modèles de convention de l'OCDE et de l'Organisation des Nations Unies, le système fiscal international s'est constitué autour d'un vaste réseau de conventions bilatérales qui respectent la méthode dite de « classement et de répartition des sources », selon laquelle différentes catégories de revenus sont soumises à différentes règles de distribution. La nature cédulaire de ces règles de distribution suppose une étape préalable, dans laquelle les revenus faisant l'objet de créances concurrentes sont en premier lieu rattachés à l'une des catégories définies par la convention. Si un élément peut être classé dans différentes catégories de revenus, des règles de priorité prévues dans les conventions lèvent la difficulté. Une fois le revenu ainsi classifié aux fins de la convention, les règles de distribution prévues dans la convention s'appliquent et conduisent, le plus souvent, soit à accorder à un État contractant le droit exclusif d'exercer sa compétence fiscale interne, soit à accorder à un pays contractant le droit d'exercer prioritairement sa compétence fiscale interne tout en réservant une compétence fiscale résiduelle à l'autre État contractant.

34. Les conventions prévoient que les bénéfices des entreprises sont imposables exclusivement par le pays de résidence sauf si l'entreprise conduit ses activités dans l'autre pays au moyen d'un ES situé sur le territoire de ce dernier. Dans ce cas, le pays de la source ne peut imposer que les bénéfices attribuables à l'ES. La notion d'ES est donc utilisée pour définir si un pays contractant est ou non fondé à exercer son droit d'imposition sur des bénéfices d'entreprise perçus par un contribuable non résident. Des règles particulières s'appliquent, toutefois, aux bénéfices relevant de certaines catégories de revenus comme les dividendes, intérêts, redevances et gains en capital.

35. Dans les faits, la notion d'ES joue le rôle d'un seuil de pénétration qui, en mesurant le niveau de présence économique d'une entreprise étrangère dans un pays considéré à partir de critères objectifs, détermine dans quelles circonstances cette entreprise peut être considérée comme suffisamment intégrée au sein de l'économie d'un pays pour justifier qu'elle y soit soumise à l'impôt (Holmes, 2007; Rohatgi, 2005). Un rapport de causalité peut donc être raisonnablement établi entre la nécessité d'un niveau suffisant de présence économique conformément au critère de seuil relatif à l'ES et les facteurs d'allégeance économique définis par le groupe d'économistes voici plus de 80 ans. Cet héritage est souvent souligné par la doctrine juridique et économique (Skaar, 1991), ou mentionné dans les Commentaires de l'OCDE, qui précisent que le critère de seuil relatif à l'ES « s'applique depuis longtemps et reflète le consensus international selon lequel, en règle générale, une entreprise d'un État ne peut être vraiment considérée comme participant à la

vie économique d'un autre État au point de tomber sous sa juridiction fiscale qu'à partir du moment où elle a un établissement stable dans cet État[5] ». Du fait qu'il requiert un niveau suffisant de présence économique, ce seuil a également pour objectif de garantir qu'un pays d'origine qui applique l'impôt dispose de la compétence d'exécution, de la capacité administrative à exercer ses droits fondamentaux vis-à-vis de l'entreprise non-résidente.

36. La définition de l'ES comprenait à l'origine deux critères de seuil distincts : *(i)* une installation fixe par l'intermédiaire de laquelle une entreprise effectue tout ou partie de ses opérations, ou, lorsqu'aucune installation fixe ne peut être identifiée, *(ii)* une personne qui opère dans le pays comme agent du non-résident et est habilitée à contracter en son nom de façon habituelle. Dans les deux cas, un certain degré de présence physique dans la juridiction de source est nécessaire, soit directement, soit par l'intermédiaire des actions d'un agent dépendant. Ces définitions ont été élargies au fil du temps pour tenir compte de l'évolution du contexte des affaires. Ainsi, le développement du secteur des services a conduit à inclure dans de nombreuses conventions bilatérales un critère de seuil supplémentaire selon lequel la réalisation des services par les salariés d'une entreprise non résidente (ou par d'autres personnes recevant des instructions de sa part) peut justifier une imposition dans l'État de la source lorsque ces services sont réalisés pendant une certaine durée, y compris lorsqu'ils ne sont pas réalisés depuis un lieu d'activité fixe (Alessi, Wijnen et de Goede, 2011).

37. Les dispositions des conventions concernant les bénéfices des entreprises prévoient que seuls les revenus « attribuables » à un ES sont imposables dans la juridiction où est situé l'ES considéré. Il s'agit des bénéfices que l'ES aurait pu réaliser s'il avait constitué une entreprise distincte et indépendante.

38. En vertu de règles de distribution distinctes qui l'emportent sur la règle de l'ES, certaines catégories de revenus peuvent être imposées dans la juridiction de la source même si aucun des critères de seuil relatifs à l'ES n'est rempli dans le pays considéré. Il s'agit notamment :

- des bénéfices tirés de biens immeubles (et des gains de capital tirés de la vente de ceux-ci), qui, selon toutes les conventions ou presque, peuvent être taxés par le pays de la source où se situe le bien immeuble ;
- des bénéfices correspondant à certaines formes de rémunérations qui, selon la convention applicable, peuvent comprendre des dividendes, intérêts, royalties ou redevances techniques ; la convention permet alors au pays de la source de prélever une retenue à la source limitée.

39. Dans le cas de paiements sortants au titre de dividendes, d'intérêts et de redevances, les pays appliquent fréquemment un impôt au titre de leur droit fiscal interne sur une base brute (non réduite par la déduction de dépenses) en prélevant une retenue à la source. Les conventions fiscales bilatérales précisent généralement le taux maximum de la retenue à la source pouvant être appliquée par le pays de la source, ainsi que la compétence fiscale résiduelle revenant au pays de résidence[6]. Cependant, si l'actif à l'origine de la catégorie de revenus considérée est, dans les faits, lié à un ES détenu dans le même pays par l'entreprise non résidente, les règles d'attribution des bénéfices à un ES prévalent (Articles 10(4), 11(4) et 12(3) du Modèle de convention fiscale de l'OCDE).

40. Lorsque les conventions fiscales bilatérales donnent la priorité aux droits d'imposition du pays de la source, le pays de résidence doit assurer un allègement de la double imposition. Deux mécanismes sont en règle générale proposés par les conventions bilatérales, à savoir la méthode de l'exemption et la méthode de l'imputation. Dans la pratique toutefois, de nombreux pays, et donc de nombreuses conventions fiscales bilatérales en vigueur,

combinent ces deux approches pour ce qui concerne les bénéfices d'entreprises (en appliquant la méthode de l'exemption aux revenus attribuables à un ES et la méthode de l'imputation pour des éléments de revenus soumis à une retenue à la source) (Rohatgi, 2005).

2.4. Taxes sur la valeur ajoutée et autres impôts indirects sur la consommation

41. Les taxes sur la valeur ajoutée (TVA) et les autres impôts sur la consommation sont généralement conçus comme des impositions indirectes. Si ces impôts et taxes ont généralement pour objectif de grever la consommation finale de biens et de services, ils sont plus souvent recouvrés auprès des vendeurs des biens et services concernés qu'auprès des consommateurs eux-mêmes. Les consommateurs acquittent, en principe, ces impôts et taxes comme une partie du prix de marché des biens ou services achetés.

42. En règle générale, deux catégories d'impôts sur la consommation sont établies (OCDE, 2013) :

- Les impôts généraux sur les biens et services, qui regroupent la TVA et ses équivalents dans différents pays, les impôts sur les ventes et les autres impôts généraux sur les biens et services.
- Les impôts sur des biens et des services déterminés, qui correspondent pour l'essentiel aux droits d'accises, aux droits de douane et droits à l'importation et aux impôts sur des services déterminés (par exemple les impôts sur les primes d'assurance et les services financiers).

43. Le présent chapitre traite avant tout de la TVA, principal impôt sur la consommation dans le monde. Comme, sous l'effet conjugué de la diffusion de la TVA dans le monde et de la rapide mondialisation des activités économiques, les interactions entre différents systèmes de TVA sont devenues plus fréquentes tandis qu'on assistait à un relèvement des taux appliqués (OCDE, 2012), la TVA est aujourd'hui l'une des principales problématiques en matière d'échanges internationaux.

2.4.1. Principales caractéristiques d'un système de TVA

2.4.1.1. Objectif primordial d'un système de TVA : un impôt à large assiette qui grève la consommation finale

44. Le terme TVA renvoie ici à tous les systèmes de taxe sur la valeur ajoutée, quelles que soient les appellations utilisées dans les différentes langues à travers le monde. Il convient ainsi de noter que beaucoup de pays emploient le terme de « taxe sur les produits et services » ou TPS (GST, *Goods and Services Tax*, est ainsi employé notamment en Australie, au Canada, en Inde, en Nouvelle-Zélande et à Singapour). En dépit de leur grande diversité, la plupart des systèmes de TVA en place à ce jour reposent, en théorie si ce n'est en pratique, sur certains principes fondateurs communs décrits ci-après. L'objectif primordial d'un système de TVA est d'imposer la consommation sur une assiette large, le terme consommation devant être entendu comme la consommation finale des ménages.

45. En principe, seules les personnes physiques, à la différence des entreprises, procèdent à la consommation visée par la TVA. Néanmoins, en pratique, nombreux sont les systèmes de TVA qui visent non seulement la consommation finale des ménages, mais aussi celle des diverses entités exerçant des activités non commerciales ou des activités exonérées de la TVA. On peut alors considérer que les entités en question sont traitées comme des consommateurs finaux aux fins de la TVA, ou que la TVA s'applique comme une « taxe

d'amont » sur les prestations effectuées par ces entités, selon l'hypothèse que la TVA ainsi perçue sera répercutée sur les prix des produits issus de telles activités non commerciales.

2.4.1.2. Le paiement fractionné, caractéristique centrale de la conception d'un système de TVA

46. La caractéristique centrale d'un régime de TVA, dont elle tire son nom, est le recouvrement fractionné de la taxe. Chaque entreprise (assujetti) dans la chaîne d'approvisionnement est responsable de la perception de la taxe sur ses propres ventes (prestations) et paie la proportion de taxe correspondant à sa marge, c'est-à-dire la valeur ajoutée, durant une période d'imposition donnée. En conséquence, l'assujetti verse la différence entre la TVA imposée sur ses propres ventes assujetties (taxe d'aval) et la TVA imposée sur ses acquisitions assujetties (taxe d'amont) au titre de la période considérée. Ainsi, la taxe est en principe prélevée sur la « valeur ajoutée » créée à chaque étape de la production et de la distribution. À cet égard, la TVA se distingue d'une taxe sur les ventes au détail, qui impose la consommation en une seule étape, en principe au niveau du point de vente final.

47. Cette caractéristique centrale de la TVA, associée au principe fondamental selon lequel la charge de l'impôt ne devrait pas reposer sur les entreprises, nécessite un mécanisme qui permet aux entreprises de déduire la taxe d'amont qu'elles ont payée sur leurs propres achats de produits ou de services. Il existe deux principales méthodes pour mettre en œuvre le processus de recouvrement fractionné sans ponctionner les entreprises. Selon la méthode soustractive indirecte, chaque assujetti facture la TVA au taux prescrit sur chacune de ses prestations et remet à son client une facture indiquant le montant de la taxe facturée. Si le client est lui-même un assujetti, il pourra déduire cette taxe d'amont du montant de la taxe d'aval facturée sur ses ventes, qui sont identifiées au niveau des transactions, et paiera le solde à l'administration fiscale ou percevra un remboursement le cas échéant. Selon la méthode soustractive directe, la taxe est appliquée directement à une mesure comptable de la valeur ajoutée, déterminée pour chaque entreprise en déduisant, pour une période imposable donnée, les dépenses admissibles engagées en amont au titre des opérations imposables et en appliquant au montant ainsi obtenu le taux de la taxe (Cockfield et al., 2013). Presque toutes les juridictions qui disposent d'un régime de TVA suivent la méthode soustractive indirecte, le Japon offrant le principal exemple d'un impôt sur la consommation fondé sur la méthode soustractive directe.

48. Les exonérations de TVA constituent une exception importante à la règle de neutralité de la TVA. Lorsqu'une prestation est exonérée de TVA, elle n'est soumise à aucune taxe d'aval et le prestataire ne dispose d'aucun droit à déduction de la taxe correspondante en amont. Dans nombre de systèmes de TVA, les exonérations concernent les activités difficiles à imposer (l'exemple le plus marquant étant celui de l'exonération des services financiers) et/ou répondent à des objectifs de redistribution des revenus (les exonérations relatives aux produits agricoles, aux combustibles, aux services de santé et d'enseignement de base sont courantes). Parmi les conséquences indésirables des exonérations de TVA figurent les « effets en cascade » observés sur les transactions entre entreprises. On peut s'attendre à ce que l'entreprise qui réalise une prestation exonérée transfère le montant non déductible de la taxe d'amont dans le prix de sa prestation, ce qui équivaut à un « impôt occulte » non déductible pour l'entreprise cliente.

2.4.2. La TVA sur les transactions internationales – Le principe de destination

49. L'enjeu central de politique lié à l'application internationale de la TVA est de déterminer si la taxe doit être imposée par la juridiction d'origine ou par celle de destination.

Selon le principe de destination, l'impôt est en définitive perçu uniquement sur la consommation finale qui a lieu dans la juridiction d'imposition. Selon le principe d'origine, l'impôt est perçu dans les différentes juridictions où de la valeur ajoutée est créée.

50. Selon le principe de destination, aucune TVA n'est perçue sur les exportations et la taxe d'amont qui s'y rattache est remboursée aux entreprises exportatrices (ce qui est souvent désigné par les expressions « en franchise de TVA » ou « application d'un taux zéro »), tandis que les importations sont imposées sur la même assiette et selon les mêmes taux que les prestations nationales. Dès lors, le total de la taxe payée pour une transaction est déterminé par les règles en vigueur dans la juridiction de consommation, et toutes les recettes reviennent à la juridiction où a lieu la prestation au consommateur final. L'application du principe de destination permet donc d'assurer la neutralité de la TVA dans le commerce international, dans la mesure où elle ne crée pas d'avantage à acheter dans une juridiction à taux faible ou nul. L'existence de taux élevés ou multiples n'influencent pas non plus le niveau ou la composition des exportations d'un pays.

51. En revanche, avec le principe d'origine, chaque juridiction appliquerait la TVA à la valeur ajoutée créée sur son propre territoire. Dans un système fondé sur le principe d'origine, les juridictions d'exportation taxeraient les exportations sur la même assiette et au même taux que les transactions intérieures, tandis que les juridictions d'importation accorderaient un crédit de TVA au titre de la taxe hypothétique qui aurait été payée au taux en vigueur dans la juridiction d'importation. Cette approche va à l'encontre de l'une des caractéristiques fondamentales d'un impôt sur la consommation, qui suppose que les recettes soient perçues par la juridiction où a lieu la consommation finale. Selon le principe d'origine, les recettes sont partagées entre les juridictions où la valeur ajoutée est générée. En outre, en imposant une taxe aux différents taux applicables dans les pays où la valeur ajoutée est créée, le principe d'origine peut influer la structure économique ou géographique de la chaîne des transactions et aller à l'encontre de la neutralité des échanges internationaux.

52. Pour toutes ces raisons, un large consensus se dégage en faveur du principe de destination, selon lequel les recettes reviennent au pays où a lieu la consommation finale, jugé préférable au principe d'origine, tant d'un point de vue théorique que pratique. De fait, le principe de destination est la norme internationale sanctionnée par les règles de l'Organisation mondiale du commerce (OMC). La note de bas de page n° 1 de l'*Accord sur les subventions et les mesures compensatoires* de l'OMC (OMC, 1994) dispose que « … l'exonération, en faveur d'un produit exporté, des droits ou taxes qui frappent le produit similaire lorsque celui-ci est destiné à la consommation intérieure, ou la remise de ces droits ou taxes à concurrence des montants dus ou versés, ne seront pas considérées comme une subvention. »

2.4.3. Application du principe de destination

53. Si le principe de destination a été largement retenu aux fins de l'application de la TVA sur les échanges internationaux, les moyens mis en œuvre à cette fin diffèrent d'une juridiction à l'autre. Cela conduit dans certains cas à des doubles impositions ou à des absences d'imposition involontaires, ainsi qu'à des incertitudes à la fois pour les entreprises et les administrations fiscales. L'application du principe de destination suppose que le système de TVA permette d'identifier la destination des fournitures. La TVA étant généralement appliquée transaction par transaction, les systèmes de TVA comprennent des règles relatives au « lieu d'imposition » couvrant toutes les transactions, grâce à des « indicateurs de substitution » qui précisent le lieu où le bien ou service fourni est destiné

à être utilisé par une entreprise dans son processus de production et de distribution (si l'acheteur est une entreprise) ou à être consommé (si l'acheteur est un consommateur final).

54. Les paragraphes suivants offrent un bref aperçu des mécanismes permettant d'identifier la destination d'une fourniture, d'abord dans le cas des produits, puis dans celui des services.

2.4.3.1. Application du principe de destination – Fournitures de biens

55. Aux fins de la TVA, le terme de « biens » désigne le plus souvent des « biens corporels ». L'application de la TVA aux fournitures de biens dépend normalement du lieu où se trouvent les biens au moment de la transaction et/ou de celui où ils se trouvent à l'issue de celle-ci. La fourniture d'un bien est en principe assujettie à la TVA dans le pays où se trouve le bien lorsque la transaction a lieu. Lorsqu'une transaction implique le déplacement de biens d'une juridiction vers une autre, les biens exportés sont généralement exonérés de la TVA dans la juridiction du vendeur (ils sont expurgés de toute TVA supportée en amont grâce aux déductions successives de la taxe d'amont effectuées par les entreprises), tandis que les importations sont assujetties à la même TVA que les biens intérieurs équivalents dans la juridiction de l'acheteur. La TVA sur les importations est généralement perçue auprès de l'importateur en même temps que les droits de douane, quand les biens sont encore sous contrôle douanier, bien que certaines juridictions reportent son recouvrement jusqu'à la déclaration de TVA de l'importateur. La déduction de la TVA acquittée sur les importations, au même titre que la déduction de la taxe d'amont dans le cas d'une transaction intérieure, garantit la neutralité et limite les distorsions des échanges internationaux.

56. De nombreux systèmes de TVA prévoient une exonération des importations de biens de valeur relativement faible. Ces exonérations découlent le plus souvent du constat que les coûts administratifs supportés par les services des douanes au titre de ces biens de faible valeur dépasseraient probablement les recettes obtenues. Si ces coûts supplémentaires étaient imputés aux consommateurs, les charges seraient exagérément élevées par rapport à la valeur des biens concernés. La plupart des pays membres de l'OCDE disposent de tels mécanismes d'exonération de la TVA, dont les seuils varient considérablement d'un pays à l'autre.

2.4.3.2. Application du principe de destination – Fournitures de services

57. Dans nombre de pays, la législation relative à la TVA tend à définir la notion de « service » par la négative, comme « tout ce qui n'a pas été défini par ailleurs » ou à définir une « prestation de services » comme tout ce qui diffère d'une « livraison de biens ». Si cette approche recouvre le plus souvent les actifs incorporels, certains pays placent ces derniers dans une catégorie distincte. Aux fins de ce chapitre, et sauf mention contraire, le terme « services » inclut les « actifs incorporels »[7].

58. Les systèmes de TVA s'appuient sur un large éventail d'indicateurs de substitution pour déterminer le lieu d'imposition des services, comme le lieu d'exécution du service, le lieu où est situé l'établissement du fournisseur ou le lieu où celui-ci se trouve réellement, le lieu de résidence du consommateur ou le lieu où celui-ci se trouve réellement et le lieu où se trouve le bien corporel (pour les services liés à un bien corporel, tels que les services de réparation). De nombreux systèmes utilisent plusieurs indicateurs avant de déterminer le lieu d'imposition et peuvent recourir à différentes règles pour les prestations entrantes, sortantes, totalement réalisées à l'étranger ou totalement réalisées sur le territoire national (Cockfield et al., 2013).

59. La difficulté de mettre en œuvre ces principes pour identifier le lieu d'imposition s'accroît du fait de l'expansion continue des services transfrontaliers. Les systèmes de TVA se heurtent à des obstacles considérables pour déterminer le lieu de consommation présumé des services, pour le contrôler et assurer le recouvrement de l'impôt, notamment lorsque les entreprises vendent des services dans des pays où elles ne sont pas physiquement présentes. En pratique, deux approches peuvent être distinguées aux fins de l'application de la TVA à des prestations de services transfrontalières (Ebrill et al., 2001) :

- La première est centrée sur le pays dont le client est résident (celui où il est établi/situé). Selon cette approche, lorsque le pays de résidence du client diffère de celui du prestataire, la prestation est assurée en franchise de TVA (« application d'un taux zéro ») dans le pays du prestataire et soumise à la TVA dans le pays du client. En principe, le prestataire doit s'enregistrer à la TVA dans le pays du client afin d'y collecter et reverser la TVA. Dans la pratique, si le client est une entreprise enregistrée à la TVA, celle-ci est souvent collectée par le biais d'un mécanisme « d'autoliquidation ». Il s'agit d'un mécanisme qui reporte la responsabilité du paiement de l'impôt du prestataire vers le client. L'entreprise cliente peut en règle générale déduire immédiatement la taxe d'amont supportée sur les services acquis du montant de la taxe d'aval qu'elle est tenue de reverser. En conséquence, certains systèmes de TVA n'exigent pas l'application de l'auto-liquidation lorsque le client dispose d'un droit à déduction total de la TVA ayant grevé l'achat.
- Selon la seconde approche, la fourniture du service est assujettie à la TVA dans le pays dont le prestataire est résident (celui où il est établi/situé). Les prestations de service sont donc soumises à la TVA dans le pays du prestataire même lorsqu'elles sont réalisées à l'étranger ou lorsqu'elles concernent des clients étrangers. Lorsque le client est une entreprise imposable, il peut généralement solliciter auprès des autorités fiscales du pays du prestataire le remboursement de la TVA acquittée sur les achats effectués dans cette juridiction au titre de son activité commerciale.

60. Dans le cas de prestations entre entreprises, les deux approches conduisent au même résultat, puisque les services « exportés » sont exonérés de toute TVA dans le pays d'origine et soumis à la TVA dans la juridiction où le service est réputé être utilisé par l'entreprise cliente. La première approche, qui utilise la localisation du client pour déterminer le lieu d'imposition, est recommandée par l'OCDE dans ses *Principes directeurs internationaux pour l'application de la TVA/TPS* (OCDE, 2014) comme la principale règle pour l'application de la TVA aux prestations de service entre entreprises. C'était également l'approche recommandée par l'OCDE en 2003 pour ce qui concerne « la fourniture transfrontières de services et de biens incorporels susceptibles d'être fournis à distance » dans ses principes directeurs dans le contexte du commerce électronique (OCDE, 2003a-b). L'un des avantages majeurs de cette approche est qu'elle évite de recourir aux remboursements transfrontaliers de TVA en faveur d'entreprises ayant acheté des services à l'étranger, qui supposent souvent, à la fois pour l'administration et les entreprises, une charge administrative et des coûts et de respect des règles considérables. En pratique, toutefois, nombre de systèmes de TVA suivent la deuxième approche, et imposent les services en fonction de la localisation du fournisseur, essentiellement pour limiter les risques de fraude fondée sur des déclarations de services exportés particulièrement difficiles à contrôler.

61. Si les deux approchent conduisent, dans un contexte d'échanges entre entreprises, à un résultat conforme au respect du principe de destination, la situation est plus complexe pour les prestations à destination des consommateurs finaux. La mise en œuvre du principe de destination par application d'un taux zéro sur les prestations transfrontalières

destinées à des consommateurs finaux non-résidents et en ayant recours au mécanisme « d'autocotisation » par le consommateur dans son pays de résidence peut en pratique déboucher sur une non-imposition de grande ampleur de ces fournitures. Si les mécanismes d'autoliquidation fonctionnent relativement bien dans le cas d'échanges entre entreprises, ils sont le plus souvent jugés inefficaces s'agissant de prestations à destination des consommateurs finaux. Ces dispositifs supposent en effet que les consommateurs finaux évaluent eux-mêmes le montant de TVA à reverser au titre de services achetés à l'étranger, notamment lorsqu'ils remplissent leur déclaration de revenus. On peut donc s'attendre à un faible degré de discipline volontaire des contribuables, les consommateurs finaux n'ayant aucune raison de déclarer et d'acquitter volontairement les montants dus, à l'inverse des contribuables pouvant déduire des taxes d'aval le montant des taxes d'amont acquittées (Lamensch, 2012). La collecte et le recouvrement de cette TVA, qui correspond souvent à de petits montants, auprès d'un grand nombre de personnes, peut supposer une complexité et des coûts importants tant pour les contribuables que pour les administrations fiscales.

62. La plupart des systèmes de TVA imposent donc les prestations de services destinées à des consommateurs privés dans le pays de résidence du prestataire (celui où il est établi, situé). Nombre de pays qui appliquent un taux zéro sur les prestations transfrontalières de services destinées à des consommateurs non résidents limitent l'application de ce régime aux fournitures entre entreprises, notamment en le réservant aux services habituellement destinés aux entreprises (publicité, conseil, etc.). Les fournitures destinées à des consommateurs privés étrangers sont alors soumises à la TVA dans le pays du prestataire, tandis que les services achetés à l'étranger par des consommateurs finaux résidents ne sont pas soumis à la TVA dans le pays du consommateur. Si cette approche, qui conduit dans les faits à une imposition à l'origine, limite probablement les risques de fraude, elle peut inciter les vendeurs à déplacer leur activité vers des pays appliquant une TVA faible voire nulle et à vendre des services à distance sur des marchés étrangers en franchise de TVA ou avec un taux de TVA faible. Cette distorsion éventuelle et les pertes de recettes qui en découlent prennent une importance toujours plus grande à mesure que les prestations transfrontalières de services se développent.

63. En conséquence, de plus en plus de pays cherchent à appliquer le principe de destination pour toutes les prestations transfrontalières de services, qu'elles soient destinées à des entreprises ou à des consommateurs finaux, ce qui fait appel à un mécanisme de collecte et de paiement de l'impôt par les prestataires conforme aux recommandations des principes directeurs de l'OCDE dans le contexte du commerce électronique. Puisque l'efficacité des dispositifs d'autocotisation paraît limitée lorsqu'il s'agit de collecter, dans le pays de destination, la TVA due sur des prestations à destination des consommateurs finaux, la seule solution réaliste semble consister à charger les prestataires de la collecte et du paiement de la TVA. Cette conclusion figurait notamment dans la Série des orientations en matière d'impôts sur la consommation de l'OCDE, qui fournissait des orientations pour la mise en œuvre des principes directeurs dans le contexte du commerce électronique (OCDE, 2003b-c-d). Ces orientations prévoyaient que des pays pourraient juger nécessaire que les prestataires non résidents s'enregistrent à la TVA et déclarent la TVA dans la juridiction de consommation et proposaient d'utiliser des systèmes d'enregistrement simplifié et des seuils d'enregistrement pour minimiser la charge administrative potentielle. L'exemple le plus marquant d'application du principe de destination à l'imposition de fournitures internationales de services destinées aux consommateurs finaux qui prévoit un système d'enregistrement simplifié pour les vendeurs non résidents est le dispositif de « Guichet unique » instauré par l'Union européenne.

Notes

1. Cette approche générale s'articule généralement avec des régimes fiscaux spécifiques appliqués à des éléments de revenus tirés de catégories particulières d'actifs (notamment les titres de participation, brevets et marques).

2. Il convient de souligner que, lorsque l'étude a été conduite, la plupart des pays industrialisés n'avaient pas encore mis en place dans leur législation interne le système moderne intégré d'imposition des bénéfices des sociétés et du revenu des personnes physiques.

3. Les revenus des professions libérales étaient traités isolément, sauf si l'activité considérée s'appuyait sur une succursale à l'étranger, ce qui conduisait à requalifier l'activité en entreprise commerciale, justifiant, selon les économistes, l'application de la règle de répartition définie pour les autres entreprises.

4. Les principaux arguments avancés par les économistes à l'appui de leur conclusion (imposition exclusivement dans le pays de résidence) étaient les critères d'opportunité et d'efficacité.

5. Commentaires de l'OCDE sur les dispositions de l'art. 7, par. 11 ; concernant les prestations de services, voir également les commentaires sur les dispositions de l'art. 5, par. 42.11.

6. Ces limitations relatives à la retenue à la source ne sont généralement pas appliquées, cependant, aux paiements excessifs d'intérêts ou de redevances entre parties liées. Ainsi, le paragraphe 6 de l'article 11 du Modèle de convention de l'OCDE prévoit que, lorsque, en raison de relations spéciales existant entre le débiteur et le bénéficiaire, le montant des intérêts excède celui dont seraient convenus le débiteur et le bénéficiaire en l'absence de pareilles relations, la partie excédentaire des paiements reste imposable selon la législation de chaque État contractant. Des dispositions comparables, prévues par le paragraphe 4 de l'article 12 du Modèle de convention de l'OCDE, s'appliquent aux paiements excessifs de redevances.

7. Nombre de systèmes de TVA définissent la notion de « service » par la négative, comme « tout ce qui n'a pas été défini par ailleurs » ou définissent la notion de « prestation de services » comme tout ce qui diffère d'une « livraison de biens ». Si cette approche recouvre le plus souvent les actifs incorporels, certains pays placent ces derniers dans une catégorie distincte, et ce rapport le mentionne explicitement le cas échéant. Il convient de noter que le terme « actifs incorporels » revêt un sens particulier s'il est employé dans un contexte de prix de transfert ou aux fins d'une imposition directe, distinct du sens qui lui est donné dans certains systèmes de TVA.

Bibliographie

Alessi, A., J. de Goede et W. Wijnen (2011), « The Treatment of Services in Tax Treaties », *Bulletin for International Taxation*, 2012, vol. 66, n° 1.

Ault, H.J. (1992), « Corporate Integration, Tax Treaties and the Division of the International Tax Base : Principles and Practice », *Tax L. Review*, n° 47, p. 567.

Avi-Yonah, R.S. (1996), « The Structure of International Taxation: A Proposal for Simplification », *Tax L. Review*, n° 74, p. 1301.

Beale, J.H. (1935), *A Treatise on the Conflict of Laws*, vol. 1, p. 275.

Bird, R.M. (2002), « Why Tax Corporations? », *Bulletin for International Taxation*, vol. 56, n° 5, IBFD, Amsterdam.

Bruins et al. (1923), *Rapport sur la double imposition (Report on Double Taxation) soumis au Comité financier*, n° E.F.S. 73.F.19, Société des Nations, Genève.

Cockfield, A. et al. (2013), *Taxing Global Digital Commerce*, Kluwer Law International BV, Pays-Bas.

Ebrill, L. et al. (2001), *The Modern VAT*, Fonds monétaire international, Washington, DC.

Hellerstein, W. (2009), « Jurisdiction to Impose and Enforce Income and Consumption Taxes : Towards a Unified Conception of Nexus in Value Added Tax and Direct Tax: Similarities and Differences », IBFD, Pays-Bas.

Holmes, K. (2007), *International Tax Policy and Double Tax Treaties*, IBFD, Pays Bas.

Lamensch, M. (2012), « Are "reverse charging" and the "one shop scheme" efficient ways to collect VAT on digital supplies? », in *World Journal of VAT Law*, vol. 1, n° 1.

OCDE (2014), *Principes directeurs internationaux pour l'application de la TVA/TPS*, OCDE, Paris. www.oecd.org/ctp/consumption/international-vat-gst-guidelines.htm.

OCDE (2013a), *Modèle de Convention fiscale concernant le revenu et la fortune 2010 (Version complète)*, Éditions OCDE, Paris, http://dx.doi.org/10.1787/9789264175273-fr.

OCDE (2013b), Statistiques des recettes publiques 1965-2012, Éditions OCDE, Paris, http://dx.doi.org/10.1787/rev_stats-2013-en-fr.

OCDE (2011), « Taxing Consumption », in *Consumption Tax Trends 2010: VAT/GST and Excise Rates, Trends and Administration Issues*, Éditions OCDE, Paris, http://dx.doi.org/10.1787/ctt-2010-en.

OCDE (2003a), *Principes directeurs sur les impôts sur la consommation applicables aux services transfrontaliers et aux biens incorporels dans le contexte du commerce électronique, Principes directeurs pour la définition du lieu de consommation*, OCDE, Paris.

OCDE (2003b), *Commerce électronique – Commentaires sur le lieu de consommation pour les livraisons entre entreprises (présence commerciale)*, OCDE, Paris.

OCDE (2003c), *Electronic Commerce – Simplified Registration Guidance*, OCDE, Paris.

OCDE (2003d), *Verification of Customer Status and Jurisdiction*, OCDE, Paris.

OCDE (2001), Commerce électronique et fiscalité. Mise en œuvre des conditions cadres d'Ottawa sur la fiscalité, Éditions OCDE, Paris, http://dx.doi.org/10.1787/9789264289796-fr.

OMC (1994), Accord sur les subventions et les mesures compensatoires, https://www.wto.org/french/docs_f/legal_f/24-scm.pdf.

Pinto, D. (2006), « The Need to Reconceptualise the Permanent Establishment Threshold », Bulletin for International Taxation, IBFD, pp. 266-279.

Rohatgi, R. (2005), *Basic International Taxation, Volume I: Principles*, 2e édition, Richmond Law and Tax Ltd, Royaume-Uni.

Schon, W. (2010), « Persons and Territories: On International Allocation of Taxing Rights », *British Tax Review*, pp. 554-562.

Skaar, A.A. (1991), *Permanent Establishment, Erosion of a Tax Treaty Principle*, *Series on International Taxation*, Kluwer Law and Taxation Publishers, Pays-Bas.

Tadmore, N. (2007), « Source Taxation of Cross-Border Intellectual Supplies-Concepts, History and Evolution into the Digital Age », *Bulletin for International Taxation*, pp. 2-16.

Vann, R.J. (2010), « Taxing International Business Income : Hard-Boiled Wonderland and the End of the World », *World Tax Journal*, vol. 2, n° 3.

Vogel, K. (1988) « Worldwide vs. Source Taxation of Income – A Review and Re-evaluation of Arguments (Part 3) », *Intertax*, vol. 11, pp. 393-402.

Chapitre 3

Les technologies de l'information et de la communication et leur impact sur l'économie

Ce chapitre retrace l'évolution dans le temps des technologies de l'information et des communications (TIC), et s'intéresse aux changements récents et prévisibles. Il présente ensuite un aperçu conceptuel, mettant en évidence les interactions entre les différentes strates de ces technologies.

3.1. L'évolution des technologies de l'information et de la communication

64. L'évolution des TIC se caractérise par un progrès technique soutenu qui a favorisé une baisse rapide des prix des produits issus de ces technologies et, partant, la généralisation à faible coût de ces dernières dans toute l'économie. Dans bien des cas, la chute des prix déterminée par les avancées technologiques, de même que les tensions poussant à innover en permanence, ont été accentuées par un cycle constant de banalisation dont on fait l'objet bon nombre des technologies clés qui ont permis la croissance de l'économie numérique. À mesure que les produits gagnent en popularité et atteignent un plus grand marché, leurs fonctionnalités ont tendance à se figer, et il devient plus difficile pour les producteurs initiaux de les modifier. Lorsque leurs caractéristiques sont plus stables, les produits sont plus facilement copiés par des concurrents. Ce phénomène est encore encouragé par le processus de normalisation, caractéristique du secteur des TIC, qui rend les composants interopérables, si bien qu'il est plus difficile pour chaque producteur de se démarquer des autres. À moins de parvenir à différencier son produit des copies (par exemple, en le groupant avec des services ou avec d'autres fonctionnalités qui ne seront pas faciles à imiter) ou de trouver un moyen de conserver une position dominante sur le marché, le producteur initial sera obligé de se mesurer à la concurrence sur la base du prix uniquement ou de se tourner vers d'autres segments de marché.

65. Ce processus tend à faire diminuer les prix des biens et des services qui se sont banalisés et à déplacer l'innovation sur la chaîne de valeur. Cela ne signifie pas nécessairement que chacun des composants d'un produit banalisé devient lui aussi banal. Le producteur de tel ou tel de ces composants peut conserver ou créer un avantage concurrentiel en en améliorant certains éléments ou certains sous-systèmes. Il peut ainsi « débanaliser » ces éléments ou sous-systèmes du produit en question et créer ce faisant de nouvelles opportunités à un stade différent de la chaîne de valeur.

3.1.1. Les équipements informatiques personnels

66. Dans les premiers temps de l'économie numérique, de nombreux fabricants de matériel informatique utilisaient des composants propriétaires, ce qui faisait que leurs ordinateurs fonctionnaient selon des normes entièrement différentes. Cependant, une fois l'architecture des micro-ordinateurs largement normalisée, il y a une trentaine d'années, de nombreux acteurs du marché ont commencé à se livrer une concurrence sur les prix. Conjuguée au progrès rapide des technologies, cette concurrence a fait baisser sensiblement les prix du matériel de micro-informatique. Au cours de la période qui a suivi, les fabricants qui ont le mieux réussi ont d'abord été ceux dont les produits s'intégraient le mieux aux autres produits ou ceux qui mettaient au point les meilleures stratégies de commercialisation et de distribution, plutôt que ceux qui produisaient un matériel se distinguant de celui de leurs concurrents. Comme on l'a déjà vu, un tel cycle s'est reproduit à différentes reprises dans l'histoire de l'économie numérique, entraînant d'importantes modifications de sa chaîne de valeur au fil du temps.

67. Les solutions intégrées innovantes associant matériel et logiciel, comme les smartphones et les tablettes électroniques (et de plus en plus, les appareils connectés « portables », au sens vestimentaire du terme) sont d'apparition relativement récente. La conception, la fabrication et la vente de ces appareils a permis aux entreprises de consolider leur position dans la chaîne de valeur et sur le marché. On observe deux grandes tendances, qui confirment l'importance croissante de ces appareils. La première est leur diversification. Au début, les consommateurs accédaient à l'Internet presque exclusivement au moyen des micro-ordinateurs. Depuis, l'industrie a mis au point une grande variété de dispositifs pouvant être utilisés à cette fin, comme les smartphones, les tablettes électroniques et les téléviseurs connectés. La seconde tendance est la spécialisation croissante, dans les

appareils, d'entreprises qui auparavant concentraient leurs activités sur les logiciels ou sur d'autres segments de la chaîne de valeur. Plusieurs sociétés ont lancé leurs propres tablettes électroniques ou d'autres appareils qui leur permettent d'entretenir des relations plus étroites avec leur clientèle et de recueillir ainsi des informations plus détaillées grâce auxquelles elles peuvent offrir un service plus personnalisé, pour davantage de pertinence et de valeur ajoutée.

68. Avec le temps, les équipements informatiques se sont à la fois multipliés et diversifiés en termes de fonctionnalités et de caractéristiques techniques. Comme l'illustre le graphique 3.1, le nombre d'appareils mobiles reliés à l'Internet continue de croître, formant une infrastructure interconnectée que l'on appelle familièrement l'Internet des objets (voir la section 3.2 ci-après consacrée aux changements récents et prévisibles). Après une longue période de banalisation du micro-ordinateur, le matériel informatique connaît un regain d'importance dans la chaîne de valeur. En même temps, les prix des appareils continuent de baisser. Les dispositifs connectés via l'Internet fonctionnent selon certaines normes qui accélèrent leur banalisation, ne serait-ce que parce que les individus possèdent de plus en plus d'appareils qui doivent être synchronisés autour du même ensemble de contenus et de données. En outre, les objets et appareils connectés facilitent les ventes de biens et services immatériels (par exemple, un véhicule connecté devient un point de vente de services basés sur la géolocalisation, notamment des services d'aide à la conduite). C'est pourquoi, dans leur modèle d'affaire, nombre d'entreprises font des équipements informatiques des produits d'appel qui doivent leur permettre d'élargir le marché des consommateurs de biens et de services accessibles par ce biais ou, pour le moins, de profiter d'un réseau toujours plus vaste d'utilisateurs finals. En supposant que ces tendances se maintiennent, il apparaît que pour bien des entreprises, les recettes générées par les appareils connectés proviendront finalement de l'utilisation de ces appareils plutôt que de la stabilité des ventes dans le temps.

Graphique 3.1. **Part de la fibre dans le total des abonnements au haut débit fixe, juin 2014**

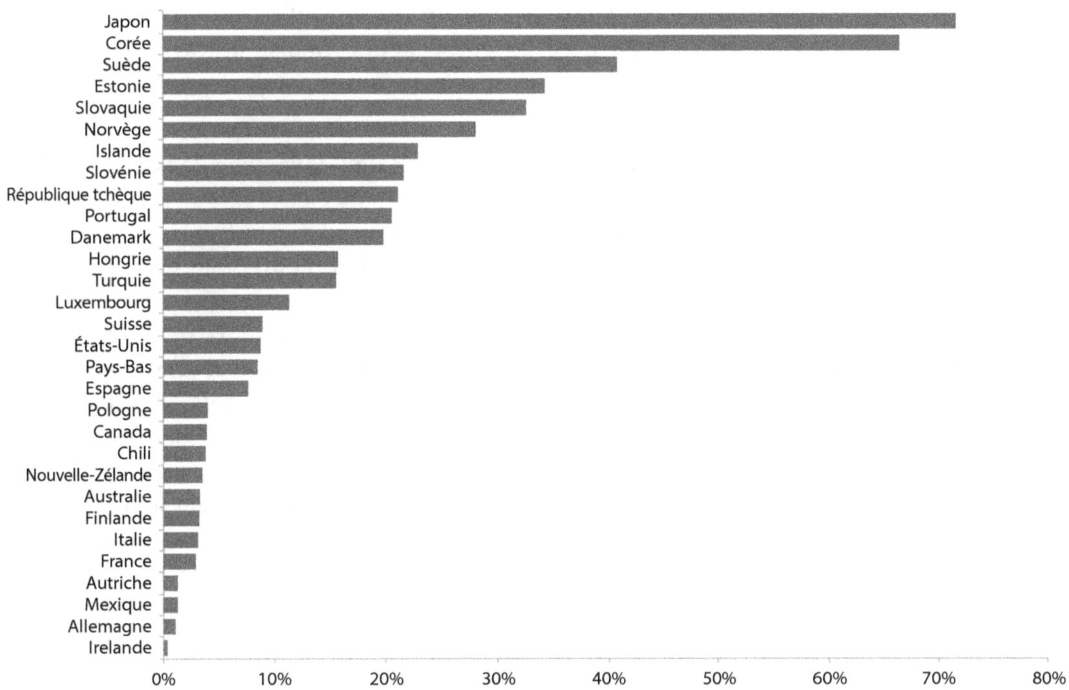

StatLink http://dx.doi.org/10.1787/9789264243767-graph47-fr

Source : OCDE (2015), *Perspectives de l'économie numérique de l'OCDE 2015*, Éditions OCDE, Paris, http://dx.doi.org/10.1787/9789264243767-fr.

Graphique 3.2. **Nombre total de voies d'accès fixe, mobiles et haut débit (en millions)**

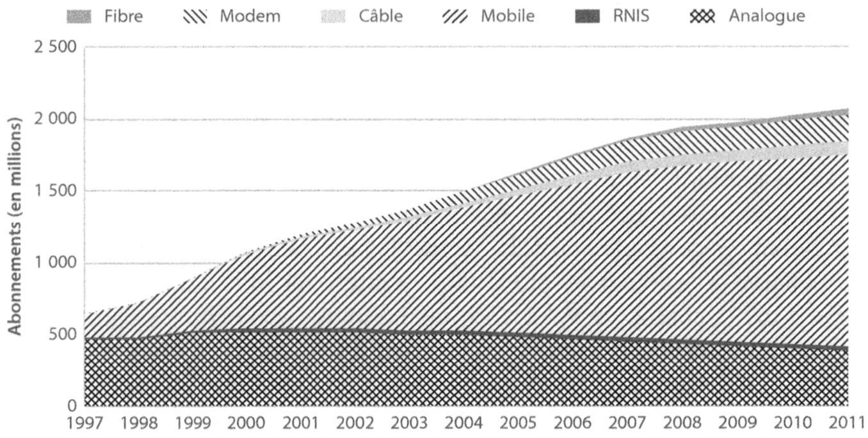

StatLink http://dx.doi.org/10.1787/comms _ outlook-2013-graph44-fr

Source : OCDE (2014), *Perspectives des communications de l'OCDE 2013*, Éditions OCDE, Paris, http://dx.doi.org/10.1787/comms_outlook-2013-fr.

3.1.2. Les réseaux de télécommunications

69. L'Internet devenant un phénomène économique majeur et son adoption s'accélérant, les fournisseurs de composants de réseaux, les acteurs intermédiaires et les fournisseurs d'accès Internet (FAI) assurant le fonctionnement et la gestion de l'infrastructure des réseaux de télécommunications qui constituent l'Internet sont devenus des rouages essentiels de l'économie numérique. L'interconnexion des réseaux a d'abord donné naissance à une économie spécifique organisée autour de ces fournisseurs d'infrastructure en ce qu'ils faisaient office d'interface principale avec les utilisateurs finals, à travers les points d'interconnexion, les centres de données et les voies d'acheminement de données qui forment l'épine dorsale de l'Internet.

70. Cependant, traditionnellement, la force des FAI résidait davantage dans la fourniture d'accès aux réseaux plutôt que dans la prestation de services sur ces réseaux. En conséquence, faute de parvenir à tirer parti du contrôle exercé sur l'accès aux réseaux de télécommunications, les FAI ont eu des difficultés à maintenir leur statut d'unique point d'accès à l'utilisateur final face à la concurrence d'autres entreprises fournissant directement du contenu et des services sur l'Internet. Ces fournisseurs de contenu hors offre FAI (dit aussi contenu *over-the-top* ou OTT) faisaient preuve d'une plus grande réactivité à la demande dans leur offre de services. Aussi les FAI, s'ils sont restés des points de contact privilégiés avec les utilisateurs finals et se sont dans l'ensemble montrés capables de conserver des marges de profit élevées, n'ont pour la plupart pas pu profiter de leur mainmise sur l'accès aux réseaux parce qu'ils exerçaient généralement leurs activités sur des marchés rendus de plus en plus concurrentiels par la réglementation du secteur, et parce qu'ils avaient une envergure essentiellement locale (quoique des FAI aient étendu leurs activités par-delà les frontières, ce qui est toujours le cas d'un certain nombre d'entre eux, notamment les opérateurs de réseaux mobiles).

71. En comparaison, les fournisseurs de contenu hors offre FAI pouvaient proposer aux utilisateurs une expérience unifiée à l'échelle voulue, sachant que leur champ d'action était mondial, chose impossible à un fournisseur de réseau dont le champ d'action est

limité aux dimensions dudit réseau. Par la suite, ces fournisseurs de contenu ont pu établir progressivement des relations directes avec les utilisateurs finals. Le développement des logiciels libres a accéléré le rythme de l'innovation au-dessus des réseaux. Par voie de conséquence, alors que le succès des fournisseurs de contenu hors offre FAI a engendré une hausse de la demande globale en ce qui concerne les réseaux, les prix ont baissé sur les marchés où la concurrence était suffisante. Si un matériel à succès ou un nouveau service réseau peut toujours conférer à une entreprise un avantage à court terme et susciter de nouveaux modèles d'affaire (par exemple les « boutiques d'applications »), l'expérience montre cependant qu'aucun acteur de la chaîne de valeur ne peut à lui seul contrôler l'accès à la clientèle tant que la concurrence demeure suffisamment vive.

3.1.3. Les logiciels

72. Le *World Wide Web*, initialement constitué de sites et de pages web, a marqué l'émergence d'applications logicielles fonctionnant sur l'Internet. Le logiciel a donc été considéré dès le début comme une composante importante de la chaîne de valeur. Cependant, même certains logiciels deviennent des biens de consommation courante. Cette banalisation a, là encore, été déterminée par des normes, à commencer par celles de l'Internet : le protocole HTTP (*Hypertext Transfer Protocol*), le langage HTML (*Hypertext Markup Language*), puis plus tard les formats de données XML (*Extensible Markup Language*) et les protocoles d'échange de courrier électronique comme les protocoles SMTP (*Simple Mail Transfer Protocol*), POP (*Post Office Protocol*) et IMAP (*Internet Message Access Protocol*). À cela s'ajoute que les communautés de développeurs de logiciels libres ont eu besoin d'accélérer la cadence pour pouvoir mettre sur le marché et livrer constamment de nouvelles versions de leurs produits. Afin de pouvoir innover à un tel rythme, ils ont choisi de partager leur code source plutôt que de le redévelopper. Même si quelques grands éditeurs de logiciels ont pu résister, par l'innovation et la différentiation, au processus de banalisation, il est devenu de plus en plus difficile de maintenir une différentiation à grande échelle et de conserver une position de pointe.

73. Si la concurrence croissante dans le développement de systèmes d'exploitation, de bases de données, de serveurs web et de navigateurs a fait diminuer, pour un grand nombre d'entreprises, les profits qu'elles réalisent dans leur cœur de métier, elle a aussi créé de nouvelles opportunités. De même que la banalisation sur le marché du matériel a raboté les marges bénéficiaires des fabricants traditionnels tout en ouvrant de nouvelles possibilités pour ceux qui produisent à bas coûts avec de faibles marges, la concurrence croissante sur le marché du logiciel a obligé les éditeurs à devenir plus créatifs et à se montrer plus réactifs aux besoins des consommateurs. Toute cette évolution a été à l'avantage de ces derniers.

3.1.4. Le contenu

74. Le contenu a commencé à retenir l'attention à partir de la fin des années 1990, quand il est apparu que sa production, sa consommation, et surtout son indexation, constituaient le moteur de la croissance de l'économie numérique. Sont alors apparus les premiers portails de contenu, puis les moteurs de recherche en tant que principales voies d'accès au contenu accessible sur l'Internet. Aujourd'hui, nombreux sont les grands acteurs de l'économie numérique qui sont des fournisseurs de contenu.

75. La définition du contenu à cet égard est très large : elle inclut à la fois le contenu protégé par le droit d'auteur et produit par des professionnels, celui créé par les entreprises et celui, non protégé, produit par les utilisateurs (comme les avis et commentaires que les

consommateurs publient sur les forums en ligne). L'intérêt porté au contenu découle du fait qu'il est important d'attirer un public et de provoquer des interactions entre les utilisateurs. Par ailleurs, plus le contenu d'un site web est abondant et mis à jour fréquemment, meilleure est la visibilité de ce site dans les résultats des recherches. Le contenu joue donc un rôle moteur dans le domaine de la publicité : c'est un atout de taille pour attirer un public et pour le monnayer vis-à-vis des annonceurs. Le contenu est aussi devenu un vecteur de communication publicitaire en soi, classable selon trois catégories : le contenu propriétaire (contenu distribué par la marque sur ses propres supports), le contenu payant (contenu distribué par d'autres médias en échange d'un paiement par la marque), et le contenu acquis (contenu créé et partagé de manière volontaire par la clientèle sans paiement direct par la marque, comme les avis de clients, les vidéos et le partage de contenu sur les médias sociaux).

76. Le contenu est de plus en plus souvent produit par les utilisateurs, d'où un accroissement de son volume. Le succès des sites reposant sur le principe d'une collaboration massive de leurs utilisateurs, comme Wikipédia et YouTube, est la preuve que toute une expérience peut être basée sur un contenu produit principalement par des individus lambda. Par ailleurs, l'émergence du phénomène des réseaux sociaux et le succès de grandes applications dans lesquelles les liens et les interactions entre les utilisateurs comptent plus que n'importe quel contenu principal mis en avant pour attirer un public indiquent la même tendance. Même la publicité dépend de plus en plus du contenu généré par l'utilisateur, à travers le concept de « contenu gagné », un des fondements du marketing de contenu. La sophistication des techniques conçues pour personnaliser les services, en particulier les cookies (outils techniques utilisés par les entreprises pour recueillir des données, notamment à des fins commerciales, comme de publicité comportementale), le ciblage et le re-ciblage, et le filtrage collaboratif, joue aussi un rôle. La quantité de contenu disponible en ligne est devenue si vaste que relativement peu d'entreprises prospèrent sur l'Internet en proposant du contenu haut de gamme, à moins d'être parvenues à valoriser ce contenu à travers un service qui les mette à l'abri d'une concurrence sur les volumes.

3.1.5. L'utilisation des données

77. Les utilisateurs d'applications offrent aux entreprises la possibilité d'accéder à des quantités considérables de données, souvent à caractère personnel, qui sont employées à des fins toujours plus diverses[1]. Les données recueillies peuvent être exploitées non seulement pour personnaliser l'expérience de l'utilisateur, mais aussi pour générer des gains de productivité et de qualité à grande échelle, à travers l'expérimentation contrôlée. Les données personnelles peuvent être obtenues de différentes manières : fournies volontairement par les utilisateurs (par exemple, quand ils s'inscrivent pour pouvoir utiliser un service en ligne), observées (par exemple, en enregistrant le parcours de navigation sur l'Internet, les données de localisation, etc.), ou déduites (par exemple, d'une analyse des activités en ligne). Le graphique 3.3, qui n'est pas exhaustif, illustre la manière dont les données peuvent être collectées, stockées, analysées et exploitées. La collecte de données pertinentes devient d'autant plus fructueuse que le nombre d'appareils connectés à l'Internet progresse. Toutes sortes d'entreprises font usage des données sur les utilisateurs car elles y voient le moyen d'adapter leurs offres à la clientèle. L'accroissement des volumes de données potentiellement utiles impose de mettre au point des techniques toujours plus sophistiquées pour la collecte, le traitement adéquat et l'analyse de ces données.

Graphique 3.3. **Les données personnelles**

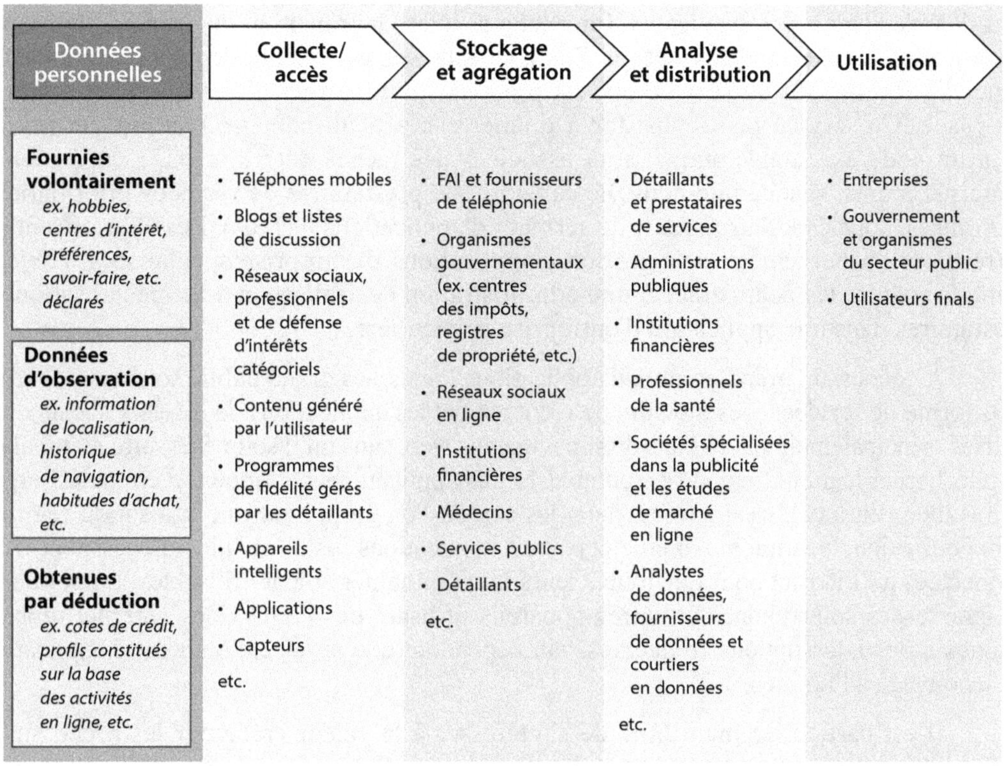

Source : OCDE, d'après Forum économique mondial (2011), *Personal Data: The Emergence of a New Asset Class*, www3.weforum.org/docs/WEF_ITTC_PersonalDataNewAsset_Report_2011.pdf.

3.1.6. Les processus d'informatique en nuage

78. Par suite de la normalisation et de la banalisation de ressources aussi diverses que le matériel, l'infrastructure des réseaux et les logiciels, il est devenu possible à certaines entreprises de combiner ces ressources pour les rendre accessibles via l'Internet sous formes de services.

79. L'hébergement centralisé des ressources logicielles remonte aux années 1960. À l'époque, les gestionnaires d'ordinateurs centraux fournissaient des services informatiques appelés « service bureau », « informatique en temps partagé » ou « informatique à la demande ». Ces services consistaient à offrir de la puissance de calcul et du stockage de bases de données aux banques et autres grandes structures depuis des centres de données mondiaux. L'informatique en nuage à grande échelle résulte de différentes évolutions liées à la fois à la technologie et aux modèles d'affaire : la disponibilité croissante de réseaux de grande capacité, d'ordinateurs et de systèmes de stockage peu coûteux ainsi que la généralisation de la virtualisation matérielle, de l'architecture orientée services et de l'informatique à la demande. Par suite, la valeur a migré vers de nouvelles applications propriétaires qui ne sont pas des produits logiciels autonomes mais des applications Internet conjuguant code exécutable, bases de données mises à jour de façon dynamique et participation des utilisateurs. Si l'expression « informatique en nuage » (ou « infonuagique » – *cloud* en anglais) s'est imposée, ces applications ont aussi été désignées, à un moment ou à un autre, par les expressions *infoware*, « informatique à la demande » et « informatique diffuse ».

80. L'acronyme XaaS (*X-as-a-Service* – en français « X en tant que service ») a été forgé pour désigner l'évolution qui fait que de plus en plus des produits logiciels ne sont plus des biens mais des services. L'Internet a accéléré la transition du secteur traditionnel des logiciels vers les modèles de type XaaS. Un site web est essentiellement une application logicielle fournissant un service qui est proposé sur l'Internet plutôt que localement ou sur place. Ce service peut consister à donner accès à un contenu (comme un portail) ou à un code exécutable auquel sont associées des tâches déterminées. L'expansion de l'Internet a ainsi suscité une nouvelle catégorie de prestataires de services informatiques centralisés, appelés « fournisseurs de services d'applications » (FSA). Les FSA offrent aux entreprises l'hébergement et la gestion d'applications d'entreprise spécialisées, l'objectif étant de réduire les coûts grâce à une administration centralisée et à la spécialisation des prestataires dans une application d'entreprise particulière.

81. À ce jour, un grand nombre d'applications logicielles grand public sont aussi fournies sous forme de services : les moteurs de recherche et les applications de réseaux sociaux sont utilisés principalement par le biais d'un navigateur web, sans qu'il soit nécessaire au préalable de télécharger le moindre code exécutable. Si des applications continuent d'être téléchargées et installées en local, c'est surtout dans les cas où l'on en prévoit une utilisation régulière hors connexion. Néanmoins, même certaines applications installées ainsi nécessitent d'être connectées à l'Internet pour que toutes leurs fonctionnalités soient utilisables. La popularité croissante des smartphones et autres appareils utilisant des connexions Internet mobiles, sujettes à des interruptions fréquentes, fait cependant que le téléchargement d'applications est à nouveau à l'honneur.

82. Il est particulièrement utile de s'intéresser à la valeur créée par les processus de l'informatique en nuage pour analyser les dernières évolutions de l'Internet des objets (voir plus loin), qui désigne l'Internet en tant que réseau reliant des individus, des contenus et des objets au quotidien. Au centre de ce réseau complexe d'interconnexions, on trouve des processus logiciels puissants dont les ressources ne peuvent être stockées et mises en œuvre autrement que dans le nuage.

3.2. Évolutions récentes et prévisibles

83. Le progrès technologique rapide qui a caractérisé le développement des TIC a amené un certain nombre de tendances nouvelles et laisse présager des évolutions qui pourraient se révéler déterminantes dans un avenir proche. Bien que les choses évoluent à une vitesse qui n'autorise guère de prédictions d'une quelconque fiabilité, certaines de ces évolutions potentielles sont étudiées ci-après.

3.2.1. L'Internet des objets

84. Si l'utilisation de l'Internet en tant que plateforme numérique a donné naissance à l'économie du partage (voir plus loin), la possibilité à terme de connecter n'importe quel appareil intelligent ou objet intelligent à un réseau de réseaux rend possible l'émergence de l'« Internet des objets ». Cette expression recouvre divers éléments d'égale importance, parmi lesquels la communication entre machines, l'informatique en nuage, l'analyse de données massives, les capteurs et les actionneurs, dont l'emploi combiné suscite de nouveaux progrès dans les domaines de l'apprentissage automatique et du contrôle à distance (voir graphique 3.4).

Graphique 3.4. **Principaux facteurs de développement de l'Internet des objets**

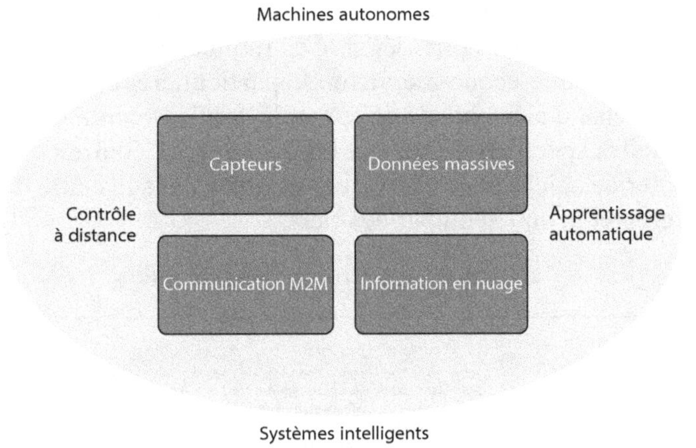

Source : OCDE (2015), *Perspectives de l'économie numérique de l'OCDE 2015*, Éditions OCDE, Paris, http://dx.doi.org/10.1787/9789264243767-fr.

85. Le nombre d'appareils connectés à l'Internet grimpe en flèche tout en conservant une marge de progression considérable. Cisco parle aujourd'hui de 10 à 15 milliards d'appareils, ce qui représente moins de 1 % du total des appareils et objets qu'il devrait être possible de connecter à terme (Evans, 2012). Dans la zone OCDE, il y aurait actuellement environ 1.8 milliard de ces appareils rien que dans les ménages. On pourrait en dénombrer pas moins de 5.8 milliards en 2017, et 14 milliards en 2022 (OCDE, 2013a). La diversification des appareils connectés et la progression de leurs ventes devrait donner un formidable élan aux communications de machine à machine et faciliter considérablement, pour les entreprises, le recueil et l'analyse de données utiles.

86. L'une des caractéristiques majeures de l'Internet des objets est cette capacité accrue de collecter et partager des données au moyen de puissants systèmes d'information connectés à une multitude d'appareils, de capteurs et de composants infonuagiques. L'analyse et l'exploitation des données recueillies et transmises par des appareils connectés peuvent aider individus et organisations à employer leurs ressources à meilleur escient, faire des achats en connaissance de cause, gagner progressivement en productivité et se montrer plus réactifs face aux changement à l'œuvre dans le monde qui les entoure. Les appareils transmettent des données avec un niveau de détail toujours plus grand, si bien que le traitement de ces données peut servir à modifier automatiquement leur comportement en temps réel. Il est possible de même d'accélérer et d'optimiser, au regard des coûts, la formation de salariés à des emplois qualifiés. Cette tendance, jusqu'ici principalement observée dans des secteurs d'activité gros consommateurs de données comme la finance, la publicité ou le divertissement, devrait gagner dans l'avenir des secteurs d'activité plus traditionnels. Par ailleurs, alors que l'Internet des objets requiert généralement une intervention humaine, le contrôle à distance de machines et de systèmes, conjugué à l'apprentissage automatique, devrait permettre tôt ou tard la mise au point d'appareils autonomes et de systèmes intelligents, et notamment de machines robotisées (voir plus loin).

3.2.2. Les monnaies virtuelles

87. Ces dernières années ont été marquées par l'apparition et l'essor des « monnaies virtuelles », c'est-à-dire des instruments d'échange numériques qui ne sont adossés à aucune monnaie officielle ayant cours légal. Ces monnaies prennent différentes formes. Certaines sont propres à une économie virtuelle particulière, comme un jeu en ligne, et sont utilisées pour l'achat d'éléments de ce jeu et de services connexes. Dans certains cas, ces monnaies virtuelles spécifiques peuvent être échangées contre des devises réelles ou utilisées pour acheter des biens et des services tangibles dans le cadre d'échanges pouvant être gérés par les créateurs du jeu ou par des tiers.

Graphique 3.5. **Circuit des bitcoins**

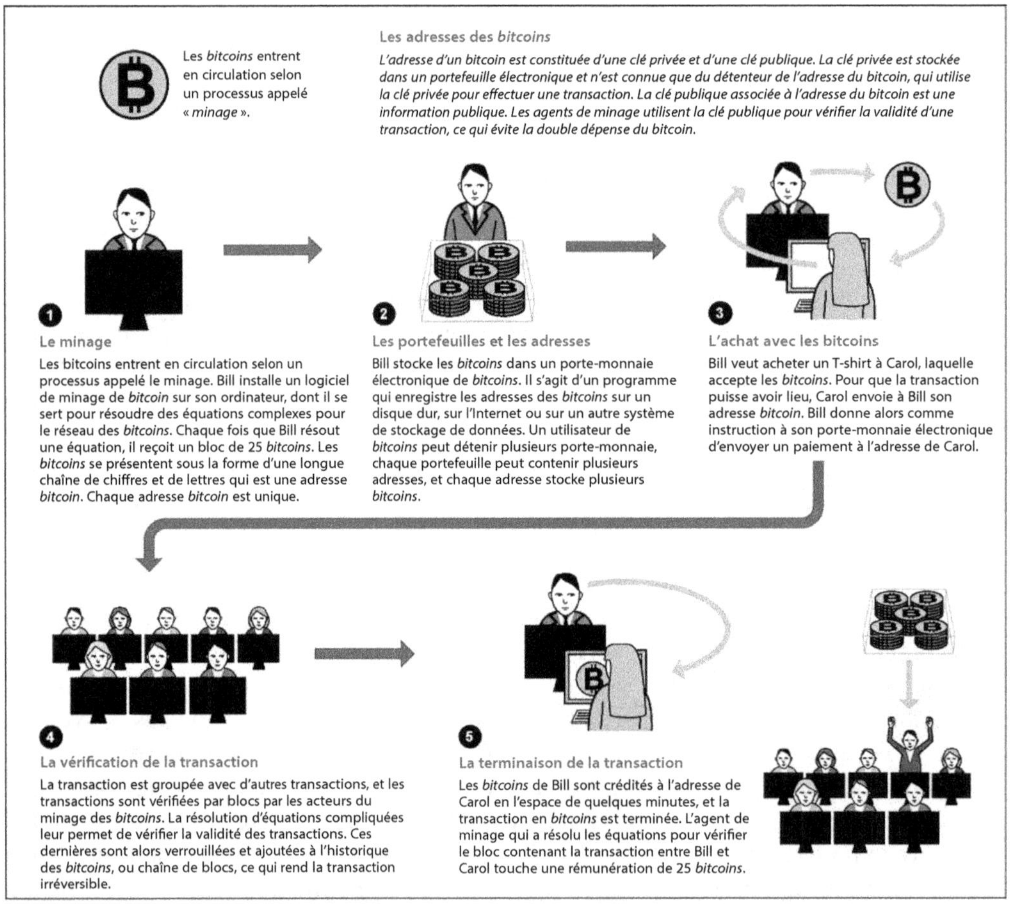

Source : U.S. Government Accountability Office (2013), *Virtual Economies and Currencies*, Rapport à la Commission des finances, Sénat des États-Unis.

88. D'autres monnaies virtuelles ont été créées avant tout pour servir à l'achat de biens et de services réels. L'exemple le plus marquant est celui des diverses formes de « crypto-monnaie », à commencer par le *bitcoin*, qui reposent sur la cryptographie et le contrôle de pair à pair pour assurer la sécurité des transactions et en vérifier la validité. Un certain nombre d'opérateurs privés ont choisi d'accepter les paiements en *bitcoins*.

89. Ces monnaies virtuelles qui, de plus en plus, acquièrent une valeur économique réelle, soulèvent des questions de fond ayant notamment à voir avec l'anonymat des transactions. Concernant les *bitcoins*, par exemple, aucune information personnelle d'identification n'est requise, ni pour acquérir des *bitcoins* ni pour effectuer des transactions.

3.2.3. La robotique avancée

90. L'avènement d'une génération de robots intelligents et connectés est en train de transformer l'industrie en profondeur. La productivité supérieure des nouvelles usines robotisées permet déjà à certaines entreprises multinationales qui avaient délocalisé leurs activités de fabrication pour profiter d'une main d'œuvre bon marché d'envisager de rapatrier ces activités là où se trouve la plus grande partie de leur clientèle.

91. La robotique n'en a pas fini de transformer le secteur manufacturier : l'utilisation de robots réduit en effet la quantité de main-d'œuvre nécessaire dans les usines et contraignent les entreprises multinationales à envisager ensemble production et distribution. Cette tendance devrait être ressentie de façon particulièrement marquée dans les industries déjà fortement mécanisées, l'automatisation étant de plus en plus centrée sur la cognition artificielle, les capteurs, l'apprentissage automatique et les réseaux intelligents distribués. Il est probable que ses effets se feront sentir également là où l'automatisation est restée jusqu'à présent limitée, en particulier dans les usines et ateliers de fabrication de petite taille, sachant que les logiciels permettent d'améliorer la sécurité et rendent possible la collaboration entre les humains et les systèmes automatisés. Par ailleurs, dans la mesure où les robots intègrent davantage de logiciels et sont connectés à des ressources situées dans le nuage, leur programmation va devenir plus facile et moins onéreuse, ce qui pourrait tirer leurs prix vers le bas et les rendre ainsi plus accessibles aux petites et moyennes entreprises. Cette baisse de prix est susceptible d'inciter les entreprises à rapprocher leurs activités de fabrication, entre autres, des consommateurs.

92. À la faveur des progrès de l'intelligence artificielle et de l'émergence de l'informatique cognitive, il est possible que les robots étendent leur influence au-delà du secteur manufacturier, dans des segments plus larges de l'économie, et trouvent également des applications domestiques, par exemple pour aider des personnes âgées ou handicapées à effectuer des tâches manuelles. Capables d'apprendre à exécuter des gestes jusque-là réservés aux seuls humains, les robots sont susceptibles de ce fait d'améliorer la productivité, de faire baisser les prix à la consommation, de contribuer à la montée en puissance d'activités au niveau mondial et de créer des perspectives d'innovation qui déboucheront sur l'émergence de fonctions nécessitant des compétences nouvelles et potentiellement porteuses de nouveaux emplois.

3.2.4. L'impression 3D

93. Les progrès de l'impression 3D (ou impression tridimensionnelle) pourraient permettre de rapprocher la fabrication des consommateurs, l'interaction directe avec ces derniers ayant des répercussions sur la conception des produits et de leurs fonctionnalités. Le secteur manufacturier pourrait ainsi s'éloigner progressivement de la fabrication en séries de produits normalisés pour s'orienter vers des cycles de production plus courts, moyennant l'adoption d'une stratégie d'expérimentation constante à grande échelle. Le secteur de la santé fait largement appel à l'impression tridimensionnelle pour produire des pièces sur mesure, par exemple des éléments de prothèses auditives. Par ailleurs, l'impression 3D pourrait avoir un impact environnemental moindre par rapport à la fabrication traditionnelle, grâce à une diminution du nombre d'étapes nécessaires à la production, au transport, à l'assemblage et à la distribution, et réduire la consommation et le gaspillage de matériaux (Manika, 2013). Le marché de l'impression 3D se développe rapidement, avec des conséquences significatives pour l'économie numérique. À l'échelle mondiale, il devrait passer de 2,2 milliards USD en 2012 à 6 milliards USD en 2017. De nombreuses entreprises intègrent l'impression 3D à leur programme de R-D et la

plupart des fabricants l'utilisent dans le cadre de leurs activités de prototypage. Selon une enquête menée par PricewaterhouseCoopers en 2014, 25 % d'entre eux n'avaient recours à l'impression 3D qu'à cette seule fin, 10 % l'utilisaient aussi pour la production de pièces finales tandis que seulement 1 % employaient cette technologie exclusivement pour obtenir des produits finis (PricewaterhouseCoopers, 2014). Au vu des progrès de l'impression 3D, il n'est pas inconcevable que certains fabricants puissent finalement cesser d'assembler eux-mêmes leurs produits pour transférer sous licence leurs plans et leurs spécifications à d'autres fabricants ou même à des détaillants qui « imprimeraient » eux-mêmes les produits à la demande, en relation plus étroite avec les consommateurs, mais à leurs propres risques et en réalisant une marge très faible. Une autre possibilité est que les particuliers assemblent eux-mêmes les produits en utilisant des imprimantes 3D, d'où davantage de possibilités de déplacer les activités des entreprises vers des sites éloignés du consommateur final.

3.2.5. L'économie du partage et la production collaborative

94. Autre tendance appelée sans doute à gagner en importance dans l'économie numérique, l'économie du partage, ou consommation collaborative, désigne la mise en commun de biens et de services entre particuliers. Si le concept n'est pas nouveau, le progrès technologique a réduit les coûts de transaction, rendu l'information plus accessible et permis d'améliorer la fiabilité et la sécurité. On voit dès lors apparaître depuis quelques années une multitudes d'applications de partage innovantes, fondées sur différents modèles d'activité et centrées sur un service ou un bien en particulier – automobiles, chambres d'amis, produits alimentaires, vêtements ou jets privés, par exemple. La plupart des individus qui participent à l'économie du partage le font moins pour gagner leur vie que pour rencontrer d'autres personnes, vivre un idéal ou simplement joindre les deux bouts. Le revenu complémentaire ainsi dégagé se présentant comme un bénéfice net et ne faisant guère intervenir d'analyse quantitative coûts-avantages, ces amateurs ont tendance à proposer leurs ressources disponibles à un tarif inférieur à celui que pratiqueraient des professionnels, d'où une baisse générale des prix, y compris chez les seconds. Certaines plateformes attirent avec le temps un public nombreux, de sorte qu'elles deviennent le principal point d'accès des consommateurs au marché en ligne et sont à même de concurrencer sérieusement les applications traditionnelles du commerce électronique gérées par les entreprises, et partant de rogner encore les bénéfices de ces dernières.

95. Si l'économie du partage relève de la « consommation collective », le *crowdsourcing* (ou contribution participative) et le financement participatif sont eux de l'ordre de la « production collaborative ». Les grandes entreprises comme les entrepreneurs ont de plus en plus recours à ce genre de pratiques, notamment à des fins de prêt de pair à pair. L'expression « financement participatif » est utilisée de plus en plus largement et par différentes plateformes proposant des types de financement variés : prêts, dons ou financement avec contrepartie non financière, et prise de participation (*equity crowdfunding*). Le marché du financement participatif a affiché une croissance soutenue au cours des dernières années, tirée principalement par le financement sans prise de participation. Le financement participatif est particulièrement répandu aux États-Unis et en Europe, qui représentaient, respectivement, 60 % et 35 % du marché en 2012 (OCDE, 2015).

3.2.6. L'accès aux données publiques

96. Les administrations progressent dans la mise à disposition du public de ressources, et notamment de données, lisibles par les machines, dans le cadre d'une démarche dite d'« ouverture des données », d'« administration ouverte », ou encore de « démocratie ouverte ». Les politiques publiques adoptées en ce sens répondent à trois objectifs principaux :

- **Transparence :** L'accessibilité des ressources publiques permet au citoyen d'y accéder directement pour suivre, documenter et évaluer le coût, la rentabilité et l'efficacité des politiques publiques. S'agissant de l'obligation de rendre des comptes, les stratégies d'administration ouverte sont censées offrir des outils pour faire progresser la transparence et la démocratie de façon générale.
- **Amélioration des performances :** L'ouverture des ressources publiques vise aussi à donner aux organismes publics les moyens de mieux coopérer entre eux grâce à l'emploi d'applications logicielles communes.
- **Participation de tiers aux affaires publiques :** Lorsque des ressources des administrations sont mises à la disposition de tiers extérieurs, ces derniers peuvent les combiner avec celles dont ils disposaient déjà de leur côté pour créer des applications hybrides offrant un service de meilleur qualité, plus personnalisé.

3.2.7. Une protection renforcée des données personnelles

97. Dans la plupart des systèmes juridiques, les données personnelles fournies par les utilisateurs sont protégées par des règles relatives à la vie privée et restent la propriété des intéressés. Les données personnelles sont considérées comme un actif appartenant à l'individu auquel elles se rapportent, si bien que c'est à lui, plutôt qu'à l'organisation qui les détient, que revient la décision de les utiliser, de les échanger et de les divulguer. Les règles de protection des données spécifient généralement quelles données ont un caractère personnel, comment elles sont recueillies et quelles normes les entreprises sont tenues de respecter pour les stocker de manière sécurisée, en même temps qu'elles font obligation d'informer les individus des données personnelles détenues et des droits d'accès dont ils disposent. Dans de nombreux pays, il existe des règles exigeant que des mesures de sécurité adéquates soient adoptées pour le transfert de données personnelles vers des pays tiers. Les coûts de mise en conformité sont généralement pris en charge par les pouvoirs publics ou par les entreprises ou autres organisations qui recueillent des données auprès des individus.

98. Les particuliers se montrent de plus en plus attentifs à l'utilisation qui est faite de leurs données personnelles et s'attendent à ce que leur vie privée soit protégée, si bien que différents pays débattent actuellement du renforcement de la législation applicables et de l'encadrement de la collecte et de l'exploitation des données par les organisations (OCDE, 2012 et 2013b). Les règles en vigueur imposent de plus en plus souvent des obligations concernant la façon dont les données peuvent être stockées et traitées et le lieu où elles peuvent l'être. Comme l'illustrent les projets de lois actuellement à l'étude dans l'Union européenne et dans plusieurs pays, cette tendance pourrait faire sensiblement évoluer les modèles d'affaire basés sur l'utilisation de données personnelles. Ainsi, l'obligation de s'assurer qu'un individu a donné son consentement à la collecte de données anonymes, notamment au moyen de cookies, pourrait avoir un impact sur l'expérience de l'utilisateur qui navigue sur l'Internet et rendre plus difficiles le ciblage et le re-ciblage des bannières et des clics publicitaires.

3.3. Les interactions entre les diverses strates des technologies de l'information et de la communication (TIC) : aperçu conceptuel

99. Il est possible de représenter le secteur des TIC à partir des interactions entre les différentes strates de ces technologies, strates qui se caractérisent chacune par une certaine combinaison d'éléments matériels et logiciels. Cette approche est illustrée dans le graphique 3.6.

Graphique 3.6. **Les TIC représentées par strates**

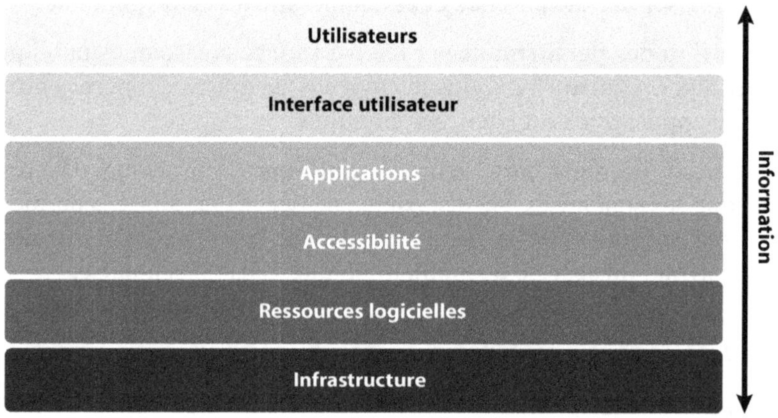

100. À la base se trouve l'*infrastructure* de l'Internet, qui est constituée de câbles, de conduits, de routeurs, de commutateurs et de centres de données conçus et fabriqués par des entreprises spécialisées dans l'interconnexion des réseaux, et qu'exploitent des fournisseurs d'accès Internet (FAI), des prestataires de services de télécommunications et des opérateurs de réseaux. Les fournisseurs de contenu, dont le rôle est de diffuser des contenus auprès des utilisateurs finals selon des normes élevées de disponibilité et de qualité de fonctionnement, payent les autres intervenants susmentionnés pour l'hébergement de leurs contenus sur des serveurs installés dans leurs centres de données. C'est à ce niveau que se fait la gestion des adresses IP et des noms de domaines.

101. Immédiatement au-dessus, stockées sur des serveurs situés dans des centres de données et dans des organisations du monde entier, se trouvent les *ressources logicielles* de base qui permettent aux organisations de créer des applications et qui sont constituées de données brutes, de contenu numérique et de codes exécutables. Il peut s'agir aussi bien de ressources produites par les organisations que de ressources provenant des utilisateurs, recueillies et stockées en vue d'une utilisation ultérieure.

102. Au-dessus de ces ressources de base se trouvent les outils qui assurent l'*accessibilité* fondamentale nécessaire pour que les ressources logicielles soient combinées au-dessus de l'infrastructure afin de créer des applications utilisables par les utilisateurs finals, particuliers ou entreprises. Cette strate représente en effet la structure nécessaire pour que les applications logicielles puissent exploiter l'infrastructure sous-jacente et les ressources logicielles de base de l'Internet. Cette accessibilité peut être assurée sous des formes diverses. Un système d'exploitation rendant possible le fonctionnement d'applications sur des appareils numériques, par exemple, constitue une des façons les plus courantes d'assurer cette accessibilité : c'est ce qui permet à un développeur de concevoir une application destinée à fonctionner sur un appareil donné. Les principaux protocoles de haut niveau permettant

la communication de données entre les applications, notamment le protocole HTTP, qui constitue le fondement de la communication de données sur le *World Wide Web*, et le SMTP, qui est la norme pour la transmission des messages électroniques, représentent une autre catégorie d'outils d'accessibilité. Les autres moyens d'assurer l'accessibilité sont les services web, les interfaces de programmation d'applications (API) et les kits de développement de logiciels (SDK, *software development kits*), autant d'instruments permettant aux applications utilisables par les utilisateurs finals d'accéder aux ressources nécessaires pour se connecter aux ressources de base.

103. La strate de l'accessibilité fournit les plateformes pour la création d'*applications* utilisables par les utilisateurs finals et capables d'accéder aux ressources logicielles de base en aval de l'infrastructure. Ces applications forment la quatrième strate de l'économie numérique. Une application est une combinaison de ressources logicielles qui crée de la valeur pour l'utilisateur final à travers la fourniture de biens ou de services. Des applications peuvent se compléter ou être liées l'une à l'autre : ainsi, par exemple, un navigateur web est une application qui donne accès aux sites web, lesquels sont eux-mêmes des applications web, et une boutique d'applications est aussi une application avec une proposition de valeur qui consiste à permettre aux utilisateurs de découvrir et d'acheter d'autres applications. À l'intérieur de la strate des applications, il y a des applications qui remplissent une fonction de contrôle d'accès, en enregistrant des informations sur l'utilisateur et en faisant en sorte qu'une association avec d'autres ressources puisse se faire uniquement lorsqu'elle est nécessaire, et avec le consentement formel de l'utilisateur final. Ces activités de contrôle couvrent l'authentification des utilisateurs, le paiement et la géolocalisation, toutes ces fonctions impliquant la collecte et l'utilisation de données assez sensibles pour qu'un certain niveau de confiance soit requis entre l'organisation et l'utilisateur.

104. Le niveau conceptuel suivant est celui de l'*interface* entre la machine et l'être humain. L'interface représente l'expérience de l'utilisateur. Elle se matérialise au niveau d'un point de contact physique qui peut être soit un appareil, soit un espace réel (par exemple un magasin). On distingue ici deux sortes d'appareils : les appareils génériques sont ceux qui servent de support à un certain nombre d'applications, tandis que les appareils non génériques sont ceux sur lesquels une seule et unique application peut être utilisée. L'ordinateur, le smartphone et la tablette électronique, par exemple, sont des appareils génériques. Au contraire, un thermostat connecté à l'Internet est un dispositif non générique. Certains équipements, comme les voitures connectées, étaient généralement non génériques aux premiers stades de leur développement, mais deviennent progressivement plus génériques à mesure qu'elles intègrent de nouvelles fonctionnalités d'accessibilité (notamment un système d'exploitation).

105. Au sommet du schéma, au-dessus des strates représentant les fonctions, se trouvent les *utilisateurs*, c'est-à-dire des individus qui interviennent soit à titre personnel, soit au nom d'une entreprise. Ces individus interagissent directement avec la couche d'interface et accèdent ainsi aux applications, soit directement, soit par l'intermédiaire de services fournis par une autre application remplissant une fonction de contrôle d'accès.

106. Chaque strate fonctionne grâce à des ressources matérielles, des ressources logicielles et une connexion au réseau. Les ressources peuvent être stockées à différents niveaux : dans les centres de données qui constituent la strate de l'infrastructure, dans les serveurs virtuels situés dans le nuage, ou sur l'appareil dont se sert l'utilisateur (par exemple, un ordinateur ou une tablette électronique). Les relations commerciales entre les strates sont généralement les relations entre les clients et les fournisseurs : une entreprise qui exerce son activité au niveau d'une seule strate est généralement payée par une entreprise exerçant son

activité dans la strate supérieure. Ainsi, les opérateurs des services informatiques hébergés (dans le nuage) qui assurent l'accessibilité rémunèrent les opérateurs de l'infrastructure et sont de leur côté rémunérés par les développeurs d'applications. Une entreprise exerçant son activité au niveau de la strate supérieure réalise son chiffre d'affaires directement par ses interactions avec les utilisateurs finals, soit en leur facturant ses prestations, soit en produisant une valeur qu'elle peut monnayer pour tirer un revenu d'un autre client ou d'une autre entreprise. Les organisations qui sont rémunérées au niveau supérieur sont celles qui exploitent des appareils connectés, qui exercent des activités de contrôle d'accès ou qui utilisent une application qui n'est liée ni à un équipement ni à un contrôle d'accès.

107. De façon générale, au sein de l'économie numérique, plusieurs modèles d'affaire peuvent être décrits en termes d'intégration verticale entre ces strates. Par exemple, les entreprises du web traditionnelles utilisent des ressources logicielles (strate 2) et dépendent de protocoles ouverts (comme le HTTP) (strate 3) pour combiner ces ressources en une application web (strate 4). Elles paient des opérateurs de la strate la plus basse pour mettre leurs applications en ligne, et leurs interactions avec les utilisateurs génèrent un revenu, soit directement sous forme d'un paiement effectué par l'utilisateur (et reçu directement ou par l'intermédiaire d'une instance de contrôle d'accès), soit indirectement, par le biais de la production d'une valeur pouvant être monnayée ailleurs dans le modèle d'activité.

108. Ces interactions expliquent pourquoi certaines entreprises jugent très important de fonctionner au sommet du système, en particulier en fournissant des applications qui assurent des fonctions de contrôle d'accès. En effet, les contrôleurs d'accès ont la possibilité de collecter des données auprès de leurs utilisateurs, de les analyser et finalement, de les mettre à la disposition de développeurs pour créer encore plus d'applications (et collecter encore plus de données), ou pour les revendre à d'autres entreprises (à des fins publicitaires). C'est aussi ce qui explique la création de vastes écosystèmes fondés sur une position dominante sur le marché du contrôle d'accès, de l'accessibilité, et parfois, de l'exploitation des appareils.

Note

1. La sensibilité des utilisateurs aux questions de vie privée s'est traduite par des mouvements de protestation contre certaines fonctionnalités, pratiques ou conditions de service mises en place par des entreprises et ayant trait aux données personnelles. Souvent, ces entreprises ont réagi en modifiant les fonctionnalités en question ou même en en proposant de nouvelles pour permettre à leurs utilisateurs de contrôler et de protéger leurs données personnelles. Il convient de noter également que la collecte et l'utilisation des données personnelles sont étroitement réglementées dans les pays de l'OCDE et que, pour l'essentiel, la législation n la matière reprend les principaux éléments des Lignes directrices de l'OCDE sur la protection de la vie privée.

Bibliographie

Evan, D. (2012), *The Internet of Everything – How more Relevant and Valuable Connections Will Change the World*, Cisco IBSG.

Forum économique mondial (2011), « Personal Data: The Emergence of a New Asset Class », http://www3.weforum.org/docs/WEF_ITTC_PersonalDataNewAsset_Report_2011.pdf.

Manika J., et al. (2013), *Disruptive Technologies: Advances that will Transform Life, Business and the Global Economy*, McKinsey Global Institute.

OCDE (2015), *Perspectives de l'économie numérique de l'OCDE 2015*, Éditions OCDE, Paris, http://dx.doi.org/10.1787/9789264243767-fr.

OCDE (2013a), *Perspectives des communications de l'OCDE 2013*, Éditions OCDE, Paris, http://dx.doi.org/10.1787/comms_outlook-2013-fr.

OCDE (2013b), « Protecting and Empowering Consumers in the Purchase of Digital Content Products », *Documents de travail de l'OCDE sur l'économie numérique*, n° 219, Éditions OCDE, Paris, http://dx.doi.org/10.1787/5k49czlc7wd3-en.

OCDE (2012), « Rapport sur la protection des consommateurs dans les paiements en ligne et mobiles », *Documents de travail de l'OCDE sur l'économie numérique*, n° 204, Éditions OCDE, Paris, http://dx.doi.org/10.1787/5k948kg5ftq5-fr.

Pricewaterhouse Coopers (2014), « 3D Printing and the New Shape of Industrial Manufacturing » www.pwc.com/us/en/industrial-products/assets/3d-printing-next_manufacturing-pwc.pdf (consulté le 10 août 2015).

Rosenstock, E. (2011), « Paid, Owned, Earned Media Model will Disappear… It Will Just Be Called Marketing », http://elyrosenstock.com/blog/2011/05/13/earned-media-will-disappear-it-will-just-be-called-marketing/ (consulté le 15 mai 2014).

U.S. Government Accountability Office (2013), *Virtual Economies and Currencies*, Rapport à la Commission des finances, Sénat des États-Unis.

Chapitre 4

L'économie numérique, nouveaux modèles d'activité et principales caractéristiques

Le présent chapitre est consacré à la diffusion des technologies de l'information et des communications (TIC) dans l'économie ; on y trouve des exemples de modèles d'activité découlant des progrès de ces technologies, ainsi qu'une vue d'ensemble des grandes caractéristiques de l'économie numérique mises en évidence par ces modèles.

4.1. La diffusion des TIC dans les différents secteurs d'activité : l'économie numérique

109. Tous les secteurs de l'économie ont adopté les TIC pour accroître leur productivité, créer de nouveaux débouchés sur les marchés et réduire leurs coûts d'exploitation. Cette adoption des TIC est illustrée par la diffusion de la connectivité haut débit qui, dans presque tous les pays de l'Organisation de coopération et de développement économiques (OCDE), est universelle dans les grandes entreprises et atteint ou dépasse 90% dans les entreprises de moindre dimension.

Graphique 4.1. **Connectivité haut débit, par taille, 2010 et 2014**

Pourcentage d'entreprises dans chaque classe de taille

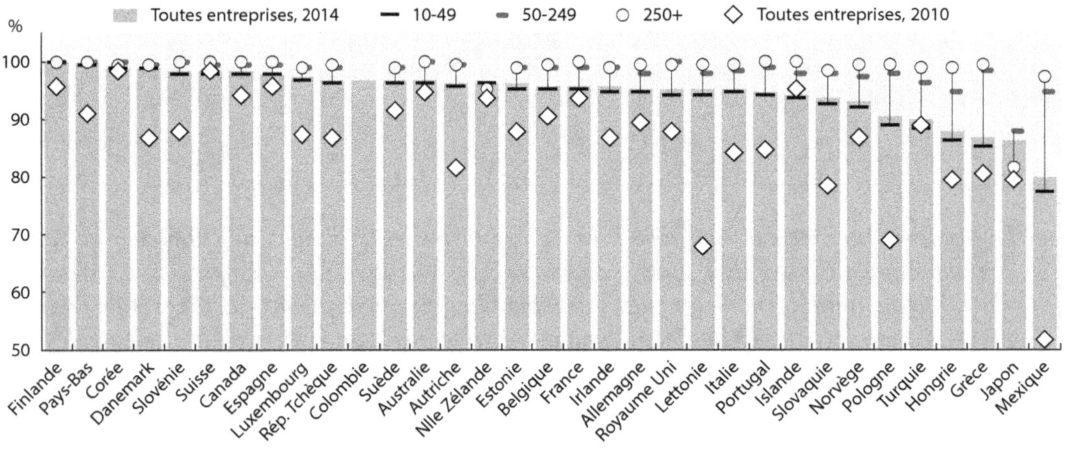

StatLink http://dx.doi.org/10.1787/9789264243767-graph71-fr

Source : OCDE (2015), *Perspectives de l'économie numérique de l'OCDE 2015*, Éditions OCDE, Paris, http://dx.doi.org/10.1787/9789264243767-fr.

110. L'adoption généralisée des TIC, conjuguée à la baisse rapide des prix et à l'amélioration des performances de ces technologies, a contribué au développement de nouvelles activités dans le secteur privé comme dans le secteur public. Ensemble, ces technologies ont ouvert de nouveaux débouchés, tiré les coûts vers le bas et permis le développement de nouveaux produits et services. Elles ont aussi changé les modalités de production et de prestation de ces produits et services, ainsi que les modèles d'affaire suivis par les entreprises, depuis les multinationales (EMN) jusqu'aux startups. Elles sont aussi devenues le support des activités des particuliers et des consommateurs et ont entraîné la création de nouveaux mécanismes de paiement, et notamment de nouvelles formes de monnaies électroniques. L'Internet a entraîné d'importants changements tout d'abord dans les secteurs du divertissement, de l'information, de la publicité et du commerce de détail, où les premiers grands acteurs du numérique sont d'abord partis de modèles d'affaire traditionnels, qu'ils ont adaptés aux progrès de l'équipement des utilisateurs finals (à l'intérieur des organisations et en dehors) et de l'interconnexion permise par l'Internet.

111. Ainsi, les détaillants en ligne ont initialement adapté le modèle commercial des magasins ordinaires en vendant des biens physiques traditionnels (par exemple des livres) par voie numérique. Une autre catégorie d'acteurs apparue dans les premiers temps est celle des intermédiaires en ligne qui permettaient aux utilisateurs de découvrir, de vendre et d'acheter des biens et des services, par exemple des véhicules ou des biens immobiliers,

mais aussi de rechercher un travail ou proposer un emploi à pourvoir. D'autres acteurs du numérique se sont spécialisés dans la vente en ligne de services traditionnels (par exemple, les courtiers d'assurance en ligne). Les détaillants ont ensuite commencé à vendre des produits et des services numériques, par exemple de la musique et des films en téléchargement ou en diffusion en flux, du code exécutable, des jeux, ou des services de traitement de données, si bien que la distinction entre biens et services est devenue de plus en plus floue à mesure que ces activités ont continué à se développer. De même, la publicité en ligne a d'abord suivi les modèles traditionnels, pour s'affiner à mesure que le potentiel des technologies numériques se déployait dans l'industrie. De nouveaux services en ligne permettant l'essor d'une économie du partage et des services ont également fait leur apparition, et les gens ont pu louer leur logement, leur véhicule ou leurs compétences à des tiers.

112. À mesure que la technologie progressait et que leurs coûts continuaient à chuter, les TIC se sont imposées comme des solutions polyvalentes qui ont fait peu à peu leur place, devenue centrale, dans les modèles d'affaire d'entreprises de tous les secteurs de l'économie. Quel que soit leur domaine d'activité, les entreprises sont maintenant en mesure de concevoir et bâtir leurs modèles d'exploitation en fonction de capacités technologiques, afin de gagner en souplesse et en efficience et élargir leurs débouchés internationaux. Dans tous les secteurs, elles ont transformé leurs activités en tirant parti des progrès des communications et des possibilités que leur offre le traitement des données pour réduire les coûts de transaction et renforcer leur présence sur les marchés mondiaux.

113. Ces avancées, conjuguées à la libéralisation de la politique commerciale et à la réduction des coûts de transport, ont permis aux entreprises de tous les secteurs de tirer parti des chaînes de valeur mondiales dans lesquelles les processus de production peuvent être répartis géographiquement en diverses régions du monde afin de jouer sur les particularités des marchés locaux. Ainsi, dans les secteurs très dépendants des technologies et de la recherche-développement, la conception et la production peuvent être gérées de façon centralisée tandis que l'assemblage peut être fractionné entre différents pays pour profiter d'une main d'œuvre qualifiée et des ressources locales.

114. Des secteurs aussi variés que le commerce de détail, la logistique et l'enseignement ont été transformés et continuent d'être transformés par suite de la diffusion des TIC :

- **Le commerce de détail :** L'économie numérique rend les détaillants à même de prendre des commandes en ligne (commandes qui sont souvent traitées par un magasin local) et facilite le recueil et l'analyse de données sur la clientèle à des fins de personnalisation des services et des offres publicitaires. Elle permet aussi aux détaillants de gérer la logistique et de fournir les magasins en produits, non sans un impact positif substantiel sur la productivité.
- **Les transports et la logistique :** Le secteur de la logistique a été transformé par l'économie numérique, qui permet le suivi des véhicules et des marchandises à travers les continents, la fourniture d'informations à la clientèle et le développement de nouveaux processus opérationnels comme les livraisons en flux tendu dans le secteur manufacturier. La télémesure quant à elle permet d'optimiser la consommation de carburant, concourt à une utilisation efficiente du réseau routier et facilite l'entretien des flottes de véhicules. L'information collectée par ceux-ci peut aussi servir à créer des ensembles de données ayant une valeur commerciale.
- **Les services financiers :** De plus en plus, les banques, les compagnies d'assurance et d'autres sociétés, y compris les prestataires de services de paiement non traditionnels, offrent à leurs clients la possibilité de gérer leurs finances, d'effectuer des

transactions et d'accéder à de nouveaux produits en ligne, même si elles conservent un réseau de succursales pour certaines opérations. Une meilleure exploitation des données favorise aussi la connaissance du client et le développement de produits connexes, comme les analyses personnalisées des dépenses, qui peuvent être utilisés pour générer des recettes publicitaires. L'économie numérique facilite aussi le suivi des indices et la gestion des portefeuilles d'investissement et elle a rendu possibles certaines activités spécialisées comme les transactions à haute fréquence.

- **Le secteur manufacturier et l'agriculture :** L'économie numérique a amélioré les activités de conception et de développement, ainsi que le suivi des processus de production industrielle, de même que le contrôle des robots, ce qui a permis d'atteindre une plus grande précision dans la conception et le développement des produits et leur perfectionnement continu. Les produits intègrent aussi une composante de capital intellectuel qui va croissant. Dans l'industrie automobile, par exemple, on estime que 90 % des nouvelles fonctionnalités des véhicules comportent une composante logicielle significative. Dans les exploitations agricoles, des systèmes informatiques assurent le suivi des cultures, des cheptels et de la qualité des sols et de l'environnement. De plus en plus de processus à caractère répétitif et d'équipements agricoles peuvent être gérés par des systèmes automatisés.
- **L'enseignement :** Avec la généralisation de l'économie numérique, les universités, les services de soutien scolaire et autres prestataires de services éducatifs peuvent dispenser des cours à distance, rendant le face-à-face pédagogique inutile, grâce à des technologies comme la vidéoconférence, la diffusion en flux et les portails de collaboration en ligne, ce qui leur permet de proposer leurs programmes au monde entier et de mettre en valeur leur image de marque d'une manière qui n'était pas envisageable auparavant.
- **Les soins de santé :** L'économie numérique est en train de révolutionner le secteur de la santé – avec le diagnostic à distance, les gains d'efficience au niveau des systèmes de santé et l'amélioration du vécu du patient grâce au dossier médical électronique. Elle ouvre aussi des possibilités au plan publicitaire, par exemple pour les médicaments et autres traitements.
- **La radiodiffusion et les médias :** L'économie numérique a considérablement transformé l'industrie de la radiodiffusion et des médias. L'essor de l'accès haut débit, en particulier, a ouvert de nouvelles possibilités aux acteurs traditionnels des médias pour ce qui est de la fourniture de contenu, tout en permettant aussi l'apparition de nouveaux canaux d'information et en élargissant la participation du public dans la sphère médiatique par le biais du contenu généré par l'utilisateur et des réseaux sociaux. L'économie numérique aide aussi les entreprises dans la collecte et l'exploitation d'informations concernant les habitudes d'audience et les préférences de leurs clients et leur permet ainsi de mieux cibler leur programmation.

115. À mesure que l'économie intègre la technologie numérique, il devient de plus en plus ardu de segmenter l'économie numérique. En d'autres termes, celle-ci se confondant toujours davantage avec l'économie en général, il serait difficile, sinon impossible, de dissocier l'une de l'autre. Toute tentative d'isoler l'économie numérique pour en faire un secteur distinct supposerait inévitablement d'établir une distinction arbitraire entre ce qui relève du numérique et ce qui n'en relève pas. Aussi les défis fiscaux et les problématiques liées à l'érosion de la base d'imposition et au transfert de bénéfices (BEPS) soulevés par l'économie

numérique sont-ils plus faciles à reconnaître et à traiter si l'on analyse les structures en place parmi les entreprises multinationales en même temps que les nouveaux modèles d'affaire, ainsi que les principales caractéristiques de l'économie numérique de manière à déterminer celles d'entre elles qui posent question sur le plan fiscal ou sur celui du BEPS, ou qui ajoutent aux préoccupations existantes, et à définir des solutions pour traiter ces problèmes.

4.2. L'économie numérique et l'émergence de nouveaux modèles d'affaires

116. L'économie numérique a donné naissance à un certain nombre de nouveaux modèles d'affaire. Bien qu'un certain nombre d'entre eux aient leur équivalent dans les entreprises traditionnelles, les récents progrès des TIC permettent d'exercer divers types d'activité à une échelle et avec une portée nettement plus grandes qu'auparavant. Cette section analyse plusieurs bons exemples de ces nouveaux modèles d'affaire. Certains de ces modèles peuvent se révéler complémentaires ou, parfois, présenter un certain nombre de points communs (par exemple, les services de paiement peuvent être considérés sous l'angle du commerce électronique ou sous celui de l'informatique en nuage). Les modèles étudiés ci-après ne sont en aucun cas exhaustifs. De fait, si elle favorise le développement rapide de nouveaux modèles d'affaire, l'innovation dans l'économie numérique peut provoquer l'obsolescence d'un modèle existant de manière tout aussi rapide. Les types d'activité étudiés comprennent diverses formes de commerce électronique, les boutiques d'applications, la publicité en ligne, l'informatique en nuage, les plateformes participatives en réseau, les transactions à haute fréquence et les services de paiement en ligne.

4.2.1. Le commerce électronique

117. Le commerce électronique, ou cybercommerce, a été défini, au sens large, par le Groupe de travail de l'OCDE sur les indicateurs pour la société de l'information comme « la vente ou l'achat de biens ou de services, effectués sur des réseaux informatiques[1] par des méthodes spécifiquement conçues pour la réception ou la passation de commandes. Les biens et services sont commandés par ces méthodes, mais le paiement et la livraison proprement dite des biens ou services peuvent ne pas se faire en ligne. La transaction de commerce électronique peut se faire entre entreprises, ménages, particuliers, administrations ou autres organismes publics ou privés » (OCDE, 2011). Le commerce électronique peut servir soit à faciliter les commandes de biens ou de services qui seront ensuite fournis par les canaux traditionnels (commerce électronique indirect ou hors ligne), soit à commander et à livrer des biens ou des services par voie purement électronique (commerce électronique direct ou en ligne). Le commerce électronique recouvre un vaste éventail d'activités, mais l'on n'en présentera ici que des exemples parmi les plus courants.

4.2.1.1. Les modèles de commerce électronique entre entreprises

118. Le commerce électronique est très largement constitué de transactions par lesquelles une entreprise vend des produits ou des services à une autre entreprise (OCDE, 2011). Il peut s'agir de transactions imitant des transactions traditionnelles, dans lesquelles un grossiste achète des lots de marchandises en ligne, qu'il revend ensuite aux consommateurs depuis des points de vente. Il peut aussi s'agir de la production de biens ou de services utiles à d'autres entreprises, notamment : *i)* des services de logistique, comme le transport, l'entreposage et la distribution, *ii)* des services applicatifs recouvrant le déploiement, l'hébergement et la gestion de logiciels intégrés depuis une installation centrale, *iii)* de l'externalisation de fonctions auxiliaires du commerce électronique, comme l'hébergement

de pages web, la sécurité ou les solutions d'assistance à la clientèle, *iv)* de solutions pour la gestion et la maintenance des enchères en temps réel sur l'Internet, *v)* de services de gestion de contenu, destinés à faciliter la gestion et la fourniture de contenu pour le compte de sites web, et *vi)* d'outils du cybercommerce apportant des capacités d'achat automatisé en ligne.

4.2.1.2. Les modèles de commerce électronique grand public

119. Les modèles de commerce électronique grand public ont fait partie des premières formes de commerce électronique. Une entreprise qui fonctionne selon ce modèle vend des biens ou des services à des particuliers qui agissent dans un contexte non professionnel. Ces modèles se répartissent en plusieurs catégories, parmi lesquelles, par exemple, le « tout en ligne », c'est-à-dire des producteurs qui n'ont pas de magasins physiques ni de présence hors ligne, les entreprises traditionnelles qui ont complété leur activité traditionnelle par des ventes en ligne (dites entreprises mixtes), et les fabricants qui adoptent les transactions en ligne pour permettre à leurs clients de passer et personnaliser leur commande directement auprès d'eux.

120. Les biens ou services vendus par une entreprise appliquant un modèle de commerce grand public peuvent être matériels (comme un CD de musique) ou dématérialisés (c'est-à-dire reçus par le consommateur sous un format électronique). La numérisation de l'information, du texte, du son et des images permet à un vendeur de livrer de plus en plus de biens et de services sous forme numérique à des consommateurs situés de plus en plus loin de lui. Bien souvent, le commerce électronique grand public permet de raccourcir considérablement les chaînes d'approvisionnement en éliminant le besoin de recourir à des grossistes, distributeurs, détaillants et autres intermédiaires comme le faisaient les entreprises traditionnelles pour vendre des biens matériels. En raison notamment de cette désintermédiation, les entreprises qui suivent ce modèle d'activité investissent généralement beaucoup dans la publicité et le suivi de la clientèle, ainsi que dans la logistique. Le modèle de vente au public réduit les coûts de transaction (en particulier les coûts de recherche) en améliorant l'accès des consommateurs à l'information. Il réduit aussi les barrières à l'entrée sur le marché, sachant qu'il est généralement moins onéreux de gérer un site web que de monter un magasin traditionnel de vente au détail.

4.2.1.3. Les modèles de consommateur à consommateur

121. Les échanges de consommateur à consommateur sont de plus en plus courants. Les cyber-entreprises actives sur le créneau des échanges entre particuliers jouent le rôle d'intermédiaires aidant les consommateurs à vendre ou louer leurs biens (biens immobiliers, autos, motos, etc.) en publiant leurs annonces sur leurs sites web et en facilitant les transactions. Ces entreprises peuvent ou non faire payer leurs services aux consommateurs, selon leur modèle de recettes. Ce type de commerce électronique revêt plusieurs formes, notamment : *i)* ventes aux enchères sur un portail permettant aux utilisateurs de faire des offres sur les articles proposés, *ii)* systèmes pair-à-pair permettant le partage de fichiers entre les utilisateurs, et *iii)* portails de petites annonces, qui constituent un marché électronique interactif en ligne et permettent la négociation entre acheteurs et vendeurs.

4.2.1.4. La croissance du commerce électronique

122. L'Internet facilite des opérations telles que la commande de biens et de services. Autrement dit, un grand nombre de transactions qui auraient eu lieu sans lui peuvent être réalisées de façon plus efficace et à moindre coût. Le nombre d'entreprises qui effectuent

des transactions commerciales sur le Toile s'est de ce fait accru considérablement au cours de la dernière décennie.

123. Aux Pays-Bas, par exemple, la part du commerce électronique dans les recettes totales des entreprises est passée de 3.4 % en 1999 à 14.1 % en 2009. De même, entre 2004 et 2011, cette proportion est passée de 2.7 % à 18.5 % en Norvège et de 2.8 % à 11 % en Pologne. En se référant à des données comparables, comme dans le graphique 4.2, le commerce électronique avoisine 20 % du chiffre d'affaires total en Finlande, en Hongrie et en Suède, et 25 % en République tchèque (OCDE, 2012).

124. En 2014, les ventes du commerce électronique grand public (entre entreprises et consommateurs) étaient évaluées à plus de 1 400 milliards USD, en progression de près de 20 % par rapport à 2013. On estimait alors qu'elles arriveraient à 2 356 milliards USD d'ici 2018 et que la région Asie-Pacifique ravirait la première place à l'Amérique du Nord pour ce marché dans le courant de l'année 2015 (Emarketer, 2014). À en croire les travaux du cabinet de conseil en stratégie Frost and Sullivan, en matière de commerce électronique, les ventes au détail entre entreprises pourraient atteindre un poids deux fois plus lourd que les ventes aux particuliers, avec un chiffre d'affaires de 6 700 milliards USD à l'horizon 2020. Elles représenteront alors pratiquement 27 % de l'ensemble du commerce de produits manufacturés, qui devrait atteindre à ce moment-là 25 000 milliards USD (Frost and Sullivan, 2014).

Graphique 4.2. **Le chiffre d'affaires du commerce électronique par taille d'entreprise, 2008 et 2012**

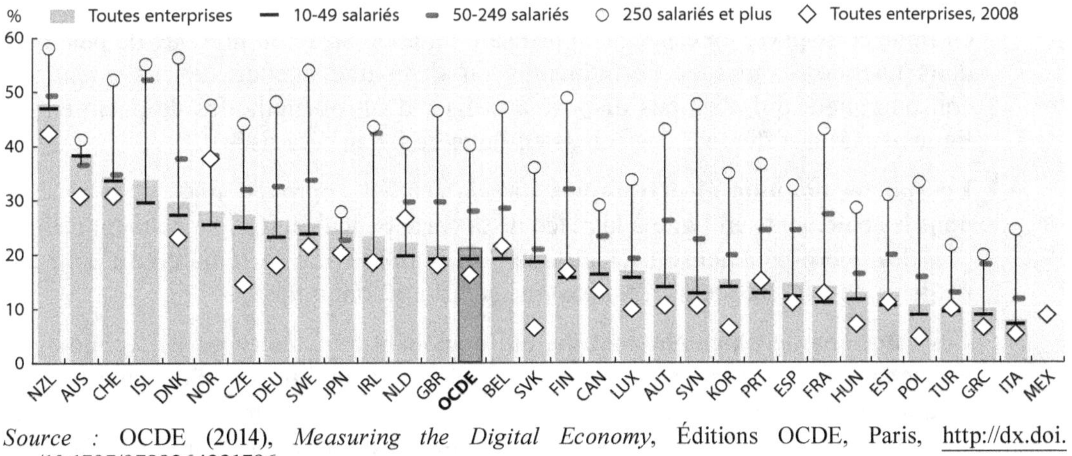

Source : OCDE (2014), *Measuring the Digital Economy*, Éditions OCDE, Paris, http://dx.doi.org/10.1787/9789264221796-en.

125. L'internet a également élargi l'horizon économique des entreprises de taille modeste en leur ouvrant l'accès à des marchés qu'elles n'auraient pas pu investir autrement. Les petites et moyennes entreprises (PME) restent toutefois encore peu nombreuses dans l'ensemble à se lancer dans le commerce électronique, en particulier à l'échelle internationale. Plusieurs raisons à cela : réticence des consommateurs à l'égard des achats transnationaux, obstacles commerciaux et réglementaires (coûts administratifs liés aux formalités douanières, droits de douane élevés, protection inadaptée des droits de propriété), ou encore fonds de roulement insuffisant pour financer les exportations (OCDE, 2015).

4.2.2. Les services de paiement

126. En général, pour le paiement des transactions en ligne, certaines informations financières étaient nécessaires au vendeur, notamment un numéro de compte bancaire ou les informations relatives à la carte bancaire, ce qui supposait un degré de confiance élevé qui n'est pas toujours possible lorsqu'il s'agit d'un vendeur inconnu, surtout dans le cas d'une transaction entre particuliers. Les prestataires de services de paiement en ligne permettent de résoudre ce problème en fournissant un moyen sécurisé d'effectuer des transactions sans que les parties intéressées aient besoin d'échanger des informations financières.

127. Le prestataire d'un service de paiement joue un rôle d'intermédiaire (utilisant généralement le modèle du logiciel-service) entre les acheteurs et les vendeurs en ligne. Il accepte les paiements des acheteurs par divers moyens – carte bancaire, débit bancaire direct ou virement bancaire en temps réel –, traite ces paiements et dépose les fonds sur le compte du vendeur. Les systèmes de paiement électronique présentent un certain nombre d'avantages pour les utilisateurs, à savoir *i)* une protection contre la fraude, sachant que le vendeur et l'acheteur n'échangent pas d'information sensible, *ii)* un paiement plus rapide par rapport aux méthodes de paiement traditionnelles, et *iii)* bien souvent, la possibilité d'effectuer la transaction dans plusieurs devises. Les prestataires de services de paiement prélèvent généralement une commission sur chaque transaction effectuée, qui peut être fixe ou bien proportionnelle au montant de celle-ci, encore que certains facturent aussi des frais mensuels ou des commissions pour certains services supplémentaires.

128. Un certain nombre d'autres modes de paiement en ligne sont aussi utilisés :

- **Les solutions de paiement en espèces**, qui permettent au consommateur d'acheter en ligne et de payer en espèces en utilisant un code barre ou un code de paiement dans une des boutiques participantes ou dans une agence de règlement. Le consommateur qui n'est pas disposé à utiliser d'autres méthodes de paiement en ligne peut ainsi effectuer des achats en ligne de façon sécurisée.
- **Les porte-monnaie électroniques**, préalablement approvisionnés et utilisables pour les paiements en ligne à la place de la carte bancaire. Ils sont souvent utilisés pour les micro-paiements, sachant que l'utilisation d'une carte de crédit pour des petits paiements fréquents n'est pas une solution économique.
- **Les solutions de paiement mobile**, qui englobent tous les types de technologies permettant le paiement au moyen d'un téléphone mobile ou d'un smartphone, notamment le traitement mobile des cartes au moyen de lecteurs de cartes connectés aux smartphones, les paiements intégrés (*in-app*) pour les produits virtuels et les solutions de communication en champ proche qui utilisent une technologie sans fil à courte portée pour les échanges d'informations.

129. Comme on l'a vu dans le chapitre 3, l'économie numérique a aussi donné naissance à des monnaies virtuelles que l'on peut utiliser en lieu et place des services de paiement pour acheter des biens et services aux entreprises qui les acceptent. Dans certains cas, des plateformes d'échange ont été mises en place pour l'acheter et la vente de ces monnaies virtuelles contre des devises réelles.

4.2.3. Les boutiques d'applications

130. Le développement de l'accès à l'Internet à partir des smartphones et des tablettes électroniques a entraîné une augmentation de la fréquence d'utilisation des services en ligne et l'essor des boutiques d'applications, qui sont un type particulier de plateforme numérique de distribution de logiciels, souvent fournie en tant que composante d'un système d'exploitation. Les boutiques d'applications prennent généralement la forme de plateformes centrales de vente au détail, accessibles à partir de l'appareil utilisé par le consommateur et avec lesquelles ce dernier peut accéder à un catalogue d'applications, consulter les informations et les avis les concernant, acheter les applications de son choix, puis les télécharger et les installer automatiquement sur son appareil.

131. L'accessibilité des boutiques d'applications est variable. Certaines ne sont accessibles qu'aux consommateurs équipés d'un appareil particulier. Elles peuvent être le seul moyen pour les utilisateurs de cet appareil d'obtenir des applications, ou n'être qu'un des moyens possibles de les obtenir. Certaines boutiques d'applications sont accessibles à partir de tout appareil utilisant un système d'exploitation particulier. D'autres sont ouvertes aux consommateurs ayant conclu un contrat de service avec un opérateur de réseau donné. Enfin, certaines autres sont librement accessibles et ne dépendent ni du type d'appareil, ni du logiciel propriétaire, ni du fournisseur du service.

132. Une boutique d'applications comporte généralement des applications développées par l'entreprise qui la gère (typiquement, un développeur de systèmes d'exploitation, un fabricant d'appareils ou un fournisseur de réseau de télécommunications) ou par un développeur tiers. Le téléchargement des applications peut être gratuit ou payant. Les applications gratuites peuvent être financées par la publicité. Par ailleurs, elles suivent de plus en plus souvent le modèle « *freemium* », dont le principe est que les fonctionnalités essentielles sont gratuites, mais non le contenu ou les fonctionnalités complémentaires.

133. Généralement, une boutique d'applications propose des applications produites par des développeurs de différents pays. Par ailleurs, si un grand nombre de boutiques d'applications ciblent leur clientèle sur des marchés géographiques particuliers, les applications sont souvent au catalogue de plusieurs boutiques d'applications destinées à différentes zones géographiques.

134. L'utilisation des boutiques d'applications connaît une croissance rapide. D'après Gartner Inc., une société de recherche et de conseil en technologies de l'information, le nombre de téléchargements comptabilisés depuis ces boutiques aurait atteint 102 milliards en 2013, contre 64 milliards en 2012.

135. Le chiffre d'affaires total des boutiques d'applications devrait dépasser 26 milliards USD en 2013, soit une augmentation de 31 % par rapport à 2012. Comme on l'a vu, les applications gratuites sont de plus en plus courantes et devraient représenter 94.5 % des téléchargements en 2017, les achats intégrés représentant alors 48 % du chiffre d'affaires des boutiques d'applications.

4.2.4. La publicité en ligne

136. La publicité en ligne, ou « cyberpublicité » utilise l'Internet comme moyen de cibler les consommateurs et de leur adresser des messages promotionnels. Elle présente plusieurs avantages par rapport à la publicité sur support classique. Ainsi, un certain nombre de cyber-annonceurs ont mis au point des méthodes élaborées de segmentation des consommateurs afin de permettre un ciblage plus précis des annonces. De nombreux services de publicité en ligne ont aussi élaboré des techniques permettant à leurs clients de contrôler la rentabilité

de leurs annonces en assurant un suivi des interactions entre les consommateurs et leurs marques et en prenant connaissance de ce qui intéresse leurs clients actuels et potentiels. La cyberpublicité prend un certain nombre de formes dont les plus courantes sont les placards publicitaires – où l'annonceur paie pour que soient affichées des annonces en lien avec un contenu particulier ou avec un comportement particulier de l'utilisateur – et les annonces sur les moteurs de recherche – où l'annonceur paie pour que sa publicité apparaisse dans des résultats de recherches sur l'Internet.

137. La publicité en ligne fait intervenir plusieurs acteurs, à savoir, les éditeurs de contenu web, qui acceptent d'intégrer des annonces dans leur contenu en ligne en échange d'une rémunération, les annonceurs, qui produisent les annonces à afficher dans le contenu créé par les premiers, et les intermédiaires en publicité en ligne, qui mettent en relation les éditeurs de contenu web avec les annonceurs désireux de toucher un public d'internautes. La catégorie des intermédiaires en publicité recouvre une série d'acteurs : ce sont les moteurs de recherche, les sociétés de médias et les fournisseurs de technologie. Leurs réseaux publicitaires s'appuient sur les plateformes d'échange de données, sur lesquelles les annonceurs enchérissent pour l'accès aux données relatives aux consommateurs qui ont été collectées grâce au suivi et au traçage des activités en ligne des utilisateurs. Ces données peuvent être analysées, combinées et traitées par les analystes de données spécialisés, afin de créer un profil d'utilisateur.

138. Dans les modèles d'affaire fondés sur la publicité, les éditeurs de contenu sont souvent disposés à proposer aux consommateurs des services gratuits ou subventionnés afin de toucher un public assez large pour attirer les annonceurs. Les agences de publicité qui ont le mieux réussi sont celles qui ont su associer un ensemble élargi d'internautes à des algorithmes élaborés leur permettant de recueillir, d'analyser et de traiter des données d'utilisateurs en vue de diffuser des annonces ciblées. Alors que la publicité traditionnelle impliquait un paiement donné pour l'affichage d'annonces pendant une période spécifiée, avec peu de moyens de contrôler la visibilité et les réactions du public-cible, la publicité en ligne a donné naissance à de nouvelles méthodes de calcul des paiements, comme le coût pour mille (CPM), consistant à facturer aux annonceurs un prix pour un millier d'affichages de leur message sur les écrans des internautes, le coût par clic (CPC), consistant à ne faire payer les annonceurs que lorsque les internautes cliquent sur leurs annonces, et le coût-par-action (CPA), consistant à ne faire payer les annonceurs que lorsqu'une action particulière (par exemple un achat) est effectuée par un utilisateur.

139. La cyberpublicité est en croissance rapide, en termes de recettes totales comme de part du marché global de la publicité. PwC estime que les recettes publicitaires sur l'Internet s'établissaient à 135.4 milliards USD en 2014. Les projections annoncent que le marché de la publicité sur l'Internet va connaître une croissance annuelle de 12.1 % entre 2014 et 2019, année où il devrait atteindre 239.8 milliards USD. L'Internet deviendrait alors le premier support publicitaire, supplantant la télévision. Le référencement payant constitue la plus grosse part du marché de la publicité en ligne. D'après les prévisions, son chiffre d'affaires devrait passer de 53.13 milliards USD en 2014 à 85.41 milliards USD en 2019 pour représenter environ 35 % du total de la publicité sur l'Internet, malgré la progression soutenue de la publicité sur mobile et de la publicité vidéo. Si cette dernière ne pesait que 4.7 % du total des recettes publicitaires sur l'Internet en 2014, elle devrait afficher une progression de plus de 19 % par an qui la fera passer de 6.32 milliards USD à 15.39 milliards USD en 2019. De la même manière, la cyberpublicité sur mobile, qui représentait à peine 5 % de la publicité sur l'Internet en 2010 s'établissait à 16.7 % de part de marché en 2014 et devrait continuer à gagner du terrain à la faveur de la diffusion toujours plus grande des appareils mobiles (PwC, 2015).

4.2.5. L'informatique en nuage

140. L'informatique en nuage (ou « infonuagique ») désigne la fourniture en ligne de services informatiques normalisés, configurables et à la demande, qui peuvent comprendre le traitement, le stockage, le logiciel et la gestion de données, au moyen de ressources physiques et virtuelles partagées (réseaux, serveurs et applications)[2]. Ces services étant fournis en ligne à l'aide du matériel du prestataire, les utilisateurs peuvent généralement y accéder à partir de divers types d'appareils et depuis n'importe quel endroit pourvu qu'ils disposent d'une connexion Internet convenable.

141. Les ressources auxquelles les clients des services d'informatique en nuage reçoivent accès ne sont pas stockées sur un ordinateur unique. Elles sont réparties sur un grand nombre d'ordinateurs en réseau qui sont mis à disposition de quiconque a accès à ce « nuage » de ressources informatiques (selon le nuage, il peut s'agir d'une organisation unique, d'un groupement d'organisations, du grand public, ou d'un peu tout ceux-là à la fois). Le système copie les données et le logiciel de chaque utilisateur sur d'autres serveurs, ce qui lui permet d'affecter les demandes de ressources matérielles à la localisation physique la plus à même de les satisfaire de façon efficiente. Chaque utilisateur a accès à un vaste ensemble de ressources informatiques au moment où il en a besoin et uniquement à ce moment-là. C'est grâce à cette redondance qu'une panne survenant sur une machine n'entraînera pas une perte de données ni de logiciels.

142. Pour les utilisateurs, le recours à l'informatique en nuage est souvent une solution plus rentable que l'achat et l'entretien de leur propre infrastructure de traitement de l'information, sachant que le coût des ressources est généralement partagé entre un grand nombre d'utilisateurs. Les avantages de l'informatique en nuage sont largement déterminés par les économies d'échelle liées à la mise en place de l'infrastructure et à la maximisation de l'utilisation des serveurs grâce au partage de l'espace entre des clients dont les besoins en termes d'espace et de puissance de traitement peuvent être variables.

143. Les exemples de modèles de services infonuagiques les plus courants sont les suivants :

- **L'infrastructure-service** (IaaS) : Dans ce modèle, le plus élémentaire, les fournisseurs d'infrastructure en tant que service mettent à la disposition de leurs clients des ordinateurs – des machines physiques ou (plus souvent) virtuelles – et d'autres ressources informatiques fondamentales. Les nuages IaaS offrent souvent d'autres ressources encore, notamment une bibliothèque d'images de disques-durs virtuels, des capacités de stockage brut (par bloc) ou sur fichiers, des pare-feu, des répartiteurs de charge, des adresses IP, des réseaux locaux virtuels (VLAN) et des suites logicielles. Le client n'a pas à gérer ni à contrôler l'infrastructure sous-jacente du nuage, mais il garde le contrôle du système d'exploitation, de l'espace de stockage et des applications déployées, et il obtient parfois un contrôle limité sur certains composants réseau (pare-feu hôtes, par exemple).
- **La plateforme-service** : Il s'agit d'une catégorie de services infonuagiques fournissant une plateforme de traitement et des outils de programmation en tant que service pour les développeurs de logiciels. Les ressources logicielles fournies par la plateforme sont intégrées au code des applications logicielles destinées aux utilisateurs finals. L'infrastructure infonuagique sous-jacente, c'est-à-dire le réseau, les serveurs, les systèmes d'exploitation et les capacités de stockage, n'est pas contrôlée ni gérée par le client, qui détient toutefois le contrôle des applications déployées.

- **Le logiciel-service** : Il s'agit d'une forme courante d'infonuagique dans laquelle le prestataire permet à l'utilisateur d'accéder à une application à partir de divers appareils par l'intermédiaire d'une interface client, comme par exemple un logiciel de navigation (par exemple une messagerie électronique). Cet accès peut être fourni à une clientèle d'entreprises ou de particuliers. Contrairement aux anciens modèles de fourniture de logiciels, le code est exécuté à distance sur les serveurs, si bien qu'il n'est plus nécessaire pour l'utilisateur de procéder à une mise à jour lorsqu'une nouvelle version est disponible : la version exécutée est toujours la plus récente, ce qui signifie que les nouvelles fonctionnalités sont mises instantanément sur le marché sans aucune friction. Le client n'a généralement pas à gérer ni à contrôler l'infrastructure sous-jacente du nuage (réseau, serveurs, systèmes d'exploitation, espaces de stockage) ou les applications, à l'exception possible d'un petit nombre de paramètres de configuration qu'il peut personnaliser.

144. D'autres concepts de type « X en tant que service » (Xaas) concernent le contenu ou les données :

- **Le contenu-service** : Lorsque des droits sont obtenus et lorsque le logiciel est fourni de telle sorte que le contenu puisse être intégré par les acquéreurs, ceux-ci peuvent acheter le contenu en tant que « service ». Il en est ainsi plus particulièrement dans le cas du contenu créé par l'utilisateur.

- **Les données-service** : Des données provenant de sources diverses peuvent être consolidées et gérées par un prestataire de services, de telle sorte que l'accès contrôlé à ces données puisse être assuré à des entités qui peuvent être éloignées l'une de l'autre d'un point de vue géographique et d'un point de vue organisationnel, sans que chacune d'elles ait besoin de développer ni d'acquérir l'infrastructure nécessaire à la préparation et au traitement de ces données.

145. Sur les marchés de consommation, un certain nombre de services d'informatique en nuage (par exemple, courrier électronique, stockage de photos et réseaux sociaux) sont proposés gratuitement, les recettes étant générées par la publicité ou par la vente de données sur le comportement des utilisateurs, ou selon un régime « *freemium* » en vertu duquel

Graphique 4.3. **Utilisation de l'infonuagique par les entreprises, 2014**

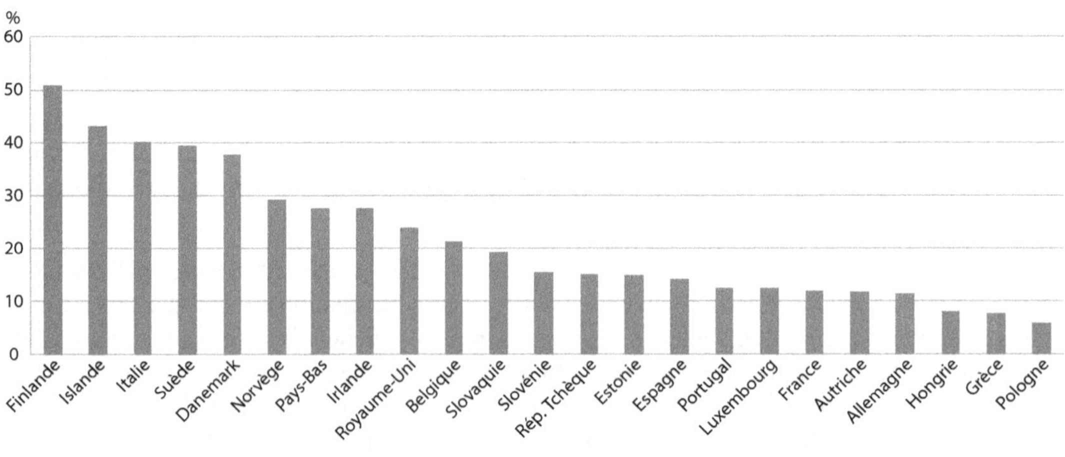

StatLink http://dx.doi.org/10.1787/9789264243767-graph14-fr

Source : Eurostat, Statistiques sur la société de l'information, janvier 2015, dans OCDE (2015), *Perspectives de l'économie numérique de l'OCDE 2015*, Éditions OCDE Paris, http://dx.doi.org/10.1787/9789264243767-fr.

les services de base sont fournis à titre gratuit et l'accès à des services élargis est payant. D'autres services infonuagiques, comme l'hébergement web ou des sauvegardes de disque dur, sont vendus dans le cadre d'un abonnement mensuel. Sur les marchés d'entreprise à entreprise, les services infonuagiques sont le plus souvent vendus sur abonnement, mais des modèles de facturation au service rendu sont de plus en plus souvent proposés.

146. Depuis quelques années, la diffusion des applications et services d'infonuagique va s'accélérant parmi les entreprises. En 2014, 22 % des entreprises avaient ainsi recours à des services de ce type. Dans la plupart des pays, le taux d'adoption est plus élevé dans les grandes entreprises que dans les PME (OCDE, 2015). Par ailleurs, comme on le voit dans le graphique 4.4, les choix d'investissement se portent plus fréquemment sur les services infonuagiques très évolués – logiciels de finance/comptabilité, solutions de gestion de la relation client (GRC), capacité de traitement –, que sur des services moins élaborés, à l'instar des solutions de messagerie, de bureautique ou d'archivage de fichiers (OCDE, 2015).

Graphique 4.4. **Entreprises utilisatrices de services infonuagiques, par type de services, 2014**

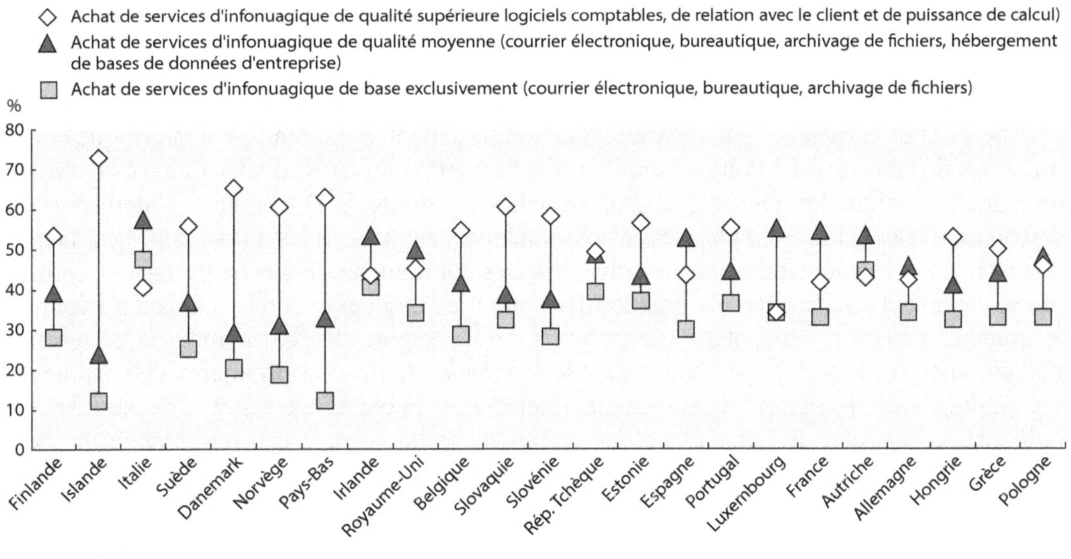

StatLink http://dx.doi.org/10.1787/9789264243767-graph76-fr

Source : Eurostat, Statistiques sur la société de l'information, janvier 2015, dans OCDE (2015), *Perspectives de l'économie numérique de l'OCDE 2015*, Éditions OCDE Paris, http://dx.doi.org/10.1787/9789264243767-fr.

4.2.6. Les transactions à haute fréquence

147. Les transactions à haute fréquence sont des transactions sur titres exécutées en très peu de temps qui font appel à des technologies de pointe et reposent notamment sur des algorithmes informatiques complexes. Des ordres, généralement d'assez petite taille, sont envoyés à grande vitesse et par grandes quantités sur les marchés, avec des temps d'exécution aller-retour qui se mesurent en microsecondes. Les paramètres des échanges sont fixés à l'aide d'algorithmes exécutés par de puissants ordinateurs qui analysent d'énormes volumes de données de marché et exploitent de petites variations des cours et des opportunités d'arbitrage de marché qui peuvent se produire pendant quelques millisecondes seulement. Habituellement, un opérateur de transactions à haute fréquence ne conserve jamais une position ouverte plus de quelques secondes. En d'autres termes, les sociétés spécialisées dans ce domaine tirent profit principalement de petites variations des

cours exploitées au moyen de transactions de faible ampleur mais exécutées à un rythme soutenu.

148. Les transactions à haute fréquence, étant effectuées de façon entièrement électronique, peuvent généralement avoir lieu sans la présence de personnel dans le pays où est située l'infrastructure utilisée pour les effectuer. La mise en œuvre et l'application de stratégies d'échanges performantes dépendent de plusieurs facteurs, notamment la définition d'algorithmes pour l'exécution des transactions et l'écriture de programmes permettant de suivre les pertes et les gains et d'interrompre automatiquement les échanges pour éviter que les premières ne s'accumulent trop rapidement. Par ailleurs, les transactions à haute fréquence impliquent de pouvoir se montrer plus rapide que la concurrence, ce qui signifie que cette activité est extrêmement sensible aux latences. La localisation des serveurs est donc d'une importance primordiale : des serveurs situés à proximité de la bourse concernée procurent un avantage significatif par rapport à des serveurs plus éloignés. C'est pourquoi les institutions financières proposent que les équipements nécessaires à l'exécution des transactions soient installés juste à côté de leur propre infrastructure de manière à minimiser les temps d'attente sur le réseau.

4.2.7. Les plateformes participatives en réseau

149. Une plateforme participative est un intermédiaire qui permet aux utilisateurs de collaborer et de contribuer à la création, à l'enrichissement, à la notation, à la critique et à la diffusion de contenus. Le contenu créé par l'utilisateur comprend diverses formes d'œuvres médiatiques originales (écrites, audio, visuelles et mixtes). Différentes plateformes de distribution ont été mises en place avec notamment les blogues ou les wikis, pour la rédaction de textes dans une démarche collaborative, les sites communautaires et de partage de signets, les réseaux sociaux, les sites de baladodiffusion et les mondes virtuels. De façon générale, le contenu créé par l'utilisateur n'est pas lié à une attente de profit, mais la plateforme collaborative sur laquelle il se trouve peut le monnayer de diverses manières : contributions volontaires, accès payant pour les visiteurs (facturation au contenu consulté ou abonnement), publicité, concession de licences de contenu et de technologie à des tiers, vente de biens ou de services à la communauté, ou vente de données sur les utilisateurs à des sociétés de prospection commerciale ou à d'autres entreprises.

150. Les applications de réseautage social sont probablement le type de plateformes participatives en réseau le plus connu même si elles reposent sur un modèle identique à celui employé dans d'autres domaines comme la création de mode, de jouets ou de jeux vidéo, pour n'en citer que quelques-uns. Les méthodes de production collaborative sont encore peu utilisées pour le développement de produits, quoique certaines entreprises y aient recours de façon intensive et avec succès comme le montre le graphique 4.5 ci-après. La démarche la plus courante consiste à s'assurer la participation des clients par l'entremise des médias sociaux et à travers les retours d'information. Dans les 28 pays de l'UE, près de 10 % des entreprises associent leur clientèle au développement ou à l'évolution de biens et de services (voir graphique 4.6).

Graphique 4.5. **Participation des clients au développement de produits, 2013**

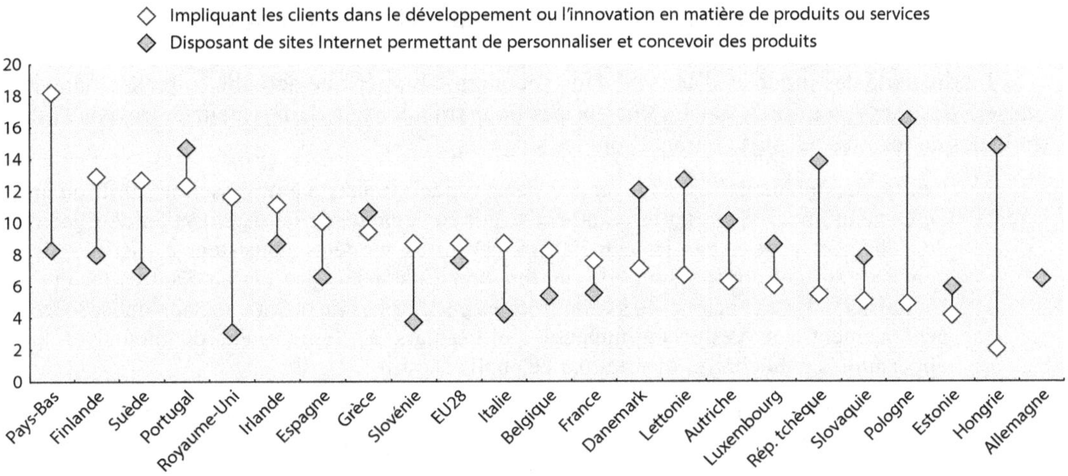

StatLink http://dx.doi.org/10.1787/9789264243767-graph19-fr

Note : Sauf indication contraire, la couverture sectorielle comprend toutes les activités du secteur manufacturier et du secteur des services marchands non financiers. Seules les entreprises de dix salariés ou plus sont prises en considération.
Source : Eurostat, Statistiques sur la société de l'information, janvier 2015, dans OCDE (2015), *Perspectives de l'économie numérique de l'OCDE 2015*, Éditions OCDE, Paris, http://dx.doi.org/10.1787/9789264243767-fr.

Graphique 4.6. **Entreprises associant leurs clients au développement des produits, 2013**

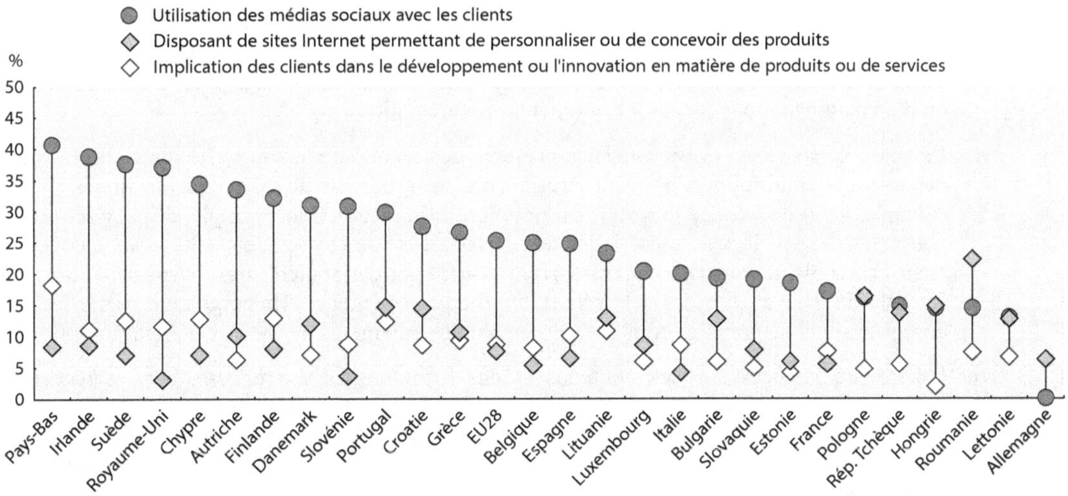

StatLink http://dx.doi.org/10.1787/9789264243767-graph94-fr

Notes : 1. Sauf indication contraire, la couverture sectorielle comprend toutes les activités du secteur manufacturieretdusecteurdesservicesmarchandsnonfinanciers. Seuleslesentreprisesdedixsalariésou plus sont prises en considération.

2. Note de la Turquie : Les informations figurant dans ce document qui font référence à « Chypre » concernent la partie méridionale de l'Ile. Il n'y a pas d'autorité unique représentant à la fois les Chypriotes turcs et grecs sur l'Ile. La Turquie reconnaît la République Turque de Chypre Nord (RTCN). Jusqu'à ce qu'une solution durable et équitable soit trouvée dans le cadre des Nations Unies, la Turquie maintiendra sa position sur la « question chypriote ».

Note de tous les États de l'Union européenne membres de l'OCDE et de l'Union européenne : La République de Chypre est reconnue par tous les membres des Nations Unies sauf la Turquie. Les informations figurant dans ce document concernent la zone sous le contrôle effectif du gouvernement de la République de Chypre.

Source : Eurostat, Statistiques sur la société de l'information, janvier 2015, dans OCDE (2015), *Perspectives de l'économie numérique de l'OCDE 2015*, Éditions OCDE, Paris, http://dx.doi.org/10.1787/9789264243767-fr.

Encadré 4.1. **La diversité des modèles de recettes**

La diversité des modèles d'activité dans l'économie numérique actuelle se reflète dans la variété des moyens utilisés par les entreprises pour transformer de la valeur en revenu. Les modèles de recettes les plus courants sont les suivants :

i. Les recettes publicitaires. Une version de ce modèle consiste à proposer aux utilisateurs du contenu numérique gratuit ou à prix réduit en échange de la visualisation obligatoire de publicités payées par les annonceurs. D'autres modèles consistent à diffuser des annonces sur des appareils mobiles en fonction de leur localisation ou d'autres facteurs. Un troisième type concerne les sites web et les plateformes de médias sociaux qui suscitent généralement une vaste communauté d'utilisateurs en ligne avant de monnayer les opportunités publicitaires offertes par ce public captif.

ii. L'achat ou la location de contenu numérique. Les utilisateurs payent par élément de contenu téléchargé. Les livres électroniques, les vidéos, les applications, les jeux et la musique relèvent de cette catégorie.

iii. La vente de biens (y compris de produits virtuels). Cette catégorie, qui présente quelques recoupements avec *ii)*, inclut les détaillants en ligne de biens matériels mais elle peut aussi inclure les jeux en ligne, lorsque les utilisateurs se voient offrir un produit d'appel gratuit ou à prix réduit ou encore la possibilité d'accéder, moyennant paiement, à un contenu supplémentaire ou à des articles virtuels destinés à améliorer leur expérience.

iv. Les abonnements. Il s'agit par exemple de forfaits annuels en échange d'un traitement préférentiel de la part de détaillants en ligne ou de forfaits mensuels pour l'accès à certains contenus numériques (actualités, musique, flux vidéos, etc.). Il peut s'agir aussi de paiements réguliers en contrepartie de services informatiques ou d'entretien logiciel (par exemple, antivirus, stockage de données, assistance à la clientèle concernant les systèmes d'exploitation) ou d'un paiement pour l'accès à l'Internet proprement dit.

v. La vente de services. Cette catégorie présente des recoupements avec *iv)* mais elle inclut des services traditionnels pouvant être fournis en ligne, tels des services juridiques (par exemple, les transferts de propriété immobilière), financiers (par exemple, des services de courtage), des services de conseil, des services d'agence de voyages, etc. Elle inclut aussi un vaste ensemble de services aux entreprises assurés par des sociétés qui fournissent l'accès Internet de base et qui jouent le rôle d'intermédiaires Internet (hébergement sur le web, enregistrement de noms de domaine, traitement des paiements, accès aux plateformes, etc.).

vi. L'octroi de licences sur des contenus et des technologies. Là encore, cette catégorie présente des recoupements avec *iv)* et *v)* mais elle inclura généralement l'accès à du contenu spécialisé en ligne (par exemple, publications et revues), des algorithmes, des logiciels, des systèmes d'exploitation faisant appel à l'informatique en nuage, etc., ou une technologie spécialisée comme les systèmes d'intelligence artificielle.

vii. La vente de données sur les utilisateurs et les études de marché sur commande. Il s'agit par exemple de données recueillies par les fournisseurs d'accès Internet (FAI), les courtiers en données, les sociétés d'analyse de données, les applications de télémesure et de données obtenues de sources non personnelles.

viii. Les frais « cachés » et les produits d'appel. Dans les entreprises intégrées, il peut arriver que des profits ou des pertes soient imputables à des opérations en ligne, mais en raison de la nature de ces entreprises, il se produit des subventions croisées avec les opérations physiques et il est difficile de séparer et d'identifier ce qui doit être désigné comme « recettes en ligne ». Un exemple est celui de la banque en ligne, qui est « gratuite » mais subventionnée par d'autres opérations et commissions bancaires.

4.3. Principales caractéristiques de l'économie numérique

151. Un certain nombre de caractéristiques occupent une place de plus en plus importante dans l'économie numérique et sont potentiellement pertinentes du point de vue fiscal. Même si elles ne sont pas nécessairement toutes réunies en même temps dans une entreprise particulière, ces caractéristiques sont de plus en plus associées à l'économie moderne :

- La mobilité, en ce qui concerne *i)* les *biens incorporels* dont l'économie numérique est très dépendante, *ii)* les *utilisateurs*, et *iii)* les *fonctions de l'entreprise* par suite de la diminution des besoins en personnel local pour exercer certaines fonctions et de la latitude dont on dispose dans bien des cas quant au choix de la localisation des serveurs et des autres ressources.
- L'exploitation des données, en particulier l'utilisation des « données massives ».
- Les effets de réseau, liés à la participation des utilisateurs, à leur intégration et aux synergies.
- L'utilisation de modèles d'affaire multi-faces, dans lesquels les deux parties du marché peuvent se trouver dans des pays et territoires différents.
- Une tendance au monopole ou à l'oligopole dans certains modèles d'entreprise qui misent beaucoup sur les effets de réseau.
- La volatilité due aux faibles barrières à l'entrée et à l'évolution rapide des technologies.

4.3.1. La mobilité

4.3.1.1. La mobilité des biens incorporels

152. L'élaboration et l'exploitation de biens incorporels constituent un aspect essentiel de l'économie numérique. Cette activité d'investissement et de création joue un rôle primordial dans la création de valeur et dans la croissance des entreprises de l'économie numérique. Celles-ci, par exemple, sont souvent fortement tributaires des logiciels et consacrent d'importantes ressources à la recherche et au développement pour mettre à jour les produits existants ou en concevoir de nouveaux.

153. Cette forte dépendance vis-à-vis des biens incorporels peut exister même lorsque la technologie est intégrée à un modèle d'affaire principalement aux fins de la gestion de ressources exclusivement matérielles. Ainsi, un détaillant en ligne peut développer une activité numérique multicouche pour gérer une plateforme logistique comportant des entrepôts et un service d'expédition. Avec l'évolution des activités, il arrive souvent que l'importance relative des biens incorporels augmente, ce qui accroît la concentration de valeur dans ces biens. Selon les règles fiscales en vigueur, les droits sur les biens incorporels peuvent souvent être facilement attribués et transférés à des entreprises associées, avec pour conséquence éventuelle une séparation entre la propriété juridique des biens et les activités qui ont abouti à leur développement.

4.3.1.2. La mobilité des utilisateurs et des clients

154. Les avancées des TIC et la connectivité accrue qui caractérisent l'économie numérique font que les utilisateurs, de plus en plus souvent, peuvent exercer des activités commerciales à distance tout en franchissant les frontières. Un individu peut, par exemple, résider dans un pays, acheter une application au cours d'un séjour dans un deuxième

pays et utiliser cette application depuis un troisième pays. Les problèmes posés par la mobilité croissante des consommateurs sont exacerbés par le fait qu'un grand nombre de ces derniers sont en mesure d'utiliser des réseaux virtuels personnels ou des serveurs mandataires susceptibles, que cela soit voulu ou non, de masquer le lieu géographique de la vente finale. Le fait qu'un grand nombre d'interactions sur l'Internet restent anonymes peut rendre plus difficiles encore l'identification et la localisation des utilisateurs.

4.3.1.3. La mobilité des fonctions de l'entreprise

155. Comme on l'a vu, les progrès des télécommunications, des logiciels de gestion de l'information et des micro-ordinateurs ont fait baisser de façon significative les coûts d'organisation et de coordination d'activités complexes à grande distance. C'est ce qui permet de plus en plus aux entreprises de gérer leurs activités internationales de façon intégrée, à partir d'un poste de commande qui peut être géographiquement éloigné aussi bien des sites sur lesquels leurs activités ont lieu que de l'endroit où sont établis leurs fournisseurs ou leurs clients.

156. Une des conséquences de ces évolutions est la capacité accrue d'accéder à des marchés distants, qui a augmenté considérablement la possibilité de fournir des biens et des services par-delà les frontières. C'est ce qu'illustre la croissance considérable du commerce international des services des TIC depuis quelques années. En particulier, la part des services informatiques et d'information dans les exportations mondiales de services a doublé depuis 2000, passant de 3 % à 6 %, tandis que celle des services de télécommunications est passée de 2.2 % à 2.3 % (OCDE, 2013a). Dans la zone OCDE, la part cumulée des services d'informatique, d'information et de communication est passée de 5.7 % à 9.0 % du total des exportations de services.

Graphique 4.7. **Pays exportateurs de services TIC, 2013**

En pourcentage du total des exportations mondiales de services et en milliards USD

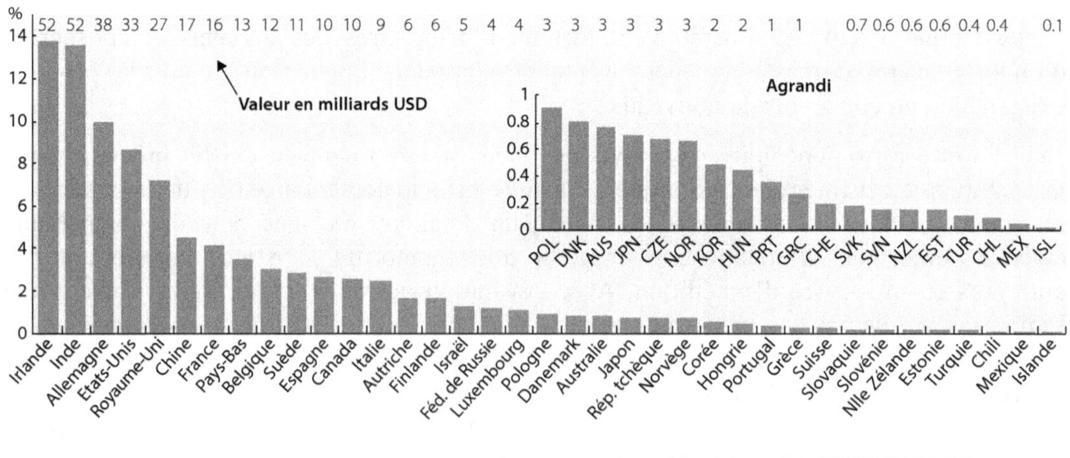

StatLink http://dx.doi.org/10.1787/9789264243767-graph5-fr

Notes : Pour le Chili, l'Islande et Israël, les données concernent 2012. Pour le Mexique et la Suisse, les services TIC ne comprennent que les services de télécommunications.

Les données statistiques concernant Israël sont fournies par et sous la responsabilité des autorités israéliennes compétentes. L'utilisation de ces données par l'OCDE est sans préjudice du statut des hauteurs du Golan, de Jérusalem Est et des colonies de peuplement israéliennes en Cisjordanie aux termes du droit international.

Source : OCDE (2015), *Perspectives de l'économie numérique de l'OCDE 2015*, Éditions OCDE, Paris, http://dx.doi.org/10.1787/9789264243767-fr.

157. Ces dernières années, d'importants changements ont été observés dans la prestation des services TIC. L'Inde est rapidement devenue le premier pays exportateur de ces services, suivie de l'Irlande, des États-Unis, de l'Allemagne et du Royaume-Uni. La Chine elle est aussi s'est affirmée comme un acteur de premier plan. Ces six pays, ensemble, représentent environ 60 % des exportations totales de services TIC.

158. Par ailleurs, les avancées technologiques permettent de plus en plus aux entreprises d'exercer une activité économique avec un personnel réduit au minimum. Dans bien des cas, les entreprises peuvent accroître sensiblement leur taille et leur champ d'action en n'augmentant que très peu les effectifs nécessaires à la gestion des opérations courantes (on pourrait parler de développement sans embauche). C'est ce qui a été observé plus particulièrement pour les entreprises de l'Internet, qui, bien souvent, ont réuni un nombre considérable d'utilisateurs tout en conservant des effectifs modestes. En conséquence, comme le montre le graphique 4.8, le revenu moyen par salarié dans les principales entreprises de l'Internet est nettement plus élevé que dans les autres types d'entreprises du secteur des TIC.

Graphique 4.8. **Revenu moyen par salarié des 250 plus grandes sociétés de TIC par secteur, 2000-11** [3]

En milliers USD

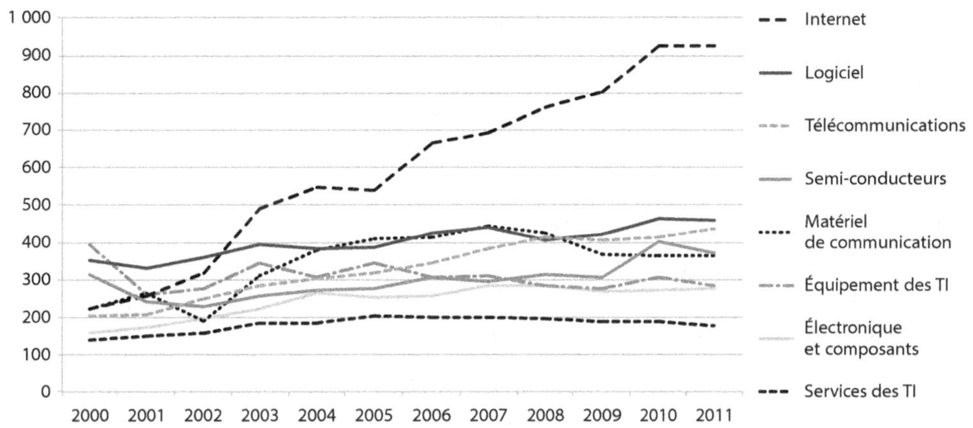

Source : OCDE, *OECD Internet Economy Outlook 2012*, Éditions OCDE, Paris http://dx.doi.org/10.1787/9789264086463-en.

159. La possibilité de gérer leurs activités de façon centralisée tout en conservant une grande liberté dans le choix de l'implantation de leurs fonctions économiques a rendu les entreprises mieux à même de distribuer ces fonctions et leurs actifs entre différents pays. La mondialisation des activités au sein d'organisations de grande envergure n'est certes pas un phénomène nouveau, mais le développement de l'économie numérique conjugué à l'importance croissante de la composante des services, ainsi qu'à la réduction des coûts commerciaux ayant résulté de la libéralisation des échanges et de l'investissement et des réformes des réglementations, ont permis d'aplanir les obstacles logistiques et d'accélérer le mouvement. Les progrès technologiques ont par ailleurs consenti une intégration plus poussée des activités à l'échelle mondiale, donnant ainsi aux entreprises une plus grande latitude de répartir leurs activités entre différents points du globe, quand bien même il en résulterait que les sites choisis soient éloignés les uns des autres et par rapport à l'emplacement physique où se trouvent les clients finals. En plus d'apporter davantage de souplesse à des organisations de grande ampleur, mieux établies, les progrès des TIC permettent même aux PME d'accéder plus facilement aux marchés mondiaux et ce, dès après leur création. En résumé, l'interconnexion mondiale a atteint des niveaux sans précédent.

160. Les progrès de la technologiques ont permis d'améliorer l'accès en temps réel aux renseignements sur le marché et aux analyses commerciales, ainsi que les communications à l'intérieur des entreprises et entre elles. Les entreprises sont ainsi mieux à même d'assurer une gestion centralisée de leurs activités à l'échelle mondiale, les sociétés d'un groupe exerçant leurs fonctions dans le cadre d'une politique et de stratégies établies par le groupe tout entier et faisant l'objet d'un suivi unique. Les progrès des télécommunications, des logiciels de gestion de l'information et des micro-ordinateurs ont fait baisser sensiblement les coûts d'organisation et de coordination d'activités complexes sur de longues distances et ont rendu possible la création de nouveaux modèles d'entreprise, plus efficients. L'intégration a permis aux entreprises d'adopter plus facilement des modèles d'affaire à visée internationale dans lesquels les fonctions sont centralisées au niveau régional ou mondial et non plus pays par pays. Même les PME sont maintenant en mesure de devenir des « micro-multinationales » exerçant des activités et employant des salariés dans une multitude de pays, sur des continents différents.

161. Avec l'intégration croissante des activités à l'échelle mondiale, les processus de production se déroulent dans le cadre de chaînes de valeur mondiales au sein desquelles leurs différentes étapes sont réparties entre différents pays et confiées à un ensemble de fournisseurs tantôt indépendants, tantôt affiliés. Les entreprises ont de plus en plus la possibilité de choisir la localisation optimale de leurs activités productives et de leurs actifs, même si cette localisation peut être éloignée de celle des clients ou des autres étapes de la production. En outre, compte tenu des progrès rapides des TIC, des services comme la saisie des données, le traitement de l'information, la recherche et le conseil peuvent, dans un nombre croissant de cas, être fournis à distance. Ces fonctions seront assurées par des parties apparentées, ou bien, si une entreprise trouve plus avantageux de les externaliser, par un prestataire de services indépendant.

162. Cette flexibilité a néanmoins ses limites. De façon générale, la fragmentation des activités entre des sites multiples implique des arbitrages entre la baisse des coûts de l'activité elle-même et l'augmentation des coûts de transaction et de coordination. Par ailleurs, les qualifications et les talents demeurent une ressource fondamentale dans l'économie numérique. Si un grand nombre de fonctions peuvent être assurées avec un nombre réduit de salariés, les gestionnaires, développeurs, architectes de logiciels et designers, entre autres professionnels clés, demeurent indispensables. De ce fait, bon nombre de ces fonctions importantes pour une entreprise numérique doivent être assurées là où ce personnel essentiel est disposé à travailler. D'autre part, si les services numériques permettent une extension substantielle des activités des entreprises, ils nécessitent souvent un investissement massif en composants d'infrastructure. Les fournisseurs de services infonuagiques, par exemple, doivent constituer des « fermes de serveurs » (ou « grappes de serveurs ») constituées d'ordinateurs interconnectés, et même s'ils disposent d'une certaine souplesse dans le choix de l'implantation géographique de ces ressources, des considérations comme la fiabilité et le coût de l'alimentation en énergie et des systèmes de refroidissement peuvent fortement influencer ce choix. En outre, dans de nombreuses activités, l'expérience utilisateur se trouve nettement améliorée par la proximité de l'infrastructure centrale.

163. Les entreprises ont donc souvent des raisons impérieuses d'installer leurs ressources d'infrastructure aussi près que possible des principaux marchés, afin d'assurer aux utilisateurs une faible latence, des délais de réponse plus courts et une meilleure qualité de service. Par ailleurs, dans certains cas, l'obligation d'une présence physique dans un pays donné, pour des raisons liées à la réglementation, peut aussi limiter les choix d'implantation de l'infrastructure et des activités de l'entreprise.

4.3.2. Exploitation des données et participation des utilisateurs

164. Dans l'économie numérique, il arrive souvent que les entreprises recueillent des données sur leurs clients, leurs utilisateurs, leurs fournisseurs ou leurs propres activités. Ainsi, l'utilisation d'un produit ou d'un service peut donner lieu à la collecte, par l'entreprise, de données sur l'utilisateur qui auront de la valeur pour elle en ce qu'elles lui permettront d'améliorer les produits ou les services existants ou de fournir des produits ou des services à un autre groupe de clients. Si les entreprises ont toujours utilisé l'information tirée des interactions avec la clientèle dans le but d'améliorer leur offre commerciale, les technologies numériques et le développement d'une « culture de la participation » les ont considérablement aidées à intensifier ces interactions et en tirer profit. Les données recueillies auprès des clients et des utilisateurs ont dès lors acquis une importance accrue pour différentes entreprises de l'économie numérique. Dans le cas de certains modèles d'affaire centrés sur le réseautage social, par exemple, les entreprises expliquent fréquemment aux investisseurs que c'est la collaboration active des utilisateurs qui est l'un des principaux déterminants de leur valeur.

165. Les données, personnelles ou non, peuvent être obtenues de différentes manières. S'agissant des données personnelles, comme mentionné dans le chapitre 3 (3.1.5 – L'utilisation des données), elles peuvent être obtenues directement auprès des clients (par exemple, lors de la souscription d'un service en ligne), relever de l'observation (par exemple, l'enregistrement des préférences de navigation sur l'Internet, des coordonnées géographiques, etc.), ou être déduites d'une analyse reposant sur le croisement de données. Des sources comme les transactions financières mobiles ou en ligne, le trafic généré par les médias sociaux et les coordonnées GPS produiraient chaque jour plus de 2.5 exaoctets (milliards de gigaoctets) de données (Forum économique mondial, 2012). Cependant, la ligne de partage entre données personnelles et données non personnelles n'est pas toujours bien nette, sachant que les données obtenues auprès de diverses sources publiques et privées seront souvent combinées pour créer de la valeur. Une étude a été menée récemment afin de quantifier la valeur de l'économie du marketing fondé sur les données (*Data-Driven Marketing Economy*, ou DDME) et analyser les revenus générés par celle-ci dans le cas des États-Unis. Il en est ressorti que la DDME avait représenté un supplément de recettes de 156 milliards USD pour l'économie américaine en 2012 et que la valeur réelle des données réside dans l'utilisation et les échanges dont elles font l'objet dans le cadre de cette même DDME (Data-Driven Marketing Institute, 2013).

166. Si l'exploitation des données pour améliorer les produits et les services n'est pas l'apanage de l'économie numérique, leur utilisation massive a été encouragée par le renforcement de la puissance de traitement et des capacités de stockage et par la diminution du coût de ce dernier – comme l'illustrent les graphiques 4.9 et 4.10 – qui ont considérablement facilité leur collecte, leur conservation et leur analyse à des distances et dans des quantités supérieures à ce qui était possible jusque-là. La capacité de collecter et d'analyser les données augmente rapidement avec le nombre de capteurs intégrés à des équipements fonctionnant en réseau avec des ressources de traitement informatique. Ainsi, alors que la collecte traditionnelle des données pour les compagnies de distribution d'énergie se limitait à des relevés annuels, auxquels s'ajoutaient des échantillonnages aléatoires en cours d'année, les compteurs intelligents pourraient permettre d'atteindre une fréquence d'échantillonnage de 15 minutes, soit une multiplication par 35 000 de la quantité de données recueillies (OCDE, 2013). Cela s'est traduit en particulier par le concept de « données massives », qui désigne des ensembles de données trop volumineux pour pouvoir être gérés ou analysés à l'aide des outils de gestion de bases de données habituels. L'analytique de données, entendue comme l'application de techniques de stockage et de

traitement des données aux fins de la prise de décisions, apparaît comme un moteur pour l'innovation dans différents domaines scientifiques et entre de plus en plus fréquemment dans le cadre de projets collaboratifs et participatifs. À cet égard, il ressort d'une recherche par mot-clé effectuée dans l'un des plus importants corpus de publications scientifiques qui soit que le nombre d'articles consacrés à l'exploration de données a doublé au cours de la dernière décennie, comme l'illustre le graphique 4.11. Les observateurs du marché ne cessent d'apporter de nouvelles preuves tendant à démontrer tout l'intérêt qu'il y a de pouvoir obtenir et analyser des données, *a fortiori* lorsqu'il s'agit de données massives.

Graphique 4.9. **Estimation du stock mondial de données**

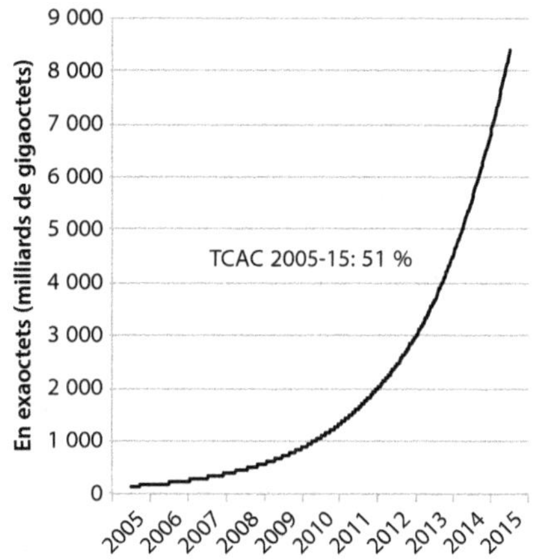

Graphique 4.10. **Coût moyen du stockage de données pour les consommateurs, 1998-2012**

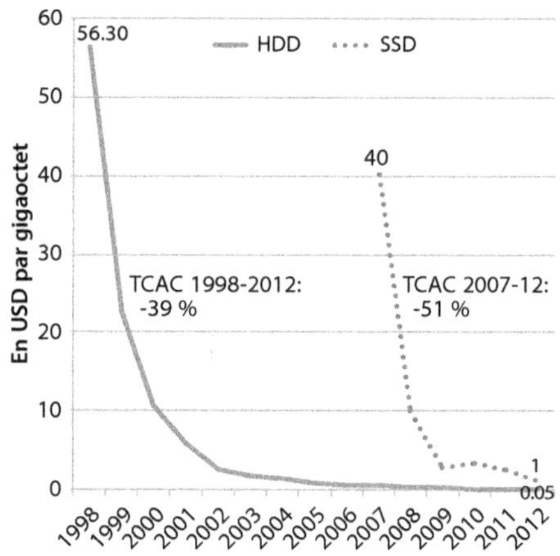

Source : OCDE (2013b), « Exploring Data-Driven Innovation as a New Source of Growth : Mapping the Policy Issues Raised by "Big Data" », *Documents de travail de l'OCDE sur l'économie numérique*, n° 222, Éditions OCDE, Paris, http://dx.doi.org/10.1787/5k47zw3fcp43-en.

Graphique 4.11 **Articles scientifiques traitant de l'exploration de données, 1995-2014**

Pour un milliers d'articles publiés

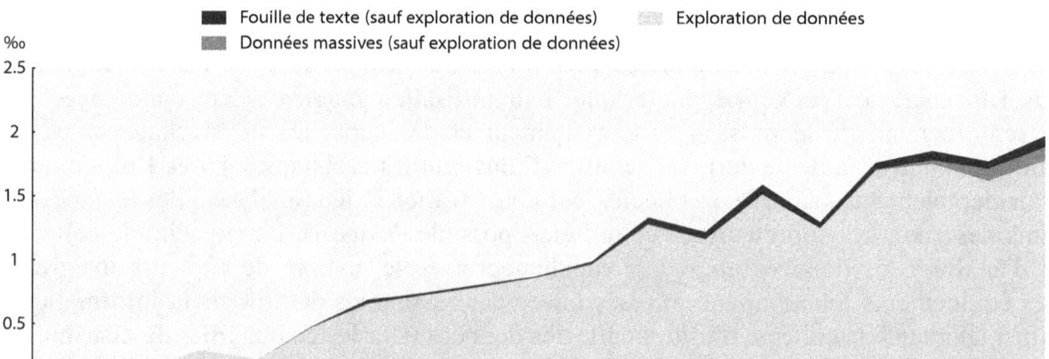

Source : Calculs de l'OCDE à partir des archives de Science Direct, www.sciencedirect.com, juillet 2014, dans OCDE (2014) *Measuring the Digital Economy: A New Perspective*, Édition OCDE, Paris, http://dx.doi.org/10.1787/9789264221796-en.

167. Dans un rapport de 2011 sur les données massives, le *McKinsey Global Institute* estime que l'analyse et l'exploitation des données massives pourraient générer 300 milliards USD pour le secteur de la santé aux États-Unis et 250 milliards EUR pour celui des administrations publiques en Europe. Il présume dans le même rapport que l'utilisation des données massives serait en mesure d'offrir aux consommateurs une rente de l'ordre de 600 milliards USD. Les données massives trouvent aussi une utilité certaine dans le calibrage de l'aide et des services publics. Elles ont servi, par exemple, à suivre les mouvements de réfugiés aux lendemains de catastrophes naturelles de sorte que les risques sanitaires ont pu être connus avec précision et l'aide humanitaire bien ciblée (Forum économique mondial, 2012).

168. Le rapport du *McKinsey Global Institute* distingue cinq grands moyens pour les entreprises de créer de la valeur en exploitant les données massives :

i. Instituer la transparence en rendant les données plus facilement accessibles en temps opportun aux acteurs qui sont en mesure de les utiliser.

ii. Gérer la performance en rendant possible l'expérimentation en vue d'en analyser la variabilité et d'en comprendre les causes profondes.

iii. Segmenter les populations afin de personnaliser les produits et les services.

iv. Améliorer le processus décisionnel par l'emploi d'algorithmes automatisés en remplacement de la décision humaine ou en soutien de celle-ci.

v. Améliorer le développement de nouveaux modèles d'affaire, produits et services.

4.3.3. Les effets de réseau

169. On entend par « effets de réseau » l'impact direct que les décisions des utilisateurs peuvent avoir sur l'intérêt qu'un réseau présentera pour les autres utilisateurs. Prenons tout simplement l'exemple du télécopieur. Alors qu'un télécopieur seul n'était en soi aucune utilité, les gens qui ont choisi d'en acquérir un ont profité du fait que d'autres personnes avant eux avaient pris la même décision, dans le sens où cette nouvelle technologie leur a offert la possibilité de communiquer avec un réseau existant de correspondants potentiels.

170. Ces effets de réseau constituent un aspect important d'un certain nombre d'activités relevant de l'économie numérique. Ils sont observés chaque fois que la compatibilité avec les autres utilisateurs est importante, même lorsque la principale finalité d'une technologie donnée n'est pas d'avoir des échanges avec des correspondants. Ainsi, un système d'exploitation largement répandu comptera en règle générale un nombre de logiciels compatibles supérieur aux autres, avec des conséquences positives pour l'expérience de l'utilisateur. Ces effets sont ce que l'on appelle des externalités positives, qui se rapportent à des situations dans lesquelles un individu profite des actions d'autres individus sans qu'il y ait une compensation explicite. Lorsque le nombre de personnes participant à un réseau social augmente, par exemple, le bien-être des personnes qui y sont déjà s'en trouve accru, même en l'absence de compensation explicite. Les externalités peuvent aussi être négatives. Par exemple, lorsqu'un nombre croissant d'individus utilisent un réseau de communications au même moment, la congestion qui en résulte peut faire diminuer la valeur du réseau pour chaque utilisateur, sans qu'il y ait de compensation entre les parties affectées (Easley et Kleinberg, 2010).

171. Certains effets de réseau sont liés à l'utilité marginale réciproque des utilisateurs : en d'autres termes, plus ceux-ci sont nombreux, plus il y a de valeur créée. Un exemple simple est celui d'un site de partage de médias ; tout le contenu étant généré par les utilisateurs,

l'expérience utilisateur est d'autant plus satisfaisante que ceux-ci sont nombreux à s'inscrire et à apporter leur contribution. Un modèle économique qui encourage l'interactivité entre les utilisateurs tend à favoriser ces effets de réseau. Ainsi, dans certains modèles, les effets de réseau proviennent d'un avantage concurrentiel consenti par la masse critique des acheteurs et des vendeurs. Un site de vente au détail peut développer une architecture qui incitera les utilisateurs à évaluer les produits et leur attribuer des mots-clés (*tagging*). Les critiques aident les utilisateurs à faire des choix éclairés et l'attribution de mots-clés leur permet de trouver plus facilement des produits correspondant à ce qui les intéresse.

172. D'autres effets de réseau découlent de l'intégration verticale et dépendent des synergies entre différentes strates ou entre différentes applications pour créer de la valeur ajoutée et consolider la position sur le marché. C'est ce qu'illustre notamment l'évolution vers l'« Internet des objets » : les entreprises déploient des logiciels dans un certain nombre d'appareils et d'objets, et exploitent ce réseau d'infrastructure pour vendre des biens ou des services, soit aux propriétaires des appareils et objets en question, soit aux annonceurs. Dans ce modèle, l'infrastructure matérielle et logicielle devient un moyen privilégié pour toucher les utilisateurs finals et pour créer de la valeur en monnayant leur attention (modèles d'affaire fondés sur la publicité), les flux de données dont ils sont la source ou les externalités générées par les effets de réseau, ou bien en leur vendant des biens ou des services.

4.3.4. Les modèles d'affaire multi-faces

173. Un modèle multi-faces est un modèle fondé sur un marché où des groupes distincts d'individus interagissent par le truchement d'un intermédiaire ou d'une plateforme et où les décisions de chacun de ces groupes entraînent une incidence sur la situation des autres groupes sous forme d'externalités positives ou négatives. Dans un modèle économique multi-faces, les prix facturés aux membres de chaque groupe reflètent les effets de ces externalités. Si les activités de certains créent une externalité positive pour d'autres (par exemple, davantage de clics par utilisateur sur des liens financés par les annonceurs), alors les prix pratiqués à l'égard de ces derniers pourront être augmentés.

174. Un exemple de modèle multi-faces caractérisé par des externalités positives pour différentes faces du marché peut être donné par les systèmes de paiement par carte ; en effet, un tel système sera d'autant plus intéressant pour les commerçants qu'un grand nombre de consommateurs utiliseront la carte et d'autant plus avantageux pour les seconds que les premiers seront nombreux à accepter cette carte. De même, l'intérêt d'un système d'exploitation pour les utilisateurs finals s'accroît avec le nombre de logiciels compatibles avec ce système, et son intérêt pour les développeurs de logiciels augmente avec le nombre d'acheteurs potentiels de leurs logiciels qui utilisent ce système.

175. Une externalité négative causée par un groupe à un autre (par exemple, l'affichage de bandeaux publicitaires importuns ou peu attrayants) peut être compensée par une remise partielle, voire totale, ou même par une récompense pour les utilisateurs. Un exemple classique dans lequel une partie subit des externalités négatives provenant des activités de l'autre partie nous est offert par le secteur des médias. En l'occurrence, une entreprise attire les utilisateurs en leur proposant un contenu (une émission de télévision ou de radio, un magazine, une publication spécialisée, un annuaire ou un journal) gratuitement ou pour un prix inférieur au coût de production. Elle diffuse des annonces publicitaires à l'attention de ses lecteurs, auditeurs ou téléspectateurs, et touche pour cela une rémunération versée par les annonceurs correspondants. Ou bien, elle peut toucher des recettes de la vente d'informations sur ses lecteurs, auditeurs ou téléspectateurs aux parties intéressées.

176. L'essor de l'économie numérique a rendu les modèles d'affaire multi-faces plus courants dans un contexte transfrontalier. De ce point de vue, il convient de remarquer deux caractéristiques essentielles de ces modèles dans l'économie numérique :

- **La flexibilité** : La nature de l'information numérique et l'infrastructure de l'Internet facilitent grandement la conception et la mise en œuvre de modèles multi-faces. Des ressources comme le contenu, les données sur les utilisateurs et le code exécutable peuvent être stockées pour créer de la valeur longtemps après qu'elles ont été produites. Cette spécificité des ressources numériques en fait un actif dans les modèles d'affaire avec lesquels les différents versants du marché peuvent être créés puis adaptés dynamiquement à l'évolution de la technologie, à la plus récente expression de la demande des consommateurs et à la position de l'entreprise sur le marché. En outre, comme indiqué ci-dessous, la technologie numérique a amélioré la capacité de collecter, d'analyser et de manipuler les données sur les utilisateurs et sur le marché, ce qui a permis à des plateformes de valoriser, pour un versant du marché, la participation de l'autre versant.
- **L'étendue géographique** : L'économie numérique facilite aussi la localisation des différents versants d'un même modèle économique dans des pays différents. Alors qu'un certain nombre de modèles multi-faces traditionnels, comme la radiodiffusion financée par la publicité ou les centres commerciaux, étaient confinés dans un périmètre limité en raison de contraintes physiques ou de la réglementation, les entreprises de l'économie numérique peuvent plus facilement relier deux parties éloignées l'une de l'autre pour maximiser la valeur de chaque côté. Ainsi, des ressources destinées à la collecte de données peuvent être localisées à proximité des utilisateurs, tandis que l'infrastructure nécessaire à la vente de ces données pourra être implantée ailleurs.

177. L'économie numérique met en jeu deux grandes catégories de modèles multi-faces. En premier lieu, une entreprise peut exploiter plusieurs applications fournissant des services complémentaires. Cela crée deux types de synergie : d'une part, les diverses activités regroupent leurs ressources, à savoir le code exécutable, le contenu ou les données des utilisateurs, et d'autre part, elles peuvent être présentées selon une formule plus intéressante pour les utilisateurs. En second lieu, des modèles de plateformes verticales sont utilisés pour mettre des ressources à la disposition de développeurs externes afin d'attirer leur créativité dans le cadre de stratégies d'innovation ouverte. Une plateforme est souvent le résultat du développement à grande échelle d'une application qui devient un bien de consommation courante. Ainsi, une entreprise peut développer un service de réseautage social, en utilisant des applications produites en interne pour attirer les consommateurs et financer cette activité par la vente d'espace publicitaire. Cette entreprise peut aussi faire le choix d'ouvrir une interface de programmation d'applications (API), ce qui permettra aux développeurs de mettre en œuvre facilement des applications en utilisant la plateforme. L'accès à l'API limite l'investissement initial des développeurs au minimum et leur facilite l'accès au marché des consommateurs qui utilisent la plateforme. La participation des développeurs, à son tour, enrichit l'expérience utilisateur, ce qui renforce encore la position de l'entreprise sur le marché.

4.3.5. Une tendance au monopole ou à l'oligopole

178. Sur certains marchés, surtout lorsqu'une entreprise est le premier acteur à s'imposer sur un marché qui n'est pas encore parvenu à maturité, les effets de réseau dans un contexte de faibles coûts marginaux peuvent permettre à cette entreprise d'atteindre en très peu

de temps une position dominante. Cette capacité de s'imposer peut se trouver renforcée lorsqu'un brevet ou autre droit de propriété intellectuelle confère à une des entreprises en concurrence le pouvoir exclusif d'exploiter une innovation particulière sur un marché donné. L'impact de ces effets de réseau aboutit généralement à ce résultat, par exemple lorsque des entreprises constituent une plateforme ou un marché sur lequel les utilisateurs situés d'un côté du marché préfèrent ne recourir qu'à un seul fournisseur, si bien que la valeur, pour ces utilisateurs, est augmentée lorsqu'une norme unique est choisie, et le prix pouvant être facturé à l'autre côté du marché est réévalué car la plateforme devient le seul moyen d'accès aux utilisateurs en question. La facilité d'adoption d'une nouvelle plateforme a fait que certains acteurs, compte tenu des choix des consommateurs et des effets de réseau, ont pu atteindre extrêmement vite une position dominante sur le marché. Dans certains cas, malgré la volatilité évoquée ci-dessous, les entreprises ont pu exploiter cette situation pour renforcer leur position dominante. Sur les marchés qui présentent cette tendance, les effets de réseau sont amplifiés. Il convient cependant de noter qu'au sein de l'économie numérique, plusieurs réseaux peuvent fonctionner de façon simultanée, avec pour conséquence que la concurrence sur un marché monopolistique, bien souvent, peut être influencée par d'autres marchés, ce qui peut aboutir, compte tenu d'une réduction des barrières à l'entrée, à modérer le pouvoir de monopole sur le premier marché.

4.3.6. La volatilité

179. Le progrès technologique a fait avancer la miniaturisation et baisser le coût de la puissance de traitement informatique. Par ailleurs, ni l'utilisateur final de l'Internet, ni, bien souvent, le prestataire de services, ne sont obligés de payer un prix marginal pour l'utilisation du réseau. Ces facteurs, conjugués à la performance accrue et aux dépenses de capital, ont entraîné une nette réduction des obstacles à l'entrée des nouvelles cyber-entreprises sur le marché. Ces facteurs ont convergé pour encourager l'innovation et le développement constant de nouveaux modèles d'affaire. De ce fait, en très peu de temps, des entreprises qui semblaient détenir une part substantielle du marché et jouir d'une position dominante pendant un court moment ont rapidement perdu des parts de marché au profit de concurrents ayant développé leur activité à partir d'une technologie plus performante, avec une proposition de valeur plus attractive ou un modèle d'activité plus viable. En raison du rythme rapide de l'innovation, les rares entreprises à avoir connu un succès pérenne y sont généralement parvenues en investissant des ressources considérables dans la recherche-développement et dans l'acquisition de startups innovantes, en lançant de nouvelles fonctionnalités et de nouveaux produits, et en évaluant et en adaptant sans cesse leur modèle afin de profiter de leur position dominante sur le marché et de la maintenir.

Notes

1. Le commerce électronique inclut les commandes passées sur Internet, par l'intermédiaire d'un extranet (un réseau sur lequel les partenaires commerciaux, les fournisseurs et les clients de l'entreprise peuvent avoir un accès limité à une partie de son réseau local ou de son intranet) ou par un échange de données informatisé (EDI – un système électronique propriétaire utilisé pour l'échange de données professionnelles sur les réseaux).

2. L'informatique en nuage est définie dans le rapport du *National Institute of Standards and Technology* (NIST) comme un « modèle permettant d'établir un accès universel, pratique et à la demande, par le réseau, à un ensemble partagé de ressources informatiques configurables (réseaux, serveurs, stockage, applications et services) qui peuvent être mobilisées et mise à disposition rapidement en minimisant les efforts de gestion ou les contacts avec le fournisseur du service ».

   Selon le NIST, le modèle de l'informatique en nuage comprend cinq caractéristiques essentielles :

   - **Libre-service à la demande :** l'utilisateur, de façon unilatérale, intervient sans avoir besoin d'une interaction humaine avec chaque fournisseur de service.
   - **Large palette de moyens d'accès au réseau :** les capacités sont disponibles sur le réseau et leur accès se fait par des mécanismes normalisés facilitant l'utilisation par des plateformes clientes hétérogènes (téléphones mobiles, ordinateurs portables, assistants numériques personnels, etc.).
   - **Mise en commun des ressources :** les ressources informatiques du prestataire (stockage, traitement, mémoire, bande passante, machines virtuelles, etc.) sont mises en commun pour servir des utilisateurs multiples qui utilisent un modèle multi-locataires.
   - **Redimensionnement rapide :** les capacités de traitement peuvent être mobilisées rapidement et de façon élastique.
   - **Service quantifiable :** l'utilisation des ressources peut faire l'objet d'un suivi, d'un contrôle et de rapports afin d'assurer la transparence pour le prestataire comme pour le consommateur du service utilisé.

3. La liste des 250 premières entreprises de TIC est établie par l'OCDE depuis 2002. Les sources utilisées pour sélectionner ces entreprises comprennent les classements *Information Technology 100* de *Business Week*, le *Top 50* de *Software Magazine*, les classements *Forbes 2000*, *Washington Post 200*, ainsi que le classement des plus grandes entreprises privées publié par Forbes, la liste des 100 principaux prestataires de services d'externalisation (*Top 100 Outsourcing*) et celle des 25 premières entreprises mondiales de semi-conducteurs. Cette liste est établie d'après des rapports financiers accessibles au public. L'OCDE définit les activités des TIC comme la production de biens ou de services « principalement destinés à assurer ou permettre la fonction de traitement et de communication de l'information par des moyens électroniques, y compris sa transmission et son affichage » et les entreprises de TIC sont donc celles qui produisent les équipements, les logiciels et les services qui rendent possibles ces activités. Chacune des 250 entreprises figurant au classement est associée à l'un segment suivants du secteur des TIC : *i)* matériel et systèmes de communication ; *ii)* électronique ; *iii)* semi-conducteurs ; *iv)* matériel et systèmes informatiques ; *v)* services des TI ; *vi)* logiciels ; *vii)* Internet ; et *viii)* services de télécommunications. Il convient de noter que ces chiffres représentent le total des recettes, et non pas les profits nets.

Bibliographie

DDMI (Data Driven Marketing Institute) (2013), « The Value of Data: Consequences for Insight, Innovation, and Efficiency in the U.S. Economy », DMA.

Easley, D. et J. Kleinberg (2010), *Networks, Clouds and Markets: Reasoning about a Highly Connected World*, Cambridge University Press, Royaume-Uni.

Emarketer.com (2014), « Worldwide Ecommerce Sales to Increase Nearly 20% in 2014 », www.emarketer.com/Article/Worldwide-Ecommerce-Sales-Increase-Nearly-20-2014/1011039 (consulté le 2 juin 2015).

Gartner, Inc. (2013), « Gartner says Mobile App Stores Will See Annual Downloads Reach 102 Billion in 2013 », www.gartner.com/newsroom/id/2592315 (consulté le 15 mai 2014).

OCDE (2015), *Perspectives de l'économie numérique de l'OCDE 2015*, Éditions OCDE, Paris, http://dx.doi.org/10.1787/9789264243767-fr.

OCDE (2014), *Measuring the digital economy: A new perspective*, Éditions OCDE, Paris, http://dx.doi.org/10.1787/9789264221796-en.

OCDE (2013a), *Science, technologie et industrie : Tableau de bord de l'OCDE 2013 : L'innovation au service de la croissance*, Éditions OCDE, Paris, http://dx.doi.org/10.1787/sti_scoreboard-2013-fr.

OCDE (2013b), « Exploring Data-Driven Innovation as a New Source of Growth: Mapping the Policy Issues Raised by "Big Data" », *Documents de travail de l'OCDE sur l'économie numérique*, n° 222, Éditions OCDE, Paris, http://dx.doi.org/10.1787/5k47zw3fcp43-en.

OCDE (2012), *OECD Internet Economy Outlook 2012*, Éditions OCDE, Paris, http://dx.doi.org/10.1787/9789264086463-en.

OCDE (2011), *OECD Guide to Measuring the Information Society 2011*, Éditions OCDE, Paris, http://dx.doi.org/10.1787/9789264113541-en.

PricewaterhouseCoopers. (2015), *Global Entertainment and Media Outlook : 2015-2019.*

Vidyasekar, Archana Devi (2014) *Future of B2B Online Retailing*, www.frost.com, consulté le 14 septembre 2015, Frost and Sullivan.

Organisation mondiale du commerce (2013), *Le commerce électronique dans les pays en développement. Possibilités offertes aux petites et moyennes entreprises et difficultés rencontrées*, Organisation mondiale du commerce, Genève.

Chapitre 5

Repérer les possibilités d'érosion de la base d'imposition et de transfert de bénéfices offertes par l'économie numérique

Ce chapitre donne un aperçu des dénominateurs communs des structures de planification fiscale qui soulèvent des inquiétudes relatives à l'érosion de la base d'imposition et au transfert de bénéfices (BEPS). Il décrit ensuite de manière détaillée les éléments fondamentaux des stratégies de BEPS qui concernent la fiscalité directe et indirecte.

5.1. Dénominateurs communs des structures de planification fiscale qui soulèvent des inquiétudes relatives à l'érosion de la base d'imposition et au transfert de bénéfices

180. Comme l'explique le Plan d'action BEPS (OCDE, 2013a), des risques d'érosion de la base d'imposition et de transfert de bénéfices surviennent dans le cas de pratiques qui séparent artificiellement le bénéfice imposable des activités qui le génèrent ou, s'agissant de la taxe sur la valeur ajoutée (TVA), de situations dans lesquelles un impôt faible ou nul est prélevé sur des ventes numériques à distance au profit d'entreprises exonérées ou d'entreprises possédant plusieurs établissements qui sont engagés dans des activités non imposables. Ces situations sapent l'intégrité du système fiscal et peuvent compromettre les objectifs de recettes fiscales. En outre, dès lors que certains contribuables sont en mesure de transférer une partie de leur revenu imposable hors de la juridiction où sont exercées les activités qui génèrent ce revenu, une charge fiscale accrue pourra être exigée des autres contribuables. Les activités d'érosion de la base d'imposition et de transfert de bénéfices faussent également la concurrence, car les entreprises qui exercent leurs activités uniquement à l'échelle nationale ou qui ne se livrent pas à des pratiques de BEPS ont du mal à rivaliser avec des multinationales qui peuvent transférer leurs bénéfices à l'étranger pour éluder l'impôt ou en réduire le montant[1].

181. Le Groupe de réflexion sur l'économie numérique a examiné un certain nombre de structures juridiques et fiscales qui peuvent servir à déployer des modèles d'activité dans l'économie numérique. Ces structures sont décrites dans l'annexe B et mettent en évidence les possibilités actuelles de pratiques de BEPS. Très souvent, les stratégies employées à cette fin dans l'économie numérique sont de nature similaire à celles utilisées dans les secteurs plus traditionnels de l'économie. Toutefois, certaines caractéristiques fondamentales de l'économie numérique peuvent aggraver les risques de BEPS dans certaines circonstances, à la fois dans l'optique de la fiscalité directe et indirecte. Il est donc nécessaire d'examiner étroitement non seulement l'évolution des modes d'exercice des activités commerciales dans l'économie numérique, mais également selon quelles modalités ces modes d'exercice peuvent être mis en œuvre de façon intégrée à l'échelle internationale, d'un point de vue juridique et fiscal.

182. Les paragraphes suivants analysent plus en détail comment les stratégies d'érosion de la base d'imposition et de transfert de bénéfices se manifestent dans l'économie numérique. Cette analyse vise à repérer les principaux éléments de ces stratégies dans le domaine de la fiscalité directe, et comment elles exploitent les caractéristiques distinctives de l'économie numérique. S'agissant de la TVA, en dépit de la grande diversité de conception des systèmes de TVA et de leur fonctionnement en pratique, l'examen ci-dessous illustre les pressions que l'économie numérique exerce sur ces systèmes.

5.2. Les pratiques de BEPS dans le cadre de la fiscalité directe

183. Le rapport de février 2013 intitulé *Lutter contre l'érosion de la base d'imposition et le transfert de bénéfices* (OCDE, 2013b) distingue un certain nombre de stratégies coordonnées associées aux pratiques de BEPS dans le contexte de la fiscalité directe, qui peuvent souvent être réparties en quatre grandes catégories :

- Minimisation de la charge fiscale dans le pays où se situe le marché en évitant toute présence imposable ou, dans le cas d'une présence imposable, soit en transférant des bénéfices bruts au moyen de structures commerciales, soit en réduisant le bénéfice net au moyen d'une maximisation des déductions au niveau du contribuable.

- Imposition faible ou nulle à la source.
- Imposition faible ou nulle au niveau du bénéficiaire (qui peut être obtenue grâce à des pays ou territoires à faible fiscalité, à des régimes préférentiels ou à des dispositifs hybrides), avec possibilité de se faire attribuer des bénéfices exceptionnels substantiels, souvent constitués au moyen de dispositions intragroupe.
- Absence d'imposition courante des bénéfices faiblement taxés au niveau de la société mère ultime.

Graphique 5.1. **Planification des activités de BEPS dans le contexte de l'impôt sur les bénéfices**

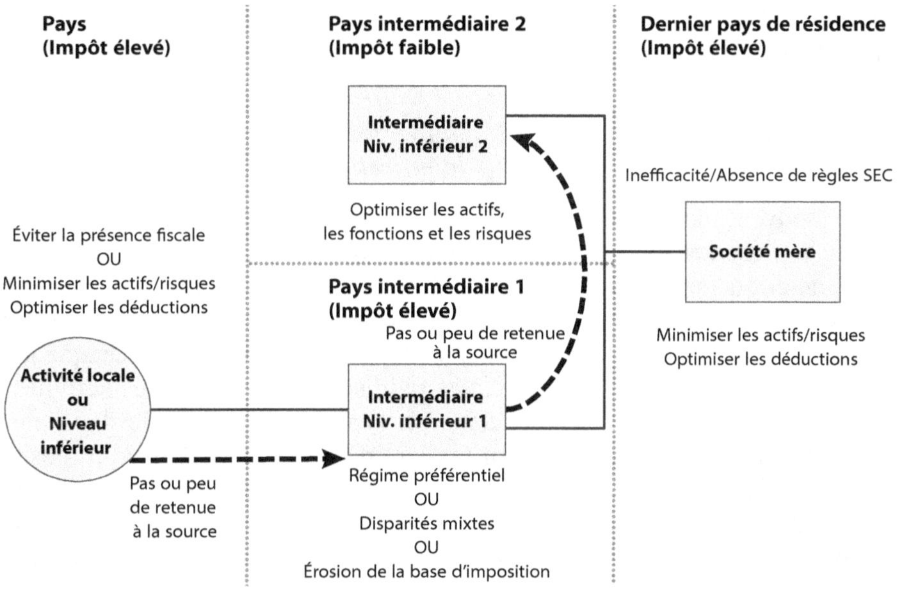

5.2.1. Réduire ou supprimer l'impôt dans le pays où se situe le marché

5.2.1.1. Éviter une présence imposable

184. Dans de nombreux modèles d'activité propres à l'économie numérique, une entreprise non résidente peut interagir à distance avec des clients situés dans un pays par le biais d'un site Internet ou d'autres moyens numériques (une application ou un appareil mobile, par exemple) sans avoir de présence physique dans le pays en question. Le recours de plus en plus fréquent aux processus automatisés peut réduire l'intérêt d'une présence physique locale. La législation interne de la plupart des pays exige une certaine présence physique pour pouvoir soumettre les bénéfices d'entreprise à l'impôt. En outre, aux termes des articles 5 et 7 du Modèle de Convention fiscale de l'OCDE, une entreprise est imposable sur ses bénéfices dans un pays dont elle n'est pas résidente uniquement si elle a un établissement stable (ES) dans ce pays. Par conséquent, cette entreprise non résidente peut échapper à l'impôt dans le pays où elle a des clients.

185. Dans de nombreux secteurs d'activité, les entreprises ont des clients dans des pays où elles ne possèdent pas d'ES, et communiquent avec eux par téléphone, courrier, fax et par le truchement d'agents indépendants. Cette capacité à conserver un lien commercial dans un pays sans être soumis à l'impôt sur des bénéfices provenant de sources situées

dans ce pays est la conséquence de choix stratégiques qui se reflètent dans la législation nationale et dans les conventions de double imposition concernées, et ne constitue pas en soi une pratique de BEPS. Toutefois, bien que la capacité d'une entreprise à percevoir un revenu de clients situés dans un pays sans y posséder d'ES ne soit pas propre à l'économie numérique, elle y atteint une ampleur jusqu'alors inconnue. Si cette faculté, conjuguée à des stratégies visant à supprimer l'imposition dans l'État de résidence, aboutit à ce que ce revenu ne soit taxé nulle part, elle génère des risques d'érosion de la base d'imposition et de transfert de bénéfices. Par ailleurs, dans certaines circonstances, l'impôt dans le pays où se situe le marché peut être artificiellement évité en fragmentant les opérations entre plusieurs entités d'un même groupe afin de prétendre à l'exception au statut d'ES prévue pour les activités préparatoires et auxiliaires, ou en faisant en sorte que chaque établissement par le biais duquel des activités commerciales sont exercées, se situe au-dessous du seuil d'imposition des ES. Les structures de ce type soulèvent des préoccupations en matière d'érosion de la base d'imposition et de transfert de bénéfices.

5.2.1.2. Minimiser le revenu attribuable à des fonctions, des actifs et des risques dans des pays ou territoires où se situe le marché

186. Bien souvent, un groupe multinational conserve une certaine présence dans des pays qui représentent d'importants marchés pour ses produits. Dans le contexte de l'économie numérique, une entreprise peut établir une filiale locale ou un ES en structurant les activités locales de telle manière que les bénéfices imposables générés soient très faibles. Lorsque ces structures reflètent bien les fonctions exercées dans chaque juridiction, le simple fait que les fonctions commerciales requises pour exercer des activités dans un pays donné puissent être plus limitées dans un type d'entreprise que dans un autre ne soulève pas en soi des préoccupations en matière d'érosion de la base d'imposition et de transfert de bénéfices. Ce principe s'applique même si les taux d'imposition font partie des facteurs entrant en ligne de compte pour décider de centraliser des activités commerciales dans un pays en particulier. Toutefois, la capacité à répartir les fonctions, les actifs et les risques de manière à minimiser l'impôt incite par exemple à les attribuer, par contrat, d'une façon qui ne reflète pas pleinement le comportement effectif des parties, et qui ne serait pas retenue en l'absence de considérations fiscales. Ainsi, les actifs, notamment les actifs incorporels, et les risques liés aux activités menées au niveau local peuvent être attribués, via des accords contractuels, à d'autres membres du groupe opérant dans des juridictions à faible niveau d'imposition, de manière à minimiser la charge fiscale globale qui pèse sur le groupe multinational.

187. Dans le cadre de ces structures, la filiale située dans le pays à faible niveau d'imposition est incitée à sous-évaluer (généralement au moment du transfert) les actifs incorporels transférés ou d'autres actifs générateurs de revenu difficiles à valoriser, tout en prétendant qu'une grande partie du revenu du groupe multinational lui revient parce qu'elle est juridiquement propriétaire des actifs incorporels sous-évalués, qu'elle assume des risques et qu'elle finance des opérations. Les établissements situés dans les juridictions à plus forte fiscalité peuvent être contractuellement protégés du risque, et s'abstenir de revendiquer la propriété d'actifs incorporels ou d'autres actifs de valeur ou de détenir le capital qui finance les principales activités génératrices de bénéfices du groupe. Le rendement économique est ainsi minoré et le revenu est transféré dans des juridictions à faible niveau d'imposition.

188. Parmi les exemples de structures propres à l'économie numérique qui peuvent être utilisées pour minimiser la charge fiscale dans les juridictions où se situe le marché au moyen d'une attribution contractuelle des actifs et des risques, citons le recours à une filiale

ou à un ES chargé de mener des activités de commercialisation ou d'assistance technique, ou de gérer un serveur miroir qui accélère l'accès des clients aux produits numériques vendus par le groupe, tandis qu'une société principale assume contractuellement les risques et revendique la propriété des actifs incorporels générés par ces activités. Une société peut, par exemple, minorer les risques au niveau de l'entreprise locale en limitant la capitalisation de cette entité afin qu'elle soit financièrement incapable de supporter les risques. Dans le cas d'entreprises qui vendent des produits en ligne, une filiale locale ou un ES peut posséder un entrepôt et participer à la préparation des commandes. Ces filiales ou ES seront imposables dans leur juridiction sur les bénéfices imputables aux services qu'ils rendent, mais le montant de leurs revenus peut être limité. Il se peut également que les fonctions attribuées au personnel local en vertu d'accords contractuels ne correspondent pas aux fonctions qu'il exerce réellement. Par exemple, le personnel peut ne pas être autorisé à conclure des contrats au nom d'une entreprise non résidente, alors qu'il exerce des fonctions qui révèlent qu'il est, dans les faits, habilité à conclure ces contrats. Si l'attribution théorique des fonctions, des actifs et des risques ne cadre pas avec l'attribution effective, ou si une rémunération inférieure à celle de pleine concurrence est payée en contrepartie des actifs incorporels d'une société principale, ces structures peuvent soulever des préoccupations en matière d'érosion de la base d'imposition et de transfert de bénéfices.

5.2.1.3. Maximiser les déductions dans les juridictions où se situe le marché

189. Lorsqu'une présence imposable dans un pays où se situe le marché a été établie, une autre technique fréquemment utilisée pour réduire le revenu imposable consiste à multiplier les déductions au titre de paiements effectués à d'autres entreprises du groupe sous la forme d'intérêts, redevances, honoraires pour services rendus, etc. Très souvent, les entreprises multinationales qui se livrent à des pratiques de BEPS tentent de réduire leur revenu imposable dans un pays de la source en maximisant le montant des paiements déductibles en faveur de filiales situées dans d'autres juridictions. Par exemple, une filiale située dans une juridiction à fiscalité avantageuse peut, grâce à une notation de crédit favorable, être en mesure d'emprunter de l'argent à un faible taux. Elle peut ensuite prêter cet argent à ses filiales situées dans des juridictions à plus forte fiscalité en appliquant un taux plus élevé, réduisant ainsi le revenu de ces filiales à concurrence du montant des paiements d'intérêts déductibles. Ou encore, une filiale peut utiliser des instruments hybrides pour générer des paiements déductibles pour une succursale située dans un pays de la source, tandis que ces paiements n'entrent pas dans le calcul du bénéfice imposable dans le pays de résidence de la filiale. Les paiements (même s'ils sont inférieurs à la rémunération de pleine concurrence) au titre de l'utilisation d'actifs incorporels détenus dans des entreprises du groupe faiblement taxées ou au titre de services rendus par d'autres entreprises du groupe peuvent également servir à réduire le revenu imposable dans le pays où le marché se situe. Ces techniques peuvent être employées pour porter le revenu imposable généré par les activités locales à des niveaux extrêmement bas.

5.2.2. Éviter l'impôt à la source

190. Une entreprise peut être soumise à une retenue d'impôt dans un pays dont elle n'est pas résidente dès lors qu'elle perçoit certains paiements, y compris des intérêts ou des redevances, de payeurs situés dans ce pays. Si la convention liant les juridictions du payeur et du bénéficiaire l'autorise, une entreprise acteur de l'économie numérique peut néanmoins prétendre à une diminution ou à une exonération de la retenue d'impôt sur les bénéfices versés à une juridiction à faible fiscalité sous forme de redevances ou d'intérêts. Les structures qui pratiquent le chalandage fiscal en interposant des entreprises écrans situés

dans des pays disposant de conventions fiscales favorables dépourvues de protections suffisantes contre une utilisation abusive des conventions soulèvent des préoccupations en matière d'érosion de la base d'imposition et de transfert de bénéfices.

5.2.3. Supprimer ou réduire l'impôt dans le pays intermédiaire

191. Supprimer ou réduire l'impôt dans un pays intermédiaire peut passer par l'application de régimes fiscaux nationaux préférentiels, l'utilisation de dispositifs hybrides ou le versement de paiements déductibles excessifs à des entités liées situées dans des juridictions à fiscalité faible ou nulle.

192. Les entreprises peuvent localiser des fonctions, des actifs ou des risques dans des juridictions à faible fiscalité ou dans des pays dotés de régimes préférentiels, et ainsi y transférer des revenus. Bien que les fonctions soient souvent situées dans une juridiction donnée pour des raisons autres que fiscales, comme l'accès à une main-d'œuvre qualifiée ou aux ressources nécessaires, la mobilité croissante des fonctions commerciales fait que les contribuables ont de plus en plus de facilités pour localiser des fonctions de façon à tirer parti de régimes fiscaux favorables.

193. Dans le contexte de l'économie numérique, par exemple, les droits se rattachant aux actifs incorporels et leur rendement peuvent être répartis entre entreprises associées, et transférés, parfois pour un prix inférieur à une rémunération de pleine concurrence[2], à une filiale située dans une juridiction où les revenus générés ultérieurement par ces actifs incorporels sont imposés à un taux excessivement faible ou sont exonérés du fait de l'application d'un régime préférentiel. Cela ouvre des possibilités de planification fiscale aux entreprises multinationales et entraîne d'importants risques d'érosion de la base d'imposition. La place considérable que les actifs incorporels occupent dans l'économie numérique en tant que source de valeur peut favoriser une telle concentration d'actifs incorporels générateurs de valeur.

194. Les entreprises peuvent également réduire l'impôt dans un pays intermédiaire en générant des paiements déductibles excessifs à des entités liées implantées dans des juridictions à fiscalité faible ou nulle ou pouvant bénéficier d'un faible taux d'imposition sur le revenu de ces paiements. Par exemple, une société exploitante située dans une juridiction intermédiaire peut utiliser des actifs incorporels détenus par une autre filiale implantée dans une juridiction à fiscalité favorable. Les redevances liées à l'utilisation de ces actifs incorporels peuvent servir à éliminer dans les faits les bénéfices imposables dans la juridiction intermédiaire. Autre solution : une entité située dans une juridiction intermédiaire peut procéder à des paiements substantiels en faveur d'une société holding établie dans une juridiction à fiscalité faible ou nulle au titre d'honoraires de gestion ou de dépenses de siège. Les entreprises peuvent également éviter l'impôt dans un pays intermédiaire en utilisant des dispositifs hybrides en vue de générer des paiements déductibles sans que le revenu correspondant soit pris en compte dans le pays du bénéficiaire. Les entreprises peuvent jouer sur les règles de résidence du pays intermédiaire et du pays de résidence effective de manière à générer un revenu apatride. En outre, elles peuvent prétendre que les fonctions exercées, les actifs utilisés et les risques assumés dans le pays intermédiaire sont limités.

5.2.4. Supprimer ou réduire l'impôt dans le pays de résidence de la société mère ultime

195. De manière générale, les techniques employées pour réduire l'impôt dans le pays où se situe le marché peuvent aussi être utilisées pour réduire l'impôt dans le pays de la société mère ultime du groupe ou dans celui où le siège est implanté. Cela peut passer par l'attribution contractuelle des risques et de la propriété juridique d'actifs mobiles, tels que des actifs incorporels, à des entités du groupe situées dans des juridictions à faible fiscalité, tandis que les membres du groupe établis dans la juridiction du siège sont sous-rémunérés pour les fonctions importantes relatives à ces risques et à ces actifs incorporels qui continuent d'être exercées dans la juridiction du siège. En pareille situation, les entreprises peuvent alléguer qu'une rémunération marginale pour les fonctions importantes exercées est de pleine concurrence et que tous les bénéfices restants devraient être attribués au propriétaire en titre des actifs mobiles ou à la partie qui assume contractuellement les risques.

196. En outre, les entreprises peuvent se soustraire à l'impôt dans le pays de résidence de leur société mère ultime si ce pays est doté d'un système d'exonération ou de report pour les revenus de source étrangère et est dépourvu d'un régime de sociétés étrangères contrôlées (SEC) applicable aux revenus perçus par les sociétés étrangères contrôlées de la société mère, ou est doté d'un régime qui ne couvre pas correctement certaines catégories de revenu passif ou très mobile, notamment certains revenus au titre d'actifs incorporels. Par exemple, la société mère peut transférer des actifs incorporels difficiles à valoriser à une filiale située dans une juridiction à fiscalité faible ou nulle, de sorte que le revenu généré par ces actifs incorporels est attribué à cette juridiction sans que la société mère soit rémunérée à un niveau adéquat. Dans certains cas, un régime de SEC peut permettre à la juridiction de résidence d'imposer le revenu généré par ces actifs incorporels. Néanmoins, de nombreuses juridictions n'ont pas de régime applicable aux SEC, ou lorsqu'elles en ont un, celui-ci ne s'applique pas à certaines catégories de revenu très mobiles, ou il peut être aisément contourné au moyen de dispositifs hybrides.

5.3. Possibilités d'érosion de la base d'imposition et de transfert de bénéfices offertes par le système de TVA

197. Dans la mesure où les principes directeurs 2 et 4 des Principes directeurs de l'OCDE relatifs au lieu d'imposition concernant les prestations de services et livraisons d'actifs incorporels entre entreprises (voir chapitre 6 et annexe D ci-après) ne sont pas appliqués, dans certaines circonstances, le système de TVA peut offrir aux entreprises des possibilités de planification fiscale qui soulèvent des préoccupations en matière d'érosion de la base d'imposition et de transfert de bénéfices pour les pouvoirs publics, à savoir : *(i)* ventes numériques à distance à des entreprises exonérées ; et *(ii)* ventes numériques à distance à des entreprises qui possèdent des établissements (succursales) dans plusieurs pays (entreprises ayant plusieurs implantations) qui sont engagés dans des activités non imposables.

5.3.1. Ventes numériques à distance à des entreprises exonérées

198. La TVA n'a généralement pas pour vocation de peser sur les entreprises, car celles-ci sont le plus souvent en mesure de récupérer tout impôt payé sur leurs intrants. De nombreux pays dotés d'un système de TVA fondé sur le principe de destination pour les ventes numériques entre entreprises demanderont généralement aux entreprises clientes situées sur leur territoire d'autoliquider la TVA sur les acquisitions d'actifs incorporels et de services rendus à distance, les autorisant ensuite à réclamer un crédit au titre de cette TVA

autoliquidée. C'est pourquoi la grande majorité des transactions transfrontalières entre entreprises (autres que celles engagées dans des activités non imposables) ne soulèvent généralement pas de préoccupations relatives à l'érosion de la base d'imposition et au transfert de bénéfices. De telles préoccupations pourraient toutefois survenir concernant les ventes numériques à des entreprises exonérées situées à l'étranger (entreprises du secteur des services financiers, par exemple). Lorsqu'une entreprise est engagée dans des activités non assujetties à la TVA, les ventes effectuées par cette entreprise sont exonérées de TVA, et la TVA acquittée par l'entreprise sur les achats correspondants n'est pas déductible.

199. Par exemple, une entreprise qui acquiert un service de traitement de données auprès d'un fournisseur non résident serait tenue d'autoliquider la TVA conformément aux règles de la juridiction dans laquelle elle est implantée, et pourrait réclamer un droit à déduction compensant cette TVA (certaines juridictions peuvent ne pas exiger de l'entreprise qu'elle détermine elle-même le montant de la TVA sachant qu'elle peut prétendre à un droit à déduction compensatoire). Si l'entreprise cliente est exonérée, elle n'en reste pas moins tenue d'autoliquider la TVA dans ces juridictions, mais ne pourrait pas réclamer un droit à déduction au titre de cette taxe. L'entreprise exonérée est alors « taxée sur ses intrants » dans sa juridiction de résidence, où elle est supposée utiliser le service pour réaliser des ventes exonérées.

200. Néanmoins, certaines juridictions ne demandent pas à l'entreprise exonérée d'autoliquider la TVA acquittée sur les services et les actifs incorporels acquis à l'étranger. En pareil cas, aucune TVA n'est prélevée sur la transaction. Des préoccupations relatives à l'érosion de la base d'imposition et au transfert de bénéfices surviennent également si les services de traitement de données seraient soumis à la TVA dans la juridiction dans laquelle le prestataire est résident (établi/implanté). La TVA reviendrait alors à la juridiction dans laquelle le prestataire est situé et non à celle de l'entreprise exonérée. Cela peut poser problème, surtout si cette juridiction n'a pas de système de TVA, ou si son taux de TVA est inférieur à celui en vigueur dans la juridiction de l'entreprise cliente exonérée. Dans ce cas de figure, l'entreprise cliente exonérée ne paierait pas de TVA ou acquitterait un montant de TVA excessivement faible. Les exemples ci-dessus illustrent par quels biais une entreprise exonérée pourrait ne pas payer de TVA ou n'en payer que très peu lorsqu'elle acquiert des biens ou des services numériques auprès de prestataires à l'étranger. Ils montrent également de quelle façon des prestataires nationaux de services concurrents pourraient subir des pressions concurrentielles de la part de prestataires non résidents. Les prestataires nationaux sont tenus de facturer et de reverser la TVA sur leurs prestations de services aux entreprises nationales, tandis que les prestataires non résidents pourraient structurer leurs affaires de manière à ne pas facturer de TVA ou à en facturer un montant excessivement faible.

5.3.2. Ventes numériques à distance à une entreprise ayant plusieurs implantations

201. Des préoccupations relatives à l'érosion de la base d'imposition et au transfert de bénéfices pourraient également survenir lorsqu'un produit ou un service numérique est acquis par une entité disposant de plusieurs implantations ou établissements. Il est fréquent que des entreprises multinationales s'organisent pour acquérir toute une gamme de services de façon centralisée afin de réaliser des économies d'échelle. En principe, le coût d'acquisition de ces services ou actifs incorporels est supporté dans un premier temps par l'établissement qui les a acquis et, conformément à la pratique normalement suivie par les entreprises, refacturé ensuite aux établissements qui les utilisent. Les établissements se voient facturer la part du coût des services ou actifs incorporels qui leur incombent en

vertu des accords de refacturation internes, en suivant les règles fiscales, comptables ou réglementaires en vigueur. Toutefois, de nombreuses juridictions dotées d'un système de TVA n'appliquent pas de TVA aux transactions effectuées entre les établissements d'une même entité juridique.

202. Cela signifie que lorsqu'un établissement d'une entreprise ayant plusieurs implantations acquiert un service, un service de traitement de données par exemple, destiné à être utilisé par d'autres établissements situés dans d'autres juridictions, aucune TVA supplémentaire ne s'appliquerait aux répartitions ou refacturations internes des coûts au sein de l'entreprise au titre de l'utilisation de ces services par d'autres établissements. En revanche, l'établissement qui a acquis le service sera généralement habilité à récupérer la TVA acquittée en amont au titre de l'achat de ces services dès lors qu'il s'agit d'une entreprise imposable. En d'autres termes, les autres établissements qui utilisent les services de traitement de données peuvent acquérir leur part de ces services en échappant à toute TVA. Ce n'est généralement pas très problématique dans l'optique de la TVA si tous les établissements de l'entreprise qui utilisent le service sont imposables. Dans ce cas, en effet, ils ont le droit de récupérer la TVA en amont acquittée sur leurs intrants. Toutefois, lorsque les établissements utilisateurs des services de traitement de données sont exonérés, ils ne sont normalement pas habilités à récupérer la TVA en amont acquittée sur leurs intrants.

203. Prenons l'exemple du traitement de données relatives à des transactions bancaires : si un établissement d'une banque multinationale acquiert ces services directement auprès d'un fournisseur local, il doit généralement acquitter la TVA en amont sur ces services, et ne peut pas la déduire dans la mesure où elle se rapporte à des activités exonérées. De même, cet établissement d'une banque multinationale pourrait acquérir ces services de traitement de données par le biais d'un autre établissement de la même banque situé dans un autre pays, puis lui rembourser le coût d'acquisition. Cela lui permettrait d'acquérir les services de traitement sans acquitter de TVA en amont dans la juridiction où il est implanté, car aucune TVA n'est prélevée sur les transactions entre établissements appartenant à la même entité juridique. Si l'établissement acquéreur est situé dans un pays dépourvu de TVA, la banque multinationale peut acquérir ces services pour tous ses établissements dans le monde sans devoir acquitter de TVA en amont sur les intrants, en centralisant ses acquisitions via son établissement situé dans une juridiction sans TVA. Les entreprises exonérées de TVA peuvent réaliser de substantielles économies de TVA en recourant à ces structures.

Notes

1. De tels handicaps concurrentiels peuvent également survenir lorsque des entreprises concurrentes sont soumises à différents niveaux d'imposition dans leurs pays d'origine, encore que cette question dépasse le cadre de BEPS.

2. Même si le pays duquel la propriété intellectuelle (PI) est transférée exige que le transfert s'effectue dans des conditions de pleine concurrence, les contribuables peuvent adopter des positions agressives qui, dans les faits, aboutissent à l'enregistrement, au titre du transfert, d'un prix inférieur à la rémunération de pleine concurrence aux fins fiscales.

Bibliographie

OCDE (2013a), *Plan d'action concernant l'érosion de la base d'imposition et le transfert de bénéfices*, Éditions OCDE, Paris, http://dx.doi.org/10.1787/9789264203242-fr.

OCDE (2013b), *Lutter contre l'érosion de la base d'imposition et le transfert de bénéfices*, Éditions OCDE, Paris, http://dx.doi.org/10.1787/9789264192904-fr.

Chapitre 6

Lutter contre l'érosion de la base et le transfert de bénéfices dans l'économie numérique

Ce chapitre expose de quelle manière le Plan d'action BEPS et les travaux menés dans le domaine de la fiscalité indirecte devraient remédier aux problèmes d'érosion de la base d'imposition et de transfert de bénéfices qui sont accentués par les caractéristiques fondamentales de l'économie numérique, et montre comment ces caractéristiques ont été prises en compte pour assurer l'efficacité des mesures adoptées.

6.1. Introduction

204. De nombreuses caractéristiques essentielles de l'économie numérique, surtout celles qui ont trait à la mobilité, soulèvent des questions d'érosion de la base d'imposition et de transfert de bénéfices en lien avec la fiscalité directe et indirecte. Par exemple, l'importance des actifs incorporels dans le contexte de l'économie numérique et la mobilité de ces actifs aux fins de l'impôt dans le cadre des règles fiscales existantes ouvrent la voie à des pratiques d'érosion de la base d'imposition et de transfert de bénéfices dans le domaine des impôts directs. La mobilité des utilisateurs induit des défis et des risques substantiels dans le contexte de la taxe sur la valeur ajoutée (TVA). De plus, la possibilité de centraliser les infrastructures à distance d'un marché et d'exercer des activités substantielles de vente de biens et de services sur ce marché depuis un site éloigné de celui-ci, ainsi que la capacité croissante à exercer des activités substantielles avec un personnel minimum, ouvrent également des possibilités d'érosion de la base d'imposition et de transfert de bénéfices au moyen d'une fragmentation des activités physiques ayant pour but d'éviter l'impôt.

205. Les travaux relatifs aux mesures visées par le Plan d'action BEPS (OCDE, 2013) ont tenu compte de ces caractéristiques pour que les solutions proposées répondent pleinement aux préoccupations soulevées par l'érosion de la base d'imposition et le transfert de bénéfices dans l'économie numérique. Les sections suivantes décrivent comment l'application des mesures correctrices issues du Projet BEPS, ainsi que les travaux relatifs aux impôts sur la consommation, devraient mettre un coup d'arrêt aux stratégies d'érosion de la base d'imposition et de transfert de bénéfices.

6.2. Rétablir l'impôt sur le revenu apatride

206. Les structures visant à transférer artificiellement les bénéfices dans des pays où ils sont imposés à des taux plus favorables voire nuls seront traitées par les travaux menés dans le cadre du Projet BEPS. Dans le même temps, ces travaux renforceront la transparence entre les contribuables et les administrations fiscales comme entre ces dernières. Les processus d'évaluation des risques au niveau de l'administration fiscale compétente seront améliorés par des mesures telles que la déclaration obligatoire des dispositifs de planification fiscale agressive et des exigences uniformes en matière de documentation des prix de transfert, associées à un modèle de déclaration pays par pays. De telles mesures renforcées en matière de transparence, ainsi que d'autres mesures définies dans le cadre du Projet BEPS, produisent déjà leurs premiers effets sur les décisions de planification fiscale et d'organisation des entreprises multinationales.

207. De par son exhaustivité, le Plan d'action BEPS permettra d'assurer une meilleure correspondance entre le lieu d'imposition et le lieu où les activités économiques sont réalisées, à condition que les mesures correctrices soient mises en œuvre de manière coordonnée. Cela permettra de neutraliser les pratiques d'érosion de la base d'imposition et de transfert de bénéfices tant au niveau du pays dans lequel se situe le marché que de celui où est implantée la société mère ultime, l'objectif étant de mettre fin au phénomène du revenu dit apatride. Les problèmes d'érosion de la base d'imposition et de transfert de bénéfices dans le pays du marché devraient être résolus par les mesures qui visent à empêcher l'utilisation abusive des conventions fiscales (Action 6) et le contournement artificiel du statut d'établissement stable (Action 7). Les pratiques de BEPS dans le pays de résidence devraient être mises en échec par le renforcement des règles sur les sociétés étrangères contrôlées (Action 3), tandis que celles affectant à la fois le pays du marché et le pays de résidence devraient l'être en neutralisant des effets des dispositifs hybrides

(Action 2), en limitant l'érosion de la base d'imposition fondée sur des déductions d'intérêts et d'autres frais financiers (Action 4), en contrant de façon plus efficace les pratiques fiscales dommageables (Action 5), et en assurant que les prix de transfert calculés soient conformes à la création de valeur (Actions 8-10). Pour ce qui est de la TVA, dans certaines conditions, des opportunités de planification fiscale par les entreprises peuvent se présenter et susciter des inquiétudes en matière d'érosion de la base d'imposition et de transfert de bénéfices pour les pouvoirs publics dès lors que les Principes directeurs de l'OCDE sur la détermination du lieu d'imposition de fournitures entre entreprises (B2B) d'actifs incorporels et de services ne sont pas appliqués (voir Annexe D).

208. Si tous les éléments du Plan d'action BEPS auront un impact sur l'économie numérique, les résultats de l'Action 3 (Renforcer les règles relatives aux SEC), de l'Action 7 (Empêcher les mesures visant à éviter artificiellement le statut d'ES) et des Actions 8-10 (Aligner les prix de transfert calculés sur la création de valeur) ont été identifiés comme particulièrement pertinents dans le domaine de l'économie numérique.

209. Lors des travaux menés au titre de l'Action 3, il a été constaté que les revenus provenant des biens et services numériques peuvent être particulièrement mobiles en raison du rôle important des actifs incorporels dans la fourniture de ces biens et services.

210. Dans le cadre de l'Action 7, il a été convenu que les travaux devraient établir si certaines activités traditionnellement considérées comme préparatoires ou auxiliaires et justifiant de ce fait une exception à l'application du statut d'ES revêtaient, ou non, une importance croissante pour les entreprises de l'économie numérique, en précisant, dans l'affirmative, dans quels cas ces activités pouvaient être considérées comme essentielles, et en indiquant si une règle à la fois raisonnable et simple à appliquer pouvait être définie. Ces travaux devraient également examiner l'opportunité de modifier la définition de l'ES pour neutraliser les montages artificiels dans lesquels la vente de biens ou de services d'une société appartenant à un groupe multinational aboutit effectivement à la conclusion de contrats, de sorte que la vente devrait être traitée de la même façon que si elle avait été effectuée directement par cette société.

211. Enfin, les travaux conduits au titre des Actions 8-10 ont permis de constater que les entreprises de l'économie numérique font très largement appel à des actifs incorporels pour créer de la valeur et générer des revenus, et que de nombreuses pratiques d'érosion de la base d'imposition et de transfert de bénéfices observées dans ce secteur passent par un transfert d'actifs incorporels, ou des droits afférents, vers des lieux offrant une fiscalité avantageuse, et s'appuient sur des clauses contractuelles, liées à la propriété légale de ces actifs incorporels, qui permettent d'allouer une part importante des revenus à l'entité à laquelle les risques ont été attribués, même si cette entité exerce une activité limitée, voire nulle. Il a été conclu que les travaux menés au titre du Plan d'action BEPS consacrés à la détermination des prix de transfert devraient prendre ces problèmes en considération, en accordant une attention particulière aux effets de l'intégration accrue des entreprises multinationales et de l'essor des chaînes de valeur mondiales, caractérisées par une succession d'étapes de production réparties dans différents pays, et en indiquant s'il est possible de fournir des lignes directrices plus simples et plus claires pour appliquer les méthodes de détermination des prix de transfert, en particulier celle du partage de bénéfices dans le contexte des chaînes de valeur globales.

6.2.1. Mesures visant à remédier aux problèmes d'érosion de la base d'imposition et de transfert de bénéfices dans la juridiction où se situe le marché

212. Différentes mesures définies au titre du Plan d'action BEPS auront pour premier effet de rétablir l'imposition à la source, notamment celles relatives à l'utilisation abusive des conventions fiscales (Action 6) et aux pratiques visant à éviter artificiellement le statut d'établissement stable (Action 7).

6.2.1.1. Empêcher l'utilisation abusive des conventions fiscales (Action 6)

213. Le rapport intitulé « *Empêcher l'utilisation abusive des conventions fiscales lorsque les circonstances ne s'y prêtent pas* » (OCDE, 2015a) expose des règles types permettant de prévenir l'utilisation abusive des conventions fiscales. Ces règles prévoient un standard minimum pour remédier aux stratégies de chalandage fiscal par lesquelles des entreprises sont constituées dans un pays en vue de bénéficier du réseau de conventions de ce pays et non d'y exercer des activités commerciales. Elles empêchent également l'utilisation de structures faisant intervenir des entreprises à double résidence qui affirment résider dans un pays ayant conclu une convention fiscale en vue d'obtenir une double non-imposition. Enfin, elles remédient aux cas d'exonération involontaire qui résultent des conventions fiscales, en particulier lorsque des pays suppriment la double imposition en recourant à la méthode de l'exemption. Le rapport rend compte des travaux complémentaires menés pour préciser le contenu des dispositions types et des Commentaires associés, ainsi que les modalités de mise en œuvre du standard minimum.

214. Le refus d'octroyer les bénéfices de la convention dans des cas susceptibles d'aboutir indûment à une double exonération permettra au pays où se situe le marché d'appliquer son droit interne sans être limité par des règles conventionnelles destinées à empêcher la double imposition. C'est un aspect important tant lorsque l'entreprise étrangère affirme ne pas avoir de présence imposable dans ce pays sous la forme d'un ES, que lorsqu'elle y a effectivement une présence imposable sous la forme d'un ES ou d'une société du groupe, mais que le revenu imposable correspondant est minoré par des paiements déductibles. Dans les cas où ces paiements déductibles seraient soumis à un impôt prélevé à la source aux termes de son droit interne, le pays où se situe le marché serait en mesure d'appliquer cette retenue d'impôt sans être limité par la convention.

6.2.1.2. Empêcher les mesures visant à éviter artificiellement le statut d'établissement stable (Action 7)

215. La définition conventionnelle d'un ES peut restreindre l'application des dispositions du droit interne relatives à l'imposition des bénéfices de sociétés non résidentes dont la source est située dans le pays où se trouve le marché. Les travaux conduits au titre de l'Action 7 avaient pour but de neutraliser les pratiques visant à éviter artificiellement de franchir le seuil à partir duquel le pays où se situe le marché est fondé à exercer un droit d'imposition. Le Groupe de réflexion sur l'économie numérique a estimé que cette question constituait un axe de travail prioritaire pour réduire les risques liés au phénomène d'érosion de la base d'imposition et de transfert de bénéfices dans l'économie numérique. Les travaux ont donc pris en considération les caractéristiques fondamentales de l'économie numérique pour modifier la définition de l'ES de manière à ce que des montages artificiels ne soient plus utilisées pour éviter le franchissement du seuil d'exercice des droits d'imposition.

216. Les travaux ont eu pour objet de modifier la définition d'un ES afin de tenir compte des cas de figure dans lesquels des montages artificiels relatifs à la vente de biens ou de

services d'une société appartenant à un groupe multinational aboutissent effectivement à la conclusion de contrats, de sorte que la vente devrait être traitée de la même façon que si elle avait été effectuée par cette société. Si, par exemple, l'équipe commerciale de la filiale locale d'un vendeur en ligne de biens matériels ou d'un fournisseur en ligne de services de publicité joue habituellement le rôle principal dans la conclusion de contrats avec de grands clients potentiels pour lesdits produits ou services, et que ces contrats sont habituellement conclus sans modification substantielle par la société mère, on considérera que la société mère détient un ES bien que la filiale ne soit pas formellement signataire de ces contrats, et même si ces contrats sont des contrats types. Par conséquent, de telles stratégies seront rendues inefficaces dès la mise en application des mesures correctrices issues de ces travaux.

217. Les travaux permettront également de garantir que, lorsque qu'une entreprise exerce des activités commerciales depuis un lieu donné dans un pays, elle ne peut pas bénéficier des exceptions qui figurent généralement dans la définition d'un ES. Il a ainsi été convenu de modifier l'article 5(4) du Modèle de Convention fiscale de l'OCDE pour s'assurer que les exceptions qui y sont visées se limitent à des activités qui sont toujours considérées comme revêtant un caractère « préparatoire ou auxiliaire ». Outre les défis fiscaux plus larges (cf. chapitre 7), ce problème soulève des préoccupations en matière d'érosion de la base d'imposition et de transfert de bénéfices lorsqu'à l'absence d'imposition dans le pays du marché s'ajoutent des pratiques visant à réduire ou supprimer l'imposition dans le pays du bénéficiaire ou de la société mère ultime. En outre, une nouvelle règle anti-fragmentation a été mise en place afin qu'il ne soit pas possible de se prévaloir de ces exceptions en fragmentant des activités commerciales entre des entreprises étroitement liées. De ce fait, dès lors que certaines des activités qui permettaient précédemment de bénéficier d'une exception jouent désormais un rôle significatif pour les entreprises de l'économie numérique, de sorte qu'elles revêtent davantage qu'un caractère préparatoire ou auxiliaire, ces activités n'ouvriront plus droit à une exception au statut d'ES. Par exemple, un très vaste entrepôt employant un nombre important de salariés aux fins de stockage et de livraison de biens vendus en ligne par un revendeur en ligne de biens matériels (dont le modèle d'affaires se base sur la proximité avec les clients et le besoin de livraison rapide aux clients) constituerait un établissement stable pour ce revendeur. Certains pays estiment toutefois que la modification de l'Article 5(4) n'est pas nécessaire et que l'application des exceptions mentionnées aux alinéas a) à d) de ce paragraphe n'est pas subordonnée à la nature préparatoire ou auxiliaire des activités considérées. Ces pays peuvent adopter une version différente de l'Article 5(4) à condition qu'ils intègrent la règle anti-fragmentation mentionnée ci-dessus.

6.2.2. Mesures visant à remédier aux problèmes d'érosion de la base d'imposition et de transfert de bénéfices dans la juridiction où se situe le marché et dans celle de la société mère ultime

218. Plusieurs des mesures prévues par le Plan d'action BEPS contribueront à remédier aux problèmes en matière d'imposition non seulement dans la juridiction où se situe le marché mais aussi dans celle de la société mère. Cela concerne les mesures actuellement élaborées au titre des travaux portant sur l'Action 2 (Neutraliser les effets des montages hybrides), l'Action 4 (Limiter l'érosion de la base d'imposition *via* les déductions d'intérêts et autres frais financiers), l'Action 5 (Lutter plus efficacement contre les pratiques fiscales dommageables), et les Actions 8-10 (Aligner les prix de transfert calculés sur la création de valeur).

6.2.2.1. Neutraliser les effets des montages hybrides (Action 2)

219. Le Plan d'action BEPS souligne que les montages hybrides peuvent être utilisés pour obtenir une double non-imposition ou un report à long terme de l'impôt, par exemple en créant deux déductions pour une même dépense, en générant des déductions dans un pays sans enregistrement d'un revenu correspondant dans un autre pays, ou en utilisant abusivement des régimes de crédit d'impôt étranger ou des régimes préférentiels mère-fille. Tout comme les autres entreprises multinationales, les entreprises de l'économie numérique recourent à des montages hybrides pour se livrer à des pratiques d'érosion de la base d'imposition et de transfert de bénéfices en transférant des revenus depuis un marché ou une juridiction intermédiaire ou en se soustrayant à l'application de règles relatives aux SEC ou d'autres dispositions anti-abus. Le rapport publié en 2015 et intitulé « Neutraliser les effets des montages hybrides » (OCDE, 2015b) établit des recommandations quant à l'élaboration de règles nationales et de dispositions conventionnelles types permettant de neutraliser les effets des montages et des entités hybrides, et comprend des commentaires détaillés expliquant comment ces recommandations devraient être appliquées en pratique.

6.2.2.2. Limiter l'érosion de la base d'imposition via les déductions d'intérêts et autres frais financiers (Action 4)

220. L'innovation est essentielle au succès dans l'économie numérique et doit être financée. De nombreux acteurs de premier plan et solidement établis de l'économie numérique disposent d'abondantes liquidités, et financent souvent de nouvelles entreprises, l'acquisition de jeunes pousses ou d'autres actifs en recourant à l'emprunt intragroupe. Il est fréquent que des contribuables créent et capitalisent des entités dans des pays à faible fiscalité, pour effectuer ensuite des transactions avec des entreprises associées ayant pour effet d'éroder la base d'imposition. Par exemple, une filiale peut être établie dans une juridiction à faible fiscalité en vue de prêter à des entités opérationnelles fortement taxées. Les déductions des charges d'intérêts liées aux prêts accordés par ces entités faiblement taxées peuvent soulever des préoccupations en matière d'érosion de la base d'imposition et de transfert de bénéfices dans les pays où les activités commerciales se déroulent effectivement. Lorsque le capital injecté dans l'entité faiblement taxée en vue de financer ces activités est emprunté auprès de tiers, l'effet d'érosion de la base d'imposition peut être amplifié.

221. En d'autres termes, les règles existantes peuvent permettre à des entités affiliées situées dans une juridiction à faible fiscalité de financer des activités génératrices de bénéfices du groupe par le recours à l'emprunt inter-entreprises, même si le groupe multinational peut être globalement beaucoup moins endetté. En définitive, cette stratégie réduit l'imposition appliquée dans la juridiction où se situe le marché et dans celle de la société mère, les intérêts n'étant souvent taxés nulle part, pour diverses raisons (existence de régimes préférentiels, recours à des instruments hybrides ou à des mécanismes de déduction généreux). Les dispositifs de planification fiscale existants au sein des entreprises mondiales intégrées qui caractérisent aussi l'économie numérique tirent profit de ce type de structuration à des fins d'érosion de la base d'imposition et de transfert de bénéfices.

222. Les travaux menés au titre de l'Action 4 ont permis de définir un cadre général regroupant des meilleures pratiques pour la conception de règles nationales qui visent à réduire les possibilités d'érosion de la base d'imposition et de transfert de bénéfices via les intérêts et autres paiements financiers déductibles. Ces travaux s'intéressent à la fois aux intérêts payés aux parties liées et aux tiers, et englobent les investissements entrants et sortants. Ce cadre général repose sur l'application d'un ratio déterminé qui limite les déductions nettes d'une entité au titre d'intérêts (et de paiements économiquement

équivalents à des intérêts) à un certain pourcentage de son résultat avant charges d'intérêts, impôts, amortissement et provisions (EBITDA). Sachant que tous les pays ne se trouvent pas dans la même situation, pour garantir que les pays appliquent bien un ratio déterminé suffisamment bas pour remédier aux problèmes d'érosion de la base d'imposition et de transfert de bénéfices, l'approche recommandée définit une fourchette de ratios compris entre 10 % et 30 %, ainsi que plusieurs facteurs dont les pays devraient tenir compte lorsqu'ils fixent leur ratio dans cette fourchette. Reconnaissant que certains groupes recourent fortement à l'emprunt auprès de tierces parties pour des raisons non fiscales, l'approche recommandée propose de compléter la règle fondée sur un ratio déterminé par l'application d'une règle fondée sur un ratio de groupe qui permet à une entité dépassant le ratio de référence de déduire des charges d'intérêts jusqu'à concurrence du ratio intérêts nets/EBITDA de son groupe mondial. Cette règle fondée sur un ratio de groupe calculé selon le résultat peut aussi être remplacée par une clause de sauvegarde sous forme de test des fonds propres, qui compare le rapport entre les fonds propres et les actifs d'une entité à celui de son groupe (avec des marges de tolérance limitées). Le cadre général recommande également que les pays introduisent certaines règles ciblées permettant de répondre à des risques spécifiques.

6.2.2.3. Lutter plus efficacement contre les pratiques fiscales dommageables (Action 5)

223. Les entreprises de l'économie numérique ont très largement recours à des actifs incorporels pour créer de la valeur et générer des revenus. Par définition, les actifs incorporels, tout comme les revenus générés par leur exploitation, sont géographiquement mobiles. Au cours de la dernière décennie, un certain nombre de pays membres et non membres de l'OCDE ont mis en place des régimes qui prévoient un traitement fiscal préférentiel de certains revenus générés par l'exploitation de la propriété intellectuelle (PI), en général sous la forme d'une déduction allant de 50 à 80 % ou d'une exonération de ces revenus.

224. Les travaux effectués dans le cadre de l'Action 5 ont ainsi conduit à l'examen des régimes fiscaux préférentiels applicables aux actifs incorporels pour établir si ces régimes constituent des pratiques fiscales dommageable au sens du rapport de 1998 de l'OCDE intitulé « *Concurrence fiscale dommageable : un problème mondial* ». L'Action 5 du Plan BEPS prévoit également l'obligation de motiver l'application d'un régime préférentiel ce qui a conduit à préciser et à renforcer la condition liée à l'existence d'une activité substantielle. Dans le cas des régimes de la propriété intellectuelle, le consensus s'est porté sur l'« approche du lien », qui utilise les dépenses comme un indicateur de l'activité pour faire en sorte que le bénéfice de ces régimes soit accordé uniquement aux contribuables ayant conduit des activités de recherche-développement et ayant engagé des dépenses réelles au titre de celles-ci. Ce même principe est applicable à d'autres régimes préférentiels, de sorte que la réalisation d'une activité substantielle devienne une condition à l'octroi d'avantages fiscaux, afin de réserver l'octroi de ces avantages aux contribuables ayant réalisé les principales activités génératrices de revenus qui sont à l'origine des revenus couverts par le régime préférentiel considéré. À ce jour, seize régimes relatifs à la propriété intellectuelle ont été examinés dans le cadre de ces travaux.

6.2.2.4. Aligner les prix de transfert calculés sur la création de valeur (Actions 8-10)

225. Les travaux consacrés aux prix de transfert dans le cadre du Projet BEPS visent des pratiques d'érosion de la base d'imposition et de transfert de bénéfices fréquemment utilisées par certains contribuables, notamment par des entreprises du secteur de

l'économie numérique. Globalement, l'objectif des mesures relatives aux prix de transfert est d'assurer une meilleure correspondance entre la répartition des revenus au sein d'un groupe multinational d'entreprises et la localisation des activités économiques qui génèrent ces revenus (*Aligner les prix de transfert calculés sur la création de valeur*, OCDE, 2015c). À cette fin, les mesures définies mettent l'accent sur des problématiques essentielles en matière de prix de transfert, telles que : *i)* le transfert et l'utilisation d'actifs incorporels, parfois difficiles à valoriser, et les accords de répartition des coûts, *ii)* la délimitation de la transaction réelle et des risques supportés par l'entreprise, et *iii)* les chaînes de valeur mondiales et les méthodes transactionnelles de partage des bénéfices.

i. Actifs incorporels, y compris ceux dont la valorisation est difficile, et accords de répartition des coûts

226. L'un des traits caractéristiques de nombreux mécanismes d'érosion de la base d'imposition et de transfert de bénéfices utilisés par les acteurs de l'économie numérique est le transfert d'actifs incorporels, ou de droits sur de tels actifs, vers des pays où la fiscalité est avantageuse. Les entreprises de l'économie numérique ont très largement recours à des actifs incorporels pour créer de la valeur et générer des revenus. En fonction de la législation locale, des transferts d'actifs incorporels et de droits afférents peuvent être conclus à des prix non conformes au principe de pleine concurrence dans le cadre de contrats de licence, d'accords de répartition des coûts ou de structures fiscales qui dissocient les déductions au titre de la mise au point d'un actif incorporel, d'une part, et les revenus générés par cet actif, d'autre part. Des transferts d'actifs incorporels à des prix non conformes au principe de pleine concurrence peuvent être réalisés *(i)* en raison des difficultés à valoriser les actifs incorporels transférés à la date où a lieu le transfert; *(ii) en raison de l'inégalité d'accès aux données relatives à la valeur entre contribuables et administrations fiscales ;* et *(iii)* du fait que certains accords aboutissent au transfert d'actifs incorporels dissimulés ou non identifiés sans paiement en contrepartie.

227. Les travaux consacrés aux actifs incorporels dans le cadre du Projet BEPS ont pris en compte ces problèmes en procédant par étapes. Premièrement, le terme d'actif incorporel est défini d'une manière large, mais claire aux fins des prix de transfert, et il est précisé que le transfert d'un actif incorporel entre entreprises associées doit être assorti d'un paiement dès lors qu'il donnerait lieu au versement d'une rémunération entre des parties non liées. Cela permettra d'éviter le recours à des transferts d'actifs incorporels dissimulés pour transférer des revenus. Deuxièmement, ces travaux garantissent que les entités d'un groupe multinational qui ajoutent de la valeur à des actifs incorporels, soit en accomplissant ou en gérant des fonctions de développement, soit en assumant ou contrôlant les risques, seront dûment rémunérées à ce titre. Plus précisément, les principes directeurs révisés font en sorte que la simple propriété légale ne suffit pas à conférer à l'entreprise propriétaire le droit à des bénéfices majorés, mais que les entreprise du groupe qui exercent des fonctions importantes, qui fournissent des actifs et assument des risques au titre de la mise au point, de l'amélioration, du maintien, de la protection et de l'exploitation des actifs incorporels sont en droit de percevoir un rendement approprié.

228. Les travaux établissent également que des techniques de valorisation peuvent être employées pour établir un prix de transfert de pleine concurrence lorsqu'aucun transfert d'actifs incorporels comparables n'a pu être identifié. Concernant les transferts d'actifs incorporels difficiles à valoriser, les travaux autorisent de prendre en compte aux fins de la valorisation, dans des circonstances bien précises, la rentabilité des actifs après leur transfert, afin que les contribuables et les administrations fiscales disposent des mêmes informations.

229. Les principes directeurs révisés sur les accords de répartition des coûts (ARC) garantissent que ces accords sont correctement analysés et produisent des résultats qui reflètent correctement les modalités et les lieux de création de la valeur. Plus précisément, ils font en sorte que les même principes soient appliqués pour valoriser et fixer les prix d'actifs incorporels, y compris s'ils sont difficiles à valoriser, dans le cas d'un ARC ou d'un autre type d'accord contractuel. Ils veillent également à ce que les contributions apportées à un ARC, tout particulièrement si des actifs incorporels sont concernés, ne soient pas évaluées d'après les coûts dans la mesure où cette approche est peu susceptible de conduire à une estimation fiable de la valeur des contributions respectives des participants et pourrait aboutir à des résultats non conformes au principe de pleine concurrence.

ii. Délimitation de la transaction réelle et attribution des risques d'entreprise

230. Les dispositifs d'érosion de la base d'imposition et de transfert de bénéfices visant à déplacer des revenus vers des juridictions à fiscalité faible font souvent intervenir une allocation contractuelle des risques industriels et commerciaux à une filiale soumise à une imposition limitée. Il est alors possible de soutenir que ces allocations contractuelles du risque justifient l'attribution d'une grande partie du revenu à l'entité qui assume le risque. Cet argument repose sur l'affirmation que les autres entités du groupe sont contractuellement protégées contre le risque, de sorte qu'une filiale faiblement imposée est fondée à percevoir une fraction importante du revenu restant après l'indemnisation des autres membres du groupe supportant de faibles risques au titre de leurs fonctions. Les principes directeurs révisés remettent en cause cette affirmation en établissant que si des risques ont été contractuellement alloués à une partie alors qu'elle ne peut, dans la pratique, exercer un contrôle effectif et clairement défini de ces risques et qu'elle ne dispose pas de la capacité financière requise à cette fin, ces risques sont attribués à la partie qui exerce réellement ce contrôle et dispose de la capacité financière nécessaire. Cette révision est le reflet de la nouvelle condition générale relative à une délimitation prudente de la transaction réelle entre des entreprises associées qui permet, si nécessaire, de compléter ou remplacer les dispositions d'un contrat qui ne seraient pas confirmées par le comportement des parties. Parallèlement à l'application adéquate des méthodes de calculs des prix de transfert de manière à empêcher l'attribution de bénéfices à des sites qui n'ont pas contribué à leur obtention, ces nouveaux principes permettront d'allouer les bénéfices aux sociétés du groupe qui exercent les fonctions importantes, qui fournissent des actifs importants et contrôlent des risques économiquement significatifs, selon la définition clairement délimitée de la transaction réelle.

iii. Chaînes de valeur mondiales et méthode transactionnelle de partage des bénéfices

231. Lorsque le principe de pleine concurrence a été conçu, il était courant qu'un groupe multinational établisse, dans chaque pays où il exerçait des activités, une filiale pleinement opérationnelle, chargée de mener à bien un large éventail de fonctions liées aux activités du groupe dans son ensemble. Cette structure découlait d'un certain nombre de contraintes, notamment la lenteur des communications, les règles de change, les droits de douane ou le montant relativement élevé des coûts du transport, qui faisaient obstacle au bon fonctionnement de chaînes d'approvisionnement mondiales intégrées. Plusieurs facteurs, comme les progrès des TIC, la levée de nombreux obstacles monétaires et douaniers et la transition vers des produits numériques et une économie fondée sur les services, se sont conjugués pour réduire les freins à l'intégration, permettant ainsi à des groupes d'entreprises multinationales de fonctionner bien davantage comme des entreprises d'envergure mondiale.

232. L'évolution des technologies de l'information a ainsi stimulé et modifié la portée des chaînes de valeur mondiales au sein desquelles les structures juridiques des entreprises perdent de leur importance, tandis que les groupes multinationaux se rapprochent de la conception, théorisée par les économistes, d'une entreprise unique opérant de façon coordonnée en vue d'optimiser les possibilités offertes par l'économie mondiale. Il conviendra donc de prêter attention aux implications de cette intégration accrue au sein des multinationales et d'évaluer la nécessité de recourir davantage aux analyses de la chaîne de valeur et aux méthodes de partage des bénéfices sur les transactions.

233. Le processus de consultation mené, dans le cadre du projet BEPS, sur la méthode transactionnelle du partage des bénéfices a confirmé l'utilité de cette méthode lorsqu'elle est correctement appliquée pour mettre en regard les bénéfices et la création de valeur dans certaines circonstances. Les prochains travaux consacrés à cette méthode consisteront donc à examiner les modalités de son application aux transactions d'entreprises fortement intégrées et à définir des critères de partage des bénéfices assurant une forte corrélation avec la création de valeur. Ces travaux devraient étudier les situations dans lesquelles il n'existe pas de données comparables du fait des mécanismes mis en place par les contribuables, et pourraient aboutir à formuler des principes directeurs révisés sur l'utilisation des méthodes fondées sur les bénéfices. Les résultats de ces travaux, qui seront conduits en 2016 et 2017, pourront s'avérer pertinents pour les multinationales extrêmement intégrées du secteur de l'économie numérique.

6.2.3. Mesures visant à remédier aux problèmes d'érosion de la base d'imposition et de transfert de bénéfices dans la juridiction de la société mère ultime

234. Les travaux portant sur la définition de règles efficaces applicables aux SEC pourraient également être utiles pour rétablir l'imposition dans la juridiction de la société mère ultime. Comme l'indique le Plan d'action BEPS, la possibilité de créer des sociétés affiliées non résidentes et d'y faire transiter les revenus d'entreprises résidentes entraîne des risques d'érosion de la base d'imposition et de transfert de bénéfices. Si nombre de pays se sont dotés de règles sur les SEC pour y remédier, bien des pays demeurent dépourvus de telles règles. De plus, même lorsqu'elles existent, ces règles ne couvrent pas toujours dans leur ensemble les problématiques d'érosion de la base d'imposition et de transfert de bénéfices. Toutefois, des règles efficaces applicables aux SEC peuvent limiter les incitations à transférer les bénéfices depuis un pays source vers un pays à faible imposition. Le rapport établi au titre de l'Action 3, intitulé « Concevoir des règles efficaces concernant les sociétés étrangères contrôlées » (OCDE, 2015d), présente des recommandations sous la forme de six grandes composantes, y compris la définition du revenu de la SEC qui établit une liste non-exhaustive d'approches ou de combinaisons d'approches pouvant fonder des règles sur les SEC. Il s'agit notamment d'approches catégorielles, d'analyses de la substance ou des bénéfices excédentaires pouvant être appliquées isolément ou conjointement. Ces recommandations visent à permettre aux juridictions qui les mettent en œuvre de se doter de règles efficaces applicables aux SEC.

235. Pour remédier aux problèmes d'érosion de la base d'imposition et de transfert de bénéfices dans le secteur de l'économie numérique, les règles relatives aux SEC doivent couvrir efficacement l'imposition des revenus mobiles qui caractérisent ce secteur. Bien que les règles sur les SEC varient considérablement d'une juridiction à l'autre, on constate fréquemment qu'elles ne permettent pas d'imposer des bénéfices générés par la fourniture à distance de biens et services numériques. En conséquence, un groupe multinational ayant une activité numérique peut percevoir des bénéfices dans une SEC établie dans un pays à faible fiscalité, où il a situé des actifs incorporels essentiels qu'il utilise pour vendre

des biens et des services numériques, sans que ces bénéfices soient imposables, alors que la SEC elle-même n'exerce pas d'activité significative dans la juridiction où elle est implantée. Une entreprise de l'économie numérique peut ainsi acquitter un impôt faible, voire nul, dans la juridiction où se trouve la SEC, tout en évitant l'impôt dans le pays de la source comme dans le pays de résidence de la société mère ultime.

236. Pour remédier à cette situation, différentes approches ont été examinées, toutes susceptibles d'aboutir à des règles relatives aux SEC qui couvrent les bénéfices habituellement générés dans l'économie numérique, notamment par l'intermédiaire de la vente à distance de biens et services numériques. De tels revenus sont quelquefois particulièrement mobiles, du fait de l'importance des actifs incorporels dans la fourniture des biens et services concernés et des effectifs relativement réduits qui sont nécessaires pour exercer des activités de vente en ligne. Les pays peuvent suivre ces approches pour concevoir des règles relatives aux SEC permettant à la juridiction de la société mère ultime d'imposer les catégories de revenus caractéristiques de l'économie numérique. Par exemple, les pays peuvent recourir aux analyses catégorielles pour que la définition du revenu d'une SEC englobe les catégories de revenu habituellement générés par les transactions dans l'économie numérique, telles que les redevances de licence et certains types de revenus provenant des ventes de biens et services numériques. Si des pays adoptent l'approche fondée sur les bénéfices excédentaires, tous les « bénéfices excédentaires » générés dans des juridictions à faible fiscalité, qui peuvent inclure des bénéfices attribuables à des actifs de PI, seront traités comme étant un revenu de SEC. Cette approche pourrait restreindre le recours à des structures de report extraterritoriales, fréquent parmi les entreprises multinationales de l'économie numérique, qui permettent de reporter indéfiniment l'impôt sur les revenus de source étrangère dans la juridiction de résidence. Ces deux approches peuvent être combinées avec une analyse de la substance visant à établir si la SEC mène à bien des activités substantielles, de manière à identifier et quantifier avec précision les bénéfices transférés.

6.3. Lutter contre l'érosion de la base d'imposition et le transfert de bénéfices dans le domaine des impôts sur la consommation

237. La numérisation de l'économie a permis aux entreprises d'acquérir beaucoup plus facilement une large gamme de services et d'actifs incorporels auprès de fournisseurs situés dans d'autres pays, et de structurer leurs activités d'une manière véritablement mondiale. Cette évolution a permis aux entreprises exonérées d'éviter ou de minimiser le montant de la TVA non récupérable à laquelle elles sont soumises sur les intrants. La section 5.3 du chapitre 5 a décrit les risques d'érosion de la base d'imposition et de transfert de bénéfices liés à la possibilité, pour les entreprises, de structurer leurs activités afin que le montant de la TVA dû au titre de fournitures à distance de biens et de services soit le plus faible possible, voire nul.

238. La mise en œuvre des Principes directeurs 2 et 4 des Principes directeurs de l'OCDE sur la neutralité de la TVA et la détermination du lieu d'imposition des fournitures d'actifs incorporels et de services entre entreprises (voir annexe D) permettra de minimiser les risques d'érosion de la base d'imposition et de transfert de bénéfices liés aux fournitures d'actifs incorporels et de services vendus à distance à des entreprises exonérées, notamment les entités exonérées qui exercent leur activité par l'intermédiaire d'établissements (« succursales ») dans plusieurs juridictions.

239. Le Principe directeur 2 recommande que les droits d'imposition sur les fournitures entre entreprises d'actifs incorporels et de services faisant l'objet d'échanges internationaux soient attribués à la juridiction où le client a établi son établissement d'affaires et que

les entreprises clientes soient tenues de déterminer par autoliquidation le montant de la TVA due sur les actifs incorporels ou services acquis à distance auprès de fournisseurs à l'étranger, en appliquant les règles de la juridiction dans laquelle elles sont implantées.

240. Le Principe directeur 4 recommande qu'en cas de fourniture à une entreprise établie dans plusieurs juridictions, les droits d'imposition reviennent à la juridiction où se trouve l'établissement du client (succursale) qui utilise l'actif incorporel ou le service considéré. Les Principes directeurs exposent les méthodes auxquelles les autorités fiscales peuvent recourir pour obtenir en pratique le résultat voulu, à savoir l'attribution du droit de percevoir la TVA sur les livraisons de services et d'actifs incorporels entre entreprises à la juridiction où ces services sont utilisés à des fins commerciales, quelle que soit la structure utilisée pour l'acquisition et la vente des actifs incorporels et des services concernés.

6.4. Conclusion préliminaires

241. Comme indiqué au chapitre 5, si l'économie numérique ne soulève pas de questions d'érosion de la base d'imposition et du transfert de bénéfices qui lui soient propres et exclusives, certaines de ses caractéristiques fondamentales, telles que la mobilité des revenus, accentuent les risques à cet égard. Ces caractéristiques fondamentales ont été prises en compte par les travaux consacrés, au titre du Plan d'action BEPS, à la fiscalité directe, en particulier, ceux visant à définir des règles efficaces relatives aux SEC (Action 3), à remédier aux pratiques permettant d'éviter artificiellement le statut d'établissement stable (Action 7) et à déterminer les prix de transfert (Actions 8-10). En conséquence, la mise en application de ces mesures devrait permettre de remédier en grande partie aux problèmes d'érosion de la base d'imposition et de transfert de bénéfices qui sont accentués dans le cas de l'économie numérique.

242. L'efficacité de ces mesures correctives dans la lutte contre les pratiques d'érosion de la base d'imposition et transfert de bénéfices dépend de la rapidité de leur mise en œuvre. À cette fin, certaines de ces mesures, comme la révision des Principes applicables en matière de prix de transfert, prendront effet immédiatement, tandis que d'autres, notamment celles relatives aux règles sur les SEC et à la déductibilité des charges intérêts, supposeront que les pays modifient leur droit interne. Les travaux conduits au titre de plusieurs actions, en particulier l'Action 2 (Neutraliser les effets des montages hybrides), l'Action 6 (Empêcher l'utilisation abusive des conventions fiscales), l'Action 7 (Empêcher les mesures visant à éviter artificiellement le statut d'établissement stable) et l'Action 14 (Accroître l'efficacité des mécanismes de règlement des différends) conduiront à modifier le Modèle de Convention fiscale de l'OCDE. Pour éviter des négociations bilatérales aussi longues que coûteuses en vue de prendre en compte ces modifications dans le réseau mondial de conventions fiscales, constitué de plus de 3 500 textes, 88 pays ont entrepris d'élaborer un instrument multilatéral permettant de mettre en œuvre les mesures issues du Plan d'action BEPS qui sont liées aux conventions fiscales et modifiant les conventions fiscales bilatérales de manière synchrone et efficace. La mise au point de cet instrument multilatéral devrait aboutir d'ici la fin de l'année 2016.

Bibliographie

OCDE (2015a), *Empêcher l'utilisation abusive des conventions fiscales lorsque les circonstances ne s'y prêtent pas, Action 6 – Rapport final 2015*, Éditions OCDE, Paris, http://dx.doi.org/10.1787/9789264241695-en.

OCDE (2015b), *Neutraliser les effets des dispositifs hybrides, Action 2 – Rapport final 2015*, Éditions OCDE, Paris, http://dx.doi.org/10.1787/9789264255104-fr.

OCDE (2015c), *Aligner les prix de transfert calculés sur la création de valeur, Actions 8-10 – Rapports finaux 2015,* Éditions OCDE, Paris, http://dx.doi.org/10.1787/9789264249202-fr.

OCDE (2015d), *Concevoir des règles efficaces concernant les sociétés étrangères contrôlées, Action 3 – Rapport final 2015*, Éditions OCDE, Paris, http://dx.doi.org/10.1787/9789264248489-fr.

OCDE (2013), *Plan d'action concernant l'érosion de la base d'imposition et le transfert de bénéfices*, Éditions OCDE, Paris, http://dx.doi.org/10.1787/9789264203242-fr.

OCDE (1998), *Concurrence fiscale dommageable : Un problème mondial*, Éditions OCDE, Paris, http://dx.doi.org/10.1787/9789264262942-fr.

Chapitre 7

Défis fiscaux plus larges soulevés par l'économie numérique pour la fiscalité directe et options pour y répondre

Cette section présente les défis posés par l'économie numérique pour la fiscalité directe en ce qui concerne la question du lien, le traitement fiscal des données et la qualification des paiements effectués dans le cadre de nouveaux modèles d'affaire. Elle décrit également certaines difficultés rencontrées par les administrations fiscales dans l'application des règles actuelles. Elle donne ensuite un aperçu des options possibles qui ont été examinées par le Groupe de réflexion sur l'économie numérique afin de relever ces défis.

7.1. L'économie numérique et les défis à relever pour les pouvoirs publics

243. L'expansion de l'économie numérique présente de nombreux avantages, notamment en termes de croissance, d'emploi et, plus généralement, de bien-être social. Néanmoins, elle pose également un certain nombre de défis auxquels doivent faire face les pouvoirs publics. Ces défis dépassent largement le cadre des politiques fiscales nationales et internationales, et concernent des domaines tels que le droit international en matière de protection de la vie privée, la protection des données, ou des enjeux comptables et réglementaires.

244. Du point de vue des stratégies fiscales, la progression des technologies numériques pourrait limiter les options offertes aux responsables de l'action publique lorsqu'ils définissent la structure de leur système d'imposition. Depuis des décennies, les entreprises contribuent au financement des dépenses publiques en acquittant tout un ensemble d'impôts qui s'ajoutent à l'impôt sur les bénéfices, tels que les charges patronales, les taxes environnementales et les impôts fonciers. L'essor des technologies numériques permet aux acteurs économiques de recourir à des pratiques permettant d'éviter, d'annuler ou de réduire sensiblement la charge fiscale au titre de ces différents impôts. Les pertes de recettes correspondantes peuvent conduire, aux fins de compensation, à l'exercice d'une pression fiscale accrue sur un nombre réduit de contribuables. Il convient donc de concevoir des systèmes d'imposition des bénéfices et de la consommation qui favorisent la croissance et l'investissement tout en réduisant les inégalités et en assurant l'égalité des conditions de concurrence entre les acteurs économiques.

245. Les sections suivantes décrivent plusieurs défis fiscaux soulevés par l'économie numérique en matière d'imposition des bénéfices.

7.2. Vision d'ensemble des défis fiscaux posés par l'économie numérique

246. Du fait de l'évolution des modèles d'affaire en général, et de l'expansion de l'économie numérique en particulier, la manière dont les entreprises non résidentes opèrent aujourd'hui dans le pays où se situe le marché diffère totalement de ce qui prévalait lorsque les règles fiscales internationales ont été définies. Par exemple, s'il a toujours été possible qu'une entreprise non résidente réalise des ventes dans une juridiction sans y être physiquement présente, ce phénomène a pu se développer de manière spectaculaire grâce aux progrès des technologies de l'information et des télécommunications (TIC). De plus, par le passé, les entreprises qui cherchaient à développer leur activité dans la juridiction d'un marché devaient très souvent disposer d'une présence physique sur place, sous la forme d'un site de production, de commercialisation et de distribution. Ces activités locales supposaient généralement la conduite d'opérations telles que les achats, la gestion des stocks, la commercialisation, la promotion de la marque et d'autres activités qui généraient localement des bénéfices soumis à l'impôt dans le pays du marché concerné. Les nouvelles pratiques commerciales, conjuguées aux progrès des TIC et à la libéralisation des échanges, ont permis aux entreprises de centraliser la gestion de nombreuses fonctions qui appelaient auparavant une présence locale, rendant ainsi obsolète le modèle commercial traditionnellement appliqué dans les économies constitutives d'un marché. Si la présence physique est l'un des critères des seuils d'imposition existants c'est notamment parce que, dans de nombreuses activités traditionnelles, une présence physique locale était nécessaire pour réaliser des ventes importantes de biens et de services sur un marché donné. Cela s'explique aussi par le besoin de garantir que le pays de la source dispose de la capacité administrative d'exercer son droit d'imposition sur une entreprise non résidente. Le fait que les modèles commerciaux de référence ne reposent plus autant désormais sur la présence physique – cette caractéristique

étant plus affirmée encore pour certaines activités du secteur des TIC – soulève donc des défis en termes de fiscalité internationale.

247. D'autres aspects de l'économie numérique posent également des difficultés aux responsables de l'action publique. Comme mentionné précédemment, le recours croissant aux données dans certains nouveaux modèles d'affaire peut engendrer des défis fiscaux en termes de qualification et d'attribution de la valeur générée par ces données, mais aussi du fait des nouvelles formes d'interaction des utilisateurs et des clients avec les entreprises. En outre, les nouveaux flux de revenus apparus notamment avec la diffusion des modèles d'affaire multi-faces, ou le recours à des puissances de calcul considérables et aux connexions à haut débit remettent en cause les critères actuels de qualification de certains paiements et transactions à des fins fiscales. Enfin, les technologies numériques facilitent la conduite des activités commerciales à l'échelle internationale, tout en offrant aux consommateurs l'accès à des produits et services du monde entier, ce qui complique la collecte des montants appropriés d'impôts sur la consommation.

248. En termes généraux, les principaux défis soulevés par l'économie numérique en matière de fiscalité directe se rattachent à trois grandes catégories :

- **Lien** : Alors que les possibilités offertes par les technologies numériques se développent en permanence et que, bien souvent, une présence physique limitée suffit à la conduite des activités, l'importance des effets de réseau générés par les interactions des consommateurs ne cesse de croître. Ce contexte soulève des questions quant à la pertinence des règles utilisées à ce jour pour déterminer l'existence d'un lien avec une juridiction aux fins fiscales.
- **Données** : L'élévation du degré de sophistication des technologies de l'information a permis aux entreprises de l'économie numérique de rassembler et d'utiliser des données par-delà les frontières à une échelle inédite. Cela pose la question de l'attribution de la valeur découlant de la génération de données par le biais de produits et services numériques, ainsi que celle de la qualification aux fins fiscales d'une transaction permettant la fourniture de données par une personne ou une entité. Ce type de transaction est susceptible d'être classé, par exemple, comme une livraison gratuite de bien, une opération de troc, ou encore dans une autre catégorie.
- **Qualification :** L'apparition de produits numériques et de modes de prestation de services inédits crée des incertitudes quant à la qualification appropriée des paiements réalisés dans le contexte de nouveaux modèles d'affaire, notamment en lien avec l'informatique en nuage.

249. Ces défis soulèvent la question de la capacité du cadre fiscal international actuel à répondre aux évolutions issues de l'économie numérique et des modèles d'affaire qu'elle rend possibles, et touchent également à la notion de répartition des droits d'imposition entre la juridiction de la source et celle de la résidence. Ils conduisent en outre à réexaminer le paradigme utilisé pour déterminer le lieu où les activités économiques se déroulent et où la valeur est créée aux fins fiscales, lequel s'appuie sur l'analyse des fonctions exercées, des actifs utilisés et des risques assumés. Enfin, ces défis peuvent conduire à des situations de double non-imposition, en particulier en cas d'absence de lien dans la juridiction du marché en vertu des règles actuelles et de non-imposition à la fois dans la juridiction du bénéficiaire des revenus et dans celle de la société-mère effective, soit des situations d'érosion de la base d'imposition et de transfert de bénéfices.

250. Si les défis relatifs à l'impôt sur les bénéfices des sociétés (lien, données et qualification) diffèrent par leur nature, ils se recoupent quelquefois. Ainsi, la qualification des paiements peut déclencher l'imposition dans la juridiction dont le payeur est résident ou dans laquelle il est établi, recoupant ainsi la question du lien. De même, on peut être amené à se demander si la collecte de données auprès des utilisateurs situés dans un pays est assimilable à l'existence d'un lien avec ce pays et s'il conviendrait, dans l'affirmative, d'imputer le bénéfice généré par l'utilisation de ces données à ce lien, et selon quelles modalités. Cela pose aussi la question de la qualification aux fins fiscales des revenus générés par des transactions utilisant des données.

251. Les défis soulevés par l'économie numérique concernent également les systèmes de TVA, notamment lorsque les biens, services et produits incorporels sont achetés par des consommateurs privés auprès de fournisseurs à l'étranger. Cela résulte en partie de l'absence d'un véritable cadre international garantissant la collecte de la TVA dans la juridiction de consommation. L'absence d'une norme internationale relative à la facturation, à la collecte et au paiement de la TVA auprès d'un nombre potentiellement élevé d'autorités fiscales pose des difficultés aux acteurs économiques, notamment les petites et moyennes entreprises confrontées à des charges administratives élevées. Les pouvoirs publics, quant à eux, supportent un risque de perte de recettes et de distorsion des échanges et doivent relever le défi de gérer les créances fiscales générées par un volume important de transactions de faible valeur, ce qui peut se traduire par une charge administrative élevée débouchant sur de maigres recettes.

252. Outre ces défis relatifs aux politiques fiscales, qui sont examinés plus en détail ci-dessous, le Groupe de réflexion a également identifié plusieurs questions d'ordre administratif soulevées par l'économie numérique. Un aperçu de ces questions est présenté dans l'encadré figurant à la fin de ce chapitre.

7.3. Lien et capacité à avoir une présence significative sans être assujetti à l'impôt

253. Les progrès des technologies numériques n'ont pas modifié la nature fondamentale des activités essentielles conduites par les entreprises dans le cadre de leur modèle économique dans le but de générer des bénéfices. Les entreprises doivent toujours, pour générer des bénéfices, s'approvisionner et acheter des intrants, créer ou ajouter de la valeur, et réaliser des ventes auprès de clients. Pour promouvoir leurs ventes, il leur faut toujours mener des activités d'étude de marchés, de commercialisation, de publicité et de services aux clients. Cependant, les technologies numériques ont sensiblement modifié la manière dont ces activités sont réalisées, par exemple en facilitant la conduite des activités à distance, en augmentant la vitesse de traitement, d'analyse et d'utilisation des données et, du fait que l'éloignement est désormais un obstacle moins important pour les échanges, en accroissant le nombre de clients potentiels pouvant être ciblés et touchés. Beaucoup d'entreprises peuvent s'appuyer sur les infrastructures numériques et sur les investissements correspondants pour atteindre désormais bien plus de clients. En conséquence, certains processus auparavant confiés à des équipes locales peuvent désormais être réalisés depuis l'étranger de manière automatisée, ce qui modifie la nature et la portée des activités assurées par le personnel. Il est donc possible de développer une clientèle sur un marché en déployant moins de moyens, en termes de personnel et d'infrastructures sur place, que durant l'ère « pré-numérique ».

254. Les entreprises disposent donc d'une marge de manœuvre accrue pour choisir le lieu de réalisation de leurs activités essentielles ou pour déplacer des fonctions existantes vers un nouveau site, sachant que ces sites peuvent être localisés hors du pays où se situe le marché et des pays où l'entreprise réalise d'autres fonctions liées. Par conséquent, il est

de plus en plus possible que les personnels, les infrastructures informatiques (les serveurs par exemple) et les clients d'une entreprise se trouvent répartis dans différents pays, loin de la juridiction où se situe le marché. Les progrès en matière de puissance de calcul ont aussi permis que certaines fonctions, y compris celles relatives aux prises de décision, soient désormais réalisées par des programmes logiciels et des algorithmes de plus en plus sophistiqués. Par exemple, des contrats peuvent être acceptés de manière automatique par des logiciels, sans aucune intervention du personnel sur place. Comme évoqué ci-après, cela s'applique également aux fonctions telles que la collecte de données, qui peut être assurée automatiquement, sans intervention directe des salariés de l'entreprise.

255. Malgré cette souplesse accrue, les grandes entreprises multinationales disposent souvent d'une présence imposable dans le pays où sont situés leurs clients. Comme le chapitre 4 l'explique, des motifs impérieux poussent souvent les entreprises à s'assurer que leurs ressources clés se trouvent aussi près que possible de leurs principaux marchés. Cela peut s'expliquer par la volonté d'assurer des services de grande qualité ou d'être en relation directe avec les principaux clients. Cela répond parfois aussi à la nécessité de minimiser les délais de réponse, élément décisif pour certaines activités, ou de respecter des réglementations applicables dans des secteurs particuliers qui limitent les choix de localisation des infrastructures clés, du capital et des effectifs. Il convient donc de ne pas surestimer l'importance de la question du lien. Néanmoins, le fait qu'il soit possible de réaliser des volumes importants de ventes sans présence imposable ne doit pas être sous-estimé pour autant puisqu'il soulève la question de savoir si les règles actuelles demeurent appropriées dans le contexte de l'économie numérique.

256. Ces questions renvoient en particulier à la définition d'un établissement stable (ES) aux fins des conventions fiscales et aux règles correspondantes en matière d'attribution des bénéfices. Il est admis depuis longtemps que le concept d'établissement stable désigne non seulement une présence physique substantielle dans le pays concerné, mais également des situations dans lesquelles le non-résident exerce des activités dans le pays concerné par l'intermédiaire d'un agent dépendant (d'où les règles figurant aux paragraphes 5 et 6 de l'article 5 du Modèle de Convention fiscale de l'OCDE). Comme il est désormais possible d'être largement impliqué dans la vie économique d'un autre pays sans s'appuyer sur une installation fixe d'affaires ou sur un agent dépendant dans ce pays, d'aucuns craignent que la définition actuelle de l'ES ne cadre plus avec les principes qui ont presidé à sa rédaction. Par exemple, le fait qu'il soit possible de conclure des contrats à distance par des moyens technologiques appropriées, sans l'intervention de salariés ou d'agents dépendants, remet en question la pertinence dans certains cas de figure du critère retenu par les règles actuelles reposant sur la conclusion de contrats par une personne autre qu'un agent jouissant d'un statut indépendant.

257. Ces préoccupations sont avivées par le fait que, dans certains modèles d'affaire, les clients entretiennent plus souvent des relations permanentes avec des fournisseurs de services allant au-delà de la seule étape de la vente. Cette interaction continue avec les clients génère des effets de réseau pouvant accroître la valeur d'une entreprise aux yeux d'autres clients potentiels. Par exemple, dans le cas d'un site web de vente au détail proposant une plate-forme où les clients peuvent évaluer et commenter les produits, les interactions de ces clients avec le site web peuvent augmenter la valeur de celui-ci pour d'autres clients, en leur permettant de faire des choix plus éclairés sur les produits et de trouver ceux qui répondent le mieux à leurs attentes.

258. De même, les utilisateurs d'une plate-forme participative en réseau mettent en ligne des contenus qu'ils ont créés, si bien que la valeur de la plate-forme pour ses membres s'accroît

lorsque de nouveaux utilisateurs s'inscrivent et apportent leur contribution. Le plus souvent, les utilisateurs ne sont pas rémunérés directement au titre des contenus qu'ils créent, même si l'entreprise peut monétiser ces contenus par le biais de recettes publicitaires (comme décrit plus bas à propos des modèles d'affaire multi-faces), des ventes d'abonnements ou en octroyant à des tiers des licences relatives à ces contenus. La valeur générée par les contributions des utilisateurs peut se refléter dans la valeur de l'entreprise elle-même, monétisée au travers de son prix de vente lorsqu'elle est cédée par ses propriétaires. Ces préoccupations liées à la nature évolutive des interactions avec les clients et les utilisateurs, qui autorise une plus grande participation dans la vie économique d'un pays sans présence physique, sont d'autant plus marquées sur les marchés dans lesquels les choix des consommateurs, conjugués aux effets de réseau, ont conduit à une situation de monopole ou d'oligopole.

259. Ces diverses évolutions doivent être comprises à la lumière de leur lien avec les méthodes plus classiques de conduite des activités économiques. Par exemple, le fait d'avoir un marché dans un pays est de toute évidence un atout pour un vendeur, pour autant cela n'a pas généré pas en soi un droit d'imposition dans le domaine de la fiscalité directe jusqu'à aujourd'hui. Il est également vrai que les données relatives aux marchés et aux clients constituent depuis toujours une source de valeur pour les entreprises, ainsi que l'illustrent des initiatives telles que les programmes de fidélisation des compagnies aériennes, les programmes de fidélité, la création et la vente de listes de clients et les enquêtes marketing (auxquels les clients participent gratuitement), pour se limiter à ces exemples. L'économie traditionnelle a également tiré parti d'effets de « réseau », bien que de manière peut-être moins évidente que les effets de réseau qui se manifestent dans les réseaux sociaux. Par exemple, les vendeurs de télécopieurs devaient pouvoir compter sur un vivier suffisamment large d'acheteurs pour que leur produit ait de la valeur. En revanche, l'économie numérique permet d'accéder aux marchés en étant beaucoup moins tributaire d'une présence physique qu'auparavant. En outre, elle offre des possibilités sans précédent de collecte et d'analyse de données, et décuple l'impact de la participation des clients et des utilisateurs dans un marché, ainsi que l'ampleur des effets de réseau. Certains pensent que la baisse des coûts marginaux dans les entreprises numériques, conjuguée à l'augmentation des effets de réseau grâce au recours plus fréquent à la participation des utilisateurs, peut justifier un changement de politique fiscale. Voir par exemple Crémer (2015) ; Pistone et Hongler (2015). Néanmoins, lorsqu'on envisage de modifier les règles d'imposition des bénéfices pour tenir compte des interactions avec les clients, il faut réfléchir à l'impact potentiel sur les modes de gestion traditionnels afin de maintenir la cohérence des politiques fiscales au niveau international. Il faut en outre s'orienter à la fois vers des solutions basées sur l'impôt sur les bénéfices et des solutions axées sur les impôts indirects.

260. Une autre difficulté liée aux nouveaux modes de gestion des entreprises concerne certaines activités auparavant considérées comme ayant un caractère préparatoire ou auxiliaire (et bénéficiant ainsi d'une exception à la définition d'ES), qui pourraient devenir, dans le contexte de l'économie numérique, des composantes de plus en plus importantes de l'activité de l'entreprise. Par exemple, comme le chapitre 6 l'explique, si la proximité vis-à-vis des clients et la nécessité de réaliser des livraisons rapides sont des facteurs clés du modèle économique d'un fournisseur en ligne de biens corporels, le fait de disposer d'un entrepôt sur place peut correspondre à une activité essentielle de ce vendeur. De même, si le succès commercial d'une entreprise de négociation à haute fréquence dépend de sa faculté à être plus rapide que ses concurrents à tel point que son serveur doive être proche de la bourse concernée, il peut être fondé de remettre en cause la qualification des processus automatisés réalisés par ce serveur comme de simples activités à caractère préparatoire ou auxiliaire.

261. S'il est vrai que les conventions fiscales ne permettent pas d'imposer les bénéfices d'une entreprise non résidente en l'absence d'ES auquel attribuer les bénéfices en question, la question du lien dépasse celle de l'existence d'un ES au sens des conventions fiscales. De fait, même en l'absence des limitations prévues par les conventions, il apparaît que nombre de pays ne considéreraient pas qu'il existe un lien au sens de leur législation interne. Ainsi, de nombreux pays n'imposent pas les bénéfices obtenus par une entreprise non résidente au titre de ventes réalisées à distance auprès de clients situés sur leur territoire, sauf si l'entreprise maintient une certaine forme de présence physique sur leur sol. En conséquence, la question du lien renvoie aussi aux règles internes en matière d'imposition des entreprises non résidentes.

7.4. Les données et l'attribution de la valeur générée par la création de données géolocalisées grâce à l'utilisation de produits et de services numériques

262. Les technologies numériques permettent de collecter, de stocker et d'utiliser des données, ainsi que de rassembler les données à distance en se trouvant plus éloigné du marché qu'auparavant. Les données peuvent être obtenues soit directement auprès des utilisateurs, des consommateurs ou des autres sources d'information, soit indirectement, auprès de tiers. Elles peuvent aussi être collectées au moyen de différentes transactions conduites avec les utilisateurs, ou d'autres formes d'accords conclus de manière explicite ou tacite avec ces derniers. Les entreprises recourent à diverses méthodes de collecte de données. Elles peuvent être proactives, en demandant ou en exigeant que les utilisateurs fournissent les données et en conduisant une analyse de celles-ci, ou avant tout réactives, le volume et la nature des données obtenues dépendant en grande partie des utilisateurs, comme dans le cas des réseaux sociaux et de l'informatique en nuage. Comme indiqué dans le chapitre 3, dans le contexte de l'économie numérique, le processus de création de valeur s'appuie souvent sur une collecte de données issues de différentes sources. L'exploitation des données peut créer de la valeur de différentes manières pour les entreprises, y compris en leur permettant de segmenter les clients potentiels pour proposer des offres sur mesure, de parfaire la mise au point de leurs produits et services, de mieux comprendre les variations de leurs résultats ou d'améliorer leur prise de décision. Le rôle croissant joué par les données soulève plusieurs questions concernant la validité des règles actuelles en matière de lien, l'opportunité d'imposer les bénéfices obtenus par une entreprise grâce à une collecte distante de données dans la juridiction depuis laquelle les données sont collectées, ainsi que la question de la pertinence de la qualification et de la valorisation des données aux fins fiscales. Comme mentionné précédemment, la question de la collecte de données n'est pas nouvelle, bien que la capacité de réunir et de classer les données se soit accrue de façon exponentielle, principalement grâce à l'augmentation de la puissance de calcul et à l'essor de l'Internet. Par conséquent, analyser le rôle croissant des données nécessite de prendre aussi en compte l'impact potentiel sur les modèles d'affaire plus traditionnels.

263. S'il est indéniable que de nombreuses entreprises ont mis au point des processus de collecte, d'analyse et de monétisation des données, il peut s'avérer difficile, dans le cadre de l'analyse des fonctions, des actifs et des risques, d'attribuer une valeur objective aux données brutes elles-mêmes, considérées isolément des processus mis en œuvre pour collecter, analyser et utiliser ces données. Aux fins comptables, la valeur des données collectées par une entreprise, à l'image des autres produits incorporels qu'elle a créés elle-même, n'est généralement pas reportée au bilan, et n'entre donc pas en compte, le plus souvent, dans le calcul du bénéfice fiscal. Alors que des données achetées à une entreprise, liée ou non, seraient comptabilisées comme un actif dans le bilan de l'acquéreur (leur vente postérieure ayant alors des effets fiscaux), la vente pure et simple de données n'est qu'une

des nombreuses modalités de monétisation de la collecte et de l'analyse de ces données. Par exemple, la valeur des données, comme les autres contributions des utilisateurs, peut être reflétée dans la valeur de l'entreprise elle-même, et peut être monétisée lors de la vente de l'entreprise. Même lorsque les données elles-mêmes sont vendues, leur valeur peut varier considérablement selon la capacité de l'acheteur à les analyser et à les utiliser. La question de la valorisation des données en tant qu'actif est compliquée par les questions juridiques concernant la propriété des données personnelles et la capacité des utilisateurs à déterminer si les entreprises peuvent accéder aux données les concernant et les utiliser en faisant un usage anonyme des services numériques, ou en supprimant des données stockées dans des mémoires caches locales. De nombreux pays ont adopté une législation en matière de protection des données et de vie privée pour assurer une protection effective des données personnelles des consommateurs. La plupart de ces législations qualifient ces informations comme la propriété de l'individu auquel elles se rapportent, plutôt que comme un actif détenu par une entreprise ou un bien public. À l'inverse, les ouvrages économiques consacrés aux actifs incorporels tiennent plutôt compte des réalités actuelles de l'entreprise et valorisent également les actifs dont la propriété n'est pas toujours protégée par la législation en vigueur (Corrado et al., 2012).

264. La valeur des données, et les difficultés rencontrées pour déterminer cette valeur, intéressent également la fiscalité des opérations transfrontalières. Cette notion soulève la question de l'opportunité de considérer, aux fins de l'impôt, l'existence d'un lien, y compris en l'absence d'une présence physique, lorsque des données sont collectés à distance et, dans l'affirmative (ou en cas d'une présence imposable existante), la question des conséquences sur la mise en œuvre des principes applicables en matière de prix de transfert et d'attribution des bénéfices, qui supposent une analyse des fonctions exercées, des actifs utilisés et des risques courus. L'importance que revêt le processus de valorisation s'explique aisément par le fait que la valeur des données entre en jeu dans l'établissement du résultat fiscal. De plus, puisque la valeur des données peut modifier le résultat fiscal si elles sont attribuables à un ES ou détenues par une filiale locale et vendues à une entreprise étrangère, mais pas si elles sont collectées directement par une entreprise étrangère sans ES, les questions du lien et du lieu de collecte des données sont au cœur des débats. La distinction entre l'imposition des entreprises avec ES et des entreprises sans ES est également pertinente dans l'économie traditionnelle.

265. En outre, les données, y compris des données géolocalisées, peuvent être recueillies auprès de consommateurs ou d'équipements situés dans un pays en utilisant une technologie développée dans un autre pays. Ces données peuvent alors être traitées dans ce second pays et utilisées pour améliorer l'offre commerciale ou pour cibler les messages publicitaires destinés aux clients dans le pays où se situe le marché. La décision d'attribuer des bénéfices à chacune de ces fonctions et la règle de répartition des bénéfices entre ces deux pays posent des questions de nature fiscale. Ces questions peuvent être d'autant plus difficiles à trancher qu'en pratique les données peuvent être issues de sources diverses, destinées à des utilisations différentes et combinées de diverses manières pour créer de la valeur, ce qui complique la détermination de l'origine des données. Enfin, ces données peuvent être stockées et traitées au moyen de l'informatique en nuage, ce qui complique la détermination du lieu de traitement des données.

266. L'importance croissante des modèles d'affaire multi-faces dans l'économie numérique soulève d'autres défis. Une caractéristique distinctive des modèles d'affaire à deux faces est que la capacité d'une entreprise à attirer un groupe de clients dépend souvent de sa capacité à attirer un deuxième groupe de clients ou d'utilisateurs. Par exemple, une entreprise peut concevoir des services de valeur et les fournir à des entreprises ou à des

particuliers gratuitement ou à un prix inférieur à leur coût de fourniture, afin de constituer une base d'utilisateurs et de collecter des données auprès de ces entreprises et particuliers. Elle peut ensuite utiliser ces données pour générer des revenus en vendant des services à un deuxième groupe de clients intéressés par les données elles-mêmes ou par le fait d'avoir accès au premier groupe. Ainsi, dans le cas de la publicité sur Internet, les données collectées auprès d'un groupe d'utilisateurs ou de clients peuvent être utilisées pour permettre à un deuxième groupe de clients de personnaliser leurs annonces publicitaires. Lorsque les deux groupes de clients sont répartis dans de nombreux pays, les difficultés portent sur la notion de lien déjà mentionnée et sur la détermination de l'attribution appropriée des bénéfices entre ces différents pays. Des questions peuvent aussi se poser au sujet de la qualification des transactions utilisant des données, notamment pour définir dans quelle mesure des données et des transactions reposant sur des échanges de données peuvent être considérées comme des biens gratuits ou des opérations de troc, et quel devrait être leur traitement aux fins comptables et fiscales. Néanmoins, ainsi qu'il a été mentionné de façon plus générale précédemment, l'emplacement des clients et celui des utilisateurs est souvent le même en pratique, de sorte que la valeur des données sur les utilisateurs est reflétée dans les recettes publicitaires générées dans un pays. En outre, l'ampleur de cette difficulté peut être atténuée par le fait qu'une activité publicitaire nécessite fréquemment une présence locale afin d'attirer les annonceurs.

267. L'évolution des relations entre les entreprises et les utilisateurs/clients dans l'économie numérique peut soulever encore d'autres défis. Les règles fiscales actuelles relatives à l'attribution des bénéfices entre différentes entités d'une même entreprise multinationale s'appuient sur l'analyse des fonctions exercées, des actifs utilisés et des risques courus. Cela soulève des questions dans le cas de certains modèles d'activité de l'économie numérique dans lesquels une partie de la création de valeur peut être assurée par les contributions d'utilisateurs ou de clients situés dans un pays. Comme indiqué plus haut, l'importance accrue des utilisateurs/clients renvoie donc à la question centrale de la détermination du lieu de réalisation des activités économiques et de la création de valeur aux fins fiscales.

7.5. La qualification des bénéfices générés par de nouveaux modèles d'affaire

268. Les technologies numériques offrent de nouveaux modes de fourniture des produits et services aux clients. L'économie numérique offre des possibilités inédites de monétisation, comme l'expliquent les chapitres 3 et 4, et soulève des questions concernant la logique adoptée pour définir les catégories de revenus actuelles et le degré de cohérence dans le traitement de transactions similaires.

269. Les travaux antérieurs du Groupe technique consultatif sur la classification conventionnelle, examinés plus en détail à l'Annexe A, ont porté sur diverses difficultés de qualification en lien avec le commerce électronique. Si ces travaux conservent leur intérêt, les nouveaux modèles d'affaire soulèvent des questions quant à la qualification appropriée de certaines transactions et certains paiements au regard de la législation interne et aux fins des conventions fiscales[1]. Par exemple, le Groupe technique consultatif a étudié le cas de l'hébergement d'applications, or l'informatique en nuage s'est considérablement développée depuis ces travaux, et les Commentaires relatifs au Modèle de Convention fiscale de l'OCDE disponibles à ce jour ne traitent pas précisément de la nature des paiements dans le contexte de l'informatique en nuage. La question souvent posée aux fins de l'application des conventions fiscales consiste à savoir si ces paiements devraient être traités comme des redevances (notamment pour les conventions qui définissent les redevances comme incluant les droits de location pour l'usage d'équipements industriels, commerciaux

ou scientifiques), des honoraires au titre de services techniques (pour les conventions contenant des dispositions particulières à cet égard) ou des bénéfices d'entreprise. Plus précisément, il s'agit de décider si les transactions relatives aux ventes d'infrastructures-services devraient être traitées comme des services (les paiements correspondants entrant dans la catégorie des bénéfices d'entreprise aux fins des conventions), comme de la location d'espace par des tiers sur les serveurs du fournisseur de services infonuagiques (soit une qualification de redevance aux fins des conventions qui définissent les redevances comme incluant les droits de location pour l'usage d'équipements industriels, commerciaux ou scientifiques) ou comme une prestation de services techniques. Les mêmes questions se posent pour les transactions relatives aux ventes de logiciels-services et de plateformes-services.

270. À l'avenir, l'essor de l'impression 3D pourrait également poser des problèmes de qualification. Par exemple, si la fabrication directe pour le client évolue vers l'octroi de licences sur des modèles destinés à être imprimés à distance par les acheteurs, il conviendra de se demander si et, le cas échéant, de quelle manière, les versements des clients peuvent être qualifiés de redevances plutôt que de bénéfices d'entreprise, ou s'ils peuvent être considérés comme des honoraires au titre de services techniques.

271. La plupart des conventions fiscales prévoient que les bénéfices d'entreprise ne sont imposables dans un pays que s'ils sont attribuables à un ES situé sur le territoire concerné. À l'inverse, d'autres catégories de revenus, comme les redevances, peuvent être soumises à une retenue à la source dans le pays du payeur, selon les termes des conventions applicables. La qualification d'une transaction comme relevant d'un bénéfice d'entreprise ou d'une autre catégorie de revenus peut ainsi conduire à un traitement fiscal différent aux fins des conventions en vigueur. Il convient donc de clarifier l'application des règles existantes dans le contexte de certains nouveaux modèles d'affaire.

272. La réflexion sur la qualification des revenus générés par les nouveaux modèles d'affaire doit également porter sur la logique adoptée pour définir les règles existantes, afin de déterminer si ces règles produisent des résultats appropriés dans le contexte de l'économie numérique et si les différences de traitement de transactions pour l'essentiel similaires se justifient sur le plan pratique. À cet égard, il pourrait être nécessaire d'apporter des éclaircissements sur la qualification, dans les conventions fiscales, de certains paiements effectués dans le cadre de nouveaux modèles d'affaire, notamment ceux de l'informatique en nuage (y compris les paiements au titre de transactions d'infrastructures-services, de logiciels-services et de plateformes-services). En outre, les questions de qualification ont des conséquences plus larges sur l'attribution des droits d'imposition aux fins des impôts directs. Par exemple, si un nouveau type d'entreprise se trouve en mesure d'interagir de façon importante avec des clients du pays où se trouve le marché et de générer des bénéfices d'entreprise sans une présence physique telle qu'elle serait constitutive d'un ES, et s'il est décidé que le pays où se trouve le marché devrait être en droit d'imposer sur une base nette les revenus ainsi générés, une modification du critère de seuil de l'ES et des règles correspondantes d'attribution des bénéfices pourrait permettre cette imposition. L'imposition dans la juridiction de la source pourrait également être appliquée en créant une nouvelle catégorie de revenus soumis à une retenue à la source. Il apparaît donc clairement que la question de la qualification a des effets importants sur la question du lien.

Encadré 7.1. **Les défis soulevés par l'économie numérique pour les administrations**

Il est urgent d'examiner la manière dont des investissements consacrés aux compétences des agents, aux technologies et à la gestion des données peuvent aider les administrations fiscales à rester en phase avec les nouveaux modèles opérationnels adoptés par les entreprises grâce aux avancées technologiques. La capacité de l'économie numérique à se jouer des frontières complique la tâche des pouvoirs publics lorsqu'ils doivent identifier les entreprises, définir l'importance de leur activité, collecter et vérifier les informations, et identifier les consommateurs. Ces questions sont présentées ci-dessous, et les solutions qui peuvent être envisagées pour les résoudre sont décrites dans les sections suivantes de ce chapitre. En outre, le Forum sur l'administration de l'impôt mène actuellement des travaux pratiques en vue de forger une culture de la discipline volontaire et d'encourager l'utilisation des technologies modernes qui sous-tendent les canaux en libre-service (OCDE, 2014).

- **Identification :** Les défis soulevés habituellement par les structures des entreprises mondiales en matière d'identification sont encore plus importants dans le contexte de l'économie numérique. Par exemple, il est possible que le pays où se trouve le marché n'oblige pas les entreprises étrangères à s'enregistrer ou à s'identifier d'une autre manière lorsqu'elles effectuent des ventes à distance auprès de clients locaux, ou qu'il rencontre des difficultés à faire respecter l'obligation d'enregistrement, étant donné qu'il n'est pas facile pour l'administration fiscale de savoir qu'une activité est conduite, d'identifier les vendeurs à distance et de faire respecter la législation interne. Les difficultés rencontrées pour identifier des vendeurs à distance ont des effets négatifs sur le recouvrement effectif de l'impôt.

- **Détermination de l'importance des activités :** Même lorsque l'identité et le rôle des parties concernées sont connus, il peut s'avérer impossible d'évaluer l'importance des ventes ou d'autres activités sauf à obtenir des informations de la part du vendeur à l'étranger, en particulier si aucun registre commercial ou comptable n'est tenu dans la juridiction du marché ou n'est consultable par l'administration fiscale locale. Il est parfois possible de se procurer ces informations auprès de tiers, tels que les clients ou les intermédiaires de paiement, dans la mesure ou aucune législation applicable en matière de confidentialité des données ou de réglementation financière ne s'y oppose.

- **Collecte et vérification des données :** L'administration fiscale du pays où se trouve le marché peut être amenée, en vue de contrôler les activités réalisées dans sa juridiction, à solliciter des informations auprès de parties qui n'exercent aucune activité sur son territoire et ne sont pas soumises à la réglementation locale. Les échanges de renseignements peuvent constituer un outil très utile lorsque le cadre juridique nécessaire existe, à condition de savoir de quel pays l'entité étrangère est fiscalement résidente et sous réserve que l'administration fiscale du pays en question transmette les renseignements demandés. Ainsi, l'administration fiscale du pays où se trouve le marché aura des difficultés pour vérifier de manière indépendante les informations transmises par une entité étrangère.

- **Identification des clients :** En principe, une entreprise dispose de plusieurs moyens pour identifier le pays de résidence de ses clients et/ou le pays où a lieu la consommation. Parmi les sources d'information possibles, citons les entreprises de transport, les documents douaniers, les adresses IP et adresses de facturation. Néanmoins, cela peut entraîner une gestion lourde pour l'entreprise et s'accompagne d'un risque d'erreur lorsqu'un client parvient à dissimuler sa localisation.

7.6. Élaboration d'options permettant de relever les défis plus larges soulevés par l'économie numérique en matière de fiscalité directe

273. Dans le contexte de ses travaux, Le Groupe de réflexion sur l'économie numérique a reçu et examiné plusieurs propositions d'options permettant de relever les défis plus larges soulevés par l'économie numérique en lien avec la fiscalité directe, y compris des travaux novateurs accomplis par des universitaires (Bloch, 2015 ; Bourreau, 2015 ; Brauner, 2015 ; Crémer, 2015 ; Hongler, 2015). Compte tenu des importants chevauchements entre les défis relatifs aux questions du lien, des données et de la qualification, au lieu de s'efforcer de cibler chacun d'entre eux individuellement, il a été jugé plus pertinent que les options possibles se concentrent plus généralement sur la capacité des entreprises de l'économie numérique à *(i)* réaliser des revenus commerciaux dans un pays sans y avoir de présence physique, et *(ii)* utiliser les contributions d'utilisateurs dans la chaîne de valeur (y compris par la collecte et le suivi de données), et monétiser ces contributions en vendant les données à des tiers, en vendant des annonces publicitaires ciblées, en vendant l'entreprise proprement dite ou de toute autre manière.

274. Les options analysées par le Groupe de réflexion en 2014 englobaient des modifications aux exceptions au statut d'ES, des alternatives au seuil existant de l'ES, l'imposition d'une retenue d'impôt à la source sur certains types de transactions numériques, et l'introduction d'une taxe sur l'utilisation de la bande passante.

275. S'agissant des exceptions au statut d'ES, les travaux menés dans le contexte de l'Action 7 du Projet BEPS (Empêcher les mesures visant à éviter artificiellement le statut d'établissement stable) ont cherché à déterminer si des activités qui avaient auparavant un caractère préparatoire ou auxiliaire mais qui sont devenues des composantes essentielles d'une entreprise devaient continuer de bénéficier des exceptions (énumérées à l'article 5(4) du Modèle de Convention fiscale de l'OCDE) à la définition d'un établissement stable. À l'issue de ces travaux, ces exceptions ont été modifiées de manière à ce qu'elles s'appliquent uniquement aux activités ayant un caractère préparatoire ou auxiliaire.

276. Les détails techniques des trois autres options ont été affinés et sont présentés ci-dessous. A l'instar des difficultés qu'elles sont supposées résoudre, les conséquences de ces options se chevauchent à un certain nombre d'égards. Elles ont donc été conçues de manière à pouvoir être intégrées en une solution unique ou être choisies individuellement. Ainsi, certains éléments des trois options potentielles pourraient être combinés pour produire un nouveau concept de lien permettant une imposition sur une base nette (« présence économique significative »), afin de tenir compte des situations où une entreprise exploite les technologies numériques pour prendre part à la vie économique d'un pays de manière régulière et durable, sans être physiquement présente dans ce pays. Dans ce contexte, l'imposition d'une retenue à la source sur les transactions numériques pourrait être considérée comme un outil de renforcement de la discipline fiscale avec l'imposition nette basée sur unnouveau lien, tandis qu'une taxe de péréquation pourrait être envisagée comme solution alternative pour surmonter les problèmes soulevés par l'attribution des revenus à ce nouveau lien.

7.6.1. Un nouveau lien fondé sur le concept de présence économique significative

277. Cette option vise à créer une présence imposable dans un pays dès lors qu'une entreprise non résidente a une présence économique significative dans ce pays, au regard de facteurs qui démontrent une interaction volontaire, inscrite dans la durée, avec l'économie de ce pays par le biais de technologies et d'autres outils automatisés. Ces facteurs seraient combinés à un facteur basé sur les recettes tirées de transactions à distance à destination

de ce pays, afin de garantir que seuls les cas de présence économique significative soient pris en compte, de limiter les coûts de conformité pour les contribuables et d'offrir un degré élevé de certitude fiscale pour les activités transfrontières. Les sections qui suivent présentent cette option en détail, ainsi que les approches possibles pour attribuer des revenus à ce nouveau lien.

7.6.1.1. Facteur basé sur les recettes

278. De manière générale, les recettes générées de façon durable dans un pays pourraient être considérées comme l'un des indicateurs les plus manifestes de l'existence d'une présence économique significative. Cette idée repose sur l'hypothèse que même dans les modèles d'affaire multi-faces, et tout particulièrement ceux qui dépendent des effets de réseau, il est probable que les deux marchés soient étroitement liés entre eux, et donc situés dans le même pays. Dans la mesure où le pays des utilisateurs et le pays des clients payeurs se confondent, la valeur des utilisateurs d'une entreprise et des données des utilisateurs se retrouvera généralement dans les revenus générés par l'entreprise dans un pays. En d'autres termes, étant donné que les données des utilisateurs servent à optimiser la valeur des services offerts par une entreprise, l'existence d'un réseau dense d'utilisateurs (et les données qui en résultent) aura généralement pour conséquence que les entreprises vendront plus ou factureront plus au titre de leurs principaux produits/services, voire les deux. Dans ces circonstances, les revenus générés par les clients dans un pays constituent un facteur qui pourrait permettre d'établir un lien sous la forme d'une présence économique significative dans le pays concerné. Les revenus ne suffiront pas à eux seuls à établir ce lien, mais ils pourraient être considérés comme un facteur de base qui, associé à d'autres facteurs, pourrait servir à établir un lien sous la forme d'une présence économique significative dans le pays concerné. En outre, l'utilisation des revenus comme facteur de base pourrait limiter les coûts de conformité pour les contribuables et offrir un degré élevé de certitude fiscale pour les activités transfrontières. En mettant au point un facteur fondé sur les recettes, les difficultés techniques suivantes ont été prises en compte :

- ***Transactions couvertes.*** L'une des approches possibles pour définir un facteur de base fondé sur les recettes consiste à inclure uniquement les recettes générées par des transactions numériques conclues avec des clients présents dans le pays par le biais d'une plateforme numérique d'entreprise. En l'espèce, ces transactions impliqueraient la conclusion d'un contrat ayant pour objet la vente (ou l'échange) de biens et de services entre deux parties, ou plus, effectuée par le biais d'une plateforme numérique, la conclusion du contrat reposant principalement sur des systèmes automatisés. Une telle approche pourrait toutefois créer des incitations en faveur de certaines pratiques commerciales avec des clients à distance. Par exemple, les transactions numériques à distance seraient traitées différemment des transactions de vente par correspondance (achats sur catalogue, par exemple) et des transactions par téléphone (achats par le biais de centres d'appels, par exemple). Bien qu'en pratique ces dernières transactions soient peu susceptibles de procurer à une entreprise d'importantes recettes, ces trois modes de transaction permettent aux entreprises d'effectuer des opérations commerciales sans être physiquement présentes dans le pays du consommateur. En outre, les entreprises pourraient mettre à profit les technologies numériques pour atteindre un éventail plus large de clients dans un autre pays sans avoir à s'engager dans des transactions numériques (un site Internet qui affiche les produits mais qui dirige les clients vers un centre d'appels pour finaliser et régler leurs achats, par exemple). En conséquence, pour garantir que des contribuables qui effectuent des transactions comparables dans des circonstances comparables soient soumis à des niveaux d'imposition comparables, mieux vaudrait peut-être définir ce facteur de manière à englober tous les revenus tirés de transactions conclues à distance par l'entreprise non résidente avec des clients se trouvant dans le pays. Les effets négatifs potentiels associés à une portée aussi large seraient en tout état de cause neutralisés par l'application des autres facteurs (voir ci-dessous au point 7.6.1.4).

- ***Niveau du seuil.*** L'élément fondamental du facteur fondé sur les recettes pourrait être le chiffre d'affaires brut généré par des transactions à distance conclues avec des clients dans le pays concerné. Ce montant pourrait être défini en termes absolus et en monnaie locale, de manière à minimiser le risque de manipulation. L'un des objectifs essentiels est de fixer le seuil à un niveau suffisamment élevé pour minimiser la charge des administrations fiscales et réduire à la fois les coûts de conformité et le degré d'incertitude pour le contribuable, en veillant dans le même temps à ce que le lien ne puisse pas être établi dans les cas où des recettes fiscales minimales seraient collectées. La taille du marché du pays pourrait aussi être un facteur pertinent dans la définition du seuil de revenus. Compte tenu de la mobilité relative et de la souplesse associée au choix de l'emplacement des fonctions automatisées liées aux activités génératrices de revenus dans l'économie numérique, ce facteur pourrait être appliqué sur la base du groupe dans son ensemble plutôt que d'une entité considérée isolément, afin d'éviter le risque que les activités de vente à distance auprès de clients du même pays soient artificiellement fragmentées entre diverses entités affiliées étrangères. Ce principe d'agrégation pourrait être adopté en tant qu'hypothèse réfutable, le contribuable ayant la possibilité de démontrer qu'il n'a pas procédé à une fragmentation artificielle de ses activités de vente à distance dans le but de manipuler le seuil de revenu.
- ***Administration du seuil.*** La bonne application du seuil de revenu dépendrait de la capacité du pays à identifier et à mesurer les activités de vente à distance de l'entreprise non résidente. Une approche possible pour y parvenir serait de mettre en place un système d'enregistrement obligatoire, applicable aux entreprises qui réunissent les facteurs constitutifs d'une présence économique significative. Dans le même temps, les autorités fiscales pourraient se heurter à des difficultés pour déterminer quand – et à quelle échelle – les activités se déroulent, identifier les vendeurs à distance et, en définitive, s'assurer qu'ils respectent leurs obligations fiscales. Par ailleurs, s'agissant de transactions conclues et exécutées intégralement en ligne, il pourrait être difficile pour les entreprises d'identifier avec certitude le pays de résidence des clients. À cet égard, les régimes mis en place pour garantir que les fournisseurs non résidents respectent les règles en matière de TVA/TPS pourraient s'avérer extrêmement utiles (voir le chapitre 8 pour plus d'informations).

7.6.1.2. Facteurs numériques

279. S'agissant des entreprises traditionnelles, la capacité à atteindre un nombre significatif de clients dans un pays dépend généralement d'une série de facteurs, dont la localisation du magasin, les activités locales de commercialisation et de promotion, les options de paiements, le nombre de vendeurs et d'agents du service clientèle. Dans l'économie numérique, la capacité à créer et à maintenir avec les utilisateurs ou les clients d'un pays donné une relation pertinente et durable par le biais d'une présence en ligne dépend de facteurs analogues. Pour déterminer l'existence d'une présence économique significative, on pourrait recourir à un ensemble de facteurs numériques fondés sur le stade actuel de développement de l'économie numérique, notamment :

- ***Un nom de domaine local.*** Une entreprise non résidente qui cible des clients ou des utilisateurs dans un pays obtient généralement l'équivalent numérique d'une « adresse » locale, qui lui sert de vitrine, habituellement sous la forme d'un nom de domaine localisé ou spécialisé. Ainsi, le nom de domaine de l'entreprise dans son pays d'origine peut être « .com », mais lorsqu'elle cible un pays en particulier, l'entreprise choisira pour son site un nom de domaine adapté, afin qu'un utilisateur local ait plus de chances de tomber sur le site. Cette stratégie est renforcée par la nécessité pour les entreprises, soucieuses de protéger leurs marques de commerce, d'acheter les noms de domaine liés, y compris un nom de domaine local propre au pays visé. En résumé, bien qu'une entreprise puisse exercer des activités dans un pays sans y posséder de nom de domaine local, cette décision emporte un risque de réputation lié au détournement du nom de domaine et aux atteintes à la marque, autant de préjudices qui peuvent découler de l'absence de protection, par l'entreprise, de sa raison sociale, de ses marques et noms commerciaux dans divers domaines. Par conséquent, les multinationales dont les activités couvrent de nombreux pays choisiront très probablement un nom de domaine local pour opérer dans un pays. Cependant, il n'est pas certain que les noms de domaine locaux resteront le principal instrument d'accès aux marchés. Dans un avenir proche, des commerçants qui vendent du matériel photo dans le monde entier, par exemple, pourraient opter pour un nom de domaine générique tel que « .camera », ce qui réduirait la pertinence d'un nom de domaine local.
- ***Une plate-forme numérique locale.*** Il n'est pas rare que les entreprises non résidentes créent des sites Internet ou d'autres plateformes numériques au niveau local afin de présenter leurs produits ou services de la manière la plus attractive possible pour les utilisateurs ou les clients locaux, en tenant notamment compte de la langue et des normes culturelles. Les plateformes numériques ou sites Internet locaux peuvent comporter des caractéristiques visant à faciliter l'interaction entre les utilisateurs et clients locaux et les contenus, services et fonctions en ligne. Ces caractéristiques sont notamment la langue, les pratiques locales de commercialisation telles que les remises et promotions ciblées, et les conditions d'accès au service pour les utilisateurs et les clients qui prennent en compte le contexte juridique et commercial local. Bien que certaines entreprises puissent choisir de communiquer en une seule langue et s'abstenir de mener une action de commercialisation ou de promotion au niveau local, créer une plateforme locale est souvent primordial pour attirer un nombre significatif d'utilisateurs et de clients du pays. Il faut toutefois observer que les plateformes locales ne cadrent pas toujours avec les frontières politiques.
- ***Supports de paiement locaux.*** Une entreprise non résidente qui conserve un lien pertinent et durable avec l'économie d'un pays veillera généralement à offrir à ses clients locaux une expérience d'achat fluide, avec des prix indiqués dans la monnaie du pays et qui intègrent les taxes, droits et frais applicables, et à leur proposer un moyen de paiement en phase avec les habitudes locales. L'intégration de moyens de paiement utilisés localement dans les caractéristiques commerciales d'un site en ligne est un processus qui pose des difficultés techniques, commerciales et juridiques, et qui mobilise d'importantes ressources; aussi, il est peu probable qu'une entreprise qui ne participe pas délibérément à la vie économique d'un pays consente un tel investissement. Même si ce facteur est moins pertinent dans le cas des pays qui partagent une monnaie commune, il constitue un impératif commercial dans les pays qui sont dotés d'une réglementation bancaire sévère, qui appliquent un contrôle des changes ou dans lesquels le taux de pénétration des cartes de crédit internationales est faible.

7.6.1.3. Facteurs liés aux utilisateurs

280. Étant donné l'importance des effets de réseau dans l'économie numérique, la base d'utilisateurs et la collecte des données associées peuvent aussi être d'importants indicateurs d'une interaction volontaire et durable avec l'économie d'un autre pays. Un certain nombre de facteurs liés aux utilisateurs pourraient être utilisés pour rendre compte du niveau de participation à la vie économique d'un pays, à savoir :

- ***Utilisateurs mensuels actifs (UMA).*** L'un des facteurs qui rendent compte du taux de pénétration dans l'économie d'un pays est le nombre d'utilisateurs mensuels actifs (UMA) sur la plateforme numérique qui sont habituellement résidents d'un pays donné une année d'imposition donnée. Le terme UMA renvoie aux utilisateurs inscrits qui se sont connectés et ont visité la plateforme numérique de l'entreprise au cours de la période de 30 jours se terminant à la date de calcul. Un facteur basé sur le nombre d'UMA aurait pour double avantage de comptabiliser le nombre de clients/d'utilisateurs dans un pays donné et d'évaluer leur niveau d'engagement. Sachant qu'il existe très peu d'informations dans le domaine public sur le processus de définition et d'identification des UMA, il conviendrait de développer des mesures plus détaillées en concertation avec les entreprises et les experts informatiques pour pouvoir utiliser ce facteur, notamment concernant la manière d'identifier un « utilisateur » unique ou le niveau d'engagement requis pour qu'un utilisateur soit considéré comme « actif ». Il faudrait également pouvoir garantir la fiabilité et la véracité des informations pour être en mesure de traiter les cas de comptes frauduleux, les comptes multiples, les informations erronées fournies par les utilisateurs et les données produites par un robot, pour ne citer qu'eux.
- ***Conclusion de contrats en ligne.*** La conclusion régulière de contrats est un autre facteur qui rend compte du degré de participation d'une entreprise à la vie économique d'un pays. C'est l'objet du critère actuel de l'« agent dépendant » prévu à l'article 5 du Modèle de l'OCDE pour établir l'existence d'un ES qui, dans les grandes lignes, demande à ce que le contrat soit conclu dans le pays par une personne agissant au nom de l'entreprise non résidente. Dans l'économie numérique, les contrats sont fréquemment conclus avec les clients par le biais d'une plateforme numérique sans intervention d'un agent local ou d'agents dépendants. Ainsi, les plateformes en ligne qui offrent des services gratuits à leurs utilisateurs stipulent souvent sur leur site Internet qu'en accédant ou en utilisant les produits et les services de la société, l'utilisateur accepte les « Conditions de service », et que chaque utilisation de la plateforme donne lieu à la conclusion d'un accord juridiquement contraignant. Aussi, le nombre de contrats conclus par le biais d'une plateforme numérique avec des clients ou des utilisateurs qui résident d'ordinaire dans le pays au cours d'une année d'imposition donnée pourrait être considéré comme un facteur important.
- ***Données collectées.*** Un autre facteur qui pourrait être considéré comme reflétant le degré de participation d'une entreprise à la vie économique d'un pays est le volume de contenu numérique collecté par le biais d'une plateforme numérique auprès d'utilisateurs et de clients résidant d'ordinaire dans ce pays au cours d'une année d'imposition donnée. L'accent serait mis sur l'origine des données collectées, indépendamment de l'endroit où ces données seront ensuite conservées et traitées (entrepôt de données, par exemple). L'intervalle de données couvertes par le seuil ne se limiterait pas aux données à caractère personnel, mais inclurait également, à titre d'exemple, le contenu créé par les utilisateurs, les commentaires sur les produits

et les historiques de recherche. Cet élément clé pourrait s'accompagner de tests de proportionnalité, visant à déterminer si le volume de contenu numérique collecté dépasse un certain pourcentage du contenu numérique total stocké par l'entreprise. Les informations sur les données collectées sont de plus en plus disponibles, fiables et à jour, tout particulièrement si le facteur se concentre sur les données qui sont effectivement stockées sur un serveur par l'entreprise non résidente. Dans le même temps, les entreprises ne conservent pas toujours un enregistrement exhaustif et ventilé pays par pays des volumes de données qu'elles collectent et stockent. En outre, le volume de données collectées (et stockées) auprès des utilisateurs dans un pays ne rend pas forcément compte de la contribution réelle aux bénéfices de l'entreprise non résidente, parce que la valeur des données brutes est assez incertaine et très volatile.

7.6.1.4. Combinaisons possibles du facteur fondé sur les recettes à d'autres facteurs

281. Aux fins de cette solution potentielle, un chiffre d'affaires total qui dépasse le seuil fixé serait révélateur de l'existence d'une présence économique significative.

282. Toutefois, le chiffre d'affaires total ne suffit pas, en soi, à démontrer une participation régulière et durable d'une entreprise non résidente à la vie économique d'un pays. Pour être utilisé comme étalon de mesure adéquat de la participation à la vie économique d'un pays, le facteur fondé sur les recettes pourrait être combiné à d'autres facteurs, comme les facteurs numériques et/ou liés aux utilisateurs, qui indiquent une interaction volontaire et durable avec l'économie du pays concerné. En d'autres termes, il faudrait créer un lien entre l'activité génératrice de recettes de l'entreprise non résidente et sa présence économique significative dans le pays. Le choix des facteurs à combiner au facteur lié aux recettes pour déterminer avec certitude l'existence d'une présence économique significative sera probablement conditionné par les caractéristiques uniques de chaque marché et les attributs économiques qui lui sont propres (taille, langue locale, contrôle des changes, système bancaire, par exemple).

283. Ce concept peut être illustré par un exemple. Si une entreprise non résidente réalise un chiffre d'affaires brut supérieur au seuil à partir de transactions avec des clients présents dans le pays, conclues électroniquement par le biais d'une plateforme numérique localisée sur laquelle le client doit créer un compte personnel et utiliser les moyens de paiement locaux proposés sur le site pour régler ses achats, on pourrait conclure à l'existence d'un lien entre les recettes provenant de ce pays et les facteurs numériques et/ou liés aux utilisateurs qui indiquent une présence économique significative dans ce pays. En revanche, il serait plus difficile de faire apparaître un tel lien dès lors qu'une entreprise non résidente réalise un chiffre d'affaires brut supérieur au seuil à partir de transactions avec des clients présents dans le pays conclues lors de négociations en tête à tête qui se déroulent hors de la juridiction où se trouve le marché, si l'entreprise se contente de gérer un site Internet passif qui fournit des informations sur ses produits mais n'offre aucune fonctionnalité permettant de conclure des transactions ou d'interagir de façon significative avec les utilisateurs (y compris en collectant des données).

7.6.2. Détermination du revenu attribuable à la présence économique significative

284. L'attribution des bénéfices est un facteur essentiel à prendre en compte pour élaborer un lien basé sur une présence économique significative. L'option décrite au point 7.6.1 ci-dessus établit un lien pour l'imposition lorsqu'une entreprise n'a pas de présence physique dans le pays concerné. On doit donc réfléchir aux modifications à apporter aux règles d'attribution des bénéfices si l'option reposant sur une présence

économique significative est adoptée, tout en garantissant dans la mesure du possible une égalité de traitement entre les entreprises soumises à l'impôt en raison de leur présence physique dans le pays du marché (par une filiale locale ou un ES traditionnel) et celles qui sont imposables uniquement du fait de l'application de l'option.

7.6.2.1. Règles et principes existants

285. Une présence économique significative associée à une présence physique faible ou nulle en termes d'actifs corporels et/ou de personnel dans l'autre pays n'impliquera probablement pas l'exercice de fonctions d'entreprise au sens traditionnel du terme. Si les règles existantes ne sont pas modifiées en profondeur, il sera donc impossible d'affecter un revenu significatif au nouveau lien.

286. Plusieurs ajustements des principes existants ont été envisagés au cours des travaux, notamment l'attribution des fonctions commerciales gérées à distance via des systèmes automatisés à la présence économique significative, ainsi que le fait de considérer que des clients et des utilisateurs exercent certaines fonctions au nom d'une entreprise dans certaines circonstances. On a aussi envisagé d'autres dérogations importantes par rapport aux règles existantes, notamment remplacer l'analyse fonctionnelle par une analyse basée sur la théorie des jeux, qui attribuerait les bénéfices par analogie avec un processus de marchandage au sein d'une coentreprise (voir Pellefigue, 2015). Cependant, tous ces ajustements potentiels nécessiteraient de s'écarter significativement des normes existantes pour l'attribution des bénéfices dans une entreprise multinationale opérant dans plusieurs juridictions, normes qui sont actuellement basées sur une analyse des fonctions, des actifs et des risques dans les entreprises concernées. Par conséquent, la décision a été prise d'étudier d'autres méthodes, à moins de refondre totalement les règles d'attribution des bénéfices.

7.6.2.2. Méthodes de la répartition fractionnaire des bénéfices

287. Une autre approche possible serait d'affecter les bénéfices de l'entreprise à sa présence numérique sur la base d'une formule préétablie ou sur la base de facteurs d'affectation variables déterminés au cas par cas. Dans le contexte d'une présence économique significative, l'application d'une méthode de répartition fractionnaire passerait par trois étapes : *(1)* la définition de la base d'imposition à partager, *(2)* la détermination des clés de répartition à utiliser, et *(3)* la pondération de ces clés de répartition.

288. Il est important de noter que le droit interne de la plupart des pays utilise des méthodes d'attribution des bénéfices basées sur les comptes séparés de l'ES, et non sur une répartition fractionnaire. De plus, les méthodes de répartition fractionnaire s'écarteraient des normes internationales en vigueur. En outre, suivre cette approche dans le cas de l'application du nouveau lien aboutirait à des résultats fiscaux très différents selon que les activités sont effectuées via un établissement stable « traditionnel », une filiale séparée ou le nouveau lien. Au regard de ces contraintes, les méthodes de répartition fractionnaire n'ont pas été étudiées plus avant.

7.6.2.3. Méthodes modifiées fondées sur les bénéfices présumés

289. L'utilisation de méthodes de présomption empiriques, comme celles fondées sur les bénéfices présumés, évite parfois de devoir calculer les bénéfices à partir des comptes du contribuable, lorsque les dépenses associées aux recettes sont effectuées en grande partie à l'étranger, ce qui empêche leur vérification locale. Les méthodes fondées sur les bénéfices présumés sont par exemple utilisées dans le secteur des assurances, en appliquant un

coefficient basé sur le rapport entre les bénéfices des compagnies d'assurance résidentes et les primes brutes reçues des détenteurs de police dans le pays de la source.

290. Dans le contexte d'un lien basé sur une présence économique significative, une approche possible consisterait à considérer que la présence est équivalente à une présence physique grâce à laquelle l'entreprise non résidente exerce des activités commerciales et à déterminer le revenu net présumé en appliquant un ratio des dépenses présumées aux recettes de l'entreprise non résidente provenant des transactions conclues avec des clients se trouvant dans le pays, de sorte qu'il serait aligné sur l'un des facteurs clés de l'option décrits ci-dessus. Le calcul d'un ratio approprié dépendrait de plusieurs facteurs, notamment le secteur d'activité concerné, le degré d'intégration de l'entreprise en question, et le type de produit et de service fournis. Une approche possible consisterait à classer les contribuables par secteur d'activité et à leur appliquer un pourcentage de bénéfices propre à ce secteur. Une approche plus fine consisterait à scinder les contribuables dans un secteur d'activité donné en sous-catégories en s'appuyant sur des facteurs pertinents (comme les biens d'équipement, le chiffre d'affaires, les effectifs), puis à appliquer un pourcentage de bénéfices spécifique dans chaque catégorie. La détermination de ce dernier pourcentage nécessiterait de procéder à une analyse détaillée des marges bénéficiaires réelles des contribuables nationaux qui opèrent dans la même sous-catégorie du secteur d'activité.

291. Les méthodes fondées sur les bénéfices présumés sont généralement perçues comme étant assez simples à gérer. Cependant, pour les grands groupes multinationaux dotés de structures complexes et opérant sur de nombreux segments, l'application de marges bénéficiaires présumées spécifiques à différents secteurs d'activité à la même présence économique significative pose plusieurs difficultés pratiques. Une autre difficulté concerne la comparabilité des modèles d'affaire numérique et traditionnel lorsqu'on examine la possibilité d'appliquer de telles marges bénéficiaires présumées. De nombreuses entreprises de l'économie numérique ont une structure de coûts différente de celle des entreprises traditionnelles, ce qui nécessitera très probablement d'ajuster les marges réalisées par les entreprises traditionnelles. De plus, on pourrait considérer que l'application de méthodes fondées sur les bénéfices présumés dans ce contexte s'écarterait beaucoup des normes internationales actuelles, et pourrait entraîner un assujettissement à l'impôt même si la présence économique significative ne génère pas de bénéfices. Un moyen d'atténuer cet inconvénient serait de créer une présomption réfutable lorsque le contribuable étranger est en mesure de démontrer que son activité globale (ou un segment spécifique lié à l'activité de la présence économique significative s'il peut être isolé des autres activités commerciales de l'entreprise) est déficitaire à la fin de l'exercice fiscal.

7.6.3. Une retenue à la source sur les transactions numériques

292. L'éventualité d'appliquer une retenue à la source sur les paiements effectués par les résidents (et les ES locaux) d'un pays pour des biens et des services achetés en ligne à des fournisseurs non résidents a aussi été étudiée. En théorie, cette retenue pourrait être imposée en tant que prélèvement à la source final autonome, sur une base brute, sur certains paiements effectués à des fournisseurs non résidents de biens et de services commandés en ligne ; elle pourrait aussi être conçue comme un mécanisme de collecte et un outil de contrôle, à l'appui de l'application de l'option fondée sur le lien décrite ci-dessus, autrement dit sur une base nette. Ces deux approches posent des problèmes techniques comparables qui ont trait à la portée des transactions couvertes et au recouvrement de l'impôt dû. En outre, l'application d'une retenue à la source finale autonome soulève des difficultés particulières concernant les obligations découlant des accords commerciaux et du droit de l'Union européenne.

7.6.3.1. Portée des transactions couvertes

293. La portée des transactions couvertes par l'impôt doit être clairement définie, afin que les contribuables et les agents qui prélèvent l'impôt à la source sachent à quel moment l'impôt s'applique et pour permettre aux administrations fiscales de vérifier le respect des règles. De même, la portée devrait être définie de la manière la plus simple possible afin d'éviter toute complexité inutile et tout litige concernant la classification. L'impératif de clarté et de simplicité doit cependant être mis en balance avec la nécessité de s'assurer que les transactions similaires seront taxées de la même manière, afin de ne pas inciter les entreprises à structurer ces transactions d'une façon particulière.

294. À cette fin, dresser une liste de types spécifiques de transactions couvertes procurerait une certaine clarté, mais entraînerait aussi des litiges relatifs à la typologie des transactions, d'autant que la technologie continue de progresser. Une telle approche pourrait aussi conduire à des différences de traitement fiscal entre des transactions économiquement équivalentes mais n'ayant pas la même forme. C'est pourquoi une définition plus générale des transactions couvertes semble plus appropriée. Par exemple, la retenue d'impôt pourrait être appliquée aux commandes de biens ou de services en ligne (c'est-à-dire les transactions de ventes numériques) ou à toutes les ventes conclues à distance avec des non-résidents. Cette dernière option présenterait l'avantage de la flexibilité et garantirait une neutralité fiscale entre des formes comparables d'activité commerciale, tout en réduisant les risques de litiges de qualification. Si, en outre, la retenue à la source sert de mécanisme à l'appui d'une imposition sur une base nette, un champ d'application large englobant toutes les ventes à distance serait plus cohérent avec le seuil de ventes examiné ci-dessus dans le contexte d'un lien basé sur une présence économique significative.

7.6.3.2. Recouvrement de l'impôt

295. En pratique, l'obligation d'acquitter une retenue d'impôt à la source sur les paiements vers l'étranger est souvent transférée par l'entreprise non résidente à un agent de recouvrement local, tel que le client ou un intermédiaire qui se charge de traiter le paiement. Pour qu'un tel mécanisme fonctionne de manière efficace, l'agent responsable de la retenue à la source doit avoir accès aux informations concernant les transactions couvertes qui lui permettront de déterminer à quel moment l'impôt s'applique, et il doit être tenu de se conformer à son obligation de prélèvement.

296. Dans le cas de transactions B2B, on peut s'attendre à ce que les entreprises résidentes dans le pays de la source respectent leur obligation de prélèvement. Cependant, dans le cas de transactions B2C, le prélèvement à la source posera plus de difficultés, car les consommateurs ont peu d'expérience de la déclaration et du paiement de l'impôt dû et n'y sont guère incités. De plus, assurer le recouvrement de faibles sommes au titre du prélèvement à la source auprès d'un grand nombre de consommateurs induirait des coûts et des difficultés administratives considérables.

297. Une solution possible consisterait à demander aux intermédiaires qui traitent le paiement d'effectuer le prélèvement à la source lorsqu'il s'agit de transactions B2C. Cependant, en pratique, cette option comporte plusieurs problèmes techniques. Par exemple, un intermédiaire n'aura généralement pas accès aux informations d'identification de la transaction lui permettant de déterminer sa nature et par conséquent le montant de l'impôt dû. En pratique, il aura uniquement accès à une valeur sans description de la transaction sous-jacente, et ne pourra donc pas déterminer avec suffisamment de certitude à quel moment il doit effectuer la retenue à la source. La tâche de l'intermédiaire pourrait être facilitée si le régime de collecte est complété par un système d'enregistrement

obligatoire pour les entreprises non résidentes, en vertu duquel tous les vendeurs à distance de biens et de services doivent désigner un compte bancaire spécial pour tous les paiements reçus de clients locaux. Dans ce cas, les intermédiaires devraient retenir l'impôt à la source uniquement pour les paiements effectués sur ces comptes bancaires spécifiques. Cependant, l'application de cette approche pourrait être problématique dans la mesure où elle imposerait des obligations de conformité à des intermédiaires se trouvant dans des pays tiers sans lien avec la juridiction du client, ouvrant ainsi la voie à des stratégies d'évasion fiscale.

7.6.3.3. Impact négatif de l'imposition sur une base brute et relations avec les obligations commerciales et d'autres contraintes

298. Le développement initial et la mise en place de la technologie nécessaire pour fournir des biens et des services en ligne nécessitent généralement des investissements de départ importants, y compris en termes de main-d'œuvre et de capital. Cependant, une fois la technologie créée, l'offre de produits et de services en ligne entraîne généralement des coûts marginaux limités pour les entreprises. Le cas échéant, on a prétendu que les paiements effectués en contrepartie de biens ou de services numériques partageaient des caractéristiques communes avec les redevances et les honoraires pour services techniques, à savoir que les recettes brutes représentent une variable indicatrice fiable du revenu net. Néanmoins, dans de nombreuses entreprises, l'offre de biens et de services en ligne nécessitera d'engager des dépenses permanentes pour poursuivre le développement des produits (y compris pour leur maintenance et l'ajout de nouvelles fonctionnalités), assurer leur commercialisation et mettre en place un service après-vente, compte tenu de l'accélération des cycles de vie des produits sous l'effet des progrès technologiques et de la concurrence. Dès lors, l'imposition d'une retenue à la source sur les recettes brutes serait une mesure approximative de l'impôt sur les revenus nets. Une solution pour atténuer l'impact négatif de l'imposition sur une base brute consisterait à fixer le taux à un niveau relativement faible qui refléterait les marges bénéficiaires habituellement réalisées. Ces marges pourraient être déterminées, par exemple, sur la base d'une analyse statistique des marges bénéficiaires réelles des contribuables nationaux opérant dans le même secteur d'activité ou dans le même segment.

299. Dans l'hypothèse où les fournisseurs nationaux de produits similaires seraient imposés sur une base nette, soumettre des fournisseurs étrangers à une retenue à la source finale autonome sur une base brute au titre de ventes à distance de biens et de services entraînerait probablement des conflits importants avec les obligations commerciales et le droit de l'Union européenne. Les obligations commerciales peuvent varier sensiblement selon qu'une transaction numérique particulière est réputée concerner un produit, auquel cas l'Accord général sur les tarifs et le commerce s'appliquerait, ou un service, auquel cas elle serait soumise à l'Accord général sur le commerce des services. Ces deux accords exigent généralement que les fournisseurs étrangers de produits (dans le cas du GATT) et de services (dans le cas du GATS) soient taxés à des conditions qui ne soient pas moins favorables que celles applicables aux fournisseurs nationaux. Néanmoins, le GATS prévoit de nombreuses exceptions relatives à l'application de dispositions de conventions fiscales et à l'application de dispositions concernant la fiscalité directe qui visent à assurer l'imposition équitable ou effective des impôts directs. En revanche, le GATT ne prévoit pas d'exception aux obligations de traitement national, et se contente d'interdire aux parties de soumettre des produits importés à des taxes plus élevées que celles qui s'appliqueraient à des produits similaires fabriqués sur le territoire national. Aussi, du moins dans la mesure où le GATT s'applique (à savoir aux produits livrés physiquement et aux produits

numériques considérés comme des « biens » à des fins commerciales), il conviendrait de réfléchir aux moyens de préserver le traitement national.

300. De plus, pour certains pays, le droit de l'UE impose des obligations comparables, c'est-à-dire l'absence de discrimination entre les entreprises résidentes et non résidentes, qui interdiraient d'appliquer aux fournisseurs non résidents une retenue à la source finale sur une base brute, même si le taux est fixé à un niveau très bas.

301. Compte tenu des considérations ci-dessus, une approche plus viable consisterait à utiliser ce mécanisme non pas comme une option autonome, mais en tant que mécanisme de secours pour obtenir une imposition nette sur la base d'un lien fondé sur une présence économique significative. Que la retenue d'impôt soit utilisée comme un impôt sur une base brute ou comme un mécanisme de recouvrement de l'impôt sur les bénéfices calculé sur une base nette, le versement de l'impôt par les entreprises locales assurerait la conformité et faciliterait l'identification des ventes à distance couvertes. À cet égard, une approche consisterait à mettre en place un système d'enregistrement pour les contribuables qui acceptent d'établir leurs déclarations de revenu et de payer l'impôt sur leur revenu net, associé à un système de crédit d'impôt permettant aux contribuables de payer l'impôt éventuellement dû sur le revenu net en plus de la retenue à la source, ou de réclamer un remboursement d'impôt lorsqu'ils enregistrent des pertes en fin d'exercice fiscal. Cependant, un tel système devrait tenir compte du fait que les contribuables peuvent être incités à ne pas déposer de déclaration de revenu lorsque l'impôt net qu'ils ont à verser est supérieur au montant de la retenue d'impôt due.

7.6.4. Mise en place d'une « taxe de péréquation »

302. Pour éviter certaines difficultés résultant de la création de nouvelles règles d'attribution des bénéfices dans le cadre d'un lien basé sur une présence économique significative, une « taxe de péréquation » pourrait être envisagée comme un moyen alternatif de résoudre les problèmes plus larges posés par l'économie numérique au regard des impôts directs. Cette approche est utilisée par certains pays pour assurer une égalité de traitement entre fournisseurs étrangers et fournisseurs nationaux. Dans le domaine des assurances par exemple, certains pays ont adopté des taxes de péréquation sous la forme de droits d'accise calculés sur la base du montant des primes brutes payées à des fournisseurs étrangers. Ces droits visent à remédier aux disparités de traitement fiscal entre les entreprises nationales engagées dans des activités d'assurance et entièrement imposables sur les bénéfices correspondants, et les entreprises étrangères qui peuvent vendre des polices d'assurance sans être soumises à l'impôt sur les bénéfices ainsi générés, ni dans le pays où les primes sont collectées, ni dans le pays de résidence. Comme indiqué ci-dessous, la taxe de péréquation pourrait être structurée de diverses manières en fonction de l'objectif ultime poursuivi. En général, une taxe de péréquation servira à taxer la présence économique significative d'une entreprise non résidente dans un pays. Dans un but de clarté, de certitude et d'équité vis-à-vis de toutes les parties prenantes, et pour éviter de faire peser une charge excessive sur les petites et moyennes entreprises, la taxe de péréquation serait appliquée uniquement lorsque la présence économique significative de l'entreprise non résidente est avérée.

7.6.4.1. Portée de la taxe

303. Si la priorité est de taxer les ventes à distance avec des clients dans un pays où se situe le marché, une possibilité consiste à appliquer la taxe à toutes les transactions conclues à distance avec des clients dans ce pays. Pour que la portée de la taxe cadre étroitement avec la situation dans laquelle une entreprise établit et conserve une relation intentionnelle

et durable avec des utilisateurs ou des clients dans un pays spécifique par le biais d'une présence en ligne, la taxe ne s'appliquerait que si l'entreprise maintient une présence économique significative comme décrit ci-dessus.

304. Une alternative consisterait à limiter l'application de la taxe aux transactions impliquant la conclusion d'un contrat via des systèmes automatisés en vue de la vente (ou de l'échange) de biens et services entre deux parties ou plus en utilisant une plateforme numérique. Bien que cette option inciterait à choisir des moyens non numériques pour effectuer des transactions, elle permettrait aussi de cibler plus étroitement les types spécifiques de transactions qui soulèvent des préoccupations. Néanmoins, il n'existe aucune règle qui empêche de choisir un champ d'application plus large. De fait, en se focalisant de façon excessive sur certaines transactions en particulier, on réduirait les possibilités d'adapter la taxe aux évolutions futures, ce qui limiterait en définitive son efficacité pour remédier aux disparités fiscales entre les fournisseurs nationaux et les fournisseurs étrangers de produits via une présence en ligne. La taxe grèverait la valeur brute des biens ou services fournis à des clients et des utilisateurs du pays, serait payée par ces mêmes clients et utilisateurs, et serait collectée par l'entreprise étrangère via un régime d'enregistrement simplifié ou par un intermédiaire local.

305. Si la priorité est de taxer la valeur considérée comme directement générée par les clients et utilisateurs, une taxe pourrait s'appliquer aux données et aux autres contributions obtenues des clients et des utilisateurs dans le pays. Diverses options seraient disponibles à cette fin. L'une d'elles consisterait à prélever une taxe basée sur le nombre moyen d'UMA dans le pays. Néanmoins, comme on l'a vu précédemment, la mesure précise du nombre d'UMA peut s'avérer difficile. En outre, le nombre d'UMA d'une entreprise étrangère peut ne pas être directement associé aux recettes perçues dans le pays par cette entreprise étrangère. De même, il serait difficile de fixer le taux approprié d'une taxe calculée en fonction du nombre d'utilisateurs actifs, car la valeur moyenne de chaque utilisateur pour une entreprise non résidente peut être très variable. Une autre option consisterait à baser la taxe sur le volume des données collectées auprès des clients et des utilisateurs dans le pays. Cependant, à l'instar des UMA, la valeur des données peut être très variable en fonction de leur contenu et de l'objectif poursuivi, et il serait difficile d'établir une relation directe et fiable entre les recettes générées dans le pays et les données collectées auprès des clients et utilisateurs dans ce pays.

7.6.4.2. Enjeux commerciaux et autres

306. Comme pour la retenue à la source finale calculée sur une base brute, une taxe qui s'appliquerait uniquement aux entreprises non résidentes soulèverait probablement d'importantes questions concernant le respect des accords commerciaux et du droit de l'UE. Pour y répondre, il faudrait réfléchir à des solutions garantissant une égalité de traitement des entreprises nationales et des entreprises non résidentes, ainsi que l'explique la section 7.6.3.3 ci-dessus. En fonction de la structure de la taxe, une option possible serait d'imposer à la fois les entités nationales et les entités étrangères. Cependant, si cette approche devait être retenue, il faudrait aussi examiner les moyens d'atténuer l'impact potentiel de la double application de l'impôt sur les bénéfices des sociétés et de la taxe aux entreprises nationales et aux entreprises étrangères imposables en vertu des règles existantes relatives à l'impôt sur les bénéfices des sociétés.

7.6.4.3. Relation avec l'impôt sur les bénéfices des sociétés

307. Prélever une taxe de péréquation soulève le risque que le même revenu soit soumis à la fois à l'impôt sur les bénéfices des sociétés et à la taxe. Cela pourrait se produire lorsqu'une entité étrangère est soumise à la taxe à la source et à l'impôt sur les bénéfices des sociétés dans son pays de résidence, ou lorsqu'une entité est soumise à la fois à l'impôt sur les bénéfices des sociétés et à la taxe dans le pays de la source. Dans le cas d'une entité étrangère par exemple, si son revenu est assujetti à l'impôt sur les bénéfices des sociétés dans son pays de résidence, la taxe ne sera probablement pas déductible de cet impôt. Pour résoudre ce problème potentiel, la taxe devrait être structurée de manière à s'appliquer uniquement aux situations dans lesquelles le revenu ne serait, à défaut, pas taxé ou le serait à un taux très faible.

308. Une autre approche serait de permettre à un contribuable soumis à la fois à l'impôt sur les bénéfices des sociétés et à la taxe d'imputer cette taxe au montant de son impôt. Selon cette approche, les entités étrangères dépourvues de lien aux fins de l'impôt sur les bénéfices des sociétés seraient soumises à la taxe uniquement dans le pays de la source, tandis que la charge fiscale des entités soumises à l'impôt sur les bénéfices serait dans les faits plafonnée à la plus élevée des deux sommes suivantes : l'impôt sur les bénéfices des sociétés ou la taxe.

Note

1. En outre, les conclusions du rapport établi par le Groupe de réflexion n'ont pas été approuvées par tous les pays participant au Projet BEPS.

Bibliographie

Bacache M. (2015) « Tax competition, tax coordination and e-commerce », dans *Taxation and the digital economy: A survey of theoretical models*, France Stratégie, Paris.

Bloch, F. et Demange G. (2015), « Taxation and Privacy Protection on Internet Platforms », dans *Taxation and the digital economy: A survey of theoretical models*, France Stratégie, Paris.

Bourreau M. et al. (2015), « Digital Platforms, Advertising and Taxation », dans *Taxation and the digital economy: A survey of theoretical models*, France Stratégie, Paris.

Brauner Y. et Baez A. (2015), *Withholding Taxes in the Service of BEPS Action 1: Address the Tax Challenges of the Digital Economy*, IBFD White Papers, Amsterdam.

Corrado C. et al. (2012), « Intangible capital and growth in advanced economies: measurement and comparative results », document de discussion de l'IZA n° 6733.

Crémer J. (2015), « Taxing network externalities », dans *Taxation and the digital economy: A survey of theoretical models*, France Stratégie.

Gauthier S. (2015), « Optimal Discrimination Ban », dans *Taxation and the digital economy: A survey of theoretical models*, France Stratégie.

Hongler P. et P. Pistone (2015), *Blueprints for a New PE Nexus to Tax Business Income in the Era of the Digital Economy*, IBFD White Papers, Amsterdam.

OCDE (2014), *Increasing Taxpayers' Use of Self-service Channels*, Éditions OCDE, Paris, http://dx.doi.org/10.1787/9789264223288-en.

Pellefigue J. (2015), « Transfer Pricing Economics for the Digital Economy », dans *International Transfer Pricing Journal*, vol. 22, n° 2.

Chapitre 8

Défis fiscaux plus larges posés par l'économie numérique dans le domaine de la fiscalité indirecte et options envisageables pour les relever

Ce chapitre traite des défis fiscaux que pose l'économie numérique dans le domaine de la fiscalité indirecte, et plus précisément de l'exonération des importations de biens de faible valeur et des ventes numériques à distance à des consommateurs. Il décrit ensuite les solutions envisageables pour relever ces défis.

8.1. Le recouvrement de la TVA dans le contexte de l'économie numérique

309. Les échanges transnationaux de biens, de services et de biens incorporels (qui, aux fins de la TVA, incluent les téléchargements numériques) mettent les systèmes de perception de la TVA à l'épreuve, en particulier quand ces produits sont achetés par des particuliers à des fournisseurs situés à l'étranger. L'économie numérique amplifie les difficultés car l'évolution de la technologie a multiplié les possibilités, pour les particuliers, de réaliser des achats en ligne et, pour les entreprises, de vendre à des particuliers dans le monde entier sans avoir besoin d'être présentes physiquement ou sous une autre forme dans le pays des consommateurs. Il s'ensuit bien souvent que le montant de la TVA perçue sur ces transactions est nul ou anormalement bas, ce qui amoindrit les recettes de TVA et engendre des distorsions de concurrence entre les entreprises résidentes et non résidentes. Les principales menaces que l'économie numérique fait peser sur les recettes de TVA concernent *(i)* les importations de colis de faible valeur faisant suite à des ventes en ligne, qui sont exonérées de TVA dans de nombreuses juridictions, et *(ii)* l'explosion des ventes de services et de biens incorporels, en particulier à des particuliers, sur lesquels le montant de la TVA perçue est anormalement faible en raison de la complexité que présente la perception de la TVA sur ces transactions.

8.1.1. Exonération des importations de biens de faible valeur

310. Le premier défi en matière de recouvrement de TVA est lié à l'essor du commerce électronique, et tout particulièrement des achats de biens matériels effectués en ligne par des consommateurs auprès de fournisseurs situés dans une autre juridiction. Dans les pays appliquant une TVA, la taxe sur les biens importés est perçue auprès de l'importateur lors du passage en douane du produit. Nombre de pays appliquent une exonération de TVA aux importations de biens de faible valeur car ils estiment que les coûts administratifs de recouvrement pourraient dépasser le montant de la taxe collectée. Indépendamment du seuil d'exonération retenu pour les importations, qui varie considérablement selon les pays, de nombreux pays ayant instauré une TVA ont constaté une hausse sensible du nombre d'importations de faible valeur sur lesquelles la TVA n'est pas recouvrée.

311. Le défi résulte de la capacité des entreprises d'organiser intentionnellement leurs activités pour tirer parti des seuils applicables aux biens de faible valeur en vigueur dans un pays et réaliser des ventes non soumises à la TVA. Une entreprise qui vend en ligne des biens de faible valeur à des clients situés sur le territoire national est tenue de collecter et de reverser la TVA sur les ventes qu'elle réalise. Elle pourrait donc par exemple décider de réorganiser ses activités afin que les biens de faible valeur soient expédiés à ses clients depuis un autre pays et puissent donc bénéficier de l'exonération de TVA appliquée par son propre pays aux importations de biens de faible valeur. De même, une entreprise dont l'activité débute pourrait intentionnellement organiser ses activités de façon à bénéficier de l'exonération applicable aux biens de faible valeur en décidant de s'implanter à l'étranger plutôt que dans le pays où se trouvent ses clients.

312. L'exonération dont bénéficient les importations de biens de faible valeur entraîne une déperdition de recettes de TVA et ouvre la possibilité que les détaillants nationaux se voient exposés à des pressions concurrentielles inéquitables du fait qu'ils sont généralement tenus, en fonction notamment de leur taille, de facturer la TVA sur les ventes à des clients situés sur le territoire national. Le problème n'est pas circonscrit à la perte immédiate de recettes de TVA et aux pressions concurrentielles s'exerçant sur les entreprises nationales, il réside aussi dans le fait que ces dernières peuvent être incitées à localiser ou relocaliser à l'étranger leur activité pour que leurs ventes de biens de faible valeur soient exonérées de TVA. Il convient également de mentionner que ces relocalisations d'activités par des

entreprises nationales ont en outre des effets négatifs sur l'emploi et les recettes fiscales directes dans le pays concerné.

313. Les exonérations accordées aux importations de biens de faible valeur sont ainsi de plus en plus controversées dans le contexte de l'essor de l'économie numérique. La difficulté consiste à trouver un point d'équilibre entre deux exigences : d'une part, la nécessité de protéger les recettes fiscales tout en évitant de fausser la concurrence, qui invite à privilégier un abaissement des seuils d'exonération, et, d'autre part, celle d'éviter que les coûts de recouvrement soient disproportionnés au regard des montants relativement faibles de TVA collectés, qui invite à privilégier un relèvement de ces seuils. Lorsque la plupart des exonérations dont bénéficient les biens de faible valeur ont été mises en place, le commerce électronique n'existait pas et le volume des importations bénéficiant de ces exonérations était relativement limité. Ces dernières années, de nombreux pays ayant instauré la TVA ont observé une croissance rapide et notable du volume des importations de biens matériels de faible valeur non soumises à la TVA, qui s'est traduite par une perte de recettes de TVA et une intensification des pressions concurrentielles inéquitables auxquelles sont exposés les détaillants nationaux tenus de facturer la TVA sur les ventes à des clients situés dans leur propre pays.

8.1.2. Ventes numériques à distance à des consommateurs

314. Le deuxième défi, en ce qui concerne le recouvrement de la TVA, est lié à l'essor considérable des échanges internationaux de services et de biens incorporels fournis à distance par des entreprises à des consommateurs. L'économie numérique facilite toujours davantage la fourniture à distance de produits de cette nature à des consommateurs du monde entier sans nécessiter de présence physique, directe ou indirecte, du fournisseur dans le pays où se trouvent ses clients. Ces fournitures à distance de services et de biens incorporels mettent à l'épreuve les systèmes de recouvrement de la TVA puisqu'elles sont souvent soumises à un impôt faible ou nul et peuvent exposer les fournisseurs nationaux à des pressions concurrentielles.

315. Prenons l'exemple d'une entreprise qui propose la diffusion en flux (streaming) de contenus numériques tels que des films et des émissions de télévision. Les ventes sont réalisées avant tout auprès de consommateurs qui ont accès au contenu numérique au moyen d'ordinateurs, d'appareils mobiles ou de téléviseurs connectés à l'Internet. Si le fournisseur est résident du pays où se trouvent ses clients, il est tenu de collecter et de reverser la TVA sur ses ventes dans le pays concerné. Des difficultés peuvent en revanche apparaître s'il n'est pas résident de la juridiction où se trouvent les consommateurs.

316. Comme indiqué dans le Chapitre 2, les pays ont généralement recours à deux méthodes pour appliquer la TVA à des fournitures internationales de services et de biens incorporels : la première consiste à attribuer le droit d'imposition au pays dont le fournisseur est résident; la seconde à l'attribuer au pays dont le client est résident. Dans l'exemple précédent, la première méthode conduit à appliquer la TVA dans le pays du fournisseur au taux en vigueur localement. Si le pays dont le fournisseur est résident n'applique pas de TVA ou a fixé un taux plus bas que celui en vigueur dans le pays du consommateur, le montant de l'impôt collecté sera nul ou faible et aucune recette de TVA ne sera perçue par le pays de la consommation finale.

317. La seconde méthode, consistant à attribuer le droit d'imposition au pays dont le client est résident, devrait conduire, en principe, à une imposition dans le pays de consommation. Dans cette situation cependant, les pays éprouvent des difficultés à recouvrer efficacement la TVA sur les services et les biens incorporels achetés à l'étranger par des particuliers.

La solution peut consister à exiger du consommateur qu'il acquitte la TVA, ou procède à l'« auto-liquidation » de la TVA, dans son pays au taux en vigueur localement. Néanmoins, l'inefficacité du mécanisme d'auto-liquidation appliqué à un consommateur n'est plus à démontrer et la probabilité que le consommateur n'acquitte aucune TVA dans ce scénario est très élevée. C'est pour cette raison que dans les Principes directeurs de l'OCDE dans le contexte de l'imposition du commerce électronique (OCDE, 2003), il est préconisé que les fournisseurs non résidents soient tenus de s'enregistrer à la TVA, de collecter la TVA et de la reverser dans le pays dont le consommateur est résident conformément aux règles en vigueur localement. Ainsi, le montant approprié de TVA est acquitté dans le pays où a lieu la consommation. L'efficacité de cette méthode est toutefois subordonnée au respect, par les fournisseurs non résidents, de l'obligation de s'enregistrer à la TVA, de collecter la TVA et de la reverser. En d'autres termes, si le droit d'imposition est attribué à la juridiction dont le consommateur est résident, mais qu'aucun dispositif approprié de recouvrement n'est mis en place, il y a fort à parier qu'aucune TVA ne sera acquittée[1].

318. Cet exemple illustre les pressions concurrentielles que les fournisseurs nationaux de services concurrents pourraient subir de la part de fournisseurs non résidents. Les fournisseurs nationaux sont tenus de collecter et de reverser la TVA sur leurs ventes de services et de biens incorporels à des clients nationaux, tandis que les fournisseurs non résidents pourraient, selon le scénario retenu, organiser leurs activités de manière à collecter et reverser un montant de TVA nul ou faible. L'exemple montre aussi comment les fournisseurs nationaux pourraient être incités à réorganiser leurs activités pour réaliser leurs ventes de services et de biens incorporels depuis un site à l'étranger afin de n'acquitter qu'un montant faible ou nul de TVA. Cette incitation pourrait résulter de la concurrence émanant de fournisseurs non résidents, lesquels seraient en mesure de payer des montants de TVA nuls ou faibles, ou s'inscrire dans une stratégie visant à acquérir un avantage concurrentiel par rapport à d'autres fournisseurs nationaux facturant la TVA. Or de telles relocalisations de la part d'entreprises nationales peuvent avoir des effets négatifs sur l'emploi et sur les recettes fiscales directes dans le pays considéré.

319. Dans ce contexte, les pays recherchent de plus en plus activement des moyens de garantir le recouvrement de la TVA sur les services et les biens incorporels achetés par des consommateurs résidents à des fournisseurs à l'étranger, conformément au principe de destination, en s'appuyant pour l'essentiel sur l'obligation faite aux fournisseurs non résidents de s'enregistrer à la TVA, de collecter la TVA et de la reverser. Le respect de cette obligation dépend essentiellement de la bonne volonté des entreprises, les pays disposant de moyens limités pour contraindre les fournisseurs non résidents dépourvus d'ES. Dans les pays qui ont adopté cette méthode, il semble qu'un nombre important de fournisseurs se conforment à leurs obligations, soit en s'enregistrant à la TVA dans le pays concerné, et en collectant et en reversant la TVA due sur les services fournis à distance, soit en optant pour une présence physique dans le pays et en devenant, de fait, des fournisseurs « nationaux ». Il a été avancé que les opérateurs ayant pignon sur rue en particulier, qui s'adjugent une part de marché considérable, sont soucieux d'avoir la réputation de respecter leurs obligations fiscales, notamment pour préserver leur image. Cependant, en l'absence d'un dispositif permettant aux entreprises non résidentes de se conformer aisément à leurs obligations et de mécanismes opérants de coopération internationale entre les administrations fiscales, il est vraisemblable que de nombreux fournisseurs non résidents vont manquer à leur obligation de s'enregistrer à la TVA et de reverser la TVA dans la juridiction du consommateur sans que l'administration fiscale puisse réellement procéder à des contrôles et leur infliger des sanctions. Cela se traduit par une perte de recettes de TVA pour les pays concernés et par une exposition des fournisseurs de ces pays à des pressions concurrentielles inéquitables.

320. Il convient en outre de noter que certains pays dotés de systèmes de TVA dans lesquels le droit d'imposition est attribué à la juridiction dont le consommateur est résident, ou dans laquelle il se trouve réellement, ne disposent pas de mécanisme permettant de percevoir la TVA sur les services achetés par des particuliers à des fournisseurs non résidents. Le plus souvent, ces pays ont estimé qu'un tel mécanisme induirait une charge excessive pour leur administration fiscale. En conséquence, aucune TVA n'est acquittée sur les services numériques importés dans ces pays par des particuliers. Cette démarche pourrait cependant se révéler de moins en moins viable compte tenu de l'expansion rapide de l'économie numérique, et en particulier de l'ampleur croissante des échanges de produits numériques entre entreprises et consommateurs.

8.2. Relever les défis posés par l'économie numérique dans le domaine de la fiscalité indirecte

321. Le Groupe de réflexion sur l'économie numérique est parvenu à la conclusion que le recouvrement de la TVA sur les transactions transnationales réalisées par voie numérique est un enjeu crucial qui appelle de toute urgence une réponse de façon à établir les conditions d'une concurrence équitable entre entreprises nationales et étrangères et à protéger les recettes de TVA des États. Il a demandé, pour la fin de 2015, la réalisation d'une étude sur ce sujet au Groupe de travail n° 9 du Comité des affaires fiscales de l'OCDE, à laquelle les Associés au Projet BEPS ont participé, sur un pied d'égalité avec les pays membres de l'OCDE.

8.2.1. Le recouvrement de la TVA sur les importations de biens de faible valeur

322. Lorsqu'elles ont instauré des seuils d'exonération de TVA pour les biens de faible valeur importés, les juridictions se sont efforcées de trouver un juste équilibre entre, d'une part, le coût, pour l'administration fiscale comme pour les redevables, des formalités à respecter pour l'imposition des importations de faible valeur et, de l'autre, les pertes de recettes et les éventuelles distorsions de la concurrence découlant de ces exonérations. Bien souvent, ces seuils ont été fixés avant l'avènement et l'essor de l'économie numérique, ce qui peut justifier un réexamen destiné à s'assurer qu'ils sont toujours appropriés.

323. Pour améliorer sensiblement l'efficience du traitement des importations de biens de faible valeur et du recouvrement de la TVA sur ces importations, les États pourraient abaisser les seuils d'exonération de TVA et s'employer à résoudre les problèmes liés à leur application. C'est dans ce contexte que le Groupe de travail n° 9 du CAF et les Associés au Projet BEPS ont participé, sur un pied d'égalité avec les pays membres de l'OCDE, aux travaux de recherche de solutions propres à améliorer l'efficience du recouvrement de la TVA sur les importations de biens de faible valeur. Ces travaux ont abouti à la rédaction d'un rapport contenant une description et une évaluation des principales solutions envisageables pour rendre plus efficace le recouvrement de la TVA sur ces importations, de façon à permettre aux États, s'ils le désirent, d'abaisser, ou même de supprimer les seuils d'exonération (voir le Rapport sur les importations de biens de faible valeur figurant à l'Annexe C). Ce rapport vise, plutôt qu'à énoncer des recommandations ou des lignes directrices, à analyser les solutions envisageables pour améliorer l'efficacité du recouvrement de la TVA sur les importations de biens de faible valeur. Il a pour objet d'évaluer les options et les combinaisons d'options s'offrant aux États en tenant compte de leurs situations respectives et du volume des importations de biens de faible valeur affluant sur leur territoire.

324. Le Rapport sur les importations de biens de faible valeur traite uniquement du recouvrement de la TVA sur les importations de biens de faible valeur, et non du recouvrement des droits de douane. En général, c'est à l'administration des douanes qu'il incombe de percevoir à la fois les droits de douane, soumis dans la plupart des pays à un seuil d'exonération, généralement plus élevé que celui en vigueur pour la TVA, et la TVA sur les importations[2]. Les auteurs du rapport ont étudié, à la lumière de ce constat, différents modèles de recouvrement de la TVA sur les importations dispensant totalement ou partiellement l'administration douanière d'intervenir dans le recouvrement de la TVA sur les importations exonérées de droits de douane, de façon à réduire sensiblement le coût du recouvrement de la TVA sur les importations de faible valeur. La TVA sur les importations de biens dont la valeur dépasse le seuil d'exonération des droits de douane pourrait (continuer d') être recouvrée en même temps que les taxes et droits de douane selon les procédures douanières usuelles. L'administration des douanes conservera toutefois un rôle essentiel, notamment de sécurisation de la chaîne de valeur (ex. : détection et prévention de la circulation de marchandises illicites et de produits de contrefaçon).

325. Dans le Rapport sur les importations de faible valeur, une distinction est établie entre quatre grands types de modèles de recouvrement de la TVA, dont les performances probables sont en outre évaluées. Ces modèles sont les suivants : *(1)* le modèle traditionnel de recouvrement; *(2)* le modèle de recouvrement auprès de l'acheteur; *(3)* le modèle de recouvrement auprès du vendeur; et *(4)* le modèle de recouvrement auprès d'un intermédiaire. Le critère utilisé pour établir la distinction entre ces modèles renvoie principalement à la personne qui est redevable de la TVA. Le modèle traditionnel, fréquemment associé à une exonération de TVA pour les biens importés de faible valeur, est celui qui est actuellement le plus souvent appliqué au recouvrement des droits et taxes à l'importation. Les trois autres peuvent offrir des solutions de substitution pour un recouvrement plus efficace de la TVA sur les importations de biens de faible valeur. La manière dont ces modèles fonctionnent et leurs performances probables sont décrites succinctement dans les paragraphes ci-après.

8.2.1.1. Le modèle traditionnel de recouvrement

326. Le modèle traditionnel de recouvrement, dans lequel la TVA due est calculée à la frontière pour chaque bien de faible valeur importé considéré individuellement, est généralement jugé trop peu efficace pour assurer le recouvrement de la TVA sur ce type de biens. Ce constat n'est pas contestable en l'absence de systèmes de transmission de données électroniques pouvant se substituer aux procédures manuelles actuellement en vigueur pour lesquelles on utilise des documents sur support papier.

327. L'efficacité du modèle traditionnel de recouvrement pourrait s'améliorer avec le temps au fur et à mesure de la diffusion, à l'échelle mondiale, de systèmes électroniques de déclaration préalable à l'arrivée et d'établissement et de recouvrement de l'impôt venant remplacer les procédures manuelles de vérification reposant sur l'utilisation de documents sur support papier. Ces nouveaux systèmes électroniques ont déjà été adoptés massivement par les transporteurs express, auxquelles ils ont procuré des gains de productivité considérables. L'emploi systématique de ces systèmes électroniques rendrait le modèle de recouvrement traditionnel plus efficient, tant pour les vendeurs que pour les administrations fiscales. Leur généralisation dans le monde entier pourrait autoriser la suppression des seuils d'exonération de TVA actuellement en vigueur. Les auteurs du Rapport sur les importations de biens de faible valeur notent cependant qu'il n'existe pas encore de systèmes électroniques permettant de traiter les volumes colossaux de biens de faible valeur importés qui sont acheminés par les services postaux. La mise au point de systèmes électroniques adaptés à un acheminement par voie postale est encore en cours et ces systèmes ne seront disponibles qu'à moyen terme.

8.2.1.2. Le modèle de recouvrement auprès de l'acheteur

328. Il est peu probable qu'un modèle dans lequel l'acheteur calcule lui-même la TVA sur ses importations de biens de faible valeur et en acquitte le montant soit une solution suffisamment fiable pour garantir un recouvrement efficace de cet impôt. Si ce modèle de recouvrement auprès de l'acheteur a le mérite de la simplicité pour les vendeurs, on peut s'attendre à ce qu'il n'offre guère de garanties que les acheteurs respecteront leurs obligations et l'on peut craindre que sa complexité ne le rende très coûteux pour les administrations fiscales qui le gèrent et l'utilisent.

8.2.1.3. Le modèle de recouvrement auprès du vendeur

329. Un modèle dans lequel les vendeurs non résidents sont tenus de facturer, percevoir et reverser la TVA dans le pays d'importation pourrait assurer un recouvrement plus efficace de cette taxe sur les importations de faible valeur, et offrir ainsi aux États la possibilité, pour peu qu'ils en aient le désir, d'abaisser le seuil d'exonération, voire de le supprimer purement et simplement. Quoique le modèle de recouvrement auprès du vendeur impose aux vendeurs non résidents des formalités administratives supplémentaires, il est possible d'alléger cette charge en adoptant en complément une procédure simplifiée d'identification à la TVA et un régime administratif et d'identification simplifié tel que celui décrit dans les Principes directeurs internationaux de l'OCDE pour la TVA/TPS appliqués aux échanges internationaux de services et de biens incorporels entre entreprises et consommateurs finals (Principes directeurs B2C). Si un vendeur vend à la fois des biens et des services dans une juridiction donnée, la procédure d'identification applicable conformément aux Principes directeurs B2C pourrait s'appliquer à ces deux types de ventes, ce qui allègerait le coût des procédures administratives et de conformité fiscale qu'il devrait supporter. On pourrait même envisager d'instaurer une procédure de traitement accéléré pour le passage en douane des biens de faible valeur importés dans le cadre de ce modèle. Il est souligné, dans le Rapport sur les importations de biens de faible valeur, que la mise en œuvre d'un tel modèle risque d'imposer des changements considérables dans les procédures et systèmes de recouvrement des droits de douane et des taxes qui existent actuellement, et de nécessiter un renforcement de la coopération internationale entre les administrations douanières et fiscales pour faire en sorte que les vendeurs non résidents auxquels il est appliqué se conforment à leurs obligations.

8.2.1.4. Le modèle de recouvrement auprès d'un intermédiaire

330. Un modèle dans lequel la TVA sur les importations de biens de faible valeur est collectée et reversée par des intermédiaires pour le compte de vendeurs non résidents serait de nature à améliorer l'efficacité du recouvrement de la TVA sur ces importations et, par là, à donner aux États la possibilité d'abaisser les seuils d'exonération, voire de les supprimer, sous réserve toutefois que ces intermédiaires disposent des informations nécessaires pour calculer et reverser le montant exact dû dans le pays d'importation. Le modèle de recouvrement de la TVA auprès d'intermédiaires aurait l'avantage d'une extrême simplicité pour les vendeurs. Il pourrait toutefois occasionner des coûts supplémentaires qu'il serait possible de répercuter sur les acheteurs. Ce modèle pourrait être particulièrement efficace dans le cas où la TVA est perçue par des intermédiaires ayant une présence dans le pays d'importation (transporteurs express, réseaux postaux et plates-formes de commerce électronique implantées sur place, notamment). En outre, le fait que les intermédiaires soient parfaitement au fait des règles et procédures des administrations douanière et fiscale locales serait un atout précieux tant pour les vendeurs que pour les administrations concernées. On peut distinguer quatre grands types d'intermédiaires :

- Les réseaux postaux : les exploitants de ces réseaux ne disposent que d'une quantité limitée d'informations, qui sont le plus souvent recueillies et transmises au moyen de formulaires sur support papier. La plupart des réseaux postaux ne possèdent pas de systèmes permettant de gérer le calcul et le recouvrement de la TVA sur les importations de biens de faible valeur. Des procédures électroniques de recueil et de transmission de données sont en cours d'élaboration, mais des adaptations majeures seront encore nécessaires pour que les services postaux soient en mesure de faire fonctionner un modèle efficient de recouvrement de la TVA.
- Les transporteurs express : dans ce secteur, les systèmes électroniques de recueil et de transmission de données permettant un recouvrement et un reversement efficaces de la TVA sur les importations sont le plus souvent déjà en place, et le recouvrement de la TVA et son reversement à l'administration fiscale par ce moyen sont une pratique courante. Un modèle dans lequel les vendeurs non résidents pourraient se reposer sur les transporteurs express pour le recouvrement et le reversement de la TVA sur les importations de biens de faible valeur pourrait être une solution efficace et efficiente, à condition toutefois d'être assortie de régimes d'identification suffisamment simples et de procédures accélérées.
- Les plates-formes de commerce électronique transparentes : ces plates-formes sont transparentes si elles offrent aux vendeurs un cadre leur permettant d'exercer leur activité sans être elles-mêmes parties aux transactions commerciales entre ceux-ci et les acheteurs. Ces plates-formes ont généralement accès aux informations essentielles qui sont nécessaires pour calculer la TVA due dans le pays où sont importés les biens de faible valeur. Plusieurs marchés électroniques de premier plan proposent déjà aux vendeurs des services consistant à leur garantir le respect de leurs obligations fiscales. Un modèle dans lequel la TVA sur les biens importés de faible valeur serait recouvrée et reversée par ces plates-formes de commerce électronique transparentes pour le compte des vendeurs non résidents pourrait être une solution efficiente et efficace, à condition toutefois d'être assortie de régimes d'identification suffisamment simples et de procédures accélérées. Il convient cependant de noter que nombre de ces plates-formes de commerce électronique ne pourront mettre en place un processus efficace et efficient de recouvrement et de reversement de la TVA qu'au prix de modifications de leurs systèmes. Si une plate-forme de commerce électronique n'est pas présente dans le pays d'importation, une coopération renforcée au niveau internationale et entre les administrations d'un même pays (entre les administrations fiscale et douanière) sera nécessaire pour veiller à ce qu'elle se conforme à ses obligations.
- Les intermédiaires financiers : ils ne recueillent pas les informations nécessaires au calcul et au revsersement de la TVA sur les importations de biens de faible valeur, et la mise en place d'un modèle faisant appel à ces intermédiaires pour le recouvrement et le reversement de la TVA sur les importations exigerait une refonte profonde des processus de recueil des données. Il est donc peu probable qu'ils puissent apporter leur contribution à un recouvrement plus efficace de la TVA sur les importations de biens de faible valeur.

8.2.1.5. Conclusion générale

331. Il ressort de l'évaluation des modèles décrits précédemment que diverses approches peuvent être envisagées pour améliorer l'efficacité du recouvrement de la TVA sur les importations de biens de faible valeur, chaque pays devant arrêter son choix en fonction des décisions politiques et des circonstances qui lui sont propres.

332. Il est possible de combiner plusieurs modèles à la fois. Par exemple, un modèle optionnel de recouvrement auprès du vendeur pourrait être associé à un modèle de recouvrement auprès des intermédiaires (solution qui aurait le mérite de permettre aux petites et moyennes entreprises de se conformer plus facilement à leurs obligations) ; le vendeur comme l'intermédiaire bénéficieraient ainsi d'un régime simplifié d'identification à la TVA et d'un régime administratif conçu et appliqué conformément au système décrit dans les Principes directeurs B2C. Les deux modèles pourraient s'accompagner de mécanismes de simplification supplémentaires tels qu'une procédure accélérée de passage en douane. Afin d'améliorer la discipline fiscale, ces modèles pourraient être adossés à une règle subsidiaire en vertu de laquelle la TVA serait recouvrée selon le modèle traditionnel (éventuellement auprès du consommateur final), notamment si elle n'a pas été acquittée dans le cadre de l'un ou l'autre des deux autres modèles de recouvrement (auprès du vendeur ou de l'intermédiaire). Il convient de tenir compte, lors de l'évaluation des modèles et des associations de modèles, des risques de sous-évaluation ou de fausse déclaration de la part des vendeurs étrangers.

333. L'application de ces modèles, susceptibles d'être combinés, permettrait aux pays qui le souhaitent d'abaisser les seuils d'exonération de TVA ou de les supprimer.

334. Il apparaît que toute réforme visant à améliorer le recouvrement de la TVA sur les importations de biens de faible valeur devra s'appuyer sur une juste évaluation des risques et une coopération internationale renforcée entre administrations fiscales de façon à améliorer la discipline fiscale.

8.2.2. Le recouvrement de la TVA sur les échanges transnationaux de services et de biens incorporels entre entreprises et consommateurs (B2C)

335. Les approches préconisées pour résoudre la question clef du recouvrement de la TVA sur les ventes de produits numériques à des particuliers par des entreprises non résidentes ont été élaborées par l'OCDE et le G20 dans le cadre des travaux portant sur les Principes directeurs internationaux pour l'application de la TVA/TPS (« les Principes directeurs »). Ces Principes directeurs ont été conçus comme étant appelés à devenir une norme à l'échelle mondiale pour le règlement des problèmes de double imposition et de non-imposition involontaire résultant d'incohérences dans l'application de la TVA aux échanges internationaux. Loin d'être limité aux échanges de produits numériques, leur champ d'application englobe de manière plus générale les échanges de services et de biens incorporels. Les Principes directeurs prévoient une solution distincte pour les échanges entre entreprises (B2B) et les échanges entre entreprises et consommateurs (B2C) car les systèmes de TVA reposent fréquemment sur des mécanismes de recouvrement différents selon la nature des transactions. La démarche préconisée pour régler la question du recouvrement de la TVA sur les ventes de produits numériques à des consommateurs par des entreprises non résidentes est décrite dans les Principes directeurs traitant spécifiquement des fournitures entre entreprises et consommateurs finals (voir Annexe D).

336. Les Principes B2C décrivent un ensemble de critères applicables pour déterminer le lieu d'imposition des fournitures de services et de biens incorporels entre entreprises et consommateurs finals conformément au principe de destination. Ils prévoient que la juridiction dans laquelle le client a sa résidence habituelle a le droit de percevoir la TVA sur les fournitures à distance de services et de biens incorporels, y compris les fournitures de produits numériques par des entreprises situées dans un autre pays. Cette règle permet aux fournisseurs et aux administrations fiscales de prévoir avec un degré de certitude raisonnable le lieu où il est probable que les services ou les biens incorporels seront consommés tout en tenant compte des contraintes d'ordre pratique. La mise en œuvre de ces normes a pour but de garantir que

la TVA prélevée sur ces fournitures dans la juridiction du marché est appliquée à un taux identique à celui auquel sont soumises les fournitures effectuées par des entreprises nationales. On a ainsi l'assurance que les entreprises étrangères et nationales sont soumises à des règles du jeu équitables et que les entreprises étrangères sises dans des juridictions à taux d'imposition nul ou faible qui vendent à des consommateurs finals ne bénéficient d'aucun avantage fiscal par rapport à leurs concurrentes ayant leur siège dans le pays où sont effectuées les fournitures.

337. S'agissant de la question cruciale du recouvrement de la TVA dans le pays de destination, il est précisé dans les Principes directeurs B2C qu'à l'heure actuelle, le moyen le plus efficient et le plus efficace de garantir un recouvrement adéquat de la TVA sur les fournitures transnationales entre entreprises et consommateurs finals consiste à exiger d'un fournisseur non résident qu'il s'enregistre à la TVA et qu'il déclare la TVA dans la juridiction d'imposition. Il est préconisé dans les Principes directeurs B2C qu'afin de faciliter le respect de leurs obligations par les fournisseurs non résidents, les juridictions envisagent d'instaurer un régime administratif et d'identification simplifié dont les principales caractéristiques sont décrites dans le tableau 8.1. Il est vraisemblable que les fournisseurs non résidents satisferont d'autant mieux à leurs obligations que les obligations auxquelles ils sont soumis dans la juridiction d'imposition sont limitées au strict nécessaire pour que l'impôt soit recouvré efficacement. La simplification joue un rôle crucial pour faciliter la tâche des entreprises ayant à se conformer à des obligations dans plusieurs juridictions. Parallèlement, il convient de souligner, à propos de la simplification des formalités d'enregistrement à la TVA, que celles-ci doivent être accomplies indépendamment du fait qu'une entreprise dispose ou non d'un établissement stable (ES) aux fins de l'impôt sur les bénéfices. Face à l'impérieuse nécessité de trouver un juste équilibre entre le souci de simplification et celui de préserver les recettes publiques, il est précisé dans les Principes directeurs B2C qu'il est indispensable que les juridictions prennent des mesures appropriées pour renforcer la coopération internationale entre administrations, qui est un moyen essentiel d'assurer efficacement le recouvrement et le reversement de la taxe sur les fournitures transnationales de services et de biens incorporels par des entreprises non résidentes.

Tableau 8.1. **Principales caractéristiques d'un régime administratif et d'identification simplifié pour les fournisseurs non résidents**

Procédure d'identification	• L'information demandée pourrait être limitée aux seules mentions nécessaires et pourrait inclure : - le nom de l'entreprise, y compris le nom commercial - le nom de l'interlocuteur responsable des relations avec les administrations fiscales - l'adresse postale et/ou l'adresse déclarée de l'entreprise et de son représentant - le numéro de téléphone de l'interlocuteur - l'adresse électronique de l'interlocuteur - l'URL des sites Internet que le fournisseur non résident utilise pour son activité dans la juridiction d'imposition - le numéro d'identification fiscale national, si un tel numéro est attribué au fournisseur dans sa propre juridiction aux fins de son activité • La façon la plus simple de s'identifier à distance auprès des administrations fiscales est probablement la voie électronique. Une demande d'identification en ligne pourrait être accessible sur la page d'accueil du site Internet de l'administration fiscale, de préférence dans les langues des principaux partenaires commerciaux de la juridiction.
Récupération de la TVA acquittée en amont – remboursements	• Les juridictions d'imposition pourraient limiter le champ du régime administratif et d'identification simplifié à la perception de la TVA sur les fournitures de services et de biens incorporels effectuées par des fournisseurs non résidents sans que ceux-ci puissent être autorisés, sous ce régime simplifié, à récupérer la TVA sur leurs intrants. • Le cas échéant, les fournisseurs non résidents pourraient opter pour la procédure administrative de droit commun d'identification et de remboursement de la TVA pour récupérer la TVA sur leurs intrants.

Tableau 8.1. **Principales caractéristiques d'un régime administratif et d'identification simplifié pour les fournisseurs non résidents** *(suite)*

Procédure déclarative	• Comme les obligations varient largement selon les juridictions, satisfaire les obligations liées au dépôt de déclarations fiscales dans plusieurs juridictions est un processus complexe qui se traduit souvent par une charge administrative considérable pour les fournisseurs non résidents. • Les administrations fiscales pourraient envisager d'autoriser les entreprises non résidentes à remplir des déclarations simplifiées, qui seraient moins détaillées que les déclarations requises pour les entreprises locales ayant droit au remboursement de la TVA sur leurs intrants. Aux fins d'établir quelles sont les mentions obligatoires requises dans le cadre d'une procédure simplifiée, il serait souhaitable de trouver un équilibre entre le besoin de simplicité des entreprises et le besoin pour l'administration fiscale de vérifier si les obligations fiscales sont correctement remplies. Les mentions obligatoires pourraient se limiter : - au numéro d'identification du fournisseur - à la périodicité de la déclaration - à la monnaie et, le cas échéant, aux taux de change utilisés - au montant imposable au taux normal - le cas échéant, au montant imposable au(x) taux réduit(s) - au montant total de la taxe à payer. • La possibilité de déposer la déclaration par voie électronique dans un format simple et couramment utilisé sera essentielle pour faciliter la bonne discipline fiscale.
Paiements	• L'utilisation des méthodes de paiement électronique est recommandée pour permettre aux fournisseurs non résidents de verser la taxe due par voie électronique. • Les juridictions pourraient envisager d'accepter les paiements dans les monnaies de leurs principaux partenaires commerciaux.
Comptabilité	• Les juridictions sont invitées à permettre l'utilisation de systèmes de comptabilité électroniques. • Les juridictions pourraient envisager de limiter les informations à fournir à ce qui est nécessaire pour s'assurer que la taxe sur chaque prestation a bien été facturée et perçue correctement, en s'appuyant autant que possible sur les informations disponibles auprès de leurs fournisseurs dans le cadre de leur activité économique normale. • Ces informations pourraient inclure le type de prestation, la date de la prestation, la TVA due et les informations utilisées pour déterminer l'endroit où le client a sa résidence habituelle. • Les juridictions d'imposition pourraient exiger que ces documents soient disponibles sur demande dans un délai raisonnable.
Facturation	• Les juridictions pourraient envisager de supprimer l'obligation de facturation en ce qui concerne les prestations rendues par les entreprises aux consommateurs finals qui sont couvertes par les régimes administratif et d'immatriculation simplifiés dans la mesure où les consommateurs finals ne seront généralement pas en mesure de déduire la TVA acquittée sur ces prestations. • Si des factures sont requises, les juridictions pourraient envisager d'autoriser que les factures soient émises conformément aux règles de la juridiction du fournisseur ou pourraient accepter la documentation commerciale émise pour des besoins autres que la TVA (par exemple, des reçus électroniques). • Il est recommandé que les informations devant figurer sur la facture restent limitées aux informations nécessaires pour administrer le régime de TVA (telles que l'identification du client, le type et la date des prestations, le montant imposable et le montant de TVA par taux de TVA ainsi que le montant total imposable). Les juridictions pourraient envisager d'autoriser que les factures soient émises dans les langues de leurs principaux partenaires commerciaux.
Accès à l'information	• Les juridictions sont invitées à mettre en ligne toutes les informations nécessaires pour s'identifier et se conformer au régime administratif et d'identification simplifié, de préférence dans les langues de leurs principaux partenaires commerciaux. • Les juridictions sont également encouragées à rendre accessible via Internet l'information pertinente et mise à jour dont les entreprises non résidentes pourraient avoir besoin à des fins fiscales. En particulier, cela pourrait inclure l'information concernant les taux de TVA et la classification des produits.
Utilisation de parties tierces	• Le respect de leurs obligations fiscales par les fournisseurs non résidents pourrait être encore facilité en leur permettant de désigner une tierce partie pour agir en leur nom dans l'exécution de certaines procédures telles que le dépôt des déclarations. • Cela pourrait être particulièrement utile en ce qui concerne les petites et moyennes entreprises et les entreprises qui sont confrontées à des obligations dans plusieurs juridictions.

338. Prenons l'exemple de fournisseurs en ligne de services de diffusion en flux (streaming) de contenus numériques tels que des films et des émissions de télévision. Les prestations sont rendues avant tout à des consommateurs qui ont accès au contenu numérique au moyen d'ordinateurs, d'appareils mobiles ou de télévisions connectés à l'Internet. Les fournisseurs établis dans le pays de leurs clients sont tenus de percevoir et de reverser la TVA sur les prestations rendues dans cette juridiction. Si un fournisseur n'est pas résident de la juridiction de son marché, des difficultés peuvent surgir en l'absence de normes telles que celles qui sont énoncées dans les Principes directeurs B2C. Si le droit de taxer les services de diffusion en flux est attribué à la juridiction du fournisseur au taux applicable dans cette juridiction, les fournisseurs nationaux de services concurrents qui résident dans la juridiction du marché peuvent être exposés à une pression concurrentielle inéquitable lorsque le fournisseur des contenus numériques est établi dans une juridiction n'appliquant pas de TVA, ou l'appliquant à un taux plus bas que celui en vigueur dans la juridiction du marché. Dans ce cas, le montant de la TVA perçue est nul, ou anormalement faible, et les recettes correspondantes échappent totalement à la juridiction dans laquelle a lieu la consommation finale. Si en revanche le droit de taxer est attribué à la juridiction dans laquelle réside le client sans qu'un mécanisme approprié soit mis en place pour y recouvrer la TVA, aucune TVA n'est acquittée.

339. Il est recommandé dans les Principes directeurs B2C *(i)* que la juridiction dans laquelle le client a sa résidence habituelle ait le droit de percevoir la TVA sur les ventes de contenu numérique, *(ii)* que le vendeur étranger soit tenu de s'enregistrer à la TVA dans cette juridiction en vertu d'un régime administratif et d'identification simplifié et *(iii)* que le vendeur étranger soit tenu de facturer et de percevoir la TVA dans cette juridiction au même taux que celui auquel appliqué aux prestations locales. Il est expressément admis dans les Principes directeurs qu'il est nécessaire de renforcer la capacité des administrations fiscales de percevoir effectivement l'impôt grâce à l'amélioration de la coopération internationale entre administrations fiscales dans le domaine des impôts indirects. Cette coopération pourrait être renforcée grâce à l'élaboration d'une norme commune d'échange de renseignements qui soit simple, qui permette de minimiser les coûts pour les entreprises comme pour les administrations fiscales grâce à la limitation du volume de données échangées, et qui puisse enfin être mise en œuvre à brève échéance.

Notes

1. Quoique cet exemple soit circonscrit à la diffusion en flux de films et d'émissions de télévision, les mêmes problèmes se posent pour la plupart, sinon la totalité, des fournitures de services à distance à des consommateurs tels que les jeux vidéo, l'informatique en nuage et le téléchargement de logiciels.

2. La plupart des pays appliquent un seuil de minimis en matière de droits de douane, régi pour l'essentiel par la Convention de Kyoto révisée (CKR) de l'Organisation mondiale des douanes (OMD). Celle-ci prévoit l'application obligatoire d'un seuil *de minimis* en deçà duquel les petits envois sont exonérés de droits de douane et de taxes. Cette règle est contraignante pour toutes les parties contractantes à la Convention de Kyoto révisée, mais celle-ci ne spécifie pas le niveau de ce seuil et n'impose pas non plus de norme minimale.

Bibliographie

Corrado, C. et al. (2012), "Intangible capital and growth in advanced economies: Measurement and comparative results", IZA Discussion Paper n° 6733.

Lamensch, M. (2012), "Are "reverse charging" and the "one shop scheme" efficient ways to collect VAT on digital supplies?" *World Journal of VAT Law*, Vol. 1, Issue 1.

OECD (2014*), Perspectives des communications de l'OCDE 2013*, Éditions OCDE, Paris, http://dx.doi.org/10.1787/comms_outlook-2013-fr.

OECD (2003), *Electronic Commerce-Commentary on Place of Consumption for Business to Business Supplies (Business Presence)*, Éditions OCDE, Paris.

OECD (1998), « Conditions cadres pour l'imposition du commerce électronique », rapport du Comité des affaires fiscales, page 4, www.oecd.org/fr/ctp/consommation/1923264.pdf.

Chapitre 9

Évaluation des défis fiscaux plus larges relevant de la fiscalité directe et indirecte soulevés par l'économie numérique et solutions possibles

Ce chapitre contient une évaluation des options envisagées pour relever les défis fiscaux plus larges soulevés par l'économie numérique. Cette évaluation prend en compte non seulement l'impact sur les pratiques de BEPS des mesures élaborées au cours du Projet BEPS, mais aussi l'incidence économique des différentes options envisagées pour relever ces défis.

9.1. Défis fiscaux plus larges et solutions possibles

340. L'économie numérique pose des questions systémiques quant à la capacité des systèmes fiscaux nationaux et internationaux actuels à faire face aux transformations induites par les progrès des technologies de l'information et des communications (TIC). Ces enjeux de politique fiscale ont des répercussions sur la conception globale des systèmes fiscaux. Par conséquent, les implications peuvent dépasser le cadre du Projet BEPS et des contre-mesures élaborées au cours du Projet. Il s'agit notamment des questions relatives à la répartition des droits d'imposition entre les pays ainsi qu'aux considérations de politique fiscale qui devraient être prises en compte lorsqu'on met en parallèle les coûts et avantages relatifs des différentes solutions fiscales. Concernant les impôts directs, les défis fiscaux plus larges soulevés par l'économie numérique vont au-delà de la question de savoir comment mettre fin à la double non-imposition et ont principalement trait à la question de savoir comment les droits d'imposition du revenu provenant d'activités transfrontalières devraient être répartis entre les pays à l'ère du numérique. Pour les impôts indirects, il s'agit essentiellement de veiller à la mise en place de mécanismes de collecte efficaces et efficients.

341. Avec le développement du potentiel des technologies numériques, des caractéristiques telles que la forte dépendance à l'égard des actifs incorporels, la mobilité constante des personnes, l'utilisation de machines et de l'automatisation, la capacité d'atteindre des clients à l'échelle mondiale sans maintenir une présence physique importante et l'évolution du rôle des clients à l'ère numérique ne cessent de s'affirmer. Ces caractéristiques posent des questions sur le paradigme utilisé pour déterminer le lieu où se déroulent les activités économiques et la création de valeur aux fins des impôts directs, qui est actuellement basé sur une analyse des fonctions, des actifs et des risques dans les entreprises concernées.

342. Plusieurs propositions de solutions potentielles pour relever les défis plus larges touchant à la fiscalité directe ont été examinées par le Groupe de réflexion sur l'économie numérique en 2014, notamment :

- modifications des exceptions au statut d'établissement stable (ES) ;
- alternatives au seuil existant de l'ES ;
- mise en place d'une retenue à la source sur certains types de transactions numériques ; et
- introduction d'un droit d'accise ou d'une autre taxe.

343. Une des conclusions initiales du Groupe de réflexion était que les modifications à apporter aux exceptions au statut d'établissement stable figurant au paragraphe 4 de l'article 5 du Modèle de Convention fiscale de l'OCDE devaient être envisagées dans le contexte de l'action 7 du Projet BEPS, indépendamment de la question de savoir si l'application de l'exception entraîne des problèmes de BEPS ou des défis fiscaux plus larges. Cela tenait au fait que certaines activités qui étaient considérées comme préparatoires ou auxiliaires dans le contexte des modèles économiques classiques sont parfois devenues des fonctions fondamentales de certaines entreprises de l'économie numérique. Outre des problèmes fiscaux plus larges, ces questions soulèvent des préoccupations en matière d'érosion de la base d'imposition et de transfert de bénéfices lorsque l'absence d'imposition dans le pays où se situe le marché se double de techniques ayant pour conséquence de réduire ou de supprimer l'impôt dans le pays du bénéficiaire ou de la société-mère ultime.

344. À l'issue des travaux sur l'action 7, il a été convenu de modifier le paragraphe 4 de l'article 5 du Modèle de Convention fiscale de l'OCDE afin de faire en sorte que les exceptions au statut d'établissement stable soient subordonnées à la condition que

l'activité menée soit de nature préparatoire ou annexe et ne se rattache pas aux activités fondamentales de l'entreprise en question. Si, par exemple, la proximité des clients et la nécessité de les approvisionner rapidement sont des caractéristiques essentielles du modèle économique d'un vendeur en ligne de produits physiques, le fait d'avoir un entrepôt local de très grande taille, dans lequel un nombre élevé de salariés sont affectés au stockage et à la livraison de marchandises vendues en ligne aux clients, ne justifierait plus de bénéficier d'une exception au statut d'établissement stable. Cette mesure relative aux conventions devrait être mise en œuvre à l'échelle de l'ensemble du réseau de conventions fiscales existantes, de manière synchronisée et efficace, via la conclusion d'un instrument multilatéral qui modifierait les conventions fiscales bilatérales.

345. Les détails techniques des trois autres options ont été élaborés en 2015 selon des modalités qui permettent une application autonome (à savoir un nouveau lien fondé sur une « présence économique significative » entraînant une imposition sur une base nette fondée sur des méthodes d'attribution des bénéfices présumés, l'application d'une retenue à la source ou une taxe de péréquation) ou combinée. L'application de ces options permettrait généralement aux pays de prélever une taxe dans les situations où une entreprise étrangère tire un revenu considérable des ventes dans le pays sans y avoir de présence physique, et/ou utilise les contributions des utilisateurs du pays dans sa chaîne de valeur, y compris grâce à la collecte et au suivi de données.

346. En ce qui concerne les impôts indirects, des questions se posent concernant la capacité des systèmes de TVA à appréhender les ventes transfrontières à distance entre consommateurs privés et fournisseurs étrangers. De fait, la difficulté d'assurer le respect des règles de TVA et le recouvrement de cette taxe sur des fournitures numériques à distance de services et de biens incorporels à des consommateurs finaux est amplifiée lorsque le fournisseur n'a pas de présence physique ou autre dans le pays du consommateur. De même, les pays qui exonèrent de TVA les importations de biens de faible valeur ont enregistré une croissance significative du volume de ces importations qui échappent à la TVA, entraînant ainsi une perte de recettes fiscales et des pressions concurrentielles potentielles sur les fournisseurs nationaux. Les travaux menés par le Groupe de travail n° 9 du Comité des affaires fiscales de l'OCDE, qui sont intégrés dans les Principes directeurs sur l'application de la taxe sur la valeur ajoutée/taxe sur les produits et services (Principes directeurs sur la TVA/TPS) et décrits dans le chapitre 8, ont abouti à un accord général sur des règles mondiales d'attribution des droits d'imposition de la TVA/TPS sur les transactions internationales ainsi qu'à l'identification des mécanismes possibles à l'appui de la mise en œuvre efficace de ces règles.

347. Une fois mis en œuvre, les nouveaux Principes directeurs sur la TVA/TPS faciliteront l'imposition des transactions numériques internationales dans le pays où se situe le marché, ce qui contribuera à établir des règles du jeu équitables entre les entreprises non résidentes et les entreprises nationales. Prenons le cas de vendeurs en ligne de contenu numérique diffusé en streaming, tel que des films et des émissions de télévision, à des consommateurs ayant accès au contenu numérique par le biais de leurs ordinateurs, appareils mobiles et téléviseurs connectés à l'Internet. Sans mise en œuvre des Principes directeurs pour le commerce électronique entre entreprises et consommateurs, le pays où se situe le marché n'a généralement aucun lien ou n'est pas en mesure d'imposer au vendeur étranger de prélever et de reverser la TVA sur cette transaction. Il en résulte un décalage entre l'obligation impartie aux entreprises nationales de facturer la TVA sur les ventes à des clients locaux et le régime applicable aux fournisseurs étrangers. En vertu des nouveaux Principes directeurs, le pays de résidence habituelle du client a généralement le droit de prélever une TVA sur la vente du contenu numérique depuis l'étranger et est doté des mécanismes correspondants.

348. En résumé, à l'image des difficultés qu'elles sont supposées résoudre, l'impact des diverses options décrites ci-dessus se chevauche à plusieurs égards. Par exemple, les nouveaux Principes directeurs sur la TVA/TPS et l'option fondée sur une « présence économique significative » auraient généralement pour effet de donner au pays où se trouvent les consommateurs le droit de prélever la taxe. De même, considérant qu'il existe différents angles d'approche des défis fiscaux plus larges et que bon nombre des options proposées pourraient effectivement être mises en œuvre de multiples façons, il a été convenu qu'une évaluation complète de la pertinence, de l'urgence et de la portée de ces défis concernant la fiscalité directe et des solutions possibles pour les résoudre aurait tout à gagner d'une analyse de l'incidence économique attendue des trois options décrites ci-dessus.

9.2. Incidence économique des options retenues pour relever les défis plus larges tenant à la fiscalité directe

349. L'analyse portait sur le stade ultime de la modification initiale de la charge fiscale au titre de chacune des propositions après que les contribuables ont réagi aux nouvelles règles fiscales. Plus précisément, l'incidence économique attendue des options sur les consommateurs, les détenteurs de capitaux (y compris les actionnaires) et les travailleurs a été analysée en lien avec l'offre de produits et de services numériques par des fournisseurs étrangers n'ayant pas de présence imposable dans le pays du client selon les règles actuelles. La conclusion est que les trois options fiscales auraient probablement une incidence économique comparable[1] :

- *Dans le cas d'un marché parfaitement concurrentiel pour les produits et services numériques*, l'incidence des diverses options (et l'augmentation correspondante de la charge fiscale) sera probablement supportée en partie par les travailleurs, en fonction de la situation du marché du travail dans les différents pays dans lesquels les fournisseurs étrangers sont situés, et en partie par les consommateurs dans les pays du marché, à supposer que les fournisseurs concernés représentent une part significative de la production du marché mondial, et sous réserve qu'il existe des fournisseurs de remplacement ayant des coûts avant impôts similaires et que des produits de substitution soient disponibles pour les produits et services numériques affectés.
- *Si le marché est imparfaitement concurrentiel*, toutefois, les conséquences des diverses options (et l'augmentation de la charge fiscale correspondante) seront probablement supportées par les détenteurs de capitaux des fournisseurs étrangers touchés, dans une mesure qui dépendra de ce que les entreprises fixent ou non leurs prix.

350. L'annexe E présente en détail l'analyse de l'incidence économique, ainsi que les conclusions correspondantes.

9.3. Cadre d'évaluation des options

351. Pour évaluer les solutions possibles, le Groupe de réflexion s'est entendu sur un cadre basé sur les principes fiscaux fondamentaux de neutralité, d'efficience, de certitude et de simplicité, d'efficacité et d'équité, de flexibilité et de pérennité, en tenant compte de la proportionnalité globale des changements nécessaires pour résoudre les problèmes fiscaux. Ce faisant, aucun principe en particulier ne doit être privilégié par rapport à d'autres. Au contraire, l'évaluation doit s'appuyer sur un examen d'ensemble des différents facteurs qui font partie du cadre, à savoir :

- ***Neutralité*** : Les contribuables qui se trouvent dans des situations similaires et qui effectuent des transactions similaires devraient être soumis à des niveaux d'imposition similaires afin d'éviter de créer des distorsions sur le marché. En d'autres termes, des principes d'imposition identiques devraient s'appliquer à toutes les formes de commerce, tout en tenant compte de caractéristiques particulières qui pourraient nuire à une application neutre et identique de ces principes.
- ***Efficience*** : Les avantages procurés par une réforme doivent être supérieurs aux coûts de son adoption, en tenant aussi compte des coûts transitoires et de mise en œuvre. L'évaluation de l'efficience des options potentielles par rapport au cadre existant devrait donc déterminer si les considérations administratives qui sous-tendent les règles existantes sont toujours de mise, ou si les progrès technologiques ont relégué ces contraintes pratiques au second rang.
- ***Certitude et simplicité*** : Des règles fiscales simples à comprendre permettent aux contribuables d'anticiper les conséquences fiscales d'une transaction, et aux administrations d'évaluer le respect des règles fiscales. Un système fiscal simple a plus de chances de réduire les coûts de conformité, ce qui est un facteur d'efficience.
- ***Efficacité et équité*** : Comme l'indiquent les conditions cadres d'Ottawa, l'imposition devrait procurer le montant approprié d'impôt à la date voulue. Pour évaluer l'équité d'une proposition, il importe de déterminer qui supporte en définitive la charge fiscale et dans quelle proportion. L'efficacité est un facteur important parce qu'un système fiscal difficile à appliquer risque de n'être ni équitable ni neutre, et la perception par le public de l'équité du système dans son ensemble peut s'en trouver durablement compromise.
- ***Flexibilité et pérennité*** : les options potentielles devraient être évaluées non seulement en fonction de leur capacité à répondre aux enjeux fiscaux du moment, mais aussi, bien qu'il soit difficile de prédire l'avenir, à être suffisamment souples et dynamiques pour suivre l'évolution des technologies et des transactions commerciales.
- ***Proportionnalité*** : Il convient de déterminer non seulement si les solutions proposées permettent de résoudre ces problèmes, mais aussi les répercussions de plus large portée que ces solutions pourraient avoir. Les solutions retenues devraient être adaptées à l'ampleur des difficultés particulières qu'elles entendent résoudre.

9.4. Impact des mesures de lutte contre le BEPS

352. Les enjeux fiscaux plus larges qui se rattachent à l'économie numérique recoupent plusieurs autres points d'action du Projet BEPS.

353. Dans le domaine de la fiscalité directe, des risques d'érosion de la base d'imposition et de transfert de bénéfices surviennent lorsque le revenu imposable peut être artificiellement séparé des activités qui le génèrent, ce qui ouvre la possibilité de réduire ou de supprimer l'impôt dans l'ensemble de la chaîne d'approvisionnement, y compris dans les pays du marché et de résidence. Les travaux menés pour répondre aux enjeux fiscaux de l'économie numérique ont montré que si l'économie numérique soulève des questions d'érosion de la base d'imposition et de transfert de bénéfices qui ne lui sont pas exclusivement propres, certaines de ses caractéristiques en rendent les risques plus aigus. Comme l'indique le chapitre 6, les caractéristiques fondamentales de l'économie numérique ont été prises en compte dans les travaux du Plan d'action BEPS visant à répondre aux préoccupations liées

aux impôts directs, et notamment les travaux sur les règles relatives aux SEC (Action 3), sur les mesures permettant d'éviter artificiellement le statut d'établissement stable (Action 7) et sur les prix de transfert (Actions 8-10). Par conséquent, la mise en œuvre de ces mesures devrait permettre de répondre en grande partie aux problèmes de BEPS soulevés par l'économie numérique. L'efficacité des mesures adoptées dans le cadre du Projet BEPS ainsi que leur impact sur la discipline fiscale des contribuables et sur leur application par les administrations fiscales seront suivis au moyen d'un mécanisme adapté.

354. Bien que les mesures anti-BEPS ciblent les situations dans lesquelles l'impôt est minoré ou supprimé dans les pays qui se situent tout le long de la chaîne d'approvisionnement, leur impact peut aller au-delà des questions de BEPS, comme dans le cas des efforts entrepris au titre de l'Action 7 en vue de modifier les exceptions au statut d'établissement stable. Ces changements viseront à neutraliser les structures de BEPS dans lesquelles l'absence d'ES dans un pays de marché est associée à une absence d'imposition dans le pays du bénéficiaire ou de la société mère ultime ; mais dans le même temps, les règles élaborées à la faveur de ces travaux s'appliqueront aussi de façon plus large, dans les cas où des activités qui étaient auparavant considérées comme préparatoires ou auxiliaires sont devenues des activités essentielles dans certains modèles d'affaire.

355. Les réponses apportées aux pratiques de BEPS dans l'économie numérique peuvent aussi avoir des conséquences indirectes sur l'ampleur des défis fiscaux plus larges soulevés par l'économie numérique, et donc sur l'évaluation des options destinées à y répondre. Par exemple, les préoccupations relatives au lien dans l'optique des impôts directs concernent la capacité d'une entreprise non résidente à générer des revenus substantiels dans un pays sans y avoir de présence physique. Néanmoins, comme le chapitre 4 l'explique, les entreprises peuvent avoir des raisons impérieuses d'établir une présence physique sur un marché, afin de disposer de leurs ressources fondamentales aussi près que possible de leurs principaux marchés. Néanmoins, avec le système fiscal actuel, il est très souvent possible d'utiliser des structures artificielles pour faire en sorte que cette présence physique ne crée pas de présence imposable ou ne génère pas de bénéfices significatifs, afin que la majeure partie des bénéfices soit ensuite transférée vers une juridiction à fiscalité faible ou nulle. La mise en œuvre des mesures de lutte contre le BEPS devrait réduire considérablement le risque d'érosion de la base d'imposition et de transfert de bénéfices, afin que l'emplacement des bénéfices imposables soit mieux aligné sur l'activité économique et la création de valeur. Dans le même temps, des mesures telles que la modification du paragraphe 4 de l'article 5 du Modèle de Convention fiscale de l'OCDE devraient aussi atténuer certains problèmes fiscaux plus larges. Par conséquent, il convient de prendre en compte l'impact escompté des mesures anti-BEPS lorsqu'on évalue l'ampleur des défis fiscaux plus larges et des options permettant d'y répondre.

9.5. Évaluation

356. Comme indiqué précédemment, le Groupe de réflexion à envisagé plusieurs options pour s'attaquer aux défis fiscaux plus larges posés par l'économie numérique, notamment la modification des exceptions au statut d'ES, des alternatives au seuil existant de l'ES, l'application d'une retenue d'impôt à la source sur certains types de transactions numériques et la mise en place d'une taxe de péréquation, parallèlement aux principes et mécanismes élaborés par le Groupe de travail n° 9 du CAF pour faire en sorte que la TVA soit collectée dans le pays où le client se situe. Pour évaluer ces options, le Groupe de travail s'est entendu sur un cadre basé sur les principes de neutralité, d'efficience, de certitude et de simplicité, d'efficacité et d'équité, de flexibilité, de pérennité et de proportionnalité. Il a également

analysé l'incidence économique des trois options visant à imposer le revenu tiré des ventes de produits et de services numériques par des fournisseurs étrangers n'ayant pas d'ES selon les règles actuelles, à savoir le nouveau lien sous la forme d'une présence économique significative, la retenue d'impôt sur certains types de transactions numériques et la taxe de péréquation.

357. S'agissant des différentes options analysées, le Groupe de réflexion est parvenu aux conclusions suivantes :

- **L'option qui consiste à modifier les exceptions au statut d'ES afin de faire en sorte que ces exceptions soient uniquement réservées aux activités préparatoires ou auxiliaires par nature a été examinée par le Groupe de réflexion et adoptée dans le cadre des travaux relatifs à l'Action 7 du Projet BEPS.** Pour faire en sorte que les bénéfices tirés d'activités essentielles accomplies dans un pays puissent être taxés dans ce pays, le paragraphe 4 de l'article 5 est modifié de manière à ce que chacune des exceptions qui y sont visées soit limitée aux activités qui sont de nature « préparatoire ou auxiliaire ». En outre, une nouvelle règle anti-fragmentation a été mise en place afin qu'il ne soit pas possible de se prévaloir de ces exceptions en fragmentant des activités commerciales entre des entreprises étroitement liées. Ces modifications de la définition d'un ES établie par le Modèle de Convention fiscale de l'OCDE sont répertoriées dans le rapport intitulé *Empêcher les mesures visant à éviter artificiellement le statut d'établissement stable* (OCDE, 2015) et doivent désormais être mises en œuvre au niveau de la totalité des conventions fiscales existantes de façon efficiente et synchronisée au moyen de la conclusion, au titre de l'Action 15, d'un instrument multilatéral qui modifie les conventions fiscales bilatérales[2].
- **La collecte de la TVA/TPS sur les transactions internationales, et en particulier celles conclues entre entreprises et consommateurs, est une question importante**. À cet égard, les pays sont invités à suivre les règles des Principes directeurs internationaux pour l'application de la TVA/TPS et à envisager de mettre en place les mécanismes de collecte qui y sont décrits. Des kits de mise en œuvre seront élaborés pour aider les pays à déployer les Principes directeurs internationaux de façon coordonnée. Les travaux dans ce domaine seront menés par le Groupe de travail n° 9, les Associés au Projet BEPS participant sur un pied d'égalité.
- **Certains aspects des enjeux plus larges liés à la fiscalité directe posés par l'économie numérique devraient être atténués une fois les mesures BEPS mises en œuvre**. Une fois appliquées, les mesures BEPS devraient en effet permettre de mieux aligner l'emplacement des bénéfices imposables avec l'emplacement de l'activité économique et de la création de valeur. En rétablissant l'imposition dans le pays de la source et dans le pays de la résidence dans un certain nombre de cas où le revenu transfrontières ne serait à défaut pas taxé ou serait taxé à des taux très faibles, ces dispositions mettront fin à certaines pratiques de BEPS. En outre, même dans l'économie numérique moderne, de nombreuses entreprises ont toujours besoin d'une implantation physique locale pour être présentes sur un marché et maintenir un lien intentionnel et durable avec l'économie d'un pays. Dans ce contexte, les mesures telles que la modification du paragraphe 4 de l'article 5 du Modèle de Convention fiscale de l'OCDE devraient également atténuer certains problèmes fiscaux de portée plus vaste. Par conséquent, une mise en œuvre rapide des mesures BEPS s'impose, accompagnée des mécanismes nécessaires pour en mesurer l'impact dans la durée.

- **Aucune des autres options analysées par le Groupe de travail n'a été recommandée à ce stade.** La raison, parmi d'autres, est qu'il est attendu que les mesures mises en place par le projet BEPS auront un impact considérable sur les problèmes de BEPS précédemment identifiés dans l'économie numérique, que certaines mesures relatives au BEPS atténueront certains aspects des défis fiscaux plus larges, et que les impôts sur la consommation seront effectivement prélevés dans le pays du marché. Les options analysées par le Groupe de réflexion pour faire face aux problématiques de portée plus générale tenant aux impôts directs, à savoir le nouveau lien sous la forme d'une présence économique significative, la retenue d'impôt sur certains types de transactions numériques et la taxe de péréquation, nécessiteraient une révision en profondeur des normes fiscales internationales fondamentales et impliqueraient des travaux supplémentaires. Dans l'environnement fiscal international actuel en pleine mutation, un certain nombre de pays s'inquiètent de la façon dont les normes internationales sur lesquelles les conventions fiscales bilatérales sont basées répartissent les droits d'imposition entre les États de la source et de la résidence. Néanmoins, il est encore trop tôt pour déterminer avec précision si ces modifications sont justifiées pour faire face aux transformations entraînées par les progrès des TIC. Compte tenu de ce qui précède, et en l'absence de données sur l'ampleur réelle des défis plus larges liés aux impôts directs, le Groupe de réflexion n'a pas recommandé d'adopter l'une quelconque des trois options en tant que norme internationalement acceptée.
- **Les pays peuvent toutefois introduire une de ces options soit dans leur législation nationale en tant que garde-fou supplémentaire contre le BEPS à condition qu'ils respectent les dispositions des conventions actuelles, soit dans leurs conventions fiscales bilatérales.** L'adoption de ces options en droit interne pourrait être envisagée si, par exemple, un pays considère que les problèmes de BEPS aggravés par l'économie numérique ne sont pas entièrement traités, ou pour rendre compte du décalage entre le moment où les mesures de lutte contre le BEPS sont adoptées au niveau international et le moment où elles sont effectivement déployées et appliquées. Ces options peuvent offrir des protections globales contre le BEPS et faire en sorte que les transactions à distance impliquant des produits et des services numériques soient taxées dans le pays de la source, ce qui n'est actuellement pas le cas aux termes du droit interne de la plupart des pays. Les pays pourraient suivre cette approche afin de faire face aux problèmes de BEPS à court terme et d'acquérir une expérience pratique de l'application des options dans la durée, en favorisant le rapprochement des législations nationales et en éclairant la réflexion future. En outre, les pays pourraient s'entendre au niveau bilatéral pour inclure l'une ou l'autre de ces options dans leurs conventions fiscales.
- **La transcription de ces dispositions dans le droit interne nécessiterait un calibrage supplémentaire permettant de préciser certains détails, ainsi que leur adaptation afin de s'assurer de leur conformité avec les engagements juridiques internationaux existants**. Pour garantir la cohérence avec les obligations visées par les conventions fiscales bilatérales, on pourrait par exemple appliquer les options uniquement aux résidents de pays non signataires d'une convention, ou seulement dans les cas où les avantages prévus par la convention pourraient être refusés en vertu de règles anti-abus qui sont compatibles avec les obligations des conventions fiscales.

9.6. Prochaines étapes

358. **Ces conclusions sont susceptibles d'évoluer sous l'effet du développement de l'économie numérique, notamment dans les domaines de la robotique, de l'Internet des objets, de l'impression en 3D et de l'économie du partage**. Grâce aux avancées de la technologie, les progrès de la robotique avancée permettront de plus en plus d'accomplir des tâches complexes et de prendre des décisions avec une intervention humaine limitée. Avec l'augmentation du nombre d'équipements connectés à l'Internet, la capacité à collecter, partager, traiter et analyser les données devrait générer 4000 à 11 000 milliards USD de retombées économiques dans le monde d'ici 2025 sous forme de bénéfices pour les fabricants d'équipements, de gains d'efficience, de nouveaux débouchés et d'économies pour les consommateurs grâce à des produits mieux gérés (McKinsey Global Institute, 2015). Les possibilités générées par la capacité à superviser et contrôler électroniquement des objets du monde physique sont importantes et nécessitent de déterminer précisément où a lieu la création de valeur dans l'économie numérique. Les progrès de l'économie du partage entre pairs ont réduit les coûts de transaction, augmenté la disponibilité des informations et amélioré la fiabilité et la sécurité, en offrant des alternatives décentralisées aux modèles économiques plus traditionnels. Enfin, si les tendances actuelles concernant l'Internet des objets et l'impression en 3D se poursuivent, la liberté de choix de localisation des fonctions d'entreprise continuera d'augmenter.

359. **Par conséquent, il est important de continuer à travailler sur ces questions et de suivre les évolutions qui surviendront dans l'économie numérique**. Ce suivi portera essentiellement sur les trois domaines suivants : Premièrement, les évolutions des TIC et l'émergence de nouveaux modèles d'affaire qui ont un impact sur la politique fiscale internationale. Deuxièmement, les effets de la mise en œuvre des mesures BEPS sur les problématiques fiscales exacerbées par l'économie numérique, dans le cadre plus large du processus de suivi de l'après-BEPS. Troisièmement, les mesures éventuellement prises par les pays pour transcrire dans leur droit interne ou dans leurs conventions fiscales bilatérales les options envisagées, et leur impact dans la durée. En outre, d'autres évolutions pertinentes seront prises en compte, notamment dans le domaine de la TVA/TPS, en s'appuyant sur les travaux menés par le Groupe de travail n° 9.

360. **Dans le cadre de ces travaux futurs, il faudra également examiner et analyser les données qui deviendront graduellement disponibles.** Ce corpus de données fournira une base solide pour évaluer la portée réelle des enjeux plus larges relatifs aux impôts directs, notamment en ce qui concerne la question du lien. Par exemple, les données recueillies auprès des vendeurs à distance au moyen des régimes de TVA/TPS simplifiés et les analyses statistiques de données provenant du modèle de déclaration pays par pays donneront une meilleure idée de la capacité des entreprises de l'économie numérique à participer à la vie économique d'un pays sans y avoir de présence imposable. En fonction des résultats des activités de suivi futures, une décision sera prise quant à l'opportunité d'engager des travaux supplémentaires sur les trois options étudiées et analysées par le Groupe de réflexion. Cette décision devra s'appuyer sur un examen global de la capacité des normes fiscales internationales existantes à faire face aux défis fiscaux soulevés par les évolutions de l'économie numérique, en tenant compte non seulement des impôts directs, mais aussi des impôts indirects, des questions administratives, des écarts de niveau de développement entre pays, ainsi que de l'impact de toute modification potentielle sur les flux internationaux d'échanges et d'investissement.

361. **À cet effet, les travaux se poursuivront une fois achevés les autres travaux de suivi relatifs au Projet BEPS**. Ces futurs travaux seront menés en concertation avec un

large éventail de parties prenantes et selon un mandat détaillé qui sera finalisé au cours de l'année 2016 dans le cadre de la définition d'un processus inclusif de suivi de l'après-BEPS. Un rapport présentant les résultats de ces travaux portant sur l'économie numérique devrait être publié d'ici 2020.

Notes

1. L'analyse d'incidence dépend des paramètres spécifiques de chacune des options, notamment de la question de savoir si elle s'applique à l'ensemble des vendeurs de produits numériques ou seulement à une partie d'entre eux.

2. Certains pays considèrent qu'il est inutile de modifier le paragraphe 4 de l'article 5 et que la liste des exceptions figurant aux alinéas a) à d) du paragraphe 4 ne devrait pas être soumise à la condition que les activités mentionnées dans ces alinéas soient de nature préparatoire ou auxiliaire. Ces pays peuvent adopter une version différente du paragraphe 4 de l'article 5 à condition qu'ils intègrent la règle anti-fragmentation mentionnée ci-dessus.

Bibliographie

OCDE (2015), *Empêcher les mesures visant à éviter artificiellement le statut d'établissement stable, Action 7 – rapport final 2015*, Projet OCDE/G20 sur l'érosion de la base d'imposition et le transfert de bénéfices, Éditions OCDE, Paris, http://dx.doi.org/10.1787/9789264255227-fr.

Chapitre 10

Résumé des conclusions et prochaines étapes

Ce chapitre résume les conclusions formulées concernant les modèles d'affaire et les principales caractéristiques de l'économie numérique, les problématiques de BEPS posées par l'économie numérique et les enjeux plus larges de politique fiscale qui se rattachent à l'économie numérique. Il décrit ensuite les prochaines étapes à engager.

362. **L'Action 1 du Plan d'action sur l'érosion de la base d'imposition et le transfert de bénéfices (BEPS) est consacrée aux défis fiscaux posés par l'économie numérique.** Dans le monde entier, les dirigeants, les médias et la société civile s'inquiètent de plus en plus des pratiques d'optimisation fiscale des entreprises multinationales, qui exploitent les failles provoquées par l'interaction entre les différents systèmes fiscaux pour réduire artificiellement leur revenu imposable ou transférer des bénéfices vers des pays à faible fiscalité dans lesquels leur activité économique est très modeste, voire inexistante. Pour répondre à cette préoccupation, et à la demande du G20, l'OCDE a publié en juillet 2013 un *Plan d'action sur l'érosion de la base d'imposition et le transfert de bénéfices* (Plan d'action BEPS, OCDE, 2013). L'action 1 du Plan d'action BEPS appelle à engager des travaux pour relever les défis fiscaux posés par l'économie numérique. Le Groupe de réflexion sur l'économie numérique, organe subsidiaire du Comité des affaires fiscales (CAF) auquel des pays du G20 non membres de l'OCDE participent en qualité d'Associés, au même titre que les pays Membres de l'Organisation, a été créé en septembre 2013. Il avait pour mission de rédiger d'ici septembre 2014 un rapport recensant les problèmes fiscaux soulevés par l'économie numérique et de proposer des solutions détaillées permettant de les résoudre. Le Groupe de réflexion a consulté largement les parties prenantes et analysé les contributions écrites émanant de représentants des entreprises, de la société civile, du monde universitaire et des pays en développement. Il a publié un rapport intermédiaire en septembre 2014 et a poursuivi ses travaux en 2015. Les conclusions sur l'économie numérique, les questions relatives au BEPS, les défis fiscaux plus larges soulevés dans ce cadre, ainsi que les mesures ultérieures qu'il préconise, sont présentés dans ce rapport final.

10.1. L'économie numérique, ses modèles économiques et ses principales caractéristiques

363. **L'économie numérique est le résultat d'un processus de transformation induit par les technologies de l'information et de la communication (TIC).** Grâce à la révolution des TIC, les technologies sont devenues moins chères, plus puissantes et largement standardisées, améliorant les processus commerciaux et stimulant l'innovation dans tous les secteurs de l'économie. Par exemple, les *détaillants* offrent à leurs clients la possibilité de passer des commandes en ligne et sont en mesure de collecter et d'analyser des données sur leur clientèle afin de proposer des services et des publicités personnalisés ; le secteur de la *logistique* s'est vu transformé par la possibilité de suivre les véhicules et le fret d'un continent à l'autre ; les fournisseurs de *services financiers* permettent de plus en plus à leur clients de gérer leurs finances, de réaliser des opérations et d'accéder à de nouveaux produits en ligne ; dans le secteur *manufacturier*, l'économie numérique a accru les possibilités de suivre à distance les processus de production et de contrôler et d'utiliser des robots ; dans le secteur de l'*éducation*, les universités, les services de tutorat et d'autres fournisseurs de services éducatifs peuvent dispenser des cours à distance, ce qui leur permet d'atteindre un public mondial ; dans le secteur des *soins de santé*, l'économie numérique permet le diagnostic à distance et le recours à des dossiers de santé pour accroître les efficiences des systèmes et améliorer l'expérience des patients. Enfin, le secteur de la *radiodiffusion et des médias* a été révolutionné : on a vu croître le rôle de sources d'informations non traditionnelles dans les médias d'actualité et se développer, dans tous les médias, la participation des utilisateurs par le biais des contenus générés par les utilisateurs et les réseaux sociaux.

364. **L'économie numérique s'assimilant de plus en plus à l'économie proprement dite, il serait difficile, pour ne pas dire impossible, de la distinguer du reste de l'économie dans une optique fiscale.** Tenter d'isoler l'économie numérique pour en faire un

secteur séparé supposerait inévitablement que des frontières arbitraires soient tracées entre ce qui est numérique et ce qui ne l'est pas. De ce fait, il est plus facile d'identifier et de traiter les défis posés par l'économie numérique et les préoccupations qu'elle soulève en matière d'érosion de la base d'imposition et de transfert de bénéfices en analysant les structures déjà adoptées par les entreprises multinationales aussi bien que les nouveaux modèles d'affaire, puis en se concentrant sur les principales caractéristiques de l'économie numérique pour déterminer quelles sont celles qui aggravent ou exacerbent ces défis et préoccupations. Bien que de nombreux modèles d'affaire propres au secteur numérique aient leur parallèle dans l'économie traditionnelle, les avancées des TIC permettent aujourd'hui de mener de nombreux types d'activités à une échelle beaucoup plus large et sur des distances bien plus grandes qu'on ne pouvait le faire auparavant. Cela vaut par exemple pour différentes formes de commerce électronique, pour les services de paiement en ligne, les sites de vente d'applications en ligne, la publicité en ligne, l'informatique en nuage, les plateformes participatives en réseau ou les transactions à grande vitesse.

365. **L'économie numérique est en mutation permanente et il est nécessaire d'en suivre les évolutions futures possibles afin d'évaluer l'impact de celles-ci sur les systèmes fiscaux**. La rapidité du progrès technologique qui caractérise l'économie numérique a entraîné l'émergence de plusieurs tendances et est porteuse d'évolutions potentielles. Bien que cette rapidité rende difficile de prédire les évolutions futures avec quelque degré de fiabilité que ce soit, celles-ci doivent être surveillées de près car elles sont susceptibles de poser aux responsables de l'action publique de nouveaux défis dans un avenir proche. Parmi ces évolutions, on peut citer *l'Internet des objets*, qui désigne l'augmentation spectaculaire des équipements connectés; les *monnaies virtuelles*, notamment le bitcoin; les évolutions intervenues en matière de *robotique avancée et d'impression en 3D*, qui ont le potentiel de rapprocher les activités de fabrication et les clients, modifiant ainsi l'emplacement et les modalités de la création de valeur à l'intérieur des chaînes d'approvisionnement manufacturières, ainsi que la caractérisation des bénéfices commerciaux; l'*économie du partage*, qui permet d'échanger directement des biens et des services entre pairs, et la *production collaborative* qui permet l'externalisation ouverte et le financement participatif; l'amélioration de *l'accès aux données publiques*, qui a le potentiel d'améliorer la reddition de compte et la performance et de permettre à des tiers de participer aux activités de l'administration; enfin le *renforcement de la protection des données personnelles*, plus largement possible dans l'économie numérique.

366. **L'économie numérique et ses modèles d'affaire présentent certaines caractéristiques fondamentales potentiellement pertinentes du point de vue fiscal**. Parmi ces caractéristiques, on peut citer : *la mobilité (i)* des actifs incorporels, qui sont largement utilisés dans l'économie numérique, *(ii)* des utilisateurs, et *(iii)* des fonctions de l'entreprise; le *recours à des données*, dont l'utilisation massive a été facilitée par l'augmentation de la puissance des ordinateurs et des capacités de stockage ainsi que par la diminution des coûts de stockage; les *effets de réseau*, c'est-à-dire le fait que les décisions prises par certains utilisateurs peuvent avoir un impact direct sur les avantages dont bénéficient d'autres utilisateurs; le *développement de modèles d'affaire multi-faces*, dans lesquels des groupes de personnes distincts entrent en interaction par le biais d'un intermédiaire ou d'une plateforme, et les décisions de chaque groupe affectent les résultats obtenus par l'autre groupe, du fait des externalités positives ou négatives ainsi générées; la *tendance au monopole ou à l'oligopole* dans certains modèles qui reposent largement sur les effets de réseau; et la *volatilité* due à l'abaissement des obstacles à l'entrée sur les marchés et à la rapidité d'évolution de la technologie, ainsi qu'à la vitesse avec laquelle des clients peuvent choisir d'abandonner des produits et des services déjà anciens pour en adopter de plus récents.

367. **L'économie numérique a également accéléré et modifié la répartition des chaînes de valeur mondiales dans lesquelles les entreprises multinationales intègrent leurs activités internationales.** Auparavant, il était courant qu'une entreprise multinationale établisse une filiale dans chaque pays où elle était implantée, pour gérer les activités du groupe dans ce pays. Cette structure découlait d'un certain nombre de contraintes, notamment la lenteur des communications, les règles de change, les droits de douane ou le montant relativement élevé des coûts du transport, qui rendaient les chaînes d'approvisionnement mondiales intégrées difficiles à exploiter. Plusieurs facteurs, comme les progrès des TIC, la levée de nombreux obstacles monétaires et douaniers et la transition vers des produits numériques et une économie fondée sur les services, se sont conjugués pour réduire les freins à l'intégration, permettant ainsi à des groupes d'entreprises multinationales de fonctionner bien davantage comme des entreprises d'envergure mondiale. L'intégration a permis aux entreprises d'adopter plus facilement des modèles mondiaux qui centralisent les fonctions à un niveau régional ou mondial, plutôt que pays par pays. Même les PME ont désormais la possibilité de devenir des « micro-multinationales » exerçant leurs activités et disposant d'effectifs dans divers pays et sur plusieurs continents. Les TIC ont joué un rôle clé dans cette tendance de fond, encore exacerbée par le fait que les grandes entreprises numériques sont souvent jeunes et ont été conçues dès le départ pour exercer leurs activités de manière intégrée à l'échelle mondiale.

10.2. Problèmes d'érosion de la base d'imposition et de transfert de bénéfices soulevés dans le contexte de l'économie numérique et solutions pour y répondre

368. **Si l'économie numérique soulève des problèmes de BEPS qui ne lui sont pas exclusivement propres, certaines de ses caractéristiques en rendent les risques plus aigus.** Le Groupe de réflexion a examiné un certain nombre de structures juridiques et fiscales qui peuvent servir à déployer des modèles d'affaire dans l'économie numérique. Ces structures montrent qu'il existe des possibilités de se livrer à des pratiques de BEPS dans le but de réduire ou d'éliminer l'impôt dans les juridictions qui se situent tout au long de la chaîne d'approvisionnement, à la fois dans les pays où se trouve le marché et dans les pays de résidence. Par exemple, l'importance des actifs incorporels dans le contexte de l'économie numérique, ajoutée à la mobilité de ces actifs aux fins de l'impôt dans le cadre des règles fiscales existantes, offrent de larges possibilités de BEPS pour ce qui concerne les impôts directs. De plus, la possibilité de centraliser les infrastructures à distance d'un marché et d'exercer de loin des activités substantielles de vente de biens et de services sur ce marché, ainsi que la capacité croissante à exercer des activités substantielles avec un personnel minimum, ouvrent également des possibilités de BEPS au moyen d'une fragmentation des activités physiques ayant pour but d'éviter l'impôt. Certaines caractéristiques fondamentales de l'économie numérique aggravent également les risques de BEPS en ce qui concerne la fiscalité indirecte, en particulier pour les entreprises qui exercent des activités non soumises à la TVA (entreprises exonérées).

369. **Ces risques d'érosion de la base d'imposition et de transfert de bénéfices ont été examinés dans le contexte du Projet BEPS, qui vise à aligner l'imposition sur les activités économiques et la création de valeur, et dont les résultats devraient avoir un impact substantiel sur les problèmes de BEPS précédemment identifiés dans l'économie numérique.** La question des structures visant à transférer artificiellement des bénéfices dans des pays où ils sont imposés à des taux plus favorables, voire ne sont pas imposés du tout, devrait être traitée par les différentes mesures élaborées dans le contexte du projet BEPS. Cela permettra de rétablir les droits d'imposition tant au niveau du pays dans lequel se situe le marché que de celui où est implantée la société-mère

ultime, ce qui contribuera à lutter contre les pratiques de BEPS. Les problèmes de BEPS survenant dans le pays dans lequel se situe le marché devraient être traités en empêchant l'utilisation abusive des conventions fiscales (Action 6) et en contrant les mesures visant à éviter artificiellement le statut d'établissement stable (Action 7). Les problèmes de BEPS survenant dans le pays de résidence effective devraient quant à eux être traités en renforçant les règles relatives aux sociétés étrangères contrôlées (Action 3). Les problèmes de BEPS survenant dans le pays dans lequel se situe le marché et dans le pays de résidence devraient être traités en neutralisant les effets des montages hybrides (Action 2), en limitant l'érosion de la base d'imposition via les déductions d'intérêts et autres frais financiers (Action 4), en luttant plus efficacement contre les pratiques fiscales dommageables (Action 5), et en faisant en sorte que les prix de transfert calculés soient conformes à la création de valeur (Actions 8-10). En outre, les processus d'évaluation des risques au niveau de l'administration fiscale compétente seront améliorés par des mesures telles que la déclaration obligatoire des dispositifs de planification fiscale agressive (Action 12) et des exigences uniformes en matière de documentation des prix de transfert, associées à un modèle de déclaration pays par pays (Action 13). Pour ce qui est de la TVA, les possibilités d'optimisation fiscale qui s'offrent aux entreprises et les inquiétudes que cela peut susciter de la part des pouvoirs publics peuvent être atténuées si les Principes de l'OCDE concernant le lieu d'imposition des fournitures de services et de biens incorporels entre entreprises (voir l'Annexe D) sont appliqués.

370. **Les travaux menés dans le cadre du Projet BEPS ont également permis d'examiner plusieurs questions spécifiquement liées à l'économie numérique, à ses modèles d'affaire et à ses caractéristiques principales.** Le Groupe de réflexion a identifié certaines questions spécifiques soulevées par les caractéristiques principales de l'économie numérique qui méritent qu'on s'y attarde sous l'angle de la fiscalité. Les travaux consacrés aux mesures prévues dans le Plan d'action BEPS ont tenu compte de ces questions pour garantir que les solutions proposées répondent pleinement aux problèmes d'érosion de la base d'imposition et de transfert de bénéfices dans le contexte de l'économie numérique. Pour résoudre les problèmes de BEPS soulevés par l'économie numérique, il faudra en particulier veiller à ce que les activités essentielles ne puissent pas prétendre indûment à l'exception au statut d'établissement stable, et à ce qu'il ne soit pas possible de recourir à des accords artificiels portant sur des ventes de biens et de services pour éviter le statut d'établissement stable.

371. Les travaux portant sur l'Action 7 (Empêcher les mesures visant à éviter artificiellement le statut d'établissement stable) ont conclu que certaines activités auparavant considérées comme ayant un caractère préparatoire ou auxiliaire aux fins du bénéfice des exceptions généralement prévues dans la définition d'un ES constituent en fait des composantes significatives des entreprises de l'économie numérique. Il a donc été convenu de modifier la liste d'exceptions à la définition figurant au paragraphe 4 de l'article 5 du Modèle de Convention fiscale de l'OCDE afin de veiller à ce que chaque exception concernée se limite aux activités considérées autrement comme « préparatoires ou auxiliaires », et de mettre en place une nouvelle règle contre la fragmentation afin de s'assurer qu'il n'est pas possible de bénéficier de ces exceptions en fragmentant des activités commerciales parmi des entreprises étroitement liées. Par exemple, la maintenance d'un immense entrepôt employant un nombre important de salariés à des fins de stockage et de livraison de biens vendus en ligne à des clients grâce à un revendeur en ligne de produits corporels (dont le modèle d'affaires se base sur la proximité avec les clients et le besoin de livraison rapide aux clients) constituerait un établissement stable pour ce revendeur selon la nouvelle norme.

372. Il a également été convenu de modifier la définition d'un ES figurant aux paragraphes 5 et 6 de l'article 5 du Modèle de Convention fiscale de l'OCDE pour répondre aux cas où les montages artificiels relatifs aux ventes de biens ou de services d'une entreprise au sein d'un groupe multinational débouchent effectivement sur la conclusion de contrats de sorte que ces ventes seraient traitées comme si elles avaient été réalisées par cette entreprise. Par exemple, lorsque les vendeurs d'une filiale locale d'un revendeur de produits corporels en ligne ou un fournisseur de services publicitaires en ligne jouent habituellement un rôle essentiel dans la conclusion avec d'éventuels gros clients de contrats concernant lesdits produits ou services et ces contrats sont d'ordinaire conclus sans modification substantielle apportée par la société mère, cette activité se traduirait par la création d'un ES de ladite société mère.

10.2.1. L'importance des actifs incorporels, de l'utilisation de données et de la généralisation des chaînes de valeur mondiales, et l'impact de ces éléments sur les règles d'établissement des prix de transfert

373. Les entreprises de l'économie numérique ont très largement recours à des actifs incorporels pour créer de la valeur et générer des revenus. L'une des principales caractéristiques de nombreuses structures de BEPS adoptées par les acteurs de l'économie numérique suppose le transfert d'actifs incorporels, ou de droits sur des actifs incorporels, dans des pays où la fiscalité est avantageuse. De plus, les entreprises soutiennent alors souvent que ces affectations contractuelles, doublées de la propriété juridique des actifs concernés, justifient qu'une fraction importante des revenus soit attribuée à l'entité à laquelle le risque est transféré, même si ses activités commerciales sont modestes, voire inexistantes. Souvent, on fait valoir que d'autres entités du groupe sont ainsi contractuellement protégées du risque, si bien qu'une société affiliée située dans un pays à fiscalité faible peut prétendre à l'intégralité des bénéfices restants une fois que les autres membres du groupe soumis à de faibles risques sont rémunérés pour leurs fonctions, même si cette société affiliée n'est pas en mesure de contrôler le risque. Les travaux relatifs au BEPS menés dans le domaine des prix de transfert ont pris ces questions en considération et ont révisé les orientations applicables aux actifs incorporels, de manière à préciser que la propriété juridique ne donne pas nécessairement, à elle seule, le droit de percevoir l'intégralité (voire même une partie) des bénéfices générés par l'exploitation de l'actif incorporel. Les entreprises du groupe qui exercent les fonctions importantes, qui apportent des actifs de valeur et qui assument des risques économiquement significatifs, déterminés par une délimitation précise de la transaction réelle, seront habilitées à percevoir un bénéfice d'un montant approprié. Aux termes de ces orientations, les membres du groupe multinational doivent être rémunérés en fonction de la valeur qu'ils créent par le biais des fonctions exercées, des actifs utilisés et des risques assumés au titre du développement, de l'amélioration, de la maintenance, de la protection et de l'exploitation d'actifs incorporels. Des orientations spécifiques seront également rédigées pour faire en sorte que l'analyse ne soit pas faussée par des asymétries d'information entre l'administration fiscale et le contribuable concernant les actifs incorporels difficiles à valoriser, ou en recourant à des relations contractuelles spécifiques comme à des accords de partage des coûts.

374. En outre, le champ des travaux à accomplir concernant l'application pratique des méthodes transactionnelles de partage des bénéfices a été défini. Ces travaux prendront en compte les conclusions du présent rapport et pourraient être pertinents pour les entreprises multinationales fortement intégrées de l'économie numérique. Dans ce contexte, il faudra également traiter les cas dans lesquels la disponibilité de comparables est limitée, en raison par exemple des caractéristiques spécifiques des transactions contrôlées.

10.2.2. La nécessité éventuelle d'adapter les règles relatives aux SEC à l'économie numérique

375. Bien que les règles relatives aux SEC varient considérablement d'une juridiction à l'autre, il est fréquent que les bénéfices provenant de la fourniture à distance de produits et services numériques ne soient pas imposables en vertu de ces règles. De tels bénéfices sont quelquefois particulièrement mobiles, du fait de l'importance des actifs incorporels dans la fourniture des biens et services concernés et du nombre relativement limité des personnes nécessaires pour exercer les activités de vente en ligne. Les travaux relatifs à l'Action 3 ont abouti à des recommandations sous la forme de six composantes essentielles, y compris une définition du revenu des SEC qui dresse une liste non exhaustive d'approches ou de combinaisons d'approches dont les règles relatives aux SEC peuvent s'inspirer pour cette définition. Les pays peuvent suivre ces approches pour concevoir des règles relatives aux SEC qui assujettissent le revenu généralement généré dans l'économie numérique à l'impôt dans la juridiction de la société mère ultime. Par exemple, les pays peuvent recourir aux analyses catégorielles pour que la définition du revenu d'une SEC englobe les types de revenu généralement générés par les transactions dans l'économie numérique, telles que les redevances de licence et certains types de revenus provenant des ventes de produits et services numériques Si des pays adoptent l'approche fondée sur les bénéfices excédentaires, tous les « bénéfices excédentaires » générés dans des juridictions à faible fiscalité, qui peuvent inclure des bénéfices attribuables à des actifs de PI, seraient traités comme étant un revenu de SEC. Cette approche pourrait restreindre le recours à des structures de report très fréquent dans les entreprises multinationales de l'économie numérique, qui permettent de reporter indéfiniment l'impôt sur le revenu de source étrangère dans la juridiction de résidence. Ces deux approches peuvent être combinées avec une analyse de substance visant à déterminer si la SEC est engagée dans des activités substantielles en vue d'identifier et de quantifier précisément le revenu transféré.

10.3. Problèmes plus larges soulevés par l'économie numérique en matière de politique fiscale

376. **L'économie numérique pose également des problèmes fiscaux plus larges aux responsables de l'action publique.** Ces problèmes ont trait en particulier aux questions de lien, de données et de caractérisation des bénéfices à des fins d'imposition directe. Ils posent aussi des questions plus systémiques concernant la capacité du cadre fiscal international actuel à faire face aux changements provoqués par l'économie numérique et par les modèles d'affaire qu'elle rend possibles, et donc à garantir que les bénéfices sont effectivement imposés dans le pays où les activités économiques sont exercées et où la valeur est créée. Ils ont donc un large impact et concernent principalement la répartition des droits d'imposition entre les différents pays. Ces caractéristiques posent également des questions sur le paradigme utilisé pour déterminer le lieu où se déroulent les activités économiques et la création de valeur aux fins des impôts directs, qui est actuellement basé sur une analyse des fonctions, des actifs et des risques dans les entreprises concernées. Enfin, ces défis peuvent conduire à des situations de double non-imposition, en particulier en cas d'absence de lien dans la juridiction du marché en vertu des règles actuelles et de non-imposition à la fois dans la juridiction du bénéficiaire des revenus et dans celle de la société mère ultime, soit des situations d'érosion de la base d'imposition et de transfert de bénéfices sous la forme d'un revenu apatride. En outre, dans le domaine des impôts indirects, l'économie numérique soulève des difficultés au niveau de l'action publique pour la collecte de la TVA.

377. **Les difficultés ayant trait aux questions de lien, de données et de qualification se recoupent dans une certaine mesure.** Bien que les problèmes relatifs à l'imposition directe soient par nature distincts, ils se recoupent souvent. Par exemple, la collecte de données auprès d'utilisateurs situés dans un pays peut amener à se demander si leur activité devrait être à l'origine d'un lien avec ce pays, et à s'interroger sur la manière dont les données devraient être traitées aux fins fiscales.

378. **L'évolution des modes d'exercice des activités commerciales conduit à se demander si les règles actuelles concernant les liens sont toujours appropriées.** L'accroissement constant du potentiel des technologies numériques et la réduction, dans bien des cas, de la nécessité d'une présence physique étendue pour exercer des activités dans un pays, conjugués au rôle croissant des effets de réseau générés par les interactions entre les clients, incitent à se demander si les règles reposant sur la présence physique sont toujours appropriées. Le nombre d'entreprises réalisant des transactions commerciales sur l'Internet a augmenté de manière spectaculaire au cours de la dernière décennie. En 2014, on estimait que les ventes en ligne d'entreprise à entreprise dépassaient 1 400 milliards USD, soit une progression de près de 20 % depuis 2013. On estime également que le commerce électronique mondial a représenté au total 16 000 milliards USD en 2013, toutes transactions internationales confondues (entre entreprises et avec des clients).

379. **Le recours de plus en plus fréquent à la collecte et à l'analyse de données, et l'importance croissante des modèles d'affaire multi-faces, soulèvent des interrogations sur l'évaluation des données, les liens et sur l'attribution ainsi que la qualification des bénéfices**. L'affectation correcte du revenu imposable entre différents lieux où se déroulent des activités économiques et où il y a création de valeur n'est pas toujours très facile dans le contexte de l'économie numérique, particulièrement dans les cas où les utilisateurs et les clients deviennent une composante importante de la chaîne de valeur, par exemple en relation avec des modèles d'affaire multi-faces et avec l'économie du partage. La complexité croissante des technologies de l'information a permis aux entreprises du secteur de l'économie numérique de rassembler et d'utiliser l'information avec une ampleur encore jamais atteinte. On peut donc se demander comment attribuer la valeur créée par les données générées à partir de produits et de services numériques, si la collecte de données à distance devrait permettre de conclure à l'existence d'un lien aux fins fiscales, et s'interroger sur la notion de propriété et sur la manière dont il convient de qualifier, aux fins fiscales, une transaction permettant la fourniture de données par une personne ou une entité. Ce type de transaction est susceptible d'être classé, par exemple, comme une livraison gratuite de bien, une opération de troc, ou encore dans une autre catégorie.

380. **Le développement de nouveaux modèles d'affaire soulève des questions concernant la qualification des bénéfices.** L'émergence de nouveaux produits numériques et de modes de prestation de services inédits crée des incertitudes quant à la qualification appropriée des paiements réalisés dans le contexte de nouveaux modèles d'affaire, notamment en lien avec l'informatique en nuage. Par exemple, dans l'hypothèse où l'impression en 3D venait à se généraliser, cette activité pourrait soulever des questions de qualification, dans la mesure où la fabrication directe en vue d'une livraison matérielle pourrait évoluer vers l'octroi de licences de modèles conçus pour être imprimés à distance directement par les consommateurs.

381. **Le commerce transnational de biens, de services et d'actifs incorporels pose un certain nombre de problèmes pour la collecte de la TVA, en particulier lorsque les produits concernés sont acquis par des consommateurs privés auprès de fournisseurs à l'étranger**. Les problèmes sont dus en partie à l'absence de cadre international efficace permettant de garantir la collecte de la TVA dans le pays où se situe le marché. Pour les

acteurs économiques, et en particulier les petites et moyennes entreprises, l'absence de norme internationale concernant la facturation, la collecte et le versement de la TVA à un nombre potentiellement élevé d'administrations fiscales génère des risques importants du point de vue des recettes et entraîne des coûts de discipline élevés. Les risques pour les États tiennent aux pertes de recettes, à la distorsion des échanges et à la difficulté de gérer les créances fiscales générées par un volume important de transactions de faible valeur, entraînant une charge administrative substantielle pour des recettes en définitive modestes.

382. **Le Groupe de réflexion à envisagé plusieurs options pour s'attaquer aux défis fiscaux plus larges posés par l'économie numérique,** notamment la modification des exceptions au statut d'ES, des alternatives au seuil existant d'ES, l'application d'une retenue d'impôt à la source sur certains types de transactions numériques et la mise en place d'une taxe de péréquation, parallèlement aux principes et mécanismes élaborés par le Groupe de travail n° 9 du CAF pour faire en sorte que la TVA soit collectée dans le pays où le client se situe. Pour évaluer ces options, le Groupe de travail s'est entendu sur un cadre basé sur les principes de neutralité, d'efficience, de certitude et de simplicité, d'efficacité et d'équité, de flexibilité, de pérennité et de proportionnalité. Il a également analysé l'incidence économique des trois options visant à imposer le revenu tiré des ventes de produits et de services numériques par des fournisseurs étrangers n'ayant pas d'ES selon les règles actuelles, à savoir le nouveau lien sous la forme d'une présence économique significative, la retenue d'impôt sur certains types de transactions numériques et la taxe de péréquation.

383. **S'agissant des différentes options analysées, le Groupe de réflexion est parvenu aux conclusions suivantes :**

- **L'option qui consiste à modifier les exceptions au statut d'ES afin de faire en sorte que ces exceptions soient uniquement réservées aux activités préparatoires ou auxiliaires par nature a été examinée par le Groupe de réflexion et adoptée dans le cadre des travaux relatifs à l'Action 7 du Projet BEPS[1]. Elle devrait désormais être mise en œuvre de façon synchronisée et efficace au niveau de la totalité des conventions fiscales existantes au moyen de la conclusion, au titre de l'Action 15, d'un instrument multilatéral qui modifie les conventions fiscales bilatérales.**
- **La collecte de la TVA/TPS sur les transactions internationales, et en particulier celles conclues entre entreprises et consommateurs, est une question importante. À cet égard, les pays sont invités à suivre les règles des Principes directeurs internationaux pour l'application de la TVA/TPS et à envisager de mettre en place les mécanismes de collecte qui y sont décrits. En outre, les pays qui souhaitent supprimer ou abaisser les seuils d'exemption de la TVA peuvent choisir entre plusieurs approches possibles en vue d'améliorer la collecte de la TVA sur l'importation de biens de faible valeur.**
- **Certains aspects des enjeux plus larges liés à la fiscalité directe posés par l'économie numérique devraient être atténués une fois les mesures BEPS mises en œuvre. Par conséquent, une mise en œuvre rapide des mesures BEPS s'impose, accompagnée des mécanismes nécessaires pour en mesurer l'impact dans la durée.**
- **Aucune des trois autres options analysées par le Groupe de travail n'a été recommandée à ce stade. La raison, parmi d'autres, est qu'il est attendu que les mesures mises en place par le Projet BEPS auront un impact considérable sur les problèmes de BEPS précédemment identifiés dans l'économie numérique, que certaines mesures relatives au BEPS atténueront certains aspects des défis**

fiscaux plus larges, et que les impôts sur la consommation seront effectivement prélevés dans le pays du marché.

- **Les pays peuvent toutefois introduire une de ces options soit dans leur législation nationale en tant que garde-fou supplémentaire contre le BEPS à condition qu'ils respectent les dispositions des conventions actuelles, soit dans leurs conventions fiscales bilatérales. La transcription de ces dispositions dans le droit interne nécessiterait un calibrage supplémentaire permettant de préciser certains détails, ainsi que leur adaptation afin de s'assurer de leur conformité avec les engagements juridiques internationaux existants.**

384. Ces conclusions sont susceptibles d'évoluer sous l'effet du développement de l'économie numérique, notamment dans les domaines de la robotique, de l'Internet des objets, de l'impression en 3D et de l'économie du partage. Elles seront également influencées par l'impact réel des autres mesures prévues pour lutter contre le BEPS. Par conséquent, il est important de continuer à travailler sur ces questions et de suivre les évolutions qui surviendront dans l'économie numérique. Dans le cadre de ces travaux futurs, il faudra également examiner et analyser les données qui deviendront graduellement disponibles. Ce corpus de données fournira une base solide pour évaluer la portée réelle des enjeux plus larges relatifs aux impôts directs, notamment en ce qui concerne la question du lien. En fonction des résultats des activités de suivi futures, une décision sera prise quant à l'opportunité d'engager des travaux supplémentaires sur les trois options étudiées et analysées par le Groupe de réflexion. Cette décision devra s'appuyer sur un examen global de la capacité des normes fiscales internationales existantes à faire face aux défis fiscaux soulevés par les évolutions de l'économie numérique, en tenant compte non seulement des impôts directs, mais aussi des impôts indirects, des questions administratives, des écarts de niveaux de développement entre pays, ainsi que de l'impact de toute modification potentielle sur les flux internationaux d'échanges et d'investissement.

10.4. Prochaines étapes

385. Sur cette base, **la décision suivante a été prise :**

- Les travaux se poursuivront une fois achevés les autres travaux de suivi relatifs au Projet BEPS. Ces futurs travaux seront menés en concertation avec un large éventail de parties prenantes, selon un mandat détaillé qui sera finalisé au cours de l'année 2016 dans le cadre de la définition d'un processus inclusif de suivi de l'après-BEPS. Un rapport présentant les résultats de ces travaux portant sur l'économie numérique devrait être publié d'ici 2020.
- Le Groupe de travail n° 1 du Comité des affaires fiscales apportera des précisions sur la manière dont certains paiements effectués dans le cadre de nouveaux modèles d'affaire sont qualifiés en vertu des règles actuelles relatives aux conventions fiscales, notamment les paiements liés à l'informatique en nuage (y compris les paiements au titre d'offres d'infrastructure-service, de logiciel-service et de plateforme-service), les pays Associés au projet BEPS participant aux travaux au même titre que les pays Membres de l'OCDE.
- Des kits de mise en œuvre seront élaborés pour aider les pays à déployer les Principes directeurs internationaux pour l'application de la TVA/TPS de façon coordonnée. Les travaux dans ce domaine seront menés par le Groupe de travail n° 9, les Associés au Projet BEPS participant sur un pied d'égalité.

Note

1. Certains pays considèrent qu'il est inutile de modifier le paragraphe 4 de l'article 5 et que la liste des exceptions figurant aux alinéas a) à d) du paragraphe 4 ne devrait pas être soumise à la condition que les activités mentionnées dans ces alinéas soient de nature préparatoire ou auxiliaire. Ces pays peuvent adopter une version différente du paragraphe 4 de l'article 5 à condition qu'ils intègrent la règle anti-fragmentation mentionnée ci-dessus.

Bibliographie

OCDE (2013), *Plan d'action concernant l'érosion de la base d'imposition et le transfert de bénéfices*, Éditions OCDE. http://dx.doi.org/10.1787/9789264203242-fr.

Annexe A

Travaux antérieurs consacrés à l'économie numérique

Cette annexe résume le contenu et les résultats des travaux antérieurs consacrés au commerce électronique. Elle présente notamment les initiatives qui ont abouti à la Conférence ministérielle de 1998 sur le commerce électronique tenue à Ottawa (Conférence d'Ottawa) et ses principales conclusions. Elle décrit ensuite les activités de suivi menées en lien avec les questions relatives aux conventions fiscales et aux impôts sur la consommation.

A.1. 1996-98 : travaux ayant abouti à la Conférence ministérielle d'Ottawa sur le commerce électronique

1. Lors de sa réunion de juin 1996, le Comité des affaires fiscales (CAF) a examiné les répercussions fiscales du développement des technologies des communications. À l'issue d'une conférence sur le commerce électronique organisée par l'Organisation de coopération et de développement économiques (OCDE) et par le gouvernement de la Finlande, en coopération avec la Commission européenne, le gouvernement du Japon et le Comité consultatif économique et industriel auprès de l'OCDE (BIAC selon l'acronyme anglais) à Turku en novembre 1997, le CAF a adopté une série de propositions en vue de préparer une réunion ministérielle sur le commerce électronique à Ottawa en octobre 1998. En amont de cette réunion, le CAF a adopté le rapport intitulé « Conditions cadres pour l'imposition du commerce électronique » (OCDE, 2001a), dont les principales conclusions sont les suivantes :

- Les principes fiscaux qui guident les gouvernements dans l'imposition du commerce conventionnel devraient aussi les guider dans celle du commerce électronique.
- Les règles fiscales existantes permettent de mettre en œuvre ces principes.
- Cette approche n'exclut pas de nouvelles mesures administratives ou législatives concernant le commerce électronique, ou des modifications des dispositions existantes, à condition que ces mesures soient destinées à faciliter l'application des principes fiscaux en vigueur et ne visent pas à imposer un traitement fiscal discriminatoire des transactions commerciales électroniques.
- Toute disposition en vue de l'application de ces principes au commerce électronique devrait être organisée de manière à préserver la souveraineté fiscale des pays, à assurer une répartition équitable de la base d'imposition du commerce électronique entre les différents pays et à éviter la double imposition et la non-imposition involontaire.
- Le processus de mise en œuvre de ces principes devrait impliquer une intensification du dialogue avec les milieux d'affaires et avec les économies non membres.

Encadré A.1. **Conditions cadres d'Ottawa sur la fiscalité – Principes**

Neutralité : La fiscalité devrait viser à assurer la neutralité et l'équité entre les différentes formes de commerce électronique et entre les formes conventionnelles et les formes électroniques de commerce. Les décisions devraient être motivées par des considérations économiques et non fiscales. Les contribuables qui se trouvent dans des situations similaires et qui effectuent des transactions similaires devraient être soumis à des niveaux d'imposition similaires.

Efficience : Les coûts de la discipline fiscale pour les contribuables et l'administration devraient être réduits autant que possible.

Certitude et simplicité : Les règles fiscales devraient être claires et simples à comprendre de façon à ce que les contribuables puissent anticiper les conséquences fiscales d'une transaction, notamment sur le point de savoir ce qui doit être imposé ainsi que la date et le mode d'évaluation de l'impôt.

Efficacité et équité : L'imposition devrait procurer le montant approprié d'impôt à la date voulue. Il faut réduire au maximum les possibilités de fraude et d'évasion fiscales, tout en veillant à ce que les contre-mesures soient proportionnées aux risques encourus.

Flexibilité : Les systèmes d'imposition devraient être flexibles et dynamiques de manière à suivre le rythme de l'évolution des techniques et des transactions commerciales.

A.2. 1998 : la Conférence ministérielle d'Ottawa sur le commerce électronique

2. Lors de la Conférence ministérielle d'Ottawa sur le commerce électronique, des chefs de gouvernement (29 pays membres et 11 pays non membres), dirigeants de grandes organisations internationales et de grandes entreprises, et représentants des consommateurs, des travailleurs et de la société civile ont examiné des projets visant à promouvoir le développement du commerce électronique mondial. Les Ministres ont salué le rapport de 1998 du CAF intitulé « Conditions cadres pour l'imposition du commerce électronique » (OCDE, 2001a) et ont approuvé l'ensemble suivant de principes d'imposition devant s'appliquer au commerce électronique :

A.3. L'après-Ottawa : travaux du CAF et groupes techniques consultatifs

3. Au cours de sa réunion de janvier 1999, le CAF a décidé que le programme de travail sur le commerce électronique serait porté par les organes subsidiaires existants du Comité, dans leurs domaines de compétence respectifs. Il a également donné son aval à la création des « Groupes techniques consultatifs » (GTC) suivants, réunissant des représentants de pays membres et non membres de l'OCDE, des entreprises et du monde scientifique, afin de représenter un large éventail d'intérêts et d'expertise :

- Un **GTC sur les impôts sur la consommation** chargé de prodiguer des conseils sur la mise en œuvre pratique du principe d'Ottawa d'imposition dans le pays où la consommation a lieu.
- Un **GTC sur la technologie** chargé de faire bénéficier les autres GTC de son expertise technologique.
- Un **GTC sur l'évaluation professionnelle des données** ayant pour mission de conseiller sur la possibilité et l'opportunité d'élaborer des exigences en matière d'information et de tenue de la comptabilité et des mécanismes de recouvrement de l'impôt qui soient compatibles internationalement.
- Un **GTC sur les bénéfices des entreprises** chargé de prodiguer des conseils sur l'application des règles actuelles d'imposition des bénéfices industriels et commerciaux prévues par les conventions fiscales dans le contexte du commerce électronique et d'examiner les propositions de règles de remplacement.
- Un **GTC sur la classification conventionnelle** chargé de conseiller sur la classification de différents types de paiements effectués au titre du commerce électronique au regard des conventions fiscales en vue d'apporter les précisions nécessaires dans les Commentaires.

4. Compte tenu de la pertinence des travaux actuels sur les problèmes fiscaux posés par l'économie numérique, les sections suivantes décrivent les principaux résultats des activités menées par le GTC sur les bénéfices des entreprises et par le GTC sur la classification conventionnelle.

A.3.1. Les travaux du GTC sur les bénéfices des entreprises

5. Les travaux du GTC sur les bénéfices des entreprises ont abouti à l'élaboration de deux projets à débattre : « L'imputation d'un bénéfice à un établissement stable se livrant à des transactions qui relèvent du commerce électronique » (OCDE, 2001b), diffusé en février 2001, et « Le concept de siège de direction effective : suggestions d'amendements au Modèle de convention fiscale de l'OCDE » (OCDE, 2003a), diffusé en mai 2003.

6. Le GTC a également préparé un rapport intitulé « Les règles actuelles d'imposition des bénéfices industriels ou commerciaux prévues par les conventions conviennent-elles au commerce électronique ? » (OCDE, 2005), diffusé en 2005. Dans ce rapport, le GTC constate que certains aspects des règles fiscales internationales actuelles posent problème. Dans un premier temps, il examine un certain nombre de solutions à ces problèmes qui n'exigeraient pas une révision fondamentale des règles fiscales actuelles et formule des recommandations correspondantes. Le rapport envisage également des changements plus radicaux. Après avoir résumé les règles actuelles d'imposition des bénéfices prévues par les conventions (assujettissement à l'impôt, concept d'établissement stable (ES), calcul des bénéfices, répartition de la base d'imposition entre pays), le rapport procède à une analyse critique de ces règles au regard d'un certain nombre de critères issus des conditions cadres d'Ottawa. En évaluant les principes en vigueur pour l'imposition des bénéfices par rapport à ces critères, le rapport souligne un certain nombre d'avantages et d'inconvénients des règles actuelles. S'agissant par exemple de la question importante de savoir d'où proviennent les bénéfices des entreprises (le « problème de la source »), le rapport conclut que l'on doit considérer que les bénéfices proviennent du lieu où opèrent les facteurs permettant à l'entreprise de réaliser des bénéfices. Par conséquent, le rapport refuse que le seul fait qu'un pays fournisse le marché où les biens et services d'une entreprise sont offerts autorise ce pays à estimer qu'une partie des bénéfices de l'entreprise en émane.

7. Néanmoins, les membres du GTC n'ont pu s'accorder sur un problème connexe : peut-on considérer qu'un fournisseur sans présence physique dans un pays en utilise l'infrastructure juridique et économique ? Dans cette hypothèse, il faut aussi savoir si, et dans quelle mesure, on peut penser qu'un tel usage des infrastructures économiques et juridiques d'un pays est un facteur qui permettrait à ce pays de se prévaloir de droits d'imposition au titre de la source sur une partie des bénéfices de l'entreprise. En outre, étant donné que les entreprises les plus « classiques » continuent à incorporer des modèles économiques basés sur le commerce électronique, il ne serait ni judicieux, ni faisable de tenter de concevoir un ensemble de règles de liens à l'intention des sociétés « se livrant au commerce électronique » et un autre pour celles qui ne le font pas. Enfin, le rapport final donne un aperçu de différentes solutions de remplacement aux règles conventionnelles en vigueur pour imposer les bénéfices des entreprises qui ont été examinées. Les possibilités allaient de rectifications relativement mineures des dispositions en vigueur jusqu'à l'adoption de principes complètement nouveaux.

8. Les solutions suivantes entraîneraient des modifications relativement mineures des dispositions en vigueur :

- *Modification de la définition de l'ES pour exclure les activités qui ne s'accompagnent pas d'une intervention humaine effectuée par le personnel, agents dépendants compris* : Il s'agirait de modifier la définition de l'ES pour en exclure expressément l'existence d'une installation fixe d'affaires seulement utilisée pour remplir des fonctions ne s'accompagnant pas d'une intervention humaine effectuée par le personnel, y compris les agents dépendants.
- *Modification de la définition de l'établissement stable pour stipuler qu'un serveur ne peut constituer en lui-même un établissement stable* : Avec cette solution, la définition de l'ES ne devrait pas s'appliquer à des situations dans lesquelles une installation fixe d'affaires ne sert qu'à effectuer des fonctions automatisées au moyen d'équipements, de données et de logiciels, par exemple avec un serveur et un site Internet.

- *Modification de la définition/de l'interprétation de l'ES pour exclure les fonctions attribuables à un logiciel* : Le paragraphe 4 de l'article 5 du Modèle de Convention fiscale de l'OCDE dresse une liste des fonctions qui sont expressément exclues de la définition d'un ES (exceptions visées au paragraphe 4 de l'article 5). Cette solution de substitution proposée compléterait indirectement cette liste en excluant des fonctions attribuables à un logiciel lors de l'application des exceptions visées au paragraphe 4 de l'article 5.
- *Abrogation des exceptions figurant actuellement au paragraphe 4 de l'article 5 ou leur subordination à la condition générale qu'elles soient préparatoires ou auxiliaires* : Une solution consisterait à supprimer toutes les exceptions figurant au paragraphe 4 de la définition de l'établissement stable. Un choix moins radical consisterait à soumettre toutes les activités visées par les exceptions actuelles à la condition générale qu'elles soient de nature préparatoire ou auxiliaire.
- *Abrogation des exceptions relatives au stockage, à l'exposition ou à la livraison figurant au paragraphe 4 de l'article 5* : Cette solution vise à amender le paragraphe 4 de l'article 5 de telle sorte que l'on ne considère plus que l'usage d'installations aux seules fins de stockage, d'exposition ou de livraison ne constitue pas un ES.
- *Modification des dispositions actuelles pour ajouter une règle de la force d'attraction applicable au commerce électronique* : Selon cette solution, le paragraphe 1 de l'article 7 du Modèle de convention fiscale de l'OCDE serait modifié pour y inclure une règle dite de « la force d'attraction », qui porterait sur les opérations du commerce électronique. L'objectif de l'amendement est de s'assurer qu'un pays puisse taxer des bénéfices tirés de la vente sur son territoire, au moyen du site Internet de l'entreprise, de produits similaires à ceux qui sont commercialisés par un ES dont dispose l'entreprise dans le pays.
- *Adoption de règles supplémentaires de lien afin d'imposer les bénéfices résultant de la prestation de services* : L'option consisterait à amender le Modèle de l'OCDE pour y introduire une disposition similaire à celle qui se trouve déjà dans le Modèle des Nations Unies; elle autoriserait la taxation des revenus de services, à la condition que l'entreprise qui les prodigue soit présente à cette fin dans l'autre pays pendant une certaine durée. Cette proposition était motivée par le fait que les prestataires de services sont très mobiles et que les fonctions génératrices de revenu sont exercées dans des pays étrangers sans qu'il soit nécessaire d'établir une infrastructure physique ou d'utiliser une base fixe pour l'exercice des activités.

9. Après avoir examiné les solutions de remplacement à la lumière des commentaires reçus, le GTC est arrivé aux conclusions ci-après :

- S'agissant des options *de modification de la définition de l'ES pour exclure des activités qui ne s'accompagnent pas d'une intervention humaine de personnel, y compris par des agents dépendants*, cette option ne serait probablement pas retenue et peut être écartée.
- S'agissant des options consistant à *modifier la définition de l'ES pour stipuler qu'un serveur ne peut par lui-même constituer un ES* ou *pour exclure les fonctions attribuables aux logiciels lors de l'application de l'exception préparatoire ou auxiliaire*, le Groupe est arrivé à la conclusion suivante : bien que l'on ne doive pas actuellement adopter ces options, il convient de suivre de près l'application des règles actuelles aux fonctions exercées au moyen de serveurs et de logiciels, afin de déterminer si elle suscite des difficultés ou des préoccupations d'ordre

pratique ; on pourrait alors poursuivre l'étude de ces solutions de substitution ou de combinaisons de leurs variantes.

- S'agissant de l'option *d'éliminer toutes les exceptions figurant actuellement au paragraphe 4 de l'article 5*, le Groupe a décidé de ne pas la retenir.
- S'agissant des options consistant à *subordonner toutes les exceptions figurant actuellement au paragraphe 4 de l'article 5 à la condition globale qu'il s'agisse d'activités préparatoires ou auxiliaires* et à *éliminer les exceptions au titre du stockage, de l'exposition ou de la livraison mentionnées au paragraphe 4 de l'article 5*, le Groupe a conclu de la façon suivante : il faudrait continuer à surveiller l'application de ces exceptions, pour voir si des difficultés ou des préoccupations concrètes justifient un changement quelconque de ce type.
- S'agissant de l'option de *modifier les dispositions actuelles pour ajouter une règle de la force d'attraction concernant le commerce électronique*, le Groupe a conclu qu'elle ne devrait pas être retenue.
- S'agissant de l'option *d'adopter des règles supplémentaires de lien dans le but d'imposer les bénéfices procurés par la prestation de services*, le Groupe a relevé qu'elle serait examinée dans le cadre des futurs travaux de l'OCDE sur l'application des conventions fiscales aux services.

10. Les solutions de remplacement suivantes entraîneraient une modification fondamentale des règles existantes :

- *Adoption de règles analogues à celles qui régissent l'imposition des revenus passifs pour taxer à la source les paiements relatifs à certaines formes de commerce électronique (pour les assujettir à la retenue d'impôt à la source)* : Cette solution engloberait diverses démarches possibles pour appliquer une retenue à la source à tout ou partie des paiements internationaux liés au commerce électronique. Le GTC a débattu d'une option générale prévoyant l'application d'une retenue à la source définitive aux paiements au titre du commerce électronique effectués à partir d'un pays, que le bénéficiaire y dispose ou non de personnel ou d'équipement électronique.
- *Un nouveau lien : les paiements qui réduisent la base d'imposition générée dans un pays* : Cette option fait intervenir une règle de lien qui se concentre sur le point de savoir si l'entreprise étrangère reçoit des fonds d'un payeur du pays que ce dernier peut déduire des impôts dont il est redevable sur place plutôt que de s'intéresser à l'emplacement des activités génératrices d'un produit ou d'un service. Selon cette règle de liaison, l'État de la source aurait compétence pour imposer une retenue à la source sur tous les règlements internationaux de ce type.
- *Remplacement de la comptabilisation des entités distinctes et de la pleine concurrence par la répartition selon une formule préétablie des bénéfices d'un groupe commun* : Avec cette solution, les principes des entités distinctes et de la pleine concurrence seraient remplacés par un système de répartition en fonction d'une formule ; ce serait la nouvelle méthode internationale utilisée pour attribuer et calculer les bénéfices que les pays auraient le droit de taxer. Avec ce système de répartition, on emploierait une formule pour diviser les bénéfices nets d'une société ou d'un groupe de sociétés apparentées entre les pays dans lesquels cette société (ou ce groupe) opère, sachant que les activités n'ont pas lieu dans un seul pays.

- *Adjonction d'un nouveau lien d'« ES (virtuel) électronique »* : Le concept d'« établissement stable virtuel » (ES virtuel) a été proposé comme lien de substitution s'appliquant aux opérations de commerce électronique. Divers moyens sont envisageables : élargir la définition à ce que l'on qualifie d'« installation fixe d'affaires virtuelle », d'« agence virtuelle » ou de « présence professionnelle sur place ». Tous obligeraient à modifier la définition de l'ES (ou à ajouter une nouvelle règle de lien dans les conventions).

11. Le rapport concluait qu'il ne serait pas opportun d'entreprendre pour le moment de telles réformes. Au stade actuel, le commerce électronique et les autres modèles économiques résultant des nouvelles technologies de la communication ne justifieraient pas en eux-mêmes de rompre brutalement avec les règles existantes. On ne semble pas disposer de données tangibles prouvant que les gains d'efficience générés par les communications sur Internet aient entraîné une baisse sensible des recettes fiscales des pays importateurs de capitaux. En outre, le GTC estimait que des modifications de fond sont subordonnées à un large accord sur la supériorité manifeste d'une alternative particulière aux règles actuelles; or, aucune des solutions de rechange qui avaient été suggérées n'apparaissait remplir cette condition. Toutefois, le GTC a admis la nécessité de continuer à surveiller les incidences sur les recettes fiscales de l'évolution des modèles économiques qui résulte des nouvelles technologies de la communication. Il a également reconnu que certaines caractéristiques des règles internationales actuelles d'imposition des bénéfices posaient problème. Plus généralement, le GTC a fait observer que les effets de nombre de ces solutions de remplacement iraient bien au-delà du commerce électronique. Il importerait donc, en les envisageant, de prendre en considération leur incidence sur toutes les formes d'activités professionnelles.

A.3.2. Les travaux du CAF dans le domaine des conventions fiscales

12. Outre les travaux des GTC, le CAF a demandé à ses groupes de travail d'étudier et de proposer des solutions aux questions soulevées par les GTC. Ce processus a conduit à apporter certaines modifications au Modèle de Convention fiscale de l'OCDE et à ses Commentaires qui ont été intégrées dans la mise à jour de 2003. Les changements portaient sur la définition d'un ES et sur la qualification des paiements, notamment au titre de la définition des redevances figurant dans le Modèle.

A.3.2.1. Règles conventionnelles applicables à l'imposition des bénéfices d'entreprise

13. Les modifications apportées aux Commentaires sur l'article 5 avaient principalement pour objet de préciser que la définition d'un ES, qui correspond généralement à une « installation fixe d'affaires par l'intermédiaire de laquelle une entreprise exerce ses activités », peut, dans certaines circonstances, englober les serveurs. En revanche, l'idée selon laquelle un site Internet peut être considéré comme un ES n'a pas été retenue. Les paragraphes (comme listés dans l'encadré A.2) ont été ajoutés aux Commentaires sur l'article 5 du Modèle de Convention fiscale de l'OCDE en 2003 et figurent également dans les Commentaires sur le Modèle de Convention fiscale des Nations Unies (voir les paragraphes 36 et 37 des Commentaires sur l'article 5).

Encadré A.2. **Commentaires sur l'article 5 du Modèle de Convention fiscale de l'OCDE**

« 42.1 La question de savoir si la simple utilisation de matériel informatique situé dans un pays pour effectuer des transactions de commerce électronique dans ce même pays peut constituer un établissement stable a donné lieu à quelques discussions. Cette question soulève un certain nombre de problèmes au regard des dispositions de l'article.

42.2 Même si un site où un équipement automatique est exploité par une entreprise peut constituer un établissement stable dans le pays où il est situé (voir ci-après), une distinction doit être faite entre l'équipement informatique, qui pourrait être installé sur un site de façon à constituer un établissement stable dans certaines circonstances, et les données et le logiciel qui sont utilisés par cet équipement ou stockés dans celui-ci. A titre d'exemple, un site web, qui est une combinaison de logiciels et de données électroniques, n'implique en soi aucun bien corporel. Il n'a donc pas d'emplacement qui puisse constituer une « installation d'affaires » car il n'existe pas « une installation telle que des locaux ou, dans certains cas, des machines ou de l'outillage » (voir paragraphe 2 ci-dessus) en ce qui concerne le logiciel et les données constituant ce site web. En revanche, le serveur sur lequel le site web est hébergé et par l'intermédiaire duquel il est accessible est un élément d'équipement ayant une localisation physique et cette localisation peut donc constituer une « installation fixe d'affaires » de l'entreprise qui exploite ce serveur.

42.3 La distinction entre un site web et le serveur sur lequel ce site est hébergé et utilisé est importante, car l'entreprise qui exploite le serveur peut être différente de celle qui exerce son activité par l'intermédiaire du site web. Par exemple, il est courant que le site web par l'intermédiaire duquel une entreprise exerce son activité soit hébergé sur le serveur d'un fournisseur de services sur l'Internet (FSI). Bien que la rémunération versée au FSI en vertu de ces accords puisse être calculée en fonction de la quantité d'espace de disque utilisée pour stocker le logiciel et les données requises par le site web, ces contrats n'ont pas généralement pour effet de mettre le serveur et son emplacement à la disposition de l'entreprise (voir le paragraphe 4 ci-dessus), même si l'entreprise a été en mesure de déterminer que son site web devrait être hébergé sur un serveur particulier situé dans un endroit particulier. En l'occurrence, l'entreprise n'a même pas de présence physique à cet endroit puisque le site web n'est pas un bien corporel. Dans ces cas, l'entreprise ne peut pas être considérée comme ayant acquis une installation d'affaires en vertu de cet accord d'hébergement. Toutefois, si l'entreprise exerçant une activité par l'intermédiaire d'un site web a le serveur à sa disposition, par exemple si elle possède (ou loue) et exploite le serveur sur lequel le site web est logé et utilisé, l'endroit où ce serveur est situé peut constituer un établissement stable de l'entreprise si les autres conditions de l'article sont remplies.

42.4 Un équipement informatique à un endroit donné ne peut constituer un établissement stable qu'à la condition d'être fixe. Dans le cas d'un serveur, ce qui importe n'est pas la possibilité de le déplacer, mais le fait de savoir s'il est effectivement déplacé. Pour constituer une installation fixe d'affaires, un serveur devra être situé à un certain endroit pendant un laps de temps suffisant pour devenir fixe au sens du paragraphe 1.

42.5 Une autre question est celle de savoir si l'activité d'une entreprise peut être considérée comme étant totalement ou partiellement exercée à un endroit où l'entreprise a un équipement tel qu'un serveur à sa disposition. La question de savoir si une entreprise exerce tout ou partie de son activité par l'intermédiaire de cet équipement doit être examinée au cas par cas, en se demandant si l'on peut dire que, du fait de cet équipement, l'entreprise a à sa disposition une installation où des fonctions de cette entreprise sont exercées.

42.6 Lorsqu'une entreprise exploite un équipement informatique à un endroit particulier, il peut exister un établissement stable même si aucun personnel de cette entreprise n'est

Encadré A.2. Commentaires sur l'article 5 du Modèle de Convention fiscale de l'OCDE *(suite)*

nécessaire à cet endroit pour l'exploitation de l'équipement. La présence de personnel n'est pas nécessaire pour considérer qu'une entreprise exerce totalement ou partiellement son activité à un endroit si aucun personnel n'est en fait requis pour y exercer des activités d'entreprise. Cette conclusion s'applique au commerce électronique de la même façon qu'elle s'applique à d'autres activités dans lesquelles un équipement fonctionne automatiquement, par exemple une station de pompage automatique utilisée pour l'exploitation de ressources naturelles

42.7 Par ailleurs, aucun établissement stable ne peut être réputé exister lorsque les opérations de commerce électronique effectuées à l'aide d'un équipement informatique situé à un endroit donné d'un pays se limitent aux activités préparatoires ou auxiliaires visées par le paragraphe 4. La question de savoir si des activités particulières exercées à un tel endroit tombent sous le coup du paragraphe 4 demande à être examinée au cas par cas, compte tenu des diverses fonctions exercées par l'entreprise par l'intermédiaire de cet équipement. On peut citer les exemples suivants d'activités qui seraient généralement considérées comme préparatoires ou auxiliaires :

— assurer un lien de communication – à l'instar d'une ligne téléphonique – entre fournisseurs et clients ;

— faire la publicité de biens ou services ;

— relayer des informations à l'aide d'un serveur miroir à des fins de sécurité et d'efficience ;

— collecter des données sur le marché pour le compte de l'entreprise ;

— fournir des informations.

42.8 Toutefois, lorsque ces fonctions constituent en elles-mêmes une partie essentielle et significative de l'activité commerciale de l'entreprise dans son ensemble, ou que d'autres fonctions essentielles de l'entreprise sont exercées par l'intermédiaire de l'équipement informatique, elles vont au-delà des activités visées au paragraphe 4, et si l'équipement constitue une installation fixe d'affaires de l'entreprise (telle que décrit aux paragraphes 42.2 à 42.6 ci-dessus), il existe un établissement stable.

42.9 La détermination des fonctions essentielles d'une entreprise donnée dépend à l'évidence de la nature des activités exercées par cette entreprise. À titre d'exemple, certains fournisseurs de services sur l'Internet (FSI) exploitent leurs propres serveurs dans le but d'héberger des sites web ou d'autres applications pour le compte d'autres entreprises. Pour ces FSI, l'exploitation de leurs serveurs en vue de fournir des services à des clients constitue une composante essentielle de leur activité commerciale et ne saurait être considérée comme étant préparatoire ou auxiliaire. Un autre exemple est celui d'une entreprise (parfois appelée « cybermarchand ») qui se consacre à la vente de produits via l'Internet. Dans ce cas, l'entreprise n'a pas pour activité d'exploiter des serveurs, et le simple fait qu'elle puisse le faire à un endroit donné n'est pas suffisant pour conclure que les activités exercées à cet endroit sont davantage que des activités préparatoires et auxiliaires. Dans pareil cas, il convient d'examiner la nature des activités exercées à cet endroit à la lumière de l'activité générale de l'entreprise. Si ces activités sont simplement préparatoires ou auxiliaires au regard de la vente de produits via l'Internet (par exemple, l'endroit est utilisé pour exploiter un serveur qui héberge un site web, lequel, comme c'est souvent le cas, est utilisé exclusivement pour la publicité, l'affichage d'un catalogue de produits ou la fourniture d'informations aux clients potentiels), le paragraphe 4 est applicable et l'endroit en question ne constitue pas un établissement stable. Si, toutefois, les fonctions typiques liées à une vente sont exercées à cet endroit (par exemple, si la conclusion du contrat avec le client, le traitement du paiement et

Encadré A.2. **Commentaires sur l'article 5 du Modèle de Convention fiscale de l'OCDE** *(suite)*

la livraison des produits sont effectués automatiquement par l'intermédiaire de l'équipement situé à cet endroit), ces activités ne peuvent pas être considérées comme étant simplement préparatoires ou auxiliaires.

42.10 Une dernière question est celle de savoir si le paragraphe 5 peut s'appliquer pour déterminer qu'un fournisseur de services sur l'Internet (FSI) constitue un établissement stable. Ainsi qu'on l'a déjà noté, il est courant que les FSI assurent le service consistant à héberger les sites web d'autres entreprises sur leurs propres serveurs. On peut alors se demander s'il est possible d'appliquer le paragraphe 5 pour déterminer que les FSI en question constituent des établissements stables des entreprises qui font du commerce électronique par l'intermédiaire de sites web exploités sur les serveurs possédés et gérés par ces FSI. Si cela peut être le cas dans des circonstances très exceptionnelles, le paragraphe 5 n'est généralement pas applicable car les FSI ne constituent pas un agent des entreprises auxquelles appartiennent les sites web, parce qu'ils ne disposent pas de pouvoirs leur permettant de conclure des contrats au nom de ces entreprises et ne concluent pas habituellement de tels contrats ou parce qu'ils constituent des agents indépendants agissant dans le cadre ordinaire de leur activité, comme en témoigne le fait qu'ils hébergent des sites web d'un grand nombre d'entreprises différentes. En outre, puisque le site web par l'intermédiaire duquel une entreprise exerce ses activités n'est pas lui-même une « personne » au sens de l'article 3, il est clair que le paragraphe 5 ne saurait être invoqué pour conclure qu'un établissement stable est réputé exister au motif que le site web serait un agent de l'entreprise en vertu de ce paragraphe. »

A.3.2.2. Questions relatives à la qualification conventionnelle

14. Les Commentaires sur l'article 12 du Modèle de Convention fiscale de l'OCDE ont également été modifiés en vue de préciser la démarcation entre l'application des articles 12 et 7 dans le contexte des nouveaux modèles d'activité propres au commerce électronique. Ces précisions ont été intégrées dans la mise à jour de 2013 et concernent les *(i)* paiements au titre de l'utilisation, ou du droit d'utilisation, d'un droit d'auteur, *(ii)* paiements au titre du *know-how*, *(iii)* paiements au titre de contrats mixtes. Ces paragraphes ont également été ajoutés au Modèle de Convention fiscale des Nations Unies (voir les paragraphes 12 à 16 des Commentaires sur l'article 12 du Modèle de Convention fiscale des Nations Unies), même si certains membres n'étaient pas d'accord avec les conclusions formulées concernant la détermination de plusieurs types de paiement.

Encadré A.3. **Commentaires sur l'article 12 – Paiement au titre de l'utilisation, ou du droit d'utilisation, d'un droit d'auteur**

Les paragraphes 17.1 à 17.4 suivants sont insérés juste après le paragraphe 17 des Commentaires sur l'article 12 :

« 17.1 Les principes énoncés ci-dessus en ce qui concerne les paiements au titre de logiciels sont également applicables aux transactions concernant d'autres types de produits numériques tels que des images, des sons ou du texte. Le développement du commerce électronique a multiplié le nombre de ces transactions. Pour déterminer si les versements correspondants constituent ou non des redevances, la principale question à résoudre est celle de la raison essentielle pour laquelle le paiement est effectué.

Encadré A.3. Commentaires sur l'article 12 – Paiement au titre de l'utilisation, ou du droit d'utilisation, d'un droit d'auteur *(suite)*

17.2 Dans certains pays, la législation applicable stipule que les transactions permettant au client de télécharger par voie électronique des produits numériques peuvent faire intervenir un usage du droit d'auteur par le client, par exemple parce que le contrat l'autorise à réaliser une ou plusieurs copies du contenu numérique. Si le paiement constitue essentiellement la rémunération d'autre chose que l'usage ou la concession de l'usage de droits relevant du droit d'auteur (notamment l'acquisition d'autres types de droits, données ou services contractuels) et que l'usage du droit d'auteur se limite aux droits de téléchargement, stockage et exploitation sur l'ordinateur, le réseau ou tout autre dispositif de stockage, d'exécution ou d'affichage du client, cet usage ne doit pas affecter la détermination du type de paiement aux fins de l'application de la définition des « redevances ».

17.3 Tel est le cas des transactions qui permettent au client (lequel peut être une entreprise) de télécharger par voie électronique des produits numériques (tels que logiciels, images, sons ou texte) pour l'utilisation ou la jouissance du client. Dans ces transactions, le paiement est effectué essentiellement pour acquérir des données transmises sous la forme d'un signal numérique et ne correspond donc pas à des redevances, mais relève de l'article 7 ou de l'article 13, selon le cas. Dans la mesure où le droit et les dispositions contractuelles applicables stipulent que l'action de copier le produit sur le disque dur ou tout autre support d'archivage du client s'accompagne d'un exercice du droit d'auteur par le client, cette reproduction est simplement le moyen par lequel le signal numérique est saisi et stocké. Cette utilisation du droit d'auteur ne présente pas d'importance pour la classification car il ne correspond pas à ce qui est essentiellement rémunéré par le paiement (c'est-à-dire l'acquisition de données transmises sous la forme d'un signal numérique), qui est le facteur déterminant au regard de la définition des redevances. Il n'y a pas lieu non plus d'assimiler les paiements pour ces transactions à des « redevances » si le droit et les dispositions contractuelles applicables stipulent que la création d'une copie est considérée comme l'exercice d'un droit d'auteur par le fournisseur et non par le client.

17.4 En revanche, lorsque le paiement constitue essentiellement la rémunération de l'octroi du droit d'utiliser un droit d'auteur dans un produit numérique qui est téléchargé par voie électronique à cet effet, les transactions correspondantes donnent lieu à des redevances. Tel est le cas, par exemple, d'un éditeur qui paie pour acquérir le droit de reproduire une image soumise à droit d'auteur qu'il télécharge par voie électronique pour la faire figurer sur la couverture d'un livre qu'il est en train de produire. Dans cette transaction, le paiement constitue essentiellement la rémunération de l'acquisition des droits d'exercice du droit d'auteur incorporé au produit numérique, à savoir le droit de reproduire et de diffuser l'image, et non simplement l'acquisition du contenu numérique. »

Encadré A.4. Modification des Commentaires sur l'article 12 – Paiements au titre du savoir-faire

Le paragraphe 11 des Commentaires sur l'article 12 a été remplacé par les paragraphes 11 à 11.5 suivants (les ajouts au texte existant du paragraphe 11 apparaissent en ***italique gras***) :

« 11. En qualifiant de redevances les rémunérations payées pour des informations ayant trait à une expérience acquise dans le domaine industriel, commercial ou scientifique, le paragraphe 2 vise la notion de savoir-faire (know-how). Certains groupements et auteurs spécialisés ont formulé des définitions du savoir-faire qui ne divergent pas essentiellement

Encadré A.4. **Modification des Commentaires sur l'article 12 – Paiements au titre du savoir-faire** *(suite)*

quant au fond. L'une de ces définitions, donnée par l'Association des bureaux pour la protection de la propriété industrielle (ANBPPI) précise que le « know-how est l'ensemble non divulgué des informations techniques, brevetables ou non, qui sont nécessaires à la reproduction industrielle d'emblée et dans les mêmes conditions d'un produit ou d'un procédé ; procédant de l'expérience, le know-how est le complément de ce qu'un industriel peut savoir par le seul examen du produit et la seule connaissance des progrès de la technique ».

11.1 Dans le contrat de savoir-faire, l'une des parties s'oblige à communiquer ses connaissances et expériences particulières, non révélées au public, à l'autre partie qui peut les utiliser pour son propre compte. Il est admis que le cédant n'a pas à intervenir dans l'application des formules concédées au concessionnaire et n'en garantit pas le résultat.

11.2** Ce contrat diffère donc de ceux qui comportent des prestations de services, où l'une des parties s'oblige, à l'aide des connaissances usuelles de sa profession, à faire elle-même un ouvrage pour l'autre partie.* ***Les rémunérations versées à ce titre relèvent généralement de l'article 7.

11.3 La nécessité de distinguer ces deux types de paiements, à savoir les paiements pour la fourniture de savoir-faire et les paiements pour la fourniture de services, pose parfois des difficultés pratiques. Les critères suivants sont utiles pour établir cette distinction :

— Les contrats pour la fourniture de savoir-faire concernent des informations du type mentionné au paragraphe 11 qui existent déjà, ou concernent la fourniture de ces informations après leur développement ou leur création, et incluent des dispositions relatives à la confidentialité de ces informations.

— Dans le cas de contrats pour la fourniture de services, le fournisseur s'engage à assurer des services pouvant exiger l'utilisation par ce fournisseur d'un savoir, d'une compétence et d'une expertise spécifiques mais non le transfert à l'autre partie de ce savoir, de cette compétence et de cette expertise spécifiques.

— Dans la plupart des cas impliquant la fourniture de savoir-faire, aux termes du contrat le fournisseur n'a en général guère d'autre travail à accomplir que de fournir des informations existantes ou de reproduire des documents existants. En revanche, un contrat de services suppose, dans la majorité des cas, que le fournisseur engage des dépenses beaucoup plus élevées pour s'acquitter de ses obligations contractuelles. A titre d'exemple, suivant la nature des services à rendre, le fournisseur peut encourir des dépenses pour les salaires des employés affectés à la recherche, à la conception, aux essais, aux dessins et à d'autres activités connexes, ou pour la rémunération de sous-traitants chargés d'assurer des services similaires.

11.4 Les exemples suivants décrivent des paiements qui ne doivent donc pas être attribués à la fourniture de savoir-faire, mais à la fourniture de services :

— rémunérations obtenues pour des services après-vente,

— rémunérations obtenues pour des prestations effectuées par un vendeur dans le cadre de la garantie due à l'acheteur,

— rémunérations pour une pure assistance technique,

— rémunérations pour des consultations données par un ingénieur, un avocat ou un expert-comptable, et

Encadré A.4. **Modification des Commentaires sur l'article 12 – Paiements au titre du savoir-faire** *(suite)*

— rémunérations pour des conseils fournis par voie électronique, pour des échanges électroniques avec des techniciens ou pour l'accès, via des réseaux informatiques, à une base de données de dépannage comme une base de données qui donne aux utilisateurs de logiciels des renseignements non confidentiels en réponse à des questions fréquemment posées ou à des problèmes communs qui se posent fréquemment.

11.5 Dans le cas particulier d'un contrat prévoyant la communication, par le fournisseur, d'informations concernant le programme informatique, en règle générale, on considérera que le paiement est effectué en rémunération de la fourniture de ces informations de sorte qu'elle constitue une fourniture de savoir-faire lorsqu'elle est effectuée pour acquérir des informations constituant des idées et des principes à la base du programme, comme une démarche logique, des algorithmes ou des langages ou techniques de programmation, dès lors que ces informations sont fournies à la condition que le client ne les diffuse pas sans autorisation et qu'elles sont soumises à toute mesure de protection du secret commercial éventuellement en vigueur.

11.6 *Dans la pratique des affaires, on rencontre des contrats qui portent à la fois sur un savoir-faire et sur des prestations d'assistance technique. Un exemple, parmi d'autres, de contrats de cette espèce est le contrat de franchise, par lequel le franchiseur communique au franchisé ses connaissances et expériences et lui fournit en plus une assistance technique variée, doublée dans certains cas d'aides financières et de livraisons de marchandises. Dans l'hypothèse d'un contrat mixte, il convient en principe de décomposer, à l'aide des indications contenues dans le contrat ou par une ventilation raisonnable, le montant total de la rémunération stipulée en fonction des diverses prestations auxquelles elle s'applique, et de soumettre chacune des parties de la rémunération ainsi déterminée au régime fiscal qui lui est propre. Lorsque, toutefois, l'une des prestations convenues constitue de loin l'objet principal du contrat et que les autres prestations y prévues n'ont qu'un caractère accessoire et plutôt négligeable, il paraît possible d'assujettir la totalité de la rémunération au régime applicable à la prestation principale. »* [*Le paragraphe 45 ci-dessous suggérait des modifications à cette dernière phrase*]

Encadré A.5. **Commentaires sur l'article 12 – Paiements au titre de contrats mixtes**

La dernière phrase du paragraphe 11 des Commentaires sur l'article 12 a été remplacée par ce qui suit (les suppressions apparaissent en ~~texte barré~~ et les ajouts en ***italiques gras***) :

« Lorsque, toutefois, l'une des prestations convenues constitue de loin l'objet principal du contrat et que les autres prestations y prévues n'ont qu'un caractère accessoire et plutôt négligeable, ***le traitement applicable à la prestation principale devrait en général s'appliquer au montant total de la rémunération.*** ~~il paraît possible d'assujettir la totalité de la rémunération au régime applicable à la prestation principale. »~~

A.3.3. Les travaux du CAF dans le domaine des impôts sur la consommation

15. Cette section examine dans un premier temps les éléments des « Conditions cadres d'Ottawa sur la fiscalité » (OCDE, 2001a) de 1998 qui portent spécifiquement sur les impôts sur la consommation, avant d'analyser les « Principes directeurs sur le commerce électronique » (OCDE, 2003b) et les documents de la série des « Orientations en matière d'impôts sur la consommation » (OCDE, 2003c-d-e) élaborés pour mettre en œuvre ces Conditions.

16. La nécessité d'une coordination internationale de l'application des systèmes nationaux de TVA aux échanges internationaux est apparue pour la première fois avec l'émergence et l'essor du commerce électronique. Dans le domaine des impôts sur la consommation, les éléments fondamentaux des « Conditions cadres d'Ottawa sur la fiscalité » (OCDE, 2001a) peuvent être résumés ainsi :

- Les règles d'imposition des échanges internationaux devraient aboutir à l'imposition dans le pays où la consommation a lieu et il faudrait parvenir à un consensus international sur les circonstances dans lesquelles les biens ou services sont considérés comme consommés dans un pays donné.
- Au regard de l'impôt sur la consommation, la livraison de produits numérisés ne devrait pas être traitée comme une livraison de biens.
- Lorsque les entreprises et autres organismes acquièrent dans un pays des services et des biens incorporels auprès de vendeurs à l'étranger, les pays doivent envisager le recours à l'auto-liquidation, à l'auto-évaluation ou à d'autres mécanismes équivalents si cela permet de préserver immédiatement leur base d'imposition ainsi que la compétitivité des vendeurs nationaux.

17. Ces conditions cadres étaient l'expression de concepts généraux dont l'application pratique appelait des précisions. À titre de suivi, le CAF a diffusé en 2003 ses Principes directeurs sur le commerce électronique (2003b), accompagnés de la série des orientations en matière d'impôts sur la consommation (OCDE 2003c-d-e), composées de trois documents sur la mise en œuvre pratique des Principes directeurs. Les sections suivantes résument les Principes directeurs et les documents d'orientation.

A.3.3.1. Principes directeurs sur le commerce électronique

18. L'imposition selon le principe de destination du commerce électronique dans un contexte d'échanges transfrontières constitue la règle fondamentale des Principes directeurs. Selon le principe de destination, la taxe est perçue en définitive uniquement sur la consommation finale dans le pays où celle-ci est réputée avoir lieu. Les exportations ne sont pas imposables grâce au remboursement de la taxe sur les intrants (elles sont dites « exonérées de TVA » ou « soumises au taux zéro »), tandis que les importations sont taxées sur la même base et aux mêmes taux que les ventes nationales. Les Principes directeurs sur le commerce électronique (2003b) précisent que :

- *Pour les transactions entre entreprises*, le lieu de consommation en cas de fourniture transfrontières de services et de biens incorporels susceptibles d'être fournis à distance à une entreprise destinataire non résidente doit être la juridiction dans laquelle le destinataire a établi sa présence commerciale. Cela correspond au « critère principal ». Dans certaines circonstances, les pays peuvent cependant utiliser un critère différent pour déterminer le lieu effectif de consommation lorsque l'application du critère principal « aboutirait à une distorsion de concurrence ou à une évasion fiscale ». C'est ce que l'on désigne comme le « critère prépondérant ».

- *Pour les transactions entre entreprises et consommateurs privés*, le lieu de consommation en cas de fourniture transfrontière de services et de biens incorporels susceptibles d'être fournis à distance à un destinataire privé non résident doit être le pays dans lequel le destinataire a sa résidence habituelle.

19. Ces Principes directeurs ne s'appliquent pas aux *(i)* taxes sur la consommation au niveau infranational, *(ii)* vendeurs enregistrés ou tenus de s'enregistrer dans le pays du client, *(iii)* services qui ne sont pas susceptibles d'être fournis directement à distance (par exemple, l'hébergement à l'hôtel, les transports ou la location de véhicules), *(iv)* services pour lesquels le lieu de consommation peut être déterminé directement, *(v)* services pour lesquels le lieu de consommation peut être déterminé d'une manière plus appropriée par référence à un critère particulier, *(vi)* types particuliers de services qui peuvent nécessiter des approches plus spécifiques.

A.3.3.2. Les documents d'orientation en matière d'impôts sur la consommation

20. Le CAF a diffusé trois *Documents d'orientation en matière d'impôts sur la consommation* (OCDE, 2003c-d-e) accompagnant les Principes directeurs sur le commerce électronique afin de faciliter leur application pratique. Ces documents d'orientation portent sur les questions suivantes : *(i)* identification du lieu d'imposition des transactions entre entreprises par référence à la présence commerciale du client (OCDE, 2003c); *(ii)* orientations en matière d'enregistrement simplifié (OCDE, 2003d); et *(iii)* vérification du statut et de la juridiction du client (OCDE, 2003e). Ces documents sont résumés succinctement ci-dessous :

- *Document d'orientation sur l'identification du lieu d'imposition par référence à la présence commerciale du client :* les *principes directeurs pour la définition du lieu de consommation* (OCDE, 2003c) indiquent que la « présence commerciale » « est en principe l'établissement (par exemple le siège social, un bureau principal ou une succursale de l'entreprise) du destinataire auquel la fourniture est effectuée ». Le document d'orientation sur la présence commerciale souligne l'importance des contrats pour établir la présence commerciale à laquelle la fourniture est effectuée. Les pratiques commerciales courantes telles qu'elles ressortent des contrats (par exemple, factures, conditions de paiement, utilisation des droits de propriété intellectuelle) donnent généralement des indications suffisantes pour aider les entreprises et les administrations fiscales à déterminer la juridiction de consommation. Le document d'orientation s'intéresse également au « critère prépondérant ». Il se penche sur le cas dans lequel un client qui possède des succursales dans plusieurs juridictions qui ne sont pas habilitées à récupérer la taxe en amont sur une transaction effectue cette transaction par le biais de succursales situées dans une juridiction à TVA faible ou inexistante, « ce qui permet d'éviter un montant d'impôt important ». Le document suggère qu'un critère pur de consommation pourrait être appliqué en pareil cas, selon lequel un pays pourrait exiger « une présence commerciale » sur son territoire pour l'application de l'impôt uniquement sur la consommation qui a lieu sur ce territoire. En outre, et pour éviter la double imposition, le pays d'accueil de la présence commerciale qui est considérée comme destinataire de la fourniture peut choisir d'accorder un crédit d'impôt partiel qui serait équivalent à la fraction de l'impôt recouvré par l'autre pays qui invoque le critère prépondérant.
- *Document d'orientation en matière d'enregistrement simplifié* (OCDE, 2003d) : Ce document analyse les possibilités de mettre en œuvre un système d'imposition des transactions transfrontières de commerce électronique entre entreprises et consommateurs dans le pays du consommateur, les commerçants étant tenus de

recouvrer l'impôt. Il envisage des procédures d'enregistrement et de déclaration et des obligations en matière de tenue de la comptabilité et préconise l'utilisation de systèmes d'enregistrement simplifié et de seuils d'enregistrement afin d'alléger la charge que représente le respect des obligations fiscales. Il suggère aux pouvoirs publics qui mettent en œuvre des systèmes d'enregistrement simplifié d'envisager l'utilisation de procédures électroniques d'enregistrement et de déclaration, et invite les administrations fiscales à élaborer un cadre juridique permettant l'utilisation des systèmes électroniques de tenue de la comptabilité.

- *Document d'orientation sur la vérification du statut et de la juridiction du client* (OCDE, 2003e) : Ce document donne des indications pratiques sur les mécanismes qui peuvent être utilisés pour établir le statut (professionnel ou privé) et la juridiction du client dans le contexte du commerce électronique, pour les transactions de faible montant pour lesquelles le vendeur n'a pas établi de relations suivies avec le client. Elles ne s'appliquent pas aux transactions de montant élevé réalisées entre entreprises pour lesquelles le vendeur et le client ont établi des relations commerciales suivies. Dans ce cas, le fournisseur a normalement connaissance du statut et de la juridiction du client et aucune procédure complémentaire de vérification de la déclaration du client ne devrait être nécessaire. Le document conclut que le statut et la juridiction d'un client doivent être établis sur la base de la déclaration du client, complétée par une série d'autres critères tels que les renseignements relatifs au paiement, les logiciels de pistage et de géolocalisation, la nature du produit ou du service fourni et les certificats numériques.

Bibliographie

Nations Unies (2011), *United Nations Double Tax Convention between Developed and Developing Countries*, Nations Unies, New York.

OCDE (2005), *Are the Current Treaty Rules for Taxing Business Profits Appropriate for E-commerce? Final Report*, OCDE, Paris.

OCDE (2003a), *Place of Effective Management Concept: Suggestions for Changes to the OECD Model Tax Convention*, OCDE, Paris.

OCDE (2003b), *Consumption Taxation of Cross Border Services and Intangible Property in the context of E-commerce, Guidelines on the Definition of Place of Consumption*, OCDE, Paris.

OCDE (2003c), *Commentary on Place of Consumption for Business-to-Business Supplies (Business Presence)*, OCDE, Paris.

OCDE (2003d), *Simplified Registration Guidance*, OCDE, Paris.

OCDE (2003e), *Verification of customer status and jurisdiction*, OCDE, Paris.

OCDE (2003f), *Modèle de convention fiscale concernant le revenu et la fortune : Version abrégée 2003*, Éditions OCDE, Paris, http://dx.doi.org/10.1787/mtc_cond-2003-fr.

OCDE (2001a), *Commerce électronique et fiscalité : Mise en oeuvre des conditions cadres d'Ottawa sur la fiscalité*, Éditions OCDE, Paris, http://dx.doi.org/10.1787/9789264289796-fr.

OCDE (2001b), *Attribution de bénéfices aux établissements stables*, Éditions OCDE, Paris, http://dx.doi.org/10.1787/9789264284524-fr.

Annexe B

Schémas d'optimisation fiscale courants dans les modèles d'entreprise intégrés

Les exemples simplifiés ci-dessous se fondent sur les observations d'un certain nombre d'administrations fiscales. Ils sont destinés à illustrer comment la mise en œuvre de certains modèles économiques par des structures juridiques et fiscales peut mettre à rude épreuve le cadre fiscal international existant. Ils ne sont pas exhaustifs et n'entendent pas rendre compte de la totalité des structures qui peuvent être utilisées pour entraîner une érosion de la base d'imposition.

B.1. Détaillant en ligne

1. Le groupe RCo est une entreprise multinationale dont l'activité est la vente en ligne de produits physiques et numériques. Les sites web du groupe présentent dans les langues locales les produits offerts sur les marchés qu'ils desservent et permettent aux clients d'acquérir ces produits en ligne en réglant par carte de crédit. Les produits physiques sont livrés par des services de messagerie indépendants. Les produits numériques sont téléchargés depuis un des sites web du groupe vers l'ordinateur du client. Le groupe RCo recueille des données sur les préférences des clients en fonction des produits achetés, données qui sont ajoutées à une liste de « favoris » ou parcourues en ligne par les clients. À l'aide d'un logiciel propriétaire complexe, le groupe RCo analyse les données qu'il recueille pour recommander des produits à ses clients potentiels et assurer une publicité personnalisée.

2. Tous les actifs incorporels utilisés pour le fonctionnement des sites web du groupe RCo et le traitement des commandes sont mis au point par le personnel de RCo, une société résidente de l'État R. RCo coordonne également à distance les activités d'achat et de vente du groupe afin de réduire les coûts d'achat au minimum, d'assurer la cohésion entre les différentes entreprises et les divers sites web, d'améliorer l'efficacité de la gestion des stocks et de réduire au mieux les frais généraux liés au traitement des paiements et aux fonctions administratives. Ces services de coordination sont généralement fournis aux filiales de vente à l'échelon inférieur opérant au niveau régional, en échange d'une commission pour services de gestion couvrant les dépenses encourues plus une majoration.

3. Les droits relatifs aux actifs incorporels existants et futurs utilisés pour le fonctionnement des sites web desservant les clients d'une région comprenant notamment l'État T et l'État S (« la région T/S ») sont détenus par une société holding régionale de RCo qui est une filiale résidente de l'État T. Cette société holding a acquis ces droits dans le cadre d'un accord de partage des coûts en vertu duquel elle a effectué un paiement « d'entrée » à RCo égal à la valeur des actifs incorporels existants et a convenu de partager le coût du développement futur (à assurer exclusivement par le personnel de RCo dans l'État R) sur la base du bénéfice futur anticipé de l'utilisation de la technologie dans la région T/S. RCo reste le propriétaire légal des actifs incorporels du groupe de la multinationale et est responsable des fonctions liées à l'enregistrement et à la protection de la propriété intellectuelle, la société holding régionale se limitant à acquérir les droits d'exploitation commerciale de la propriété intellectuelle, et non la propriété juridique des actifs incorporels. En pratique, la société holding régionale de RCo n'assure aucune supervision des activités de développement effectuées par RCo dans l'État R. Elle agit comme gestionnaire des droits de propriété intellectuelle pour la région T/S et accorde à ses diverses filiales des sous-licences relatives aux actifs incorporels nécessaires à l'exploitation des divers sites web dédiés à certains pays ou à une région. Elle fait aussi office de société holding pour toutes les filiales dans la région T/S même si, dans les faits, la plupart des services de coordination restent assurés au niveau de RCo et si l'implication de la société holding régionale de RCo auprès des filiales est très limitée. Elle n'emploie qu'un seul salarié et ses locaux sont simplement hébergés dans un centre d'affaires auprès duquel la société loue régulièrement des bureaux « clés en main » pour l'organisation de réunions du conseil d'administration.

4. Les commandes de clients de l'État S, de l'État T et du reste de la région T/S sont traitées par OpCo, une filiale régionale de la holding régionale de RCo, également résidente de l'État T. OpCo est une entité hybride qui est traitée comme une société à des fins fiscales au regard de la législation de l'État T, et comme une entité transparente au regard de la législation de l'État R. OpCo s'occupe des ventes et du processus de paiement et de règlement et détient les titres de propriété sur les produits physiques et numériques vendus

sur les sites web destinés aux clients de la région T/S. Les modifications et les mises à jour de ces sites sont effectuées à partir de l'État T par le personnel d'OpCo, qui a la charge globale de la gestion des divers sites web destinés aux clients de la région. Ces fonctions sont assurées par un personnel réduit au minimum. Les autres fonctions liées à l'activité de vente en ligne sont assurées par des processus automatisés à l'aide d'applications logistiques complexes reposant sur les technologies Internet et régulièrement mises à niveau par le personnel de RCo dans l'État R. Les commandes sont passées et les achats sont effectués par voie électronique par les clients de la région T/S sur la base de contrats standardisés dont les conditions financières sont fixées par RCo et ne nécessitent aucune intervention de la part d'OpCo. Des sites miroirs de ces sites web sont hébergés sur des serveurs dans plusieurs pays de la région. Le personnel d'OpCo est très rarement en contact avec les clients sur le marché local.

5. SCo, une filiale d'OpCo résidente de l'État S, fournit des services à OpCo en matière de logistique et d'assistance après-vente pour les commandes émanant de clients de l'État S. Les commandes de produits physiques passées par des clients dans l'État S via le site web géré par OpCo sont généralement traitées à partir d'un entrepôt situé dans l'État S, détenu et exploité par SCo. Lorsque les produits ne sont pas disponibles dans un entrepôt de l'État S, la commande est généralement traitée à partir de l'entrepôt le plus proche du client. L'assistance après-vente est assurée par SCo par l'intermédiaire d'un centre d'appel. Les commandes portant sur des produits numériques passées par des clients de l'État S sont généralement téléchargées à partir de serveurs situés dans l'État S ou dans des pays voisins, en fonction du trafic sur le réseau au moment de la transaction. Ces serveurs sont détenus et exploités par des parties tierces dans le cadre d'accords d'hébergement conclus avec OpCo. SCo est rémunéré par OpCo sur la base du prix de revient plus majoration.

6. La structure utilisée par le groupe RCo peut être décrite comme le montre le graphique B.1.

Graphique B.1. **Détaillant en ligne**

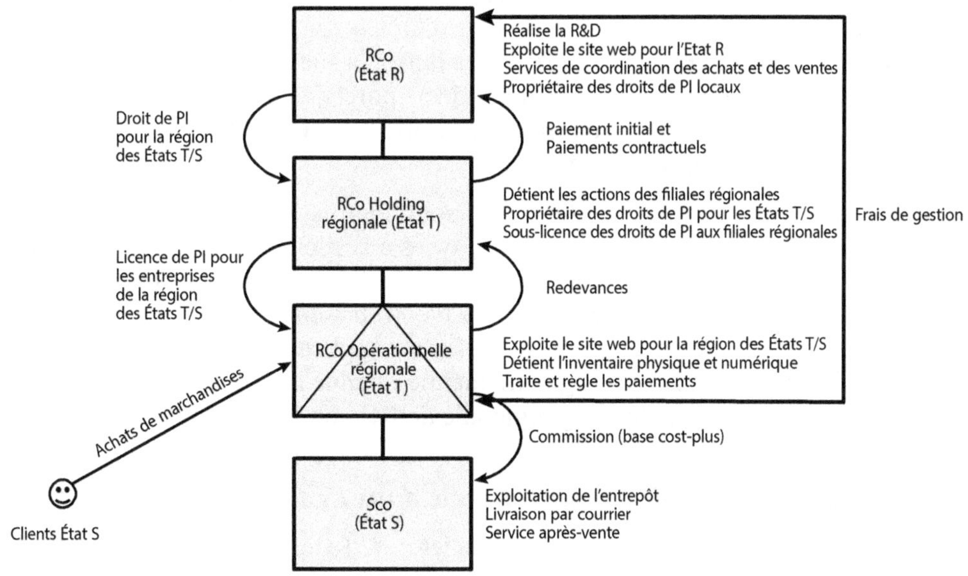

7. La manière dont le groupe RCo a structuré ses activités d'entreprise d'un point de vue juridique a des conséquences importantes pour la charge fiscale du groupe à l'échelle mondiale. Compte tenu des accords contractuels transférant et attribuant les actifs incorporels pour la région T/S (ainsi que les revenus qui s'y rapportent) à la société holding régionale RCo et de l'absence de présence imposable de cette dernière dans l'État S, la majeure partie du revenu imposable généré par le groupe est concentrée dans l'État T. Les paragraphes qui suivent décrivent plus précisément les conséquences qui en découlent dans les différents États concernés.

Conséquences en matière de fiscalité directe dans l'État S

- SCo se voit attribuer un revenu imposable minimum, en raison du fait que le profil de risque et de fonctions de SCo se limite à la fourniture à OpCo de services courants.
- Toutes les recettes tirées des ventes en ligne auprès de clients dans l'État S sont traitées comme un revenu d'OpCo, en raison de son rôle de co-contractant. Étant donné qu'OpCo n'a pas de présence physique dans l'État S et que SCo n'a pas d'interaction avec les clients de cet État, l'État S n'impose pas les bénéfices provenant de ces activités, soit parce que sa législation interne ne lui en donne pas le droit, soit parce que la convention sur la double imposition applicable l'empêche de le faire en l'absence d'un établissement stable (ES) de TCo, auquel le revenu est attribuable, sur le territoire de l'État S.

Conséquences en matière de fiscalité directe dans l'État T

- L'État T applique l'impôt sur les sociétés à la société holding régionale de RCo. Toutefois, en vertu d'un régime préférentiel existant dans l'État T pour les revenus tirés de certains actifs incorporels, les redevances comprises dans les bénéfices imposables de la société holding régionale de RCo sont soumises à un taux sensiblement inférieur à celui de l'impôt sur les sociétés généralement applicable.
- L'État T applique l'impôt sur les sociétés aux bénéfices réalisés par OpCo sur ses activités de vente en ligne. Le revenu d'OpCo est toutefois presque totalement absorbé par les paiements de redevances faits à la société holding régionale de RCo au titre du droit d'utilisation des actifs incorporels nécessaires au fonctionnement des sites web régionaux, et par la rémunération versée à RCo pour la coordination des ventes et des approvisionnements.
- Les paiements effectués par OpCo ne sont soumis à aucune retenue à la source dans la mesure où les redevances sont payées à la société holding régionale de RCo, une société résidente de l'État T, et où les frais de gestion sont payés à RCo, une société non résidente dont les bénéfices d'entreprise ne peuvent être imposés dans l'État T, conformément à la convention fiscale applicable. En vertu de la convention sur la double imposition en vigueur, aucune retenue n'est opérée sur les paiements effectués par la société holding régionale de RCo en faveur de RCo.

Conséquences en matière de fiscalité directe dans l'État R

- L'État R applique l'impôt sur les sociétés à RCo, y compris au montant du paiement d'entrée reçu pour le transfert à la société holding de RCo des actifs incorporels existants. Toutefois, étant donnée l'absence presque totale de résultats financiers établis par RCo au moment de la transaction, RCo peut évaluer ces actifs incorporels à une valeur très faible, de sorte que le montant réel des gains soumis à l'impôt sur les sociétés dans l'État R sera très limité.

- RCo reçoit également chaque année, au titre de l'accord de partage des coûts, des paiements de sa société holding régionale selon un taux qui peut être beaucoup plus faible que le montant des redevances perçues par la société holding. En outre, en fonction de la législation nationale de l'État R, RCo peut bénéficier de crédits d'impôt au titre d'une part importante de ses dépenses de recherche-développement, ce qui réduit sensiblement sa dette fiscale aux fins de l'impôt sur les sociétés.
- En vertu de ses règles applicables aux sociétés étrangères contrôlées (SEC), l'État R traiterait dans certaines circonstances les redevances reçues de la société holding de RCo comme un revenu passif de RCo soumis au taux d'imposition en vigueur. Toutefois, dans la mesure où OpCo est traitée comme une entité transparente à des fins fiscales, son revenu est traité comme ayant été obtenu directement par la société holding de RCo et est dès lors considéré comme un revenu actif imposable uniquement lorsqu'il est payé à RCo. Le même résultat serait obtenu si l'État R appliquait l'impôt sur une base territoriale et n'avait pas de règles spécifiques applicables aux SEC.

Conséquences en matière de taxe sur la valeur ajoutée (TVA)

- S'agissant de la TVA, le traitement des transactions entre entreprises est relativement simple. La TVA est perçue soit par l'entreprise fournisseur qui applique la taxe, soit par l'entreprise destinataire, selon un mécanisme « d'autoliquidation ». La taxe appliquée aux intrants est généralement récupérable par les entreprises qui l'ont acquittée par le jeu du mécanisme de crédit d'impôt sur les intrants.
- Le traitement en termes de TVA des fournitures aux consommateurs finaux dans l'État S sera généralement différent selon qu'il s'agit de produits physiques ou numériques. Les fournitures par OpCo de produits physiques stockés dans un entrepôt de SCo destinées à des clients situés dans l'État S seraient soumises à la TVA dans cet État. L'État S peut autoriser SCo à déclarer la TVA de l'État S au nom d'OpCo (par exemple, en qualité de représentant fiscal). Si les produits physiques étaient expédiés depuis l'étranger (par exemple, depuis l'État T) à des clients situés dans l'État S, ces fournitures bénéficieraient du taux zéro dans l'État exportateur et seraient soumises à la TVA au moment de l'importation dans l'État S. En fonction de la valeur des produits et des seuils appliqués par l'État S, ces fournitures pourraient bénéficier d'une exonération de la TVA applicable aux importations de biens de faible valeur. De même, les ventes de produits numériques aux consommateurs finaux dans l'État S devraient en principe être soumises à la TVA dans l'État S, conformément au principe de la destination. L'État S rencontrera toutefois beaucoup de difficultés à obtenir le paiement de la TVA sur ces ventes dans la mesure où le vendeur n'est pas un résident de l'État S et où le recouvrement de la TVA auprès des consommateurs finaux est inefficace. Bien que certaines juridictions appliquent un mécanisme qui impose aux vendeurs non résidents de s'enregistrer à la TVA, de collecter et de reverser la taxe sur les ventes effectuées auprès de consommateurs finaux résidents, il apparaît qu'il est souvent difficile pour les autorités fiscales de faire respecter ces obligations.

B.2. Publicité en ligne

8. Le groupe RCo offre un certain nombre de services en ligne (par exemple, des moteurs de recherche) à des clients situés dans le monde entier. Un grand nombre de ces services en ligne sont offerts gratuitement aux consommateurs, puisque l'utilisation de ces services fournit une quantité importante d'informations au groupe, notamment des données géolocalisées, des données relatives au comportement en ligne et des informations personnelles fournies par les utilisateurs. Au fil de nombreuses années de collecte, d'affinement, de traitement et d'analyse des données, le groupe RCo a mis au point un algorithme complexe permettant aux annonces d'être ciblées sur les utilisateurs les plus susceptibles d'être intéressés par les produits vantés. Le groupe RCo tire la quasi-totalité de ses revenus de la vente d'annonces publicitaires sur sa plateforme en ligne, à un prix qui est généralement fonction du nombre d'utilisateurs qui cliquent sur chaque annonce.

9. La technologie mise en œuvre dans la fourniture des services publicitaires ainsi que les divers algorithmes utilisés pour recueillir et traiter les données en vue de cibler des acheteurs potentiels ont été mis au point par le personnel de RCo, la société mère du groupe, située dans l'État R. Les droits d'exploitation de cette technologie dans la région T/S sont détenus par XCo, une filiale du groupe dotée de la double résidence. Celle-ci est constituée en société dans l'État T mais est gérée dans les faits dans l'État X. Les droits sur la technologie pour la région T/S ont été acquis par XCo dans le cadre d'un accord de partage des coûts en vertu duquel XCo convient d'effectuer un paiement d'entrée égal à la valeur de la technologie existante et de partager le coût de l'amélioration future de la technologie transférée sur la base de l'avantage futur prévu résultant de l'utilisation de la technologie dans la région T/S. En pratique, XCo n'assure concrètement aucune supervision des activités de développement effectuées par RCo dans l'État R.

10. XCo concède sous licence tous les droits sur la technologie d'exploitation de la plateforme à YCo, une filiale étrangère résidente de l'État Y. Celle-ci octroie en suite des sous-licences d'utilisation de la technologie à TCo, une société constituée et résidente dans l'État T, et bénéficie d'un léger différentiel de taux (*spread*) entre les redevances qu'elle perçoit et celles qu'elle paie à XCo. YCo et TCo sont des entités hybrides qui sont traitées comme des sociétés à des fins fiscales dans l'État Y et l'État T, mais comme fiscalement transparentes dans l'État R. La présence physique de XCo dans l'État X est très réduite, à la fois en termes de personnel et d'actifs corporels (matériel, locaux, etc.). En réalité, ni XCo ni YCo n'a de salariés dans son personnel et les activités de chaque société se limitent aux réunions du conseil d'administration qui ont lieu dans un centre d'affaires auprès duquel la société loue régulièrement des bureaux « clés en main ».

11. TCo fait office de siège régional pour les activités du groupe RCo dans la région T/S et emploie un nombre important de personnes pour gérer les activités du groupe dans cette région. TCo exploite les sites web qui offrent des services en ligne gratuits aux consommateurs de la région T/S et assure la contrepartie juridique pour toutes les ventes de publicité dans cette région. Les serveurs qui hébergent ces sites peuvent toutefois être situés n'importe où dans la région et/ou être situés dans l'État R et être exploités par RCo. Selon le moment de la journée, différents membres du groupe peuvent être chargés de la maintenance du site web et résoudre les éventuels problèmes de réseau dans la région.

12. Les contrats pour services publicitaires avec TCo peuvent être conclus par voie électronique sur les sites web de TCo sur la base de contrats normalisés dont les conditions financières sont généralement fixées par RCo. Les annonceurs de la région T/S qui souhaitent acheter des espaces publicitaires ciblés sur les utilisateurs des produits de RCo

peuvent ainsi le faire directement sans aucune interaction avec le personnel situé dans l'État T. Ce type d'espaces publicitaires est proposé aux entreprises locales de la région T/S, qu'elles ciblent des clients situés dans cette région ou hors de celle-ci.

13. Pour les marchés de plus grande taille et afin de servir les clients importants, le groupe a mis en place un certain nombre de filiales locales. Pour la promotion des ventes de ce type d'espaces publicitaires auprès d'entreprises actives dans la région T/S, TCo a des sociétés affiliées, comme SCo, une société résidente de l'État S, dont l'objet est la promotion de la famille de produits de RCo y compris des services publicitaires offerts dans la région. Les filiales locales comme SCo fournissent des services de formation et des services techniques aux utilisateurs et aux annonceurs potentiels ainsi qu'une assistance à la commercialisation en vue de susciter la demande pour les produits publicitaires de RCo. Le personnel local interagit en permanence et de manière intensive et personnalisée avec les entreprises locales, en particulier avec les plus gros clients sur le marché local, dont beaucoup finissent par acheter des espaces publicitaires. La rémunération du personnel se fait en partie en fonction du nombre de contrats publicitaires conclus entre TCo et des clients de l'État S et du revenu généré par TCo provenant des clients auxquels TCo apporte son assistance. En contrepartie des activités de promotion et de soutien technique assurées par SCo, TCo paie à SCo une redevance couvrant les dépenses plus un élément de profit. En règle générale, les clients bénéficiant du soutien d'affiliés locaux, comme SCo, n'ont pas d'interaction avec le personnel de TCo.

14. La structure utilisée par le groupe RCo peut être décrite comme le montre le graphique B.2.

Graphique B.2. **Publicité en ligne**

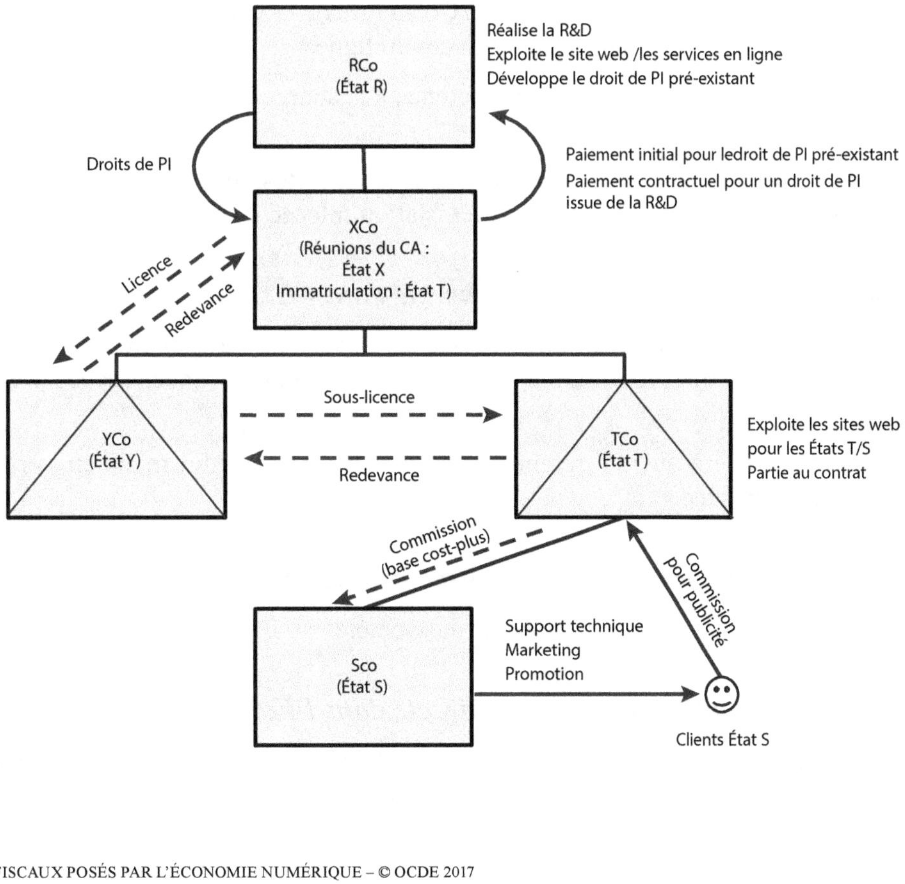

15. La manière dont le groupe RCo a structuré ses activités d'entreprise a d'importantes conséquences d'un point de vue fiscal. Suite aux accords contractuels entre les différentes sociétés du groupe, la majeure partie du revenu du groupe est attribuée à l'État X, et seuls des bénéfices imposables minimes sont attribués aux États S, R et T. Les paragraphes qui suivent décrivent plus précisément les conséquences qui en découlent dans les différents États concernés.

Conséquences en matière de fiscalité directe dans l'État S

- SCo se voit attribuer un revenu imposable minimum, en raison du fait que les fonctions de SCo se limitent à celles d'un fournisseur de services.
- Toutes les recettes tirées des ventes d'espaces publicitaires dans l'État S, y compris ceux achetés par les résidents de l'État S et d'autres clients régionaux, sont traitées comme des recettes de TCo. Le fait que le personnel de SCo ne soit pas habilité à conclure des contrats juridiquement valables ainsi que l'utilisation de contrats normalisés et l'acceptation de ceux-ci en ligne par TCo ont pour conséquence que TCo n'est pas considéré comme ayant un ES dans l'État S. Il s'ensuit que l'État S n'impose pas les bénéfices issus de ces activités, soit parce que sa législation interne ne lui en donne pas le droit, soit parce que la convention sur la double imposition applicable l'empêche de le faire en l'absence d'un ES de TCo, auquel le revenu est attribuable, sur le territoire de l'État S.

Conséquences en matière de fiscalité directe dans l'État T

- L'État T applique l'impôt sur les sociétés aux bénéfices que TCo tire de ses diverses activités dans la région T/S. Le revenu de TCo est toutefois presque totalement absorbé par les redevances payées à YCo au titre de la sous-licence sur la technologie utilisée par TCo pour fournir les services en ligne.
- Ce paiement n'est soumis à aucune retenue à la source en vertu de la convention sur la double imposition applicable.
- L'État T ne soumet pas XCo à l'impôt sur les sociétés, du fait que celle-ci n'est pas une société résidente au sens de la législation interne de l'État T.

Conséquences en matière de fiscalité directe dans l'État Y

- L'État Y applique l'impôt sur les sociétés aux bénéfices générés par YCo, mais ceux-ci sont limités à un faible différentiel entre les redevances reçues par YCo et celles payées à XCo.
- L'État Y n'opère aucune retenue à la source sur ces redevances en vertu de sa législation interne.

Conséquences en matière de fiscalité directe dans l'État X

- L'État X n'applique aucun impôt sur les sociétés.

Conséquences en matière de fiscalité directe dans l'État R

- L'État R applique l'impôt sur les sociétés aux bénéfices réalisés par RCo, notamment le paiement d'entrée reçu en contrepartie du transfert à XCo de la technologie préexistante et les revenus annuels reçus au titre de l'accord de partage des coûts. Toutefois, compte tenu de l'absence presque totale de résultats financiers établis par RCo au moment de la transaction, RCo peut évaluer ces actifs incorporels à une valeur très faible, de sorte que le montant réel des gains soumis à l'impôt sur les sociétés dans l'État R sera très limité. En outre, le paiement annuel – l'indemnisation des coûts encourus par RCo pour le développement des produits incorporels sans aucune majoration – pourrait se faire à un taux sensiblement inférieur à celui des redevances reçues par XCo. Enfin, en fonction de la législation interne de l'État R, RCo peut bénéficier de crédits d'impôt au titre d'une part importante de ses dépenses de recherche-développement, ce qui réduit sensiblement sa dette fiscale aux fins de l'impôt sur les sociétés.

- En vertu de ses règles applicables aux sociétés étrangères contrôlées (SEC), l'État R traiterait dans certaines circonstances les redevances reçues par XCo comme un revenu passif de RCo soumis au taux d'imposition en vigueur. Toutefois, dans la mesure où YCo et TCo sont considérées comme des entités transparentes à des fins fiscales dans l'État R, les règles de cet État applicables aux SEC conduiraient à ignorer les transactions conclues entre XCo, YCo et TCo. Le revenu d'YCo et de TCo serait considéré comme ayant été acquis directement par XCo, et serait traité comme un revenu actif qui ne serait imposable dans l'État R qu'au moment où il est payé à RCo.

Conséquences en matière de TVA

- S'agissant de la TVA, le traitement des transactions entre entreprises est relativement simple. La TVA est perçue soit par l'entreprise fournisseur qui applique la taxe, soit par l'entreprise destinataire, selon un mécanisme « d'autoliquidation ». La taxe appliquée aux intrants est généralement récupérable par les entreprises qui l'ont acquittée par le jeu du mécanisme de crédit d'impôt sur les intrants. L'exception serait celle d'une entreprise fabriquant des fournitures exonérées et qui ne serait dès lors pas en droit de récupérer la taxe.
- En principe, les services en ligne fournis gratuitement par TCo aux consommateurs de la région S/T n'ont pas de conséquences en termes de TVA, sauf si l'on considère que TCo fournit ces services aux consommateurs en échange d'une contrepartie non monétaire, auquel cas l'État où se situent les consommateurs peut réclamer la TVA sur la juste valeur marchande de cette contrepartie.

B.3. Infonuagique

16. Le groupe RCo est un développeur de logiciels (jeux en ligne) qu'il exploite sur des serveurs dans le monde entier et met à la disposition de ses clients à travers diverses interfaces client moyennant paiement d'un abonnement.

17. Le logiciel lui-même ainsi que toute la technologie associée au traitement des paiements et au maintien de la sécurité des données des clients ont été mis au point principalement par les ingénieurs de RCo, une société résidente de l'État R. De plus, RCo coordonne à distance les activités de commercialisation et de vente dans diverses régions afin de réduire les coûts au mieux, d'assurer la cohésion entre les différentes entreprises et les divers sites web et d'améliorer l'efficacité. Ces services de coordination sont fournis à des filiales régionales à l'échelon inférieur en échange d'une rémunération couvrant les dépenses encourues, plus une majoration.

18. RCo a transféré le personnel chargé de la gestion de la technologie utilisée pour exploiter les interfaces client à ES Y, une succursale étrangère de RCo située dans l'État Y. RCo confère

les droits d'utilisation des logiciels et des connaissances associés aux services d'infonuagique à diverses filiales régionales dans le cadre d'accords de licence et de sous-licence.

19. TCo est une filiale régionale d'exploitation de RCo qui est un résident de l'État T. Bien que le marché de l'État T soit de taille modeste comparé aux activités de RCo, elle occupe un nombre important de personnes pour gérer les sites web utilisés pour vendre l'accès au logiciel hébergé par RCo dans la région T/S, qui comprend l'État S et d'autres États. TCo a obtenu dans le cadre d'une adjudication publique toutes les licences requises pour exercer certaines activités réglementées (jeux en ligne). Les contrats passés avec les clients de l'État S sont conclus de manière électronique par l'intermédiaire des sites web à l'aide de contrats normalisés dont les conditions financières sont fixées par RCo. TCo gère l'ensemble du traitement des paiements et de la sécurité associés à l'autorisation d'accès au logiciel hébergé. Les sommes réglées par les abonnés sont recueillies par l'intermédiaire de comptes bancaires locaux. De plus, le personnel de TCo effectue toute la localisation requise du logiciel aux fins de son utilisation sur les marchés de l'État S. TCo exploite une « ferme de serveurs » située dans l'État T, utilisée comme centre de données principal pour gérer le logiciel, traiter les transactions des clients et stocker leur données. Des serveurs miroirs appartenant à des parties tierces (fournisseurs de services Internet) sont également utilisés régulièrement dans d'autres sites à travers le monde en vue d'assurer à tout moment l'accès le plus efficace possible pour les clients et de réduire le risque de perte de données.

20. Afin de promouvoir la demande d'utilisation du logiciel hébergé pour RCo dans l'État S, un marché très important pour les activités de RCo, TCo possède une filiale locale, SCo, dont l'objet déclaré est la promotion dans cette région des services du logiciel hébergé et la fourniture de services d'accueil en ligne aux clients. SCo conduit ces activités à la fois en utilisant la publicité locale et par l'interaction directe avec la clientèle potentielle. SCo est rétribué pour ses activités par une redevance calculée sur la base du prix de revient majoré.

La structure utilisée par le groupe peut être décrite comme le montre le graphique B.3.

Graphique B.3. **Infonuagique**

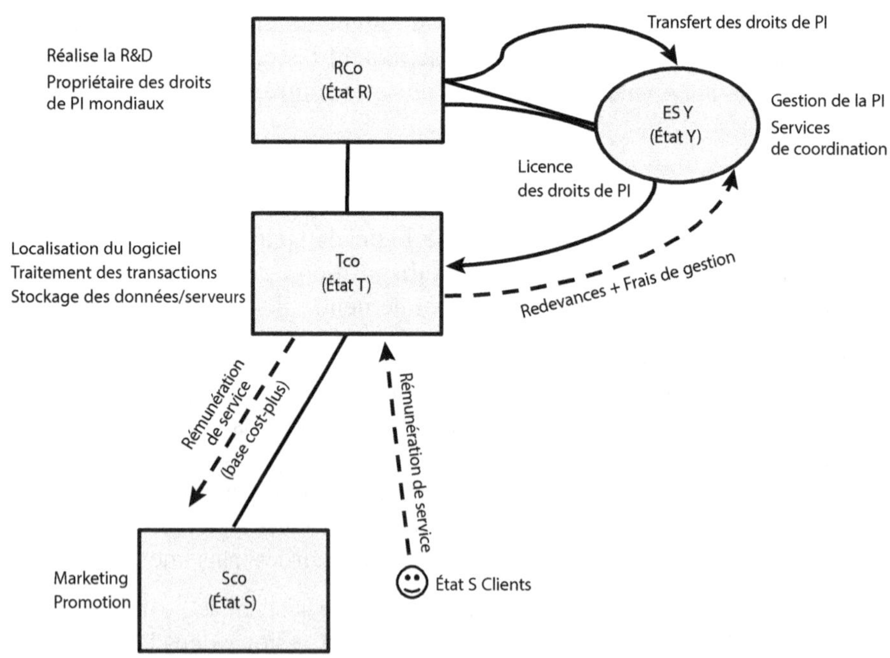

21. La manière dont le groupe RCo a structuré ses activités d'entreprise d'un point de vue juridique a d'importantes conséquences sur la charge fiscale du groupe à l'échelle mondiale. En raison des accords contractuels en cours et de la répartition des fonctions essentielles, la majeure partie des bénéfices produits par l'activité du groupe est attribuée à l'État Y, ce qui garantit qu'un impôt minimal soit payé dans les États S, T et R. Les paragraphes qui suivent décrivent plus précisément les conséquences qui en découlent dans les différents États concernés.

Conséquences en matière de fiscalité directe dans l'État S

- SCo se voit attribuer un revenu imposable minimum, en raison du fait que son profil de risque et de fonctions se limite à des services courants de commercialisation et d'assistance à la clientèle. Toutes les recettes tirées des ventes de services d'infonuagique dans l'État S sont traitées comme un revenu de TCo, compte tenu de son rôle de co-contractant avec les clients locaux et d'administrateur des sites web. L'État S n'impose pas les bénéfices issus de ces activités, soit parce que sa législation interne ne lui en donne pas le droit, soit parce que la convention sur la double imposition applicable l'empêche de le faire en l'absence d'un ES de TCo, auquel le revenu est attribuable, sur le territoire de l'État S.

Conséquences en matière de fiscalité directe dans l'État T

- L'État T applique l'impôt sur les sociétés aux bénéfices que tire TCo de ses activités de vente, mais le revenu de TCo est absorbé en grande partie par la redevance payée à RCo au titre de sa licence sur la technologie utilisée pour fournir les services d'infonuagique aux clients ainsi que par la rémunération versée à RCo pour ses services de coordination.
- Bien que le revenu des redevances et des rémunérations de service payées par TCo soit attribué à l'établissement stable dans l'État Y, l'État T n'applique aucune retenue à la source sur ces revenus en vertu des conditions de la convention fiscale applicable entre l'État T et l'État R, parce qu'il considère que le paiement est reçu par RCo, société résidente de l'État R.

Conséquences en matière de fiscalité directe dans l'État Y

- L'État Y applique un taux plus faible d'impôt sur les sociétés aux bénéfices attribuables à l'ES situé dans cet État. De plus, en vertu d'un régime préférentiel disponible dans l'État Y pour le revenu tiré de certains actifs incorporels, le revenu attribuable à l'établissement stable situé dans cet État bénéficie d'un taux de l'impôt sur les sociétés sensiblement inférieur à celui généralement applicable aux redevances comprises dans les bénéfices imposables.

Conséquences en matière de fiscalité directe dans l'État R

- L'État R applique l'impôt sur les sociétés sur une base territoriale aux bénéfices réalisés par RCo. Il s'ensuit qu'en vertu de la convention sur la double imposition applicable, tous les revenus de redevances ou rémunérations de services obtenus par RCo sont traités comme attribuables à l'établissement stable situé dans l'État Y et sont exclus à ce titre, dans l'État R, de l'assiette imposable de RCo au titre de l'impôt sur les sociétés. Le gain en capital que RCo tire du transfert de la technologie existante à l'ES situé dans l'État Y n'est pas imposé dans l'État R en vertu des règles applicables dans la région R/Y aux transferts transfrontaliers d'actifs. De plus, RCo peut bénéficier de crédits d'impôt pour une part importante de ses dépenses de recherche-développement, ce qui réduit encore sa dette fiscale.

- La législation interne de l'État R ne prévoit pas de régime pour les SEC.

Conséquences en matière de TVA

- Aux fins de la TVA, comme dans les exemples précédents, la TVA sur les transactions entre entreprises sera perçue soit par l'entreprise fournisseur qui facturera la taxe, soit par l'entreprise destinataire, selon un mécanisme « d'autoliquidation ». La taxe appliquée aux intrants est généralement récupérable par les entreprises qui l'ont acquittée par le jeu du mécanisme de crédit d'impôt sur les intrants. L'exception serait celle d'une entreprise fabriquant des fournitures exonérées et qui ne serait dès lors pas en droit de récupérer la taxe.
- En ce qui concerne les transactions entre l'entreprise et les consommateurs finaux, les fournitures de TCo à ceux-ci dans l'État S devraient, en principe, être soumises à la TVA dans cet État. L'État S rencontrera toutefois beaucoup de difficultés à recouvrer la TVA sur des services d'infonuagique acquis depuis l'étranger par des consommateurs finaux résidents.

B.4. Boutique d'applications en ligne

22. Le groupe RCo est le créateur d'un système d'exploitation pour téléphones mobiles et autres appareils portables. Il détient une boutique d'applications en ligne fortement utilisée, depuis laquelle les utilisateurs de téléphones et d'appareils du groupe RCo peuvent télécharger des applications (tant celles développées et détenues par le groupe RCo que celles de développeurs tiers) qui améliorent les fonctions de leurs appareils. Pour développer et vendre des applications par l'intermédiaire de la plateforme applicative du groupe RCo, les développeurs tiers doivent utiliser le logiciel fourni par le groupe afin de garantir la compatibilité avec son système d'exploitation et le respect des normes fixées par le groupe. Le prix des applications de tierces parties est fixé par les développeurs tiers qui doivent respecter les directives du groupe RCo Group. Le développeur reçoit 75 % des recettes provenant des ventes réalisées par l'intermédiaire de la boutique d'applications, et le groupe RCo, 25 %. Les développeurs tiers peuvent choisir sur quels marchés leurs produits seront vendus.

23. Le développement du système d'exploitation et de la boutique d'applications en ligne ainsi que celui des applications développées par RCo et vendues dans la boutique est assuré pour l'essentiel par le personnel de RCo, une société résidente de l'État R. Le développement des applications de tierces parties est effectué à travers le monde, selon l'endroit où se situent les développeurs qui, pour la plupart, sont des personnes physiques ou de petites entreprises.

24. Au tout début de l'existence du groupe, RCo a vendu ses droits sur la technologie utilisée pour le développement et la gestion de sa boutique d'applications en ligne ainsi que les outils de développement et les autres logiciels utilisés pour travailler avec les développeurs indépendants à travers le monde à une filiale, TCo, résidente de l'État T, un marché qui représente une part très modeste des activités du groupe RCo. En même temps que le contrat de vente, RCo a conclu un contrat de service par lequel le groupe continue de mettre à niveau et de développer la technologie utilisée dans les boutiques d'applications au bénéfice de TCo en échange d'une redevance couvrant ses dépenses

de recherche-développement plus une majoration. Tous les risques assumés en lien avec le développement de la technologie ont été contractuellement attribués à TCo, qui emploie un nombre important de personnes pour exploiter les diverses versions locales (adaptées et développées par RCo) de la plateforme applicative et organiser la stratégie de commercialisation, mais TCo n'assure aucune supervision des activités de développement menées par RCo dans l'État R. Les boutiques d'applications sont hébergées sur des serveurs situés dans l'État T et détenus par TCo ou, en fonction du trafic sur le réseau au moment de la transaction, sur des serveurs de tiers généralement situés dans des pays différents de celui du client. TCo assure le traitement de toutes les transactions avec les clients et les développeurs indépendants à travers le monde (y compris dans l'État R). Les contrats d'achat des applications sont conclus par voie électronique selon des processus automatisés et sur la base de conditions financières normalisées fixées par TCo.

25. Sur les marchés de grande taille, TCo a établi des filiales locales pour aider le groupe à promouvoir le système d'exploitation de RCo et la boutique d'applications en ligne auprès des développeurs tiers, des revendeurs et des acheteurs potentiels d'appareils mobiles. Ces filiales locales, comme SCo, une société établie dans l'État S, ne sont jamais formellement impliquées dans les ventes d'applications spécifiques et/ou dans la négociation de contrats d'agence avec des développeurs tiers, bien que certaines interactions directes puissent avoir lieu avec des clients locaux. La rémunération de ces filiales locales est généralement basée sur une redevance couvrant leurs dépenses plus une majoration.

La structure utilisée par le groupe RCo peut être décrite comme le montre le graphique B.4.

Graphique B.4. **Boutique d'applications en ligne**

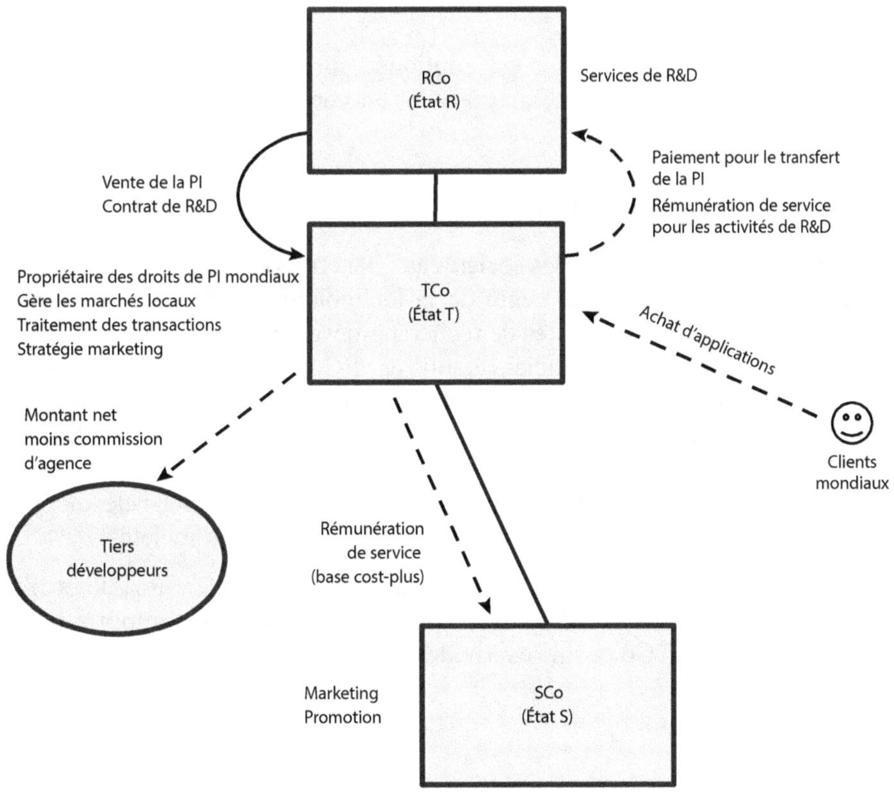

26. La manière dont le groupe RCo a structuré ses activités d'entreprise d'un point de vue juridique a d'importantes conséquences sur la charge fiscale du groupe à l'échelle mondiale. Le groupe RCo part du principe qu'en raison des accords contractuels, TCo, une société affiliée résidente de l'État T, a droit à tous les bénéfices résiduels après rémunération des autres membres du groupe pour leurs fonctions, ce qui réduit la charge fiscale du groupe au minimum dans les autres États concernés. Les paragraphes qui suivent décrivent plus précisément les conséquences qui en découlent dans les différents États concernés.

Conséquences en matière de fiscalité directe dans l'État S

- SCo se voit attribuer un revenu imposable minimum, en raison du fait que le profil de fonctions de cette filiale locale se limite à la fourniture de services courants de commercialisation et de promotion, sans activité de vente directe auprès des clients de l'État S.
- Toutes les recettes provenant de ventes d'applications dans l'État S et l'État R sont traitées comme un revenu de TCo, compte tenu de son rôle de co-contractant avec les clients locaux et d'administrateur des boutiques locales d'applications. L'État S n'impose pas non plus les bénéfices issus de ces activités, soit parce que sa législation interne ne lui en donne pas le droit, soit parce que la convention sur la double imposition applicable l'empêche de le faire en l'absence, dans l'État S, d'ES de TCo auquel le revenu est attribuable.

Conséquences fiscales directes dans l'État T

- L'État T applique l'impôt sur les sociétés sur les importants bénéfices réalisés par TCo, mais à un taux environ deux fois moindre que ceux en vigueur dans l'État R et l'État S.
- Aucune retenue à la source n'est appliquée sur les diverses rémunérations pour services payés par TCo à RCo et à SCo, en vertu de la convention sur la double imposition applicable.

Conséquences directes dans l'État R

- L'État R applique l'impôt sur les sociétés aux bénéfices engrangés par RCo, notamment le gain en capital tiré de la vente de la technologie à TCo et la rémunération de services reçue pour ses activités de recherche-développement. Toutefois, compte tenu de l'absence de résultats financiers établis par RCo au moment de la transaction, RCo peut évaluer ces actifs incorporels à une valeur très faible, de sorte que le montant effectif du gain soumis à l'impôt sur les sociétés dans l'État R sera très limité. De plus, en fonction de la législation interne de l'État R, RCo peut bénéficier de crédits d'impôt pour une part importante de ses dépenses de recherche-développement, ce qui réduit encore sa dette fiscale aux fins de l'impôt sur les sociétés.
- L'État R applique l'impôt sur les sociétés sur une base territoriale et n'a pas des règles relatives aux SEC. Il s'ensuit que RCo est exonéré d'impôt à la fois sur le revenu acquis par TCo et sur les dividendes reçus de TCo.

Conséquences en matière de TVA

- Aux fins de la TVA, comme dans les exemples précédents, la TVA sur les transactions entre entreprises sera perçue soit par l'entreprise fournisseur qui facturera la taxe, soit par l'entreprise destinataire, selon un mécanisme « d'autoliquidation ». La taxe appliquée aux intrants est généralement récupérable par les entreprises qui l'ont acquittée par le jeu du mécanisme de crédit d'impôt sur les intrants. L'exception serait celle d'une entreprise fabriquant des fournitures exonérées et qui ne serait dès lors pas en droit de récupérer la taxe.
- En ce qui concerne les transactions entre l'entreprise et les consommateurs finaux, TCo sera généralement considéré comme le fournisseur des applications aux consommateurs aux fins de la TVA, et non les développeurs tiers de ces applications. Ces transactions entre TCo et les développeurs tiers seront alors traitées comme des fournitures entre entreprises, bien que le chiffre d'affaires de nombreux développeurs tiers puisse rester inférieur au seuil requis pour l'enregistrement à la TVA, auquel cas ces transactions peuvent effectivement ne pas être soumises à la TVA.
- TCo devrait être tenu de collecter la TVA sur les ventes de tous services aux consommateurs privés dans l'État T et de la reverser à celui-ci. Les fournitures auprès de consommateurs à l'étranger seront soumises soit au taux zéro dans l'État T, soit au (faible) taux de la TVA de l'État T. Les fournitures auprès de consommateurs finaux dans d'autres États devraient, en principe, être soumises à la TVA dans l'État où se situent ces consommateurs. Ces États rencontreront toutefois souvent des difficultés pour imposer le recouvrement de la TVA sur les fournitures d'applications aux consommateurs dans leur juridiction, la conséquence étant que ces consommateurs seront en mesure d'acquérir les applications sans TVA ou à un taux de TVA (étranger) plus faible que s'ils les avaient acquises dans leur pays.

Annexe C

Le recouvrement de la TVA/TPS sur les importations de biens de faible valeur

Cette annexe contient le texte d'un rapport concernant les approches envisageables pour recouvrer de manière plus efficiente la taxe sur la valeur ajoutée/taxe sur les produits et services (TVA/TPS) sur les importations de biens de faible valeur, qui pourraient permettre aux pouvoirs publics de réduire ou de supprimer les seuils à partir desquels ces importations sont exonérées de TVA/TPS, s'ils le souhaitent.

C.1. Introduction

C.1.1. Relever les défis fiscaux posés par l'économie numérique

1. L'action 1 du Plan d'action concernant l'érosion de la base d'imposition et le transfert de bénéfices (BEPS)[1], intitulée « Relever les défis fiscaux posés par l'économie numérique », prévoyait notamment la réalisation de travaux sur « les moyens permettant de garantir le recouvrement effectif de la TVA/TPS [taxe sur la valeur ajoutée/taxe sur les produits et services] en cas de fourniture transnationale de biens et de services numériques ». En conséquence, le Groupe de réflexion sur l'économie numérique a préparé un rapport intitulé *Relever les défis fiscaux posés par l'économie numérique* (le Rapport sur l'économie numérique, OCDE, 2014) et l'a présenté aux ministres des Finances du Groupe des Vingt (G20) en septembre 2014. Un des principaux enjeux liés à la TVA/TPS identifiés concerne le volume grandissant d'importations de colis de faible valeur résultant de ventes en ligne qui ne donnent lieu à aucun recouvrement de TVA/TPS en raison des régimes d'exonération appliqués à ces importations de faible valeur dans de nombreuses juridictions. Cela se traduit par des pertes de recettes croissantes et une accentuation des risques de distorsion de concurrence.

2. Les régimes d'exonération de TVA/TPS relatifs aux importations de faible valeur sont essentiellement motivés par le fait que les coûts de recouvrement de ces taxes sur des articles de faible valeur importés seraient probablement supérieurs aux recettes de TVA/TPS effectivement collectées. Au moment où la plupart de ces exonérations relatives aux importations de faible valeur ont été instaurées, le commerce en ligne n'existait pas, et le volume d'importations bénéficiant de ces exonérations était relativement limité. Néanmoins, ces dernières années, de nombreux pays ont connu une croissance rapide et importante du volume des importations de biens matériels de faible valeur non assujetties à la TVA/TPS. Cela s'est traduit par une baisse des recettes de TVA/TPS et une accentuation des risques de pression concurrentielle déloyale exercée sur les détaillants locaux, tenus de facturer la TVA/TPS sur les ventes effectuées auprès des clients de leur juridiction. Cela incite en outre les fournisseurs locaux à se délocaliser dans une autre juridiction pour pouvoir vendre leurs biens de faible valeur en franchise de TVA/TPS.

3. D'après les conclusions du Rapport sur l'économique numérique, les pouvoirs publics devraient être en mesure de réduire ou de supprimer les seuils à partir desquels les importations de biens de faible valeur sont exonérées de TVA/TPS, si les autorités fiscales parvenaient à améliorer l'efficience du traitement de ces importations de faible valeur et du recouvrement de la TVA/TPS sur ces importations.

C.1.2. Portée et objectif de ce rapport

4. Nous explorons dans ce rapport les approches envisageables pour améliorer l'efficience du recouvrement de la TVA/TPS sur les importations de biens de faible valeur, ce qui pourrait permettre aux pouvoirs publics de réduire ou de supprimer les seuils d'exonération de la TVA/TPS, s'ils en décident ainsi. L'objectif de ce rapport n'est pas d'exposer des recommandations ou des lignes directrices, mais de fournir une analyse de différentes approches envisageables pour améliorer l'efficience du recouvrement de la TVA/TPS. Nous y évaluons les options ou combinaisons d'options pouvant être envisagées par les gouvernements en fonction de la situation de leur pays et de son exposition aux importations de faible valeur.

5. Ce rapport porte uniquement sur le recouvrement de la TVA/TPS sur les importations de biens de faible valeur, et non sur la perception des droits à l'importation. La plupart des

pays appliquent un seuil *de minimis* en matière de droits de douane, régi pour l'essentiel par la Convention de Kyoto révisée de l'Organisation mondiale des douanes (OMD) (voir l'encadré C.1). Celle-ci prévoit l'application obligatoire d'un seuil *de minimis* en deçà duquel les petits envois sont exonérés de droits de douane et de taxes[2]. Cette règle est contraignante pour toutes les parties contractantes à la Convention de Kyoto révisée, mais celle-ci ne spécifie pas le niveau de ce seuil et n'impose pas non plus de norme minimale.

6. Bien que tant les droits de douane que la TVA/TPS prélevée sur les importations soient généralement collectés par les autorités douanières, le seuil d'exonération des droits de douane est souvent supérieur à celui appliqué pour la TVA/TPS (ainsi, dans l'Union européenne le seuil d'exonération est fixé à 150 EUR pour les droits de douane et à 10-22 EUR pour la TVA). Dans ce contexte, nous examinons notamment dans ce rapport des modèles de recouvrement de la TVA/TPS sur les importations qui limiteraient ou supprimeraient la nécessité pour les autorités douanières d'intervenir dans le processus de recouvrement de la TVA/TPS sur les importations qui ne sont pas assujetties à des droits de douane. Cela devrait réduire le coût de recouvrement de la TVA/TPS sur les importations de faible valeur et pourrait permettre aux juridictions de supprimer ou de réduire les seuils d'exonération de la TVA/TPS, si elles le souhaitent. La collecte de la TVA/TPS sur les importations de biens d'une valeur supérieure au seuil d'exonération des droits de douane pourrait (continuer de) se faire en même temps que le recouvrement des droits de douanes et taxes dans le cadre des procédures douanières normales.

7. Ce rapport décrit d'abord les principales caractéristiques d'une chaîne de transactions typique correspondant à la vente, au dédouanement et à la livraison de petits envois et le rôle des principales parties prenantes dans ce processus (section C.2). Nous explorons ensuite les options envisageables pour le recouvrement de la TVA/TPS sur ces importations de biens de faible valeur et fournissons une première analyse de leurs avantages et inconvénients, de leurs limites ainsi que des conditions à satisfaire pour les appliquer concrètement (section C.3). Nous décrivons aussi brièvement le rôle potentiel de la coopération administrative en matière d'application de la législation (section C.4) et présentons de manière synthétique les conclusions de l'évaluation des résultats probables des différentes options envisageables pour le recouvrement de la TVA/TPS sur les importations de biens de faible valeur (section C.5). Enfin, nous présentons une conclusion générale (section C.6). Cette évaluation est étayée par des « fiches d'essai » contenant une analyse plus précise de ces options, qui figurent dans l'appendice C.A de ce rapport.

C.2. Principales caractéristiques de la chaîne de transactions correspondant à la vente, au dédouanement et à la livraison de biens de faible valeur

C.2.1. Enjeux

8. Les chaînes de transactions correspondant aux ventes en ligne de biens matériels de faible valeur recouvrent un large éventail de parties prenantes, à commencer par le vendeur des biens, un intermédiaire assurant la sécurité du paiement à un vendeur établi à l'étranger, et un transporteur intérieur réalisant la livraison finale à l'acheteur. Ce processus diffère du modèle classique consistant à importer, entreposer puis vendre au détail les biens considérés. Compte tenu des évolutions technologiques, le marché potentiel a pris une dimension véritablement mondiale et offre aux consommateurs un éventail de possibilités quasiment infini pour accéder au marché et évaluer les atouts des biens mis en vente. Les vendeurs locaux, les pouvoirs publics et les autres parties prenantes classiques ont réalisé des progrès sensibles au regard de ces enjeux, mais ils restent confrontés à divers problèmes à la suite de la révolution du commerce électronique. L'évolution de ce dernier

a provoqué, et continue d'entraîner, des modifications profondes de l'ampleur et de la structure des ventes à distance aux consommateurs finals.

9. Les entreprises modifient leurs modèles d'affaire et leurs chaînes de transactions pour relever les nouveaux défis, préserver leur efficience économique et satisfaire une demande croissante. Étant donné que les consommateurs sont de plus en mesure d'accéder directement à des fournisseurs étrangers *via* internet, certains intermédiaires traditionnels perdent du terrain (comme les grossistes) tandis que de nouveaux acteurs se font jour (comme les plateformes de commerce électronique et les prestataires de services de paiement en ligne) et que d'autres s'adaptent (comme les transporteurs). Des systèmes faciles d'usage de présentation commerciale des articles, d'achat et de paiement ainsi qu'une livraison rapide fondée sur des procédures de distribution efficaces revêtent une importance cruciale pour les vendeurs en ligne. Cela passe par des interactions fluides entre les différentes parties prenantes à ce processus, et par l'échange d'un volume d'informations de plus en plus conséquent entre eux.

10. Ces évolutions soulèvent également des difficultés croissantes pour les systèmes fiscaux en place. Un enjeu clé réside dans le recouvrement de la TVA/TPS sur les achats en ligne de biens matériels réalisés par des consommateurs auprès de fournisseurs se trouvant dans une autre juridiction. En principe, les pays dotés d'une TVA/TPS prélèvent cette taxe sur les importations de biens auprès de l'importateur au moment où les biens sont importés par le biais des mécanismes de recouvrement des droits de douane. De nombreuses juridictions appliquent une exonération de TVA/TPS aux importations de biens de faible valeur en deçà d'un certain seuil *de minimis*, compte tenu du fait que les coûts administratifs liés au recouvrement de cette taxe seraient probablement supérieurs aux recettes de TVA/TPS effectivement collectées. Au moment où la plupart de ces exonérations relatives aux importations de faible valeur ont été instaurées, le commerce en ligne n'existait pas, et le volume d'importations bénéficiant de cette exonération était relativement limité. Néanmoins, ces dernières années, ces exonérations ont exercé des pressions grandissantes sur les recettes fiscales, et accentué les risques de pression concurrentielle déloyale exercée sur les détaillants locaux, tenus de facturer la TVA/TPS sur les ventes de biens à des clients de leur juridiction. Cela incite en outre les fournisseurs locaux à se délocaliser dans une autre juridiction pour pouvoir vendre leurs biens de faible valeur en franchise de TVA/TPS. Or, ces délocalisations peuvent aussi avoir des répercussions négatives sur l'emploi local et les recettes d'impôts directs.

11. Les exonérations appliquées aux importations de faible valeur sont donc devenues de plus en plus controversées sur fond d'expansion de l'économie numérique. Toute la difficulté est de trouver un juste équilibre entre la nécessité de préserver de manière satisfaisante les recettes publiques, d'éviter les distorsions de concurrence, et de veiller à ce que le coût du recouvrement de la TVA/TPS sur les importations de biens de faible valeur reste proportionné aux recettes collectées. Dans la mesure où les seuils d'exonération de la TVA/TPS ont été définis avant l'avènement puis la croissance de l'économie numérique, il peut être nécessaire que les pays réexaminent leurs dispositions fiscales concernant le commerce électronique, afin de s'assurer qu'elles sont toujours adaptées.

12. Si les autorités douanières et/ou fiscales amélioraient sensiblement l'efficience du traitement des importations de faible valeur et du recouvrement de la TVA/TPS sur ces importations, les pouvoirs publics seraient en mesure de réduire ces seuils d'exonération et de s'attaquer aux problèmes connexes. De nombreuses juridictions s'efforcent maintenant de trouver d'autres modalités plus efficientes de recouvrement de la TVA/TPS sur les importations de biens de faible valeur.

C.2.2. Le rôle des parties prenantes clés

13. Cette section offre une vue d'ensemble des grandes catégories de parties prenantes clés et décrit leurs rôles et obligations respectifs dans le cadre du processus transnational classique de vente en ligne et de livraison de biens matériels de faible valeur. L'impact des nouvelles options envisageables pour taxer les importations de faible valeur sur le rôle de ces parties prenantes est examiné dans la section C.3. Les catégories suivantes ont été identifiées :

1. les acheteurs ;
2. les vendeurs ;
3. les plateformes de commerce électronique ;
4. les transporteurs ;
5. les intermédiaires financiers ; et
6. les administrations douanières/fiscales.

14. Ces catégories de parties prenantes correspondent à leur rôle effectif dans la chaîne de transactions, et non à leur statut ou à leur forme juridique. Leur rôle est décrit au regard des procédures douanières concernant l'importation de biens de faible valeur, qui sont présentées dans l'encadré C.1.

Encadré C.1. **Les procédures douanières relatives aux importations de biens de faible valeur**

Les procédures douanières font l'objet d'un certain nombre de normes communes telles que la Convention de Kyoto révisée[a], les Directives concernant la mainlevée immédiate[b] et la nomenclature du Système harmonisé[c]. Ces normes contiennent des dispositions concernant la communication d'informations aux autorités douanières, les renseignements minimums exigés, la classification normalisée des biens, des procédures simplifiées suivant une approche fondée sur les risques, des règles concernant la mainlevée immédiate de certains envois, etc.

Ces procédures n'ont pas uniquement pour but de collecter des taxes, mais aussi (et surtout) de faciliter les échanges ainsi que de garantir la sécurité aux frontières et d'offrir une protection contre la circulation illégale de marchandises faisant l'objet de prohibitions ou de restrictions ou règlementées.

S'agissant des importations de biens de faible valeur, la Convention de Kyoto révisée prévoit l'application obligatoire d'un seuil *de minimis* en deçà duquel les petits envois sont exonérés de droits de douane et de taxes[d]. Cette règle est contraignante pour toutes les parties contractantes à la Convention de Kyoto révisée[e], mais celle-ci ne spécifie pas le niveau de ce seuil et n'impose pas non plus de norme minimale. Il pourrait exister des exceptions limitées pour lesquelles les droits et taxes pourraient s'appliquer indépendamment de tout critère de valeur, par exemple aux biens soumis à accises.

Bien que les pays suivent un certain nombre de normes communes, chacun d'eux applique ses propres procédures de dédouanement (un code des douanes commun s'applique aux États membres de l'Union européenne ; il énonce des règles communes concernant les procédures douanières mais leur laisse également une certaine latitude en matière de réglementation nationale)[f]. Ces procédures obéissent généralement à des logiques similaires : lorsqu'un bien de faible valeur est importé, la personne redevable des droits et taxes est le destinataire du bien mentionné sur la déclaration en douane (l'« importateur enregistré » ou le « déclarant »).

Encadré C.1. **Les procédures douanières relatives aux importations de biens de faible valeur** *(suite)*

Aux termes de la Convention de Kyoto révisée, on entend par « déclarant » toute personne qui fait une déclaration de marchandises ou au nom de laquelle cette déclaration est faite. Cette personne peut être l'acquéreur/le destinataire ou le vendeur/fournisseur des biens considérés, suivant le contrat établi entre eux. Lorsque le vendeur est l'importateur enregistré ou le déclarant, il fournit normalement à son tour les biens considérés à l'acquéreur dans le pays d'importation, et est donc identifié à la TVA/TPS dans ce pays (ce cas de figure n'est pas couvert par ce rapport).

Un tiers peut également être désigné en tant que représentant de l'importateur enregistré ou du déclarant aux fins de l'accomplissement des procédures douanières, et acquitter les droits et taxes. Dans ce cas, la déclaration peut être établie au nom de la personne représentée par ce tiers (représentation directe) ou au nom du tiers lui-même (représentation indirecte). Dans certains pays, lorsqu'un tiers agit en représentation directe, la personne qu'il représente est tenue pour responsable, tandis que s'il agit en représentation indirecte, c'est sa propre responsabilité qui est engagée. Dans certains cas, la personne et le tiers seront considérés comme tenus conjointement et solidairement au paiement de la dette douanière et des taxes exigibles. Dans un certain nombre de pays, le tiers est généralement identifié en tant que « commissionnaire en douane » dans le pays d'importation.

Notes

a. Version révisée de la Convention internationale pour la simplification et l'harmonisation des régimes douaniers de l'Organisation mondiale des douanes (OMD). Les 102 États membres de l'OMD sont parties contractantes à la Convention de Kyoto révisée, qui est entrée en vigueur en 2006.

b. Directives aux fins de la mainlevée immédiate des envois par la douane de 2014.

c. Le Système harmonisé de désignation et de codification des marchandises, généralement désigné sous le nom de « Système harmonisé » ou simplement de « SH », est une nomenclature de produits internationale à buts multiples qui a été élaborée par l'OMD.

d. D'après la norme transitoire énoncée au paragraphe 4.13 du chapitre 4 de l'annexe générale de la Convention de Kyoto révisée : « La législation nationale fixe une valeur minimale ou un montant minimal de droits et taxes ou les deux à la fois, en deçà desquels aucun droit ni taxe n'est perçu. ».

e. Au mois de juin 2015, les parties contractantes à la Convention de Kyoto révisée étaient au nombre de 102.

f. Il s'agit du code des douanes communautaire (Règlement (CEE) n° 2913/92), qui doit être remplacé par le code des douanes de l'Union le 1er mai 2016 (Règlement (UE) n° 952/2013).

C.2.2.1. Les acheteurs

15. Les acheteurs jouent un rôle sans équivalent, dans la mesure où ils sont présents au début et à la fin de la chaîne de transactions. Ils sont à l'initiative de l'achat, autorisent le transfert des fonds au vendeur ou à un intermédiaire désigné et, dans la plupart des cas, réceptionnent les biens auprès du transporteur local. L'acheteur dispose d'une information exhaustive sur le produit, sa valeur et son lieu de livraison.

16. Il est possible que les acheteurs ne soient pas toujours conscients de leur situation au regard des droits et/ou taxes à l'importation, si bien qu'ils peuvent se trouver dans l'obligation inattendue d'acquitter des droits et/ou taxes à l'importation au moment de la livraison de leur achat. Ce cas de figure débouche souvent sur un refus de la livraison, ce qui est une source d'incertitude et de coûts pour le vendeur et le transporteur, qui

peuvent être confrontés à des procédures de dédouanement pour la réexportation des biens retournés et le remboursement des taxes ainsi que leur réimportation dans le pays d'origine, s'ils ne sont pas tout simplement abandonnés.

17. Les acheteurs peuvent être des entreprises – on parle alors de transactions entre entreprises (B2B, *business-to-business*) – ou des consommateurs finals – on parle alors de transactions entre entreprises et consommateurs finals (B2C, *business-to-consumer*). Nous nous focalisons dans ce rapport sur les options envisageables pour le recouvrement de la TVA/TPS sur les importations de biens de faible valeur destinées à des consommateurs finals. C'est dans ce domaine que les détaillants locaux, qui sont tenus de facturer la TVA/TPS sur leurs ventes locales, sont de plus en plus confrontés au risque d'une concurrence déloyale découlant des ventes en ligne qui ne sont pas assujetties à la TVA/TPS en vertu du seuil d'exonération applicable aux importations[3]. Ce problème ne se pose normalement pas dans le contexte des transactions entre entreprises, les entreprises clientes ayant généralement le droit de déduire la taxe acquittée en amont.

C.2.2.2. Les vendeurs

18. Le rôle du vendeur est de fournir le produit à l'acheteur. Il n'est pas toujours évident d'identifier le vendeur dans le cadre d'une opération de vente en ligne. D'un point de vue commercial, la vente en ligne peut être conclue *(1) via* le propre site internet du vendeur ; *(2) via* la plateforme « transparente » de commerce électronique d'un tiers, auquel cas le produit est présenté à l'acheteur mais le contrat reste conclu entre le vendeur initial et l'acheteur, ou *(3) via* la plateforme « non transparente » de commerce électronique d'un tiers, l'acheteur concluant alors un contrat avec la plateforme elle-même. Le rôle des plateformes « transparentes » et « non transparentes » est décrit de manière plus précise dans la section C.2.2.3 ci-après.

19. Les vendeurs recueillent généralement un ensemble de données clés au cours du processus de vente et de livraison, qui peut notamment être utile (ou nécessaire) pour le respect des obligations douanières et fiscales dans le pays d'importation. Cet ensemble de données clés comprend les caractéristiques des biens vendus, le prix payé pour leur acquisition, le lieu de livraison et la personne à laquelle les biens sont destinés, le prix acquitté pour leur transport, les caractéristiques du paiement, le mode de livraison et les données de suivi (notamment le numéro de suivi et le transporteur/opérateur postal), et éventuellement le montant des taxes exigibles à l'importation et des coûts administratifs connexes lorsque le prix facturé à l'acheteur inclut ces frais. Le statut de l'acheteur (entreprise ou consommateur final) peut également être connu, en fonction des dispositions contractuelles et des circonstances.

20. Les vendeurs en ligne peuvent être éventuellement contraints d'assumer des obligations douanières et fiscales et les risques de responsabilité connexes dans tous les pays où ils réalisent des ventes en ligne de biens, qui ont généralement leurs propres procédures douanières et fiscales, taux et seuils d'exonération (il convient de noter cependant que la plupart de ces procédures sont harmonisées pour les 28 États membres de l'Union européenne). Cela peut se traduire par des coûts élevés liés au respect de la législation, en particulier pour les petites et moyennes entreprises (PME). Ces coûts peuvent être moindres en ce qui concerne les importations de biens de faible valeur pour lesquelles il existe des déclarations simplifiées, mais les répercussions de l'entrée dans une juridiction étrangère et inconnue ne se limitent pas aux questions élémentaires de dédouanement et impliquent une connaissance des taux d'imposition et des seuils locaux, ainsi qu'une actualisation de ces informations.

21. Les vendeurs peuvent choisir de faire appel à des intermédiaires pour qu'ils interviennent dans les procédures douanières et fiscales, notamment pour accélérer la livraison. Ce rôle est souvent joué par les transporteurs (voir la section C.2.2.4 ci-après) mais il peut aussi l'être par d'autres tiers, tels que des plateformes de commerce électronique, et dans une moindre mesure dans le cadre des ventes de biens de faible valeur, par des représentants fiscaux. L'intervention de ces tiers dans le processus de dédouanement a inévitablement un coût, dont le niveau par bien de faible valeur importé peut être relativement élevé, en particulier lorsque le chiffre d'affaires dans la juridiction de destination est faible.

22. La situation est plus simple pour les vendeurs lorsqu'il incombe à l'acheteur de payer les droits et taxes et de s'acquitter des obligations connexes liées à la législation dans le pays d'importation. Néanmoins, cela peut se traduire par un service à la clientèle sous-optimal et des acheteurs insatisfaits, dans la mesure où on leur fait généralement payer les droits et taxes et les frais connexes au moment de la livraison, c'est-à-dire après la conclusion de la vente.

C.2.2.3. Les plateformes de commerce électronique

23. Les plateformes de commerce électronique ont évolué au fil du temps, et les logiciels permettant de réaliser des transactions sur internet ont cédé la place à des solutions complètes de vente au détail en ligne, qui permettent aux détaillants de cibler des clients, de les attirer, de nouer des liens avec eux et de les conserver, tant par le biais d'un magasin en ligne classique que par celui des médias sociaux et en utilisant les télécommunications mobiles. Malgré le fait que leur offre de services et leur implication dans les processus de vente en ligne puissent varier et qu'elles continueront assurément à évoluer, nous décrivons dans cette section certains des principaux services que fournissent généralement les plateformes de commerce électronique.

24. Les plateformes de commerce électronique gèrent généralement le magasin en ligne où sont présentés les produits et où les acheteurs peuvent passer commande. Elles mettent à la disposition des vendeurs des outils logiciels leur permettant de charger leur catalogue de produits sur le site internet considéré et de concevoir des pages commerciales. Elles gèrent un module d'encaissement, qui finalise la commande, propose une sélection de méthodes de paiement et de livraison à l'acheteur, et accomplit les contrôles de sécurité nécessaires pour empêcher les actes de fraude. Une fois la commande approuvée par le vendeur, l'acheteur se voit facturer le montant de la vente, et la plateforme de commerce électronique transfère le produit de la vente au marchand et rend compte des transactions sur les pages du compte du vendeur. La plateforme peut fournir des services complémentaires au vendeur, par exemple des conseils relatifs à la protection des consommateurs, à la confidentialité des données, ainsi qu'aux règles fiscales et douanières. Les plateformes de commerce électronique peuvent également émettre des factures au nom du vendeur suivant ses instructions et gérer les demandes d'informations des acheteurs. Suivant le contrat, la plateforme de commerce électronique peut intervenir dans le processus de retour et de remboursement des biens rejetés, ou laisser le vendeur s'en charger directement. La plateforme facture ses services au vendeur. Les frais facturés peuvent être fondés sur la valeur de l'article vendu et sont généralement retranchés du produit de la vente par la plateforme.

25. Les plateformes de commerce électronique collectent et conservent généralement des volumes considérables de données, telles que les informations relatives aux comptes des vendeurs (nom, adresse, informations d'identification à la TVA, coordonnées bancaires); les informations relatives aux comptes des acheteurs (qui peuvent inclure

des données sur l'envoi et la facturation, ainsi que sur les moyens de paiement utilisés); le catalogue de produits de chaque vendeur; l'enregistrement de chaque transaction (qui peut recouvrir l'identification du commerçant et de l'acheteur, les produits vendus, le prix par produit et le prix total, ainsi que la méthode de paiement employée). Suivant le contrat conclu avec le vendeur, la plateforme peut garder une trace des biens retournés et remboursés. Ces informations sont extraites des flux de données entre la plateforme de commerce électronique et le vendeur et, dans une certaine mesure, des flux de données entre la plateforme de commerce électronique et l'acheteur.

26. La plupart des plateformes de commerce électronique sont des « plateformes transparentes », ce qui signifie qu'elles ne sont normalement pas directement parties aux transactions commerciales. Il existe un contrat de prestation de services entre la plateforme de commerce électronique et le vendeur. Le contrat de la vente elle-même est conclu entre le vendeur et l'acheteur. Il n'existe pas de contrat entre la plateforme et l'acheteur. Une plateforme transparente de commerce électronique ne joue généralement aucun rôle dans la détermination du prix des biens vendus : ce prix (qui inclut ou exclut les taxes, droits et frais) sera normalement fixé par le vendeur. Les plateformes transparentes de commerce électronique n'interviennent pas dans le processus d'expédition. Dans la plupart des cas, les biens seront acheminés du commerçant au client par un transporteur express ou par un opérateur postal (voir la section C.2.2.4 ci-après).

27. Dans le cadre de la présente analyse, les « plateformes non transparentes » sont celles qui sont réputées acheter et fournir elles-mêmes les produits. Sous l'angle de la TVA/TPS, la vente par le vendeur initial du bien considéré à la plateforme puis sa revente par la plateforme à l'acheteur sont généralement traitées comme deux transactions distinctes, chacune d'elles s'accompagnant de ses propres obligations fiscales. Suivant les dispositions contractuelles, soit la plateforme non transparente, soit l'acheteur devra assumer les obligations douanières et fiscales et les risques de responsabilité connexes dans le pays d'importation.

C.2.2.4. Les transporteurs

28. Nous décrivons dans cette section le rôle des transporteurs dans la chaîne de transactions du commerce électronique, leur rôle éventuel dans l'établissement, le recouvrement et le reversement aux pouvoirs publics des droits et taxes à l'importation, ainsi que dans la collecte de données pouvant être utiles au processus de dédouanement.

29. Contrairement aux échanges de services et de biens immatériels, la vente de biens matériels aux consommateurs finals dans le cadre du commerce électronique passe généralement par l'intervention d'un transporteur, qui achemine ces biens jusqu'à l'acheteur dans sa juridiction. Dans le contexte de la vente en ligne de biens de faible valeur, cette tâche est généralement accomplie par un transporteur express ou par un opérateur postal. Les vendeurs de biens de faible valeur peuvent également choisir d'organiser eux-mêmes ce transport, sans recourir à des intermédiaires (par exemple en louant de l'espace de chargement sur des vols aériens ou des bateaux), mais ils n'en doivent pas moins se charger du dédouanement et organiser la livraison au client dans le pays de destination. Cette option est donc très marginale dans le contexte des ventes en ligne de biens de faible valeur et n'est pas décrite plus précisément ci-après.

C.2.2.4.1. Les transporteurs express

30. Les transporteurs express sont des prestataires de services intégrés spécialisés qui se chargent du transport porte à porte du vendeur à l'acheteur, du processus de gestion des informations et, suivant le contrat, de la gestion des procédures fiscales et douanières. Les biens sont placés sous leur contrôle tout au long du processus d'exportation et d'importation.

31. Nous décrivons dans cette section la façon dont la chaîne de transactions est généralement organisée pour les transporteurs express, sachant que cela peut varier suivant l'organisation de chaque entreprise (voir également le graphique C.1). Le vendeur des biens conclut un contrat avec le transporteur concernant l'acheminement des biens vendus jusqu'à leur acheteur à l'étranger. Le vendeur exécute la commande et demande au transporteur express de prendre livraison des biens. Le transporteur express récupère l'envoi auprès du vendeur ainsi que les données connexes, qui portent généralement sur la nature des biens, leur valeur et leur destination telles qu'elles ont été déclarées par le vendeur. Les biens sont acheminés jusqu'au centre de traitement du transporteur express, où il les traite en vue de leur livraison. Des données et des documents scannés sont transmis sous forme électronique aux autorités douanières du pays d'exportation et du pays de destination aux fins de dédouanement. Ce système permet aux autorités douanières du pays de destination d'obtenir des informations avant l'arrivée d'un envoi dans le pays. L'envoi est regroupé avec d'autres et livré au point d'accès sortant du port ou de l'aéroport de départ. Le transporteur express se charge du dédouanement à l'exportation, puis l'envoi est acheminé jusqu'au centre de tri local du transporteur. Là, les envois sont séparés et groupés avec d'autres en fonction de leur point d'accès de destination, puis les biens sont transportés jusqu'à celui-ci. Arrivé au point d'accès de destination, l'envoi est dédouané. Les droits et taxes à l'importation sont acquittés en tant que de besoin. Les biens sont acheminés jusqu'au centre de traitement local en vue de leur livraison à l'acheteur. Les biens sont remis à l'acheteur et si celui-ci doit acquitter des droits et taxes, leur montant est collecté.

Graphique C.1. **Le rôle des transporteurs express**

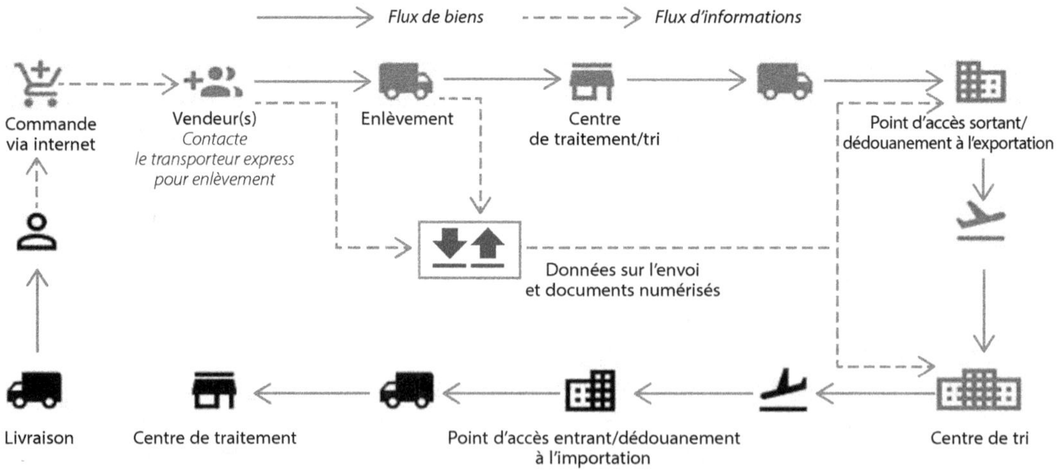

32. Les transporteurs express sont le plus souvent chargés par les vendeurs d'accomplir les procédures de dédouanement et de payer les droits et taxes à l'importation. Ils ont conclu des accords avec les autorités douanières de la plupart des pays du monde qui leur permettent de fournir des informations avant l'arrivée des biens et d'accomplir les procédures douanières électroniquement. En tant que déclarants, ils sont responsables

du paiement des droits et taxes aux autorités à l'importation (voir le graphique C.1 ci-dessus). Suivant le contrat conclu avec le vendeur, ces droits et taxes peuvent ensuite soit être imputés au vendeur, soit être facturés à l'acheteur au moment de la livraison. Dans ce dernier cas, cela peut déboucher sur un refus de la livraison, ce qui est une source d'incertitude et de coûts pour le vendeur et le transporteur (voir la section C.2.2.1 ci-avant).

33. Dans certaines régions (telles que l'Asie-Pacifique et le Moyen-Orient), les petits vendeurs regroupent souvent leurs envois en faisant appel à un « cochargeur », qui réunit les biens et conclut un contrat avec un transporteur express pour l'acheminement des biens jusqu'aux clients. Le cochargeur réunit également des informations et des documents justificatifs auprès du vendeur et les transmet au transporteur express. À la suite de cette intervention du cochargeur, le transporteur express agit comme indiqué ci-dessus et comme l'illustre le graphique C.1.

C.2.2.4.2. Les opérateurs postaux

34. D'un point de vue règlementaire, les opérateurs postaux sont soumis aux règles de l'Union postale universelle (UPU)[4], qui prévoient des obligations concernant la remise des lettres et colis aux destinataires et la confidentialité du courrier. Les opérateurs postaux peuvent être des entreprises publiques ou privées.

35. Les processus relatifs aux envois postaux internationaux diffèrent généralement de ceux des transporteurs express. Nous décrivons dans cette section le processus correspondant au mode de fonctionnement typique des opérateurs postaux, sachant que celui-ci peut varier suivant les pays et les éventuels accords spécifiques conclus entre les opérateurs postaux concernés. Le vendeur remet les biens à son bureau de poste local et fournit les informations nécessaires en utilisant les déclarations spécifiques CN22 ou CN23, suivant la valeur et/ou le poids du colis[5]. Ces informations restent généralement limitées au nom et à l'adresse du destinataire ainsi qu'à la description du contenu du colis, de son poids et de sa valeur. L'opérateur postal dépend de l'expéditeur en ce qui concerne l'exactitude de ces informations, et cela peut soulever des problèmes de qualité des données, en particulier lorsqu'il s'agit de particuliers ou d'expéditeurs occasionnels. Ces déclarations imprimées sont jointes aux biens et c'est généralement sur elles que se fondent les autorités douanières pour procéder au dédouanement. Bien qu'une procédure électronique soit possible, peu de pays sont dotés des systèmes informatiques nécessaires, et le processus de dédouanement des colis postaux reste donc dans une très large mesure fondé sur des documents imprimés. Dans ce cas de figure, aucune information préalable n'est transmise aux autorités douanières du pays de destination avant l'arrivée d'un envoi dans ledit pays. Lorsqu'une déclaration imprimée est utilisée, le seul moyen d'évaluer le statut douanier et fiscal d'un colis et de savoir à qui en incombe la responsabilité réside dans une procédure physique intensive consistant à vérifier manuellement chaque bien, parallèlement à l'évaluation d'autres risques effectuée par les douanes. Après avoir déclaré les biens à l'importation aux autorités douanières, l'opérateur postal du pays de destination les livre à leur destinataire.

36. Contrairement aux transporteurs express, les opérateurs postaux n'accomplissent généralement pas les procédures fiscales et douanières. C'est au destinataire qu'il incombe de payer les droits et taxes à l'importation. L'opérateur postal collecte généralement ces droits et taxes auprès du destinataire au moment de la livraison. Cela peut déboucher sur un refus de la livraison, ce qui est une source d'incertitude et de coûts pour l'opérateur postal (voir la section C.2.2.1 ci-avant).

37. Des discussions ont lieu actuellement à l'UPU et à l'OMD sur la possibilité d'une transition du processus actuel fondé sur des documents imprimés vers un échange électronique d'informations, qui permettrait de réaliser des gains d'efficience et d'utiliser des outils modernes de gestion des risques (voir la section C.2.2.6 ci-après). Néanmoins, le calendrier de mise en œuvre de telles procédures électroniques pourrait varier d'un pays à l'autre, et on ne dispose aujourd'hui d'aucune indication claire quant à l'échéance à laquelle il s'agira d'une pratique courante.

C.2.2.5. Les intermédiaires financiers

38. Le rôle traditionnel des intermédiaires financiers consiste à transférer le paiement de l'acheteur au vendeur. Dans le contexte du commerce électronique, où l'acheteur peut avoir une connaissance très limitée du vendeur et craindre d'être victime d'usurpation d'identité ou de fraude, la sécurité des données bancaires de l'acheteur constitue un sujet de préoccupation majeur. En conséquence, les intermédiaires financiers ont mis au point des solutions de paiement qui ne sont associées qu'indirectement au compte bancaire de l'acheteur. On peut citer à cet égard les cartes de débit sécurisées, qui permettent d'éviter les risques liés à la conservation par le vendeur de données de carte de crédit, et les systèmes de paiement en ligne fournis par des prestataires spécialisés de services de paiement en ligne. Généralement, le vendeur conclut un accord avec le prestataire de services de paiement pour faciliter les règlements des acheteurs. Ceux-ci peuvent être effectués directement sur un compte en « monnaie électronique » détenu auprès du prestataire de services de paiement, ou directement sur le compte bancaire du vendeur concerné. Le système est sécurisé et le vendeur ne reçoit généralement aucune information concernant la carte bancaire, de crédit ou de débit de l'acheteur. Celui-ci n'est pas toujours tenu de disposer d'un compte auprès du prestataire de services de paiement.

39. Au cours du processus de paiement, l'intermédiaire financier réunit et conserve des données telles que les informations relatives aux comptes du vendeur et de l'acheteur (nom, adresse, coordonnées bancaires). Néanmoins, dans la plupart des cas, l'intermédiaire financier ne collecte aucune information concernant la nature des biens vendus ni le lieu de leur livraison.

C.2.2.6. Administrations douanière et fiscale

40. Globalement, les autorités douanières assument trois fonctions : la facilitation des échanges, la protection aux frontières et la collecte des droits et taxes à l'importation.

41. La fonction de facilitation des échanges recouvre notamment la collecte d'informations commerciales pour les pouvoirs publics, les négociants et d'autres parties intéressées et le fait de garantir la rapidité et l'efficacité des procédures de dédouanement[6]. La fonction de protection aux frontières s'est renforcée au cours des dernières décennies, compte tenu du rôle de plus en plus important joué par les autorités douanières en termes de sûreté et de sécurité des chaînes d'approvisionnement. Cette protection aux frontières recouvre notamment la détection et la prévention de la circulation illégale d'un large éventail de marchandises faisant l'objet de prohibitions ou de restrictions ou règlementées, telles que les drogues illicites, les armes, les marchandises de contrefaçon et les biens représentant un risque pour la sécurité des consommateurs, les produits pouvant être utilisés à des fins terroristes, ainsi que la circulation illégale de fonds et de produits menaçant la biosécurité. Bien qu'elles assument toujours un rôle non négligeable en termes de recouvrement des taxes, leurs fonctions de collecte des droits à l'importation ont perdu de l'importance au fil du temps, la libéralisation des échanges ayant conduit à une réduction progressive de ces droits. Malgré le recul de ce rôle de collecte des taxes,

et indépendamment des modèles utilisés pour le recouvrement des droits et taxes à l'importation, les autorités douanières continueront de jouer leur rôle crucial de protection aux frontières et d'évaluation des risques en matière de sûreté et de sécurité. Ces fonctions sont définies et exercées indépendamment de toutes considérations fiscales, et elles ne seront pas traitées davantage dans le présent rapport.

42. La fonction des autorités douanières en matière de recouvrement des taxes consiste à veiller à ce que les droits de douane, les droits d'accise, la TVA/TPS et autres taxes éventuellement applicables aux biens importés soient correctement établis, déclarés et payés.

43. À la différence de l'efficacité de la fonction de protection aux frontières, celle de l'activité de recouvrement des taxes est souvent mesurée par comparaison des recettes fiscales potentielles avec le coût de leur recouvrement à la frontière. La plupart des pays appliquent un seuil *de minimis* en matière de droits de douane, régi par la Convention de Kyoto révisée de l'OMD (voir l'encadré C.1 ci-avant). Cette règle est contraignante pour toutes les parties contractantes à la Convention de Kyoto révisée, mais celle-ci ne spécifie pas de norme minimale. La portée de cette obligation sera examinée par l'OMD à la lumière de l'évolution du commerce électronique et des travaux réalisés actuellement par l'OCDE sur des modèles de recouvrement différents. Tant les droits de douane que la TVA/TPS sur les importations sont généralement collectés par les autorités douanières, mais le seuil d'exonération appliqué en matière de droits de douane est la plupart du temps plus élevé qu'en matière de de TVA/TPS (ainsi, dans l'Union européenne, ce seuil d'exonération est de 150 EUR pour les droits de douane et de 10-22 EUR pour la TVA – voir également l'appendice C.A de ce rapport).

44. Les taxes, les droits d'accise et les droits de douane sont le plus souvent recouvrés par les autorités douanières au moment de l'importation ou du dédouanement. Les autorités douanières collectent les taxes au nom des administrations fiscales et conformément aux règles fiscales en vigueur. Une coopération étroite entre les autorités fiscales et douanières s'impose pour assurer le bon fonctionnement des procédures d'établissement, de recouvrement et de vérification des taxes. Les procédures de dédouanement peuvent varier en fonction de la valeur des biens et du transporteur (transporteur express ou opérateur postal) auquel il est fait appel pour acheminer les envois. Ces procédures sont présentées de manière synthétique dans le tableau C.1.

Tableau C1. **Procédures de dédouanement et procédures relatives à la TVA/TPS (applicables aux biens non assujettis à d'autres droits spécifiques tels que les droits d'accise)**

		Déclaration en douane	
Valeur	**TVA/TPS**	**Service postal (relevant de l'UPU)**	**Entreprises de transport express**
Inférieure aux seuils d'exonération de la TVA/TPS et des droits de douane	• Aucune TVA/TPS • Aucun droit de douane	Déclaration CN22/CN23	Déclaration simplifiée
Supérieure au seuil d'exonération de la TVA/TPS (et inférieure au seuil d'exonération des droits de douane)	• TVA/TPS exigible • Aucun droit de douane	Déclaration CN22/CN23	Déclaration complète ou simplifiée
Supérieure aux seuils d'exonération de la TVA/TPS et des droits de douane	• TVA/TPS exigible • Droits de douane exigibles	Déclaration CN22 ou CN23 (suivant la valeur du bien) ou déclaration complète/simplifiée (suivant le montant et le pays considérés)	Déclaration complète ou simplifiée

Note : Ce tableau repose en partie sur des données tirées du rapport préparé pour la Commission européenne intitulé « Assessment of the application and the impact of the VAT exemption for importation of small consignment » (voir http://ec.europa.eu/taxation_customs/taxation/vat/key_documents/reports_published/index_fr.htm).

45. Ces dernières années, le traitement électronique des importations, en particulier dans le contexte du transport express, a contribué de plus en plus à rationaliser les procédures douanières dans diverses juridictions afin que ces procédures puissent être relativement rapides. La transition vers le traitement électronique des importations figure également parmi les priorités de travail dans le domaine postal. L'UPU a récemment modifié sa Convention de manière à autoriser et encourager les pays à remplacer les déclarations imprimées par la fourniture de données électroniques[7], préparant le terrain pour la soumission préalable de données électroniques (voir la section C.2.2.4.2.). Par ailleurs, l'Union européenne a lancé un plan stratégique pluriannuel (2016-20) pour l'informatisation des douanes[8] dans le contexte de la mise en œuvre du nouveau code des douanes de l'Union, qui entrera en vigueur le 1er mai 2016. L'objectif est de permettre l'utilisation de déclarations électroniques et la fourniture d'informations aux autorités douanières avant l'arrivée des biens afin de rationaliser les procédures douanières. Bien que ces améliorations soient essentiellement axées sur des impératifs de sûreté et de sécurité, les autorités douanières et fiscales pourraient utiliser ce processus de collecte de données pour rationaliser le recouvrement des droits et taxes. Il convient cependant de noter qu'il faudra très vraisemblablement plusieurs années avant que la transition vers le traitement électronique des importations ne soit achevée à l'échelle mondiale.

C.2.3. L'importance des informations

46. Les flux d'informations entre les parties prenantes et leur enregistrement par les autorités douanières ou fiscales revêtent une importance cruciale pour l'efficacité et l'efficience des procédures de recouvrement et de reversement aux pouvoirs publics des taxes à l'importation. Lorsque les biens sont vendus dans le contexte du commerce électronique, le vendeur et l'acheteur sont les seules parties prenantes ayant une connaissance exhaustive de la description des biens et du prix payé pour leur acquisition. Le transporteur peut disposer de certaines ou de la totalité des informations, en particulier lorsqu'il se charge du dédouanement dans le pays de destination. Néanmoins, les biens peuvent avoir fait l'objet d'une sous-évaluation ou d'une fausse description de la part du vendeur à l'insu du transporteur. Certaines informations sont également collectées par les plateformes de commerce électronique, lorsqu'elles sont utilisées comme intermédiaires dans les transactions. L'intermédiaire de paiement réunit certaines informations sur la vente, essentiellement le prix payé ainsi que l'identité de l'auteur et du bénéficiaire du paiement, mais pas la description des biens ni les informations relatives à leurs mouvements physiques. Le tableau C.2 offre une vue d'ensemble des informations minimales dont dispose généralement chaque partie prenante à la chaîne de transactions correspondant aux importations de biens de faible valeur. Les parties prenantes ont généralement mis en place des systèmes informatiques complexes pour réunir, traiter et conserver les informations commerciales nécessaires, et toute modification de la méthode de recouvrement des taxes nécessiterait d'apporter des ajustements à ces systèmes, ce qui aurait fatalement un coût. La disponibilité des données nécessaires aux différentes parties prenantes et son impact sur le rôle éventuel de ces parties prenantes dans le recouvrement de la TVA/TPS sur les importations sont examinés de manière plus approfondie dans le cadre de l'évaluation des différents modèles envisageables pour recouvrer la TVA/TPS sur les importations de faible valeur (voir la section C.3 ci-après).

Tableau C.2. **Informations minimales dont dispose chaque partie prenante à la chaîne de transactions**

Partie prenante	Nature des biens	Valeur	Pays de destination	Échéance de l'importation/ la livraison	Données sur le transport	Taxes et droits (y compris les seuils applicables)
Acheteur	Oui	Oui	Oui	Oui	Éventuellement	Éventuellement
Vendeur	Oui	Oui	Oui	Éventuellement	Oui	Éventuellement
Plateforme transparente de commerce électronique	Certaines informations	Oui	Éventuellement	Éventuellement	Éventuellement	Certaines informations/ Éventuellement
Transporteur express	Oui	Oui	Oui	Oui	Oui	Oui
Opérateur postal	Éventuellement	Éventuellement	Oui	Oui	Oui	Oui
Intermédiaire financier	Non	Oui	Éventuellement	Non	Non	Non

C.3. Principales caractéristiques et évaluation des options envisageables pour le recouvrement de la TVA/TPS sur les importations de biens de faible valeur

C.3.1. Introduction

47. La taxation des importations de biens de faible valeur crée des points de tension pour toutes les entreprises parties prenantes à la chaîne de transactions. Les principaux points de tension sont liés à la collecte et à la conservation de données disponibles en temps voulu et fiables à transmettre aux autorités douanières et fiscales; à l'élaboration et à la gestion de systèmes informatiques permettant de vérifier et de gérer les flux d'informations entre les diverses parties prenantes et leur transmission aux autorités fiscales et douanières; et à l'acquittement satisfaisant des obligations d'accomplissement des procédures fiscales et douanières ainsi que de reversement aux pouvoirs publics des droits et taxes collectés à l'importation. Un problème essentiel, tant pour les administrations que pour les parties prenantes, lié aux importations de biens de faible valeur tient au fait que le processus de recouvrement des droits et taxes sur les importations est différent de celui qui s'applique aux ventes intérieures : alors que la TVA/TPS perçue sur les ventes intérieures est simplement déclarée et reversée périodiquement aux pouvoirs publics sur la base de déclarations mensuelles ou trimestrielles, la déclaration et le paiement de ces taxes sur les importations doivent souvent être effectués au coup par coup pour chaque marchandise importée. Cela exerce des pressions considérables sur toutes les parties prenantes au processus consistant à collecter puis à reverser aux pouvoirs publics ces taxes sur les importations.

48. Nous explorons dans cette section les principales options actuellement envisageables pour le recouvrement de la TVA/TPS sur les importations de biens de faible valeur, et évaluons les résultats probables de ces différentes options au regard d'un ensemble de critères d'évaluation (décrits dans la section C.3.2 ci-après).

49. Bien que ce rapport ne porte pas sur les questions de sûreté et de sécurité, elles conserveront une grande importance, et aucune des options envisagées ne doit impliquer une dégradation du rôle important que jouent les autorités douanières dans ce domaine.

50. Compte tenu des compétences et de l'expérience accumulées en matière de régimes d'exonération des importations de faible valeur et des possibilités de réforme de ces régimes, quatre grands types de modèle ont été identifiés pour recouvrer la TVA/TPS sur

les importations de faible valeur. La distinction entre ces modèles de recouvrement repose essentiellement sur la personne redevable de la TVA/TPS. Ces modèles sont les suivants :

1. le modèle de recouvrement classique ;
2. le modèle de recouvrement par les acheteurs ;
3. le modèle de recouvrement par les vendeurs ; et
4. le modèle de recouvrement par des intermédiaires.

51. Le modèle de recouvrement classique est celui qui est généralement appliqué aujourd'hui pour le recouvrement des droits et taxes à l'importation, et qui va souvent de pair avec une exonération de TVA/TPS pour les importations de biens de faible valeur. Les trois autres modèles représentent d'autres approches envisageables pour recouvrer de manière plus efficiente la TVA/TPS sur les importations de biens de faible valeur, qui pourraient permettre aux pays de réduire ou de supprimer les seuils à partir desquels ces importations sont exonérées de TVA/TPS.

C.3.2. Méthode d'évaluation des résultats probables des modèles de recouvrement de la TVA/TPS

52. Les options (modèles de recouvrement) examinées dans ce rapport sont évaluées à partir d'un cadre fondé sur les Conditions cadres d'Ottawa pour l'imposition du commerce électronique[9]. Suivant ce cadre d'évaluation, les résultats des modèles de recouvrement ont été analysés au regard des critères suivants :

- **Neutralité** : Les contribuables qui se trouvent dans des situations similaires et qui effectuent des transactions similaires devraient être soumis à des niveaux d'imposition similaires ;
- **Efficience en matière de discipline fiscale et d'administration** : Les coûts de la discipline fiscale pour les contribuables et l'administration devraient être réduits autant que possible ;
- **Certitude et simplicité** : Les règles relatives aux taxes et droits devraient être claires et simples à comprendre, de façon que les contribuables puissent anticiper les conséquences d'une transaction en termes de taxes/droits, notamment sur le point de savoir ce qui doit être imposé ainsi que la date, le lieu et le mode de calcul de l'impôt ;
- **Efficacité** : Le seuil d'exonération devrait être réduit/supprimé afin que l'imposition procure le montant approprié d'impôt au bon endroit (c'est-à-dire dans le pays d'importation où les biens sont consommés) ;
- **Équité** : Il faut réduire au maximum les possibilités de fraude et d'évasion fiscales (autrement dit les actes de sous-évaluation et de fausse description), tout en veillant à ce que les contre-mesures soient proportionnées aux risques encourus ;
- **Flexibilité** : *Les systèmes d'imposition devraient être flexibles et dynamiques, de manière à suivre le rythme de l'évolution des techniques et des transactions commerciales.*

53. Outre l'évaluation présentée dans la section C.3.3 ci-après, nous avons établi des « fiches d'essai », dans lesquelles sont exposés les avantages et les inconvénients de chaque modèle de recouvrement, chacun des critères d'évaluation donnant lieu à l'attribution d'une

appréciation élevée, moyenne ou basse. Ces fiches d'essai figurent dans l'appendice C.A de ce rapport.

54. La description de chacun des modèles dans la section C.3.3 ci-après ne doit pas laisser penser qu'il faut les considérer indépendamment les uns des autres. On peut en effet combiner ces modèles pour obtenir le résultat voulu. Ainsi, un modèle optionnel de recouvrement par les vendeurs pourrait être associé à un modèle de collecte par des intermédiaires (permettant de réduire les coûts liés au respect de la législation supportés par les petites et moyennes entreprises) et, à titre subsidiaire et comme solution de repli, à des procédures classiques de dédouanement.

C.3.3. Évaluation des modèles de recouvrement

C.3.3.1. Le modèle de recouvrement classique

55. Suivant le modèle de recouvrement classique, les autorités douanières déterminent généralement les droits et taxes exigibles sur chaque envoi de biens à partir de la déclaration en douane à l'importation. En principe, la TVA/TPS sur les importations est collectée au même moment que les droits de douane, avant la mainlevée des biens qui intervient au terme des contrôles douaniers. De nombreux pays n'appliquent cependant pas ce modèle aux importations de biens de faible valeur : ils appliquent une exonération de TVA/TPS à ces importations, compte tenu du fait que les coûts administratifs liés à la détermination et au recouvrement des recettes correspondantes (y compris les coûts associés à l'évaluation des risques) dans le cadre de ce modèle seraient probablement supérieurs aux recettes de TVA/TPS effectivement collectées.

56. Le fonctionnement du modèle de recouvrement classique est illustré par le graphique C.2. La TVA/TPS sur les importations est généralement appliquée sur la base de la valeur en douane, à laquelle peuvent être ajoutés certains éléments tels que les coûts de transport et d'autres frais annexes, et des droits (même si ces derniers ne sont généralement pas prélevés sur les importations de biens de faible valeur vendus en ligne, ceux-ci étant le plus souvent en deçà du seuil à partir duquel s'appliquent ces droits). La personne désignée en tant que déclarant/destinataire/importateur enregistré sur la déclaration d'importation est généralement redevable de la TVA/TPS sur l'importation considérée auprès des autorités douanières. Cette approche classique est axée sur le premier point de taxation au niveau du contrôle aux frontières, ainsi que l'illustre le schéma opérationnel ci-dessous.

Graphique C.2. **Modèle de recouvrement classique**

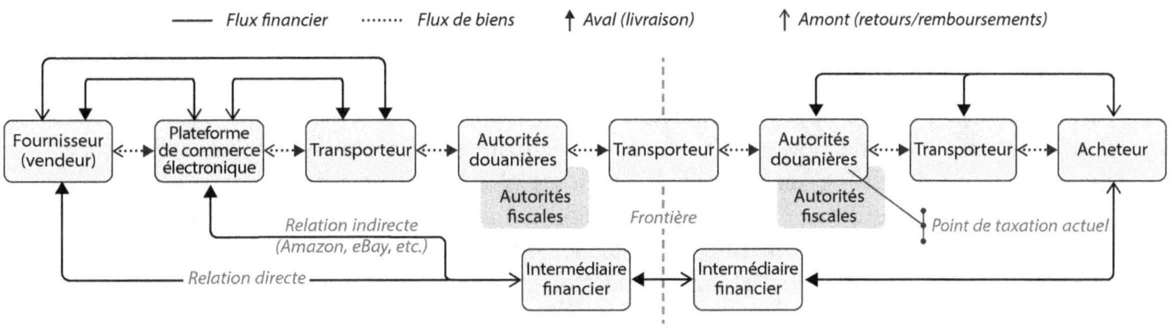

57. Lorsque les biens sont importés par le biais de transporteurs express, les données pertinentes et des documents scannés sont transmis la plupart du temps sous forme électronique aux autorités douanières du pays d'exportation et du pays de destination aux fins de dédouanement. Ce système permet aux autorités douanières du pays de destination d'obtenir des informations avant l'arrivée d'un envoi dans le pays (voir la section C.2.2.4.1 ci-avant). Grâce au traitement électronique, en particulier aux procédures de traitement et d'évaluation des risques préalables à l'arrivée des envois mises en œuvre par de nombreuses administrations, ces informations préalables sur les chargements, conjuguées à un acquittement préalable des droits et taxes, permettent que ces biens soient immédiatement dédouanés à leur arrivée, sans être stoppés à la frontière pour examen ou évaluation.

58. La situation est différente dans l'environnement postal. Le processus repose toujours de manière prédominante sur des documents imprimés et c'est essentiellement à l'expéditeur, situé dans un pays tiers qu'il revient de fournir les données exactes nécessaires (voir la section C.2.2.4.2 ci-avant). En l'absence de système électronique de transmission des données, l'importation par le biais d'opérateurs postaux implique généralement que chaque envoi doit être stoppé à la frontière afin que puissent être réunies les informations nécessaires à l'évaluation de ses implications fiscales, que les montants exigibles puissent être déterminés en conséquence, et que le processus garantissant le paiement des droits et taxes puisse être mis en œuvre. Le traitement et le contrôle de ces transactions sont des tâches difficiles et à forte intensité de main-d'œuvre, dans la mesure où les autorités douanières compétentes doivent traiter manuellement chaque colis. Cela s'avère de plus en plus difficile à réaliser concrètement pour chacun des colis importés par le biais d'opérateurs postaux, en particulier maintenant que le volume de biens de ce type a énormément augmenté en raison de la forte croissance du commerce en ligne.

59. Dans de nombreux cas, les envois ne sont pas remis aux destinataires tant que les taxes et/ou droits exigibles n'ont pas été acquittés. Les envois pour lesquels les engagements constatés au titre de taxes ou de droits n'ont pas été honorés doivent généralement être retournés à l'expéditeur. Ils peuvent également être considérés comme « abandonnés », voire être détruits dans certains cas.

60. Les charges et les coûts liés au traitement manuel et fondé sur des documents imprimés des importations de biens de faible valeur ainsi que la modestie des recettes en jeu sont les principales raisons pour lesquelles des pays du monde entier ont mis en place des régimes d'exonération de la TVA/TPS.

61. Néanmoins, les progrès technologiques ont offert aux pouvoirs publics et aux entreprises des possibilités d'améliorer l'efficience du recouvrement des taxes sur les importations de biens de faible valeur. Au cours des dernières années, le traitement électronique des importations confiées à des transporteurs express a contribué à rationaliser les processus douaniers dans diverses juridictions, de sorte qu'ils puissent être accomplis plus rapidement et à moindre coût. S'agissant des envois internationaux pris en charge par des opérateurs postaux, les systèmes électroniques qui sont en cours d'élaboration dans une optique de sûreté et sécurité pourraient également être utilisés dans l'avenir à des fins fiscales (voir la section C.2.2.6 ci-avant). Une généralisation des déclarations électroniques et leur transmission avant l'arrivée des biens permettrait de réaliser des économies et d'améliorer l'efficience du recouvrement des taxes aux frontières, même s'il resterait difficile de garantir la transmission de données ayant le niveau de qualité requis.

62. On pourrait également envisager de prendre de nouvelles mesures de simplification concernant les taux de la TVA/TPS et les droits de douane, sans préjudice de la législation

nationale, pour faciliter l'établissement des taxes et les contrôles aux frontières et réduire les risques de différends.

63. L'évaluation du modèle de recouvrement classique montre que celui-ci, qui repose sur le contrôle au coup par coup de chaque envoi à la frontière à l'aide d'informations fournies sur support papier et sur l'établissement des taxes exigibles au moment de l'arrivée dans le pays, n'est plus adapté au commerce électronique.

64. Cela dit, les nouvelles procédures électroniques élaborées pour le transport express ouvrent des perspectives de gains d'efficience considérables (voir la section C.2.2.4.1). L'utilisation cohérente de tels systèmes électroniques de déclaration et d'établissement des taxes préalablement à l'arrivée des biens permettrait de réaliser des gains d'efficience en matière de discipline fiscale et d'administration, d'accomplir des progrès en termes de certitude et de simplicité pour les vendeurs (même si cela aurait un coût), et d'offrir des solutions flexibles, fondées sur les mécanismes du marché.

65. Une large application de ces nouvelles procédures électroniques, notamment dans le contexte des envois pris en charge par des opérateurs postaux, pourrait permettre de réduire ou même de supprimer les seuils *de minimis* actuels et de renforcer la neutralité du système. Néanmoins, il s'écoulera sans doute un temps considérable avant que de telles procédures électroniques ne soient mises en œuvre dans l'environnement postal à l'échelle mondiale.

C.3.3.2. Le modèle de recouvrement par les acheteurs

66. Suivant le modèle de recouvrement par les acheteurs, ceux-ci devraient déterminer eux-mêmes et acquitter la TVA/TPS sur leurs achats de biens de faible valeur. Les procédures douanières normales s'appliqueraient aux biens d'une valeur supérieure au seuil *de minimis* relatif aux droits de douane.

67. On peut distinguer trois principales options. Les deux premières sont des options « avant mainlevée », tandis que la troisième correspond à une approche « après mainlevée » :

- Un système de préenregistrement de l'acheteur, dans lequel il préenregistre ses caractéristiques auprès des autorités douanières et utilise un identifiant lors du processus d'encaissement du magasin en ligne, sachant que l'acheteur peut, s'il le souhaite, établir lui-même le montant de sa taxe et la payer aux autorités à ce stade, ou au point d'importation où la concordance avec l'article peut être vérifiée ;
- Un système d'établissement de la taxe en temps réel par l'acheteur à la livraison, dans lequel l'acheteur est tenu de déterminer lui-même le montant qu'il doit acquitter et de le verser à une entité habilitée au moment de la mainlevée des biens ;
- Un système d'établissement de la taxe par l'acheteur après mainlevée, dans lequel l'acheteur est tenu d'acquitter périodiquement, par exemple chaque année, la taxe considérée par le biais d'un mécanisme déclaratif tel qu'une déclaration de TVA/TPS ou sa déclaration d'impôt sur le revenu.

68. Ce modèle est axé sur le dernier maillon de la chaîne, à savoir l'acheteur, ainsi que l'illustre le graphique C.3.

Graphique C.3. **Modèle de recouvrement par les acheteurs**

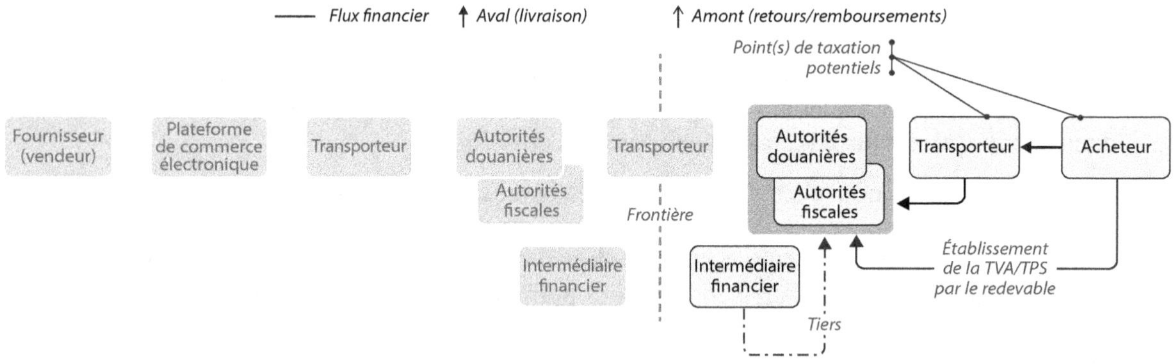

69. Un inconvénient majeur de l'ensemble des éléments de ce modèle est qu'ils reposent sur l'autodiscipline fiscale. Ce modèle se fonde notamment sur l'hypothèse que l'acheteur connaît la valeur exacte à partir de laquelle il doit calculer le montant de la TVA/TPS dont il est redevable. Or, il existe une forte probabilité que les acheteurs minorent les montants à déclarer ou ne s'acquittent pas de leurs obligations s'il leur apparaît que de tels actes resteront sans conséquence pour eux. En outre, ce modèle exige que tous les clients aient une connaissance parfaite du régime de TVA/TPS applicable (assiette et taux), ce qui risque souvent de ne pas être le cas.

70. Du point de vue des administrations douanière et fiscale, cette approche exigerait très probablement l'élaboration et la mise en œuvre d'une procédure administrative et d'un système informatique entièrement nouveaux. Il existerait peut-être une possibilité limitée pour les autorités douanières et fiscales d'utiliser des données émanant de tiers pour procéder à une évaluation des risques représentés par les destinataires, en s'appuyant sur une évaluation du manque à gagner fiscal correspondant à la différence entre le montant des taxes effectivement perçues et leur produit théorique. Ce modèle se traduirait par une augmentation considérable des charges administratives et pourrait même se révéler impossible à mettre en œuvre en pratique sans seuil *de minimis*, dans la mesure où il exigerait de fait une surveillance de la quasi-totalité des personnes pouvant effectuer des achats en ligne.

C.3.3.3. Le modèle de recouvrement par les vendeurs

71. Suivant le modèle de recouvrement par les vendeurs, l'obligation de collecter et de reverser aux pouvoirs publics la TVA/TPS liée aux importations de biens de faible valeur incomberait aux vendeurs non résidents [10]. Ceux-ci seraient tenus de s'identifier à la TVA/TPS dans la juridiction de destination et d'y reverser aux pouvoirs publics la TVA/TPS collectée (en tant que vendeurs non résidents identifiés).

72. On peut présumer que les vendeurs ont réuni ou sont en mesure de réunir avec un degré de certitude raisonnable les informations nécessaires pour collecter puis reverser de manière satisfaisante aux pouvoirs publics la TVA/TPS sur les importations de biens de faible valeur, à savoir la description des biens, la juridiction dans laquelle ils doivent être envoyés, ainsi que leur valeur, à l'inclusion des éventuels frais postaux et de transport et, le cas échéant, des droits de douane s'ils sont intégrés dans l'assiette de la TVA/TPS.

73. Le graphique C.4 illustre la façon dont ce modèle peut fonctionner. Ce graphique montre que diverses options pourraient être envisagées quant à la personne reversant aux pouvoirs publics la taxe sur les importations et quant au moment auquel cette taxe est collectée.

Graphique C.4. **Modèle de recouvrement par les vendeurs**

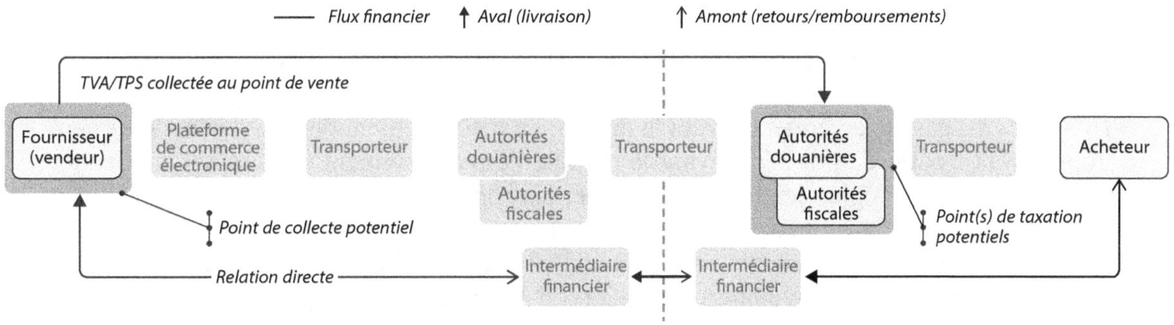

74. Suivant le modèle de recouvrement par les vendeurs, ceux-ci seraient redevables de la TVA/TPS sur les biens importés. Il faut aligner les dispositions fiscales et douanières en vigueur dans la juridiction d'importation pour éviter une conjonction de faits générateurs multiples, ainsi qu'une double imposition ou une non-imposition involontaire ; et pour assurer la cohérence du système quant au moment où la TVA/TPS est exigible. Il faudrait également garantir l'exploitation des synergies existant entre les vendeurs et les intermédiaires susceptibles d'intervenir dans le processus de vente et de livraison (plateforme transparente de commerce électronique, transporteur), afin d'identifier correctement la partie à laquelle incombe le dédouanement et le reversement aux pouvoirs publics de la TVA/TPS sur les importations, et de déterminer quels sont les biens pour lesquels a été acquittée la TVA/TPS sur les importations.

75. La TVA/TPS serait collectée au point de vente et cette taxe serait incluse dans le prix d'achat des articles vendus. Le reversement par le vendeur de la TVA/TPS aux autorités fiscales pourrait intervenir au point d'importation ou bien en amont ou en aval de ce point. Pour réduire le coût induit par le respect de la législation pour le vendeur, il pourrait être envisagé d'imposer une obligation uniquement périodique de déclaration et reversement de la TVA/TPS collectée au cours de la période de référence. Aucune TVA/TPS ne devrait alors être collectée à la frontière s'agissant des envois dont il serait établi que l'expéditeur est un vendeur non résident identifié. En cas de remboursement d'un article, une autre mesure de simplification pourrait consister à permettre au vendeur de procéder aux ajustements connexes de la TVA/TPS, afin que l'acheteur ait uniquement affaire au vendeur. Il pourrait exister des différences mineures entre juridictions concernant l'approche adoptée en matière de TVA/TPS pour mettre en place le cadre juridique nécessaire à cet égard, mais en pratique, les différences d'application pourraient être dans une large mesure indiscernables pour la plupart des transactions.

76. Un régime de recouvrement par les vendeurs pourrait permettre aux juridictions de supprimer ou d'abaisser leur seuil d'exonération de la TVA/TPS relatif aux importations de faible valeur, ou, si la taxe s'applique à la livraison et non à l'importation, d'appliquer un taux zéro à l'ensemble des importations. Sinon, un régime de recouvrement par les vendeurs pourrait permettre aux juridictions de remplacer un seuil *de minimis* calculé par article importé par un seuil calculé au niveau du vendeur, même si cela pourrait imposer aux juridictions d'importation un suivi des vendeurs étrangers, leur permettant de déterminer si ces vendeurs ont dépassé leur seuil.

77. Une des principales difficultés liées au modèle de recouvrement par les vendeurs est de garantir que les vendeurs non résidents s'acquittent de leurs obligations. Ce modèle peut accentuer les risques de perte de recettes pour les autorités fiscales, étant donné qu'il est susceptible de s'écarter du processus douanier classique consistant à collecter la TVA/

TPS au point d'entrée actuel, c'est-à-dire à la frontière[11]. Pour remédier à cette difficulté, on pourrait adopter une double approche consistant, d'une part, à favoriser le respect de la législation par les vendeurs en simplifiant les procédures et en les incitant davantage à s'acquitter de leurs obligations et, d'autre part, à dissuader les vendeurs d'enfreindre la législation en recourant à une règle subsidiaire, selon laquelle les biens pour lesquels la TVA/TPS n'a pas été acquittée suivant le modèle de recouvrement par les vendeurs seraient stoppés à la frontière et traités suivant le modèle de recouvrement classique. On pourrait aussi appliquer des règles destinées à dissuader les comportements de fausse déclaration et de sous-déclaration. Les mécanismes destinés à assurer le respect des obligations fiscales suivant le modèle de recouvrement par les vendeurs seraient étayés par une amélioration de la coopération administrative internationale (voir la section C.4 ci-après).

78. Nous examinons de manière plus approfondie dans les paragraphes qui suivent les options envisageables pour favoriser le respect de la législation par les vendeurs non résidents. Les procédures simplifiées proposées ci-après en matière de TVA/TPS ne concernent pas les procédures douanières relatives à la sûreté et à la sécurité, qui continueront de s'appliquer en toutes circonstances.

C.3.3.3.1. Régime simplifié d'identification et d'assujettissement à la TVA/TPS

79. Les juridictions devraient envisager de mettre en œuvre un régime simplifié d'identification et d'assujettissement à la TVA/TPS pour favoriser le respect de leurs obligations par les vendeurs non résidents suivant un modèle de recouvrement par les vendeurs. Cette simplification peut être particulièrement importante pour favoriser le respect de la législation par les vendeurs qui doivent s'acquitter d'obligations dans des juridictions multiples. Lorsque les procédures d'imposition sont trop complexes, leur application aux vendeurs non résidents peut déboucher sur un non-respect des obligations fiscales, ou sur un refus de service aux clients de la part de certains fournisseurs dans certaines juridictions.

80. En application d'un tel régime simplifié d'identification et d'assujettissement à la TVA/TPS, les obligations fiscales dans la juridiction d'importation pourraient être limitées à ce qui est strictement nécessaire pour assurer le recouvrement effectif de la taxe considérée, sans préjudice des autres obligations douanières, notamment en matière de sûreté et de sécurité. Il pourrait être conçu et appliqué selon les mêmes principes que le régime simplifié d'identification et d'assujettissement proposé dans le contexte des *Principes directeurs internationaux pour la TVA/TPS* de l'OCDE concernant la fourniture de services et de biens incorporels par les entreprises aux consommateurs finals (Principes directeurs relatifs aux opérations entre entreprises et consommateurs finals). Lorsqu'un vendeur fournit à la fois des biens et des services dans une juridiction donnée, le système d'identification appliqué suivant les Principes directeurs relatifs aux opérations entre entreprises et consommateurs finals pourraient être utilisés pour les deux types de ventes. Cela réduirait les coûts administratifs et liés au respect de la législation découlant de l'identification du vendeur.

81. La façon la plus simple d'avoir des relations avec une administration fiscale à partir d'un lieu distant consiste très probablement à s'appuyer sur des procédures électroniques. On peut utiliser la technologie pour mettre au point toute une palette de services électroniques étayant les procédures d'administration et d'imposition, en particulier en matière d'identification, de déclaration d'impôts et de règlement de dettes fiscales. Appliquées efficacement, ces technologies peuvent avoir des effets positifs considérables tant pour les administrations fiscales que pour les redevables (tels qu'une réduction des coûts administratifs et liés au respect de la législation et la prestation de services plus rapides et plus accessibles pour les redevables).

82. Le régime simplifié relatif aux importations de faible valeur pourrait s'appliquer indépendamment du régime classique d'identification et d'assujettissement à la TVA/TPS, sans s'accompagner des mêmes droits (tels que la récupération de la taxe d'amont) ni des mêmes obligations (telles qu'une déclaration complète). Le vendeur non résident pourrait être tenu de reverser en ligne aux pouvoirs publics la taxe collectée lorsqu'il reçoit le paiement d'un client ou, plus simplement, de soumettre périodiquement des déclarations en ligne et de reverser la TVA/TPS collectée au cours de la période de référence. Afin d'éviter les actes de fraude, ces vendeurs ne seraient pas autorisés à déduire la taxe d'amont dans ces déclarations de TVA/TPS, et pourraient uniquement la récupérer suivant le mécanisme classique de remboursement prévu pour les non-résidents. Il faudrait prendre en considération les interactions avec les autres systèmes appliqués dans l'environnement douanier et les effets induits sur ces systèmes, et remédier aux problèmes connexes.

83. Au sein des unions douanières ou des organisations régionales, on pourrait faciliter davantage l'identification du vendeur en lui permettant de s'identifier dans un seul pays membre. Suivant un système de « guichet unique », les vendeurs non résidents de biens de faible valeur s'identifient dans un pays membre et y reversent aux pouvoirs publics la taxe qu'ils ont collectée. Ce pays membre transfère ensuite cette taxe au pays concerné (c'est-à-dire au pays de destination finale de l'article importé). Un système de guichet unique de ce type est appliqué dans l'Union européenne depuis 2003 pour les services électroniques et les services de télécommunication, de radiodiffusion et de télévision fournis à des consommateurs finals par des entreprises prestataires de pays non membres de l'UE[12].

84. Les nouvelles technologies peuvent être employées pour faciliter le traitement des biens de faible valeur qui sont importés sous le régime simplifié d'identification et d'assujettissement à la TVA/TPS à la frontière. Les vendeurs, les transporteurs ainsi que les autorités douanières et fiscales peuvent déterminer ensemble quel est le meilleur mode de fonctionnement au regard des systèmes déclaratifs en place, afin que soient prises en compte les pratiques transnationales actuelles des entreprises. Des systèmes d'identification par code-barres, de numéro de référence unique de l'envoi (RUE), et de radio-identification pourraient être utilisés pour compléter les systèmes actuels d'identification des vendeurs identifiés à la TVA/TPS et pour vérifier que ces taxes sont collectées correctement sur les biens de faible valeur importés. Ces procédures électroniques permettraient de réduire les délais et les coûts le long de la chaîne de transactions, en particulier si elles sont appliquées de manière cohérente d'un pays à l'autre. Elles pourraient notamment étayer la mise en œuvre d'un régime de traitement accéléré des importations de faible valeur pour lesquelles la TVA/TPS sur les importations est acquittée suivant le modèle de recouvrement par les vendeurs. Ces nouvelles technologies pourraient également être utilisées pour améliorer et accélérer les contrôles de sûreté et de sécurité effectués par les autorités douanières et pour renforcer la coopération administrative internationale.

C.3.3.3.2. Régime simplifié d'identification et d'assujettissement à la TVA/TPS avec traitement fiscal accéléré

85. Une façon de limiter encore les risques de non-respect de la législation suivant le modèle de recouvrement par les vendeurs consiste à le présenter comme une option aux vendeurs non résidents, et à les inciter à utiliser cette option en offrant un traitement fiscal accéléré des biens aux vendeurs qui acquittent la TVA/TPS suivant ce modèle de recouvrement dans le pays d'importation. Dans la mesure où la rapidité de livraison représente un facteur crucial pour les ventes en ligne, une telle procédure accélérée peut inciter les vendeurs non résidents à opter pour le modèle de recouvrement par les vendeurs et à s'y conformer. Les importations des vendeurs qui ne s'identifient pas à la TVA/TPS ou

qui ne se conforment pas au régime de recouvrement par les vendeurs se verraient appliquer le modèle de recouvrement classique. En fonction de leur coût et de leur disponibilité, un certain nombre d'outils informatiques pourraient être utilisés par les administrations fiscales pour vérifier que la procédure accélérée est appliquée correctement par les vendeurs.

86. Une telle procédure accélérée exigerait la mise en œuvre de méthodes différentes et sûres d'identification des biens concernés (à savoir des biens pour lesquels la TVA/TPS a déjà été acquittée par le vendeur ou qui ont été déclarés par le vendeur dans le cadre d'une déclaration périodique). Ces méthodes pourraient consister, par exemple, à utiliser des codes-barres, des autocollants, des dispositifs de radio-identification, une classification spécifique de l'UPU (dans la mesure où l'UPU identifie et codifie les attributs des envois), le numéro de référence unique de l'envoi (RUE) de l'OMD, etc.

C.3.3.3.3. Recouvrement par le vendeur dans le cadre d'un système d'envoi groupé

87. Dans le cadre d'un système d'envoi groupé, les vendeurs ne soumettraient qu'une seule déclaration d'importation pour tous les envois de faible valeur qui sont expédiés ensemble, au lieu de devoir soumettre une déclaration d'importation pour chaque article importé. Suivant ce modèle, l'expéditeur procéderait à une seule importation imposable, qui serait taxée même si, considérés isolément, les biens importés ont une valeur inférieure au seuil *de minimis*. Les frais de traitement au niveau des douanes et des intermédiaires seraient réduits, étant donné qu'une seule déclaration d'importation serait présentée, au lieu de nombreuses déclarations correspondant à chacun des différents articles (même si des informations peuvent être exigées malgré tout concernant chaque envoi pour des motifs de sûreté et de sécurité). Un système d'envoi groupé pourrait exister parallèlement à un système direct d'identification à la TVA/TPS et fonctionner indépendamment de ce dernier. Tout système d'envoi groupé devrait être conforme aux autres obligations imposées en matière de droits et taxes, notamment pour les envois constitués de produits auxquels peuvent s'appliquer différents taux de TVA/TPS.

C.3.3.3.4. Évaluation globale du modèle de recouvrement par les vendeurs

88. L'application du modèle de recouvrement par les vendeurs pourrait améliorer l'efficience de la collecte de la TVA/TPS sur les importations de biens de faible valeur et, partant, permettre aux pouvoirs publics de réduire ou de supprimer les seuils à partir desquels ces importations sont exonérées de TVA/TPS, s'ils le souhaitent[13]. Ce modèle impose aux autorités fiscales ainsi qu'aux vendeurs des coûts administratifs et liés au respect de la législation supplémentaires, mais il est possible de les réduire en mettant en place une forme de régime simplifié d'identification et d'assujettissement à la TVA/TPS (il convient de noter que les procédures douanières et relatives à la sécurité continueront de s'appliquer). En outre, l'utilisation de systèmes de traitement accéléré et de « guichet unique » au niveau régional/national pourrait faciliter le respect par les vendeurs non résidents de leurs obligations fiscales, notamment lorsqu'il s'agit de petites et moyennes entreprises.

89. L'application d'un modèle de recouvrement par les vendeurs exigerait que les autorités modifient les procédures d'administration des impôts et les procédures douanières pour garantir une identification et une gestion satisfaisantes des vendeurs non résidents, notamment en termes d'établissement et de collecte de la TVA/TPS sur les importations. Cela supposerait que des systèmes informatiques solides et adaptés soient en place pour enregistrer et gérer les données relatives au recouvrement des taxes. Il faudrait également envisager d'adopter des mesures atténuant les phénomènes de double imposition et de non-imposition involontaire susceptible de résulter des différences de règles fiscales et douanières. L'identification facultative à la

TVA/TPS des vendeurs non résidents comporte des risques spécifiques de non-respect de la législation, qui exigeraient l'adoption de mesures de simplification ainsi que des mécanismes adéquats d'évaluation des risques et une solide coopération administrative internationale.

90. Le modèle de recouvrement par les vendeurs pourrait être optionnel et associé à d'autres, tels que le modèle de recouvrement classique (utilisé comme règle d'appoint), ainsi qu'à un mécanisme faisant appel à des intermédiaires (voir la section C.3.3.4 ci-après).

C.3.3.4. Le modèle de recouvrement par des intermédiaires

91. Suivant cette approche, ce n'est plus au vendeur non résident qu'il incombe de reverser la TVA/TPS collectée sur les biens importés dans la juridiction d'importation, mais à certains intermédiaires[14] de la chaîne de transactions. Les intermédiaires sont sans doute souvent mieux placés pour reverser les taxes sur les importations dans la juridiction d'importation. La connaissance par les intermédiaires de la langue ainsi que des règles et procédures fiscales locales pourrait être bénéfique tant pour les autorités fiscales que pour les vendeurs, en particulier lorsqu'il s'agit de petites et moyennes entreprises. Suivant le modèle de recouvrement par des intermédiaires, il faut prendre en compte la capacité de ceux-ci de collecter et reverser les taxes avant plutôt qu'au moment de l'importation (sachant que dans le second cas, leur intervention risque de n'améliorer en rien l'efficience du processus de recouvrement de la TVA/TPS sur les importations). Des régimes simplifiés d'identification et d'assujettissement à la TVA/TPS tels que ceux potentiellement applicables aux vendeurs non résidents suivant le modèle de recouvrement par les vendeurs (voir la section C.3.3.3 ci-avant) pourraient également être envisagés suivant le modèle de recouvrement par des intermédiaires. La gestion des taxes peut exiger que soient modifiés les processus de collecte de données des intermédiaires, tant pour les aspects quantitatifs que qualitatifs des données. Il existe également un facteur de risque associé aux dettes fiscales potentielles, et les responsabilités respectives du vendeur et des intermédiaires à cet égard doivent être clairement établies. Toute proposition de modèle qui impliquerait la mise en place d'un système de recouvrement de la TVA/TPS distinct des procédures douanières devrait garantir la cohérence entre les deux, afin que l'on évite des phénomènes de double imposition ou de non-imposition involontaire.

92. Cette approche peut reposer sur différents types d'intermédiaires : les transporteurs, les agents commerciaux, tels que les plateformes transparentes de commerce électronique, et les intermédiaires financiers. Les agents commerciaux peuvent représenter les vendeurs et faciliter une collecte exacte de la TVA/TPS au point de vente.

93. La graphique C.5 illustre la façon dont pourrait fonctionner le modèle de recouvrement par des intermédiaires.

Graphique C.5. **Modèle de recouvrement par des intermédiaires**

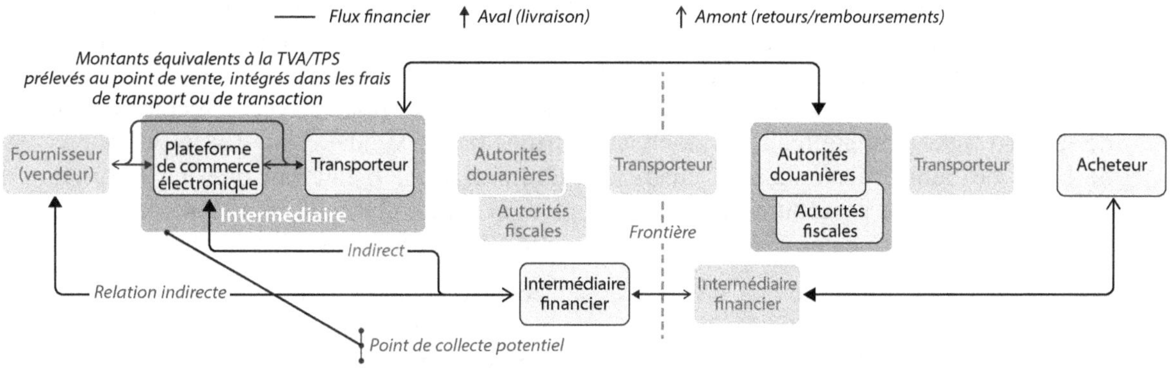

C.3.3.4.1. Recouvrement par les opérateurs postaux

94. Les opérateurs postaux peuvent intervenir en tant qu'intermédiaires aussi bien dans le pays exportateur que dans le pays importateur, étant donné que la redevabilité de la TVA/TPS peut être transférée de l'opérateur postal établi dans la juridiction exportatrice à l'opérateur postal de la juridiction importatrice. Les opérateurs postaux collectent déjà certaines informations auprès de l'expéditeur dans la juridiction d'origine des biens, et ces informations sont transmises à l'opérateur postal de la juridiction de destination. Ces informations (l'expéditeur, le destinataire, la description des biens, leur valeur et le fait qu'il s'agisse de dons ou d'envois commerciaux) sont transmises actuellement sous forme de documents imprimés joints aux biens considérés (voir la section C.2.2.4.2 ci-avant).

95. L'intervention des opérateurs postaux en tant qu'intermédiaires dans le processus de recouvrement de la TVA/TPS sur les importations de faible valeur devrait être étayée par l'utilisation de procédures électroniques de collecte et de transmission des données. Cela pourrait passer par le recours à une déclaration postale électronique. Il s'agit d'une forme électronique de déclaration en douane (une « CN23 électronique ») pour les biens acheminés par les services postaux, qui est en train d'être élaborée par l'UPU et l'OMD à partir de normes communes sur les échanges de messages existant déjà. Le système de déclaration en douane (SDD) de l'UPU est déjà mis en œuvre/piloté par certains pays, comme le Canada[15]. Par ailleurs, l'UE travaille sur l'introduction d'une déclaration simplifiée pour les envois postaux et sur l'utilisation de la saisie électronique de données dans ce contexte. Il s'agit là d'un élément important de concrétisation des changements à venir concernant le code des douanes de l'Union européenne[16]. Ce mécanisme pourrait sensiblement faciliter le calcul automatique des dettes fiscales et la collecte des taxes à l'importation sur les biens déclarés électroniquement, quelle que soit leur valeur. En conséquence, les charges administratives qui découlent du recouvrement des taxes pour les opérateurs postaux et les pouvoirs publics seraient réduites. Cela placerait les importations postales sur un pied d'égalité avec les envois de biens pris en charge par des transporteurs express et les importations de fret pour lesquels il existe déjà des procédures électroniques. Néanmoins, ces procédures électroniques sont encore en cours d'élaboration et ne seront peut-être utilisables concrètement qu'à moyen terme.

96. Dans la situation actuelle, où les informations sont collectées et transmises pour l'essentiel sous forme de documents imprimés, l'intervention des opérateurs postaux dans le recouvrement de la TVA/TPS sur les importations de biens de faible valeur ne constituerait pas une solution fiable.

C.3.3.4.2. Recouvrement par les transporteurs express

97. Les transporteurs express jouent déjà un rôle important dans l'établissement et le recouvrement des droits et taxes sur les importations de biens de faible valeur (voir la section C.2.2.4.1 ci-avant). On pourrait donc envisager de faire assumer à ces intermédiaires la redevabilité de la TVA/TPS sur les importations. On peut généralement s'attendre à ce qu'ils disposent des informations nécessaires pour étayer le recouvrement de la TVA/TPS (compte tenu des données fournies par le vendeur) sur les importations de biens de faible valeur dans la juridiction d'importation. Il faudrait que les autorités mettent en place des procédures douanières rapides et simples, afin de compenser la charge supplémentaire représentée par la redevabilité de la TVA/TPS sur les biens de faible valeur.

98. Le recouvrement de la TVA/TPS et son reversement aux pouvoirs publics par les transporteurs express constitue déjà une pratique courante pour les biens d'une valeur supérieure au seuil d'exonération de la TVA/TPS, et il en va de même pour les autres

droits et taxes. La différence entre le système actuel et le nouveau modèle qui pourrait être appliqué aux biens de faible valeur résiderait dans l'élaboration d'un système spécifique de déclaration et de recouvrement de la TVA/TPS pour le paiement de cette taxe sur les importations de biens de faible valeur. Cela permettrait un traitement distinct de la TVA/TPS pour ces importations de faible valeur.

C.3.3.4.3. Recouvrement par les plateformes transparentes de commerce électronique et les autres agents commerciaux fournissant aux vendeurs un cadre de commercialisation

99. Suivant cette approche, les plateformes transparentes de commerce électronique qui offrent un cadre de commercialisation aux vendeurs, mais ne sont pas parties à la transaction commerciale ayant lieu entre le vendeur et l'acheteur (voir la section C.2.2.3 ci-avant), reverseraient aux pouvoirs publics la TVA/TPS collectée sur les importations de faible valeur dans la juridiction d'importation. En fonction du contrat conclu avec le vendeur, ces plateformes de commerce électronique peuvent jouer un rôle similaire à celui d'un représentant fiscal auquel il incombe de reverser la TVA/TPS collectée aux autorités de la juridiction d'importation au nom du vendeur. Ces plateformes de commerce électronique peuvent avoir accès aux informations nécessaires pour étayer le recouvrement de la TVA/TPS (la localisation du vendeur et de l'acheteur, la description des biens et leur valeur), grâce aux données fournies par le vendeur.

100. Certains des plus grands marchés en ligne fournissent déjà ce type de services d'acquittement des obligations fiscales à leurs vendeurs. Un des acteurs dominants du marché propose un programme mondial d'expédition (GSP, *Global Shipping Program*), dans le cadre duquel l'acheteur lui verse *(1)* le prix de l'envoi, qu'il reverse au vendeur, et *(2)* les frais d'expédition internationale ainsi que le montant de la TVA/TPS et des autres droits éventuellement prélevés à l'importation, qu'il reverse au transporteur international (qui est présumé reverser à son tour ce montant aux autorités fiscales de la juridiction d'importation). Les marchés en ligne fournissent généralement ce type de services contre paiement.

101. Pour que les plateformes de commerce électronique puissent jouer un rôle dans le processus de recouvrement des taxes et d'acquittement des obligations fiscales, il faudrait que leurs procédures commerciales et informatiques soient adaptées. Ainsi, l'adresse de l'acheteur recueillie par la plateforme et transférée au vendeur pour l'expédition devrait être vérifiée, de même que le régime fiscal applicable dans le pays de destination. Cela exige également la transmission de données aux autorités douanières ou fiscales. Par ailleurs, le statut du vendeur dans chaque pays de destination devrait être pris en compte. Enfin, la plateforme devra transmettre les informations pertinentes aux autorités douanières et/ou fiscales, et il faudra que soient accomplies les obligations administratives nécessaires pour que les taxes soient correctement établies et acquittées. L'élaboration et l'entretien du système commercial et informatique requis a naturellement un coût pour la plateforme de commerce électronique. Compte tenu du développement constant des marchés en ligne, il se pourrait bien que ces intermédiaires intègrent ces services d'acquittement des obligations fiscales dans les prestations qu'ils proposent aux vendeurs.

102. Le recouvrement de la TVA/TPS et son reversement aux pouvoirs publics par des plateformes transparentes de commerce électronique pour les importations de biens de faible valeur permettraient d'améliorer la neutralité du système, mais cela pourrait constituer une source de coûts supplémentaires lorsque les systèmes et procédures informatiques doivent être ajustés. Il faudrait que des mécanismes adaptés soient en place pour favoriser le respect de la législation (similaires à ceux offerts aux vendeurs dans le modèle de recouvrement par

les vendeurs) et les procédures douanières devraient être ajustées en conséquence. Comme pour le modèle de recouvrement par les vendeurs, on pourrait remédier au risque de non-respect de la législation par les plateformes non résidentes de commerce électronique en appliquant une règle d'appoint, selon laquelle les biens pour lesquels la TVA/TPS n'a pas été acquittée suivant le modèle de recouvrement par des intermédiaires seraient stoppés à la frontière et traités suivant le modèle de recouvrement classique. Il faudrait renforcer la capacité des administrations fiscales d'assurer le respect de la législation en améliorant la coopération administrative internationale (voir la section C.4 ci-après).

C.3.3.4.4. Recouvrement par les intermédiaires financiers

103. Au cours du processus de paiement, les intermédiaires financiers collectent et conservent des données telles que les informations relatives aux comptes du vendeur et de l'acheteur (nom, adresse, coordonnées bancaires). Les informations réunies par les établissements financiers traditionnels, tels que les banques de détail et les sociétés de cartes de crédit, sont généralement limitées à ce qui est nécessaire pour s'assurer de l'authenticité de la carte et/ou confirmer que les fonds disponibles sur le compte de l'acheteur sont suffisants pour régler son acquisition. En règle générale, les informations collectées ne concernent pas la nature de la transaction (vente de biens ou de services, autres transferts), la nature des biens vendus, leur lieu de livraison, ni le régime fiscal qui leur est applicable. Les informations réunies par les nouveaux intermédiaires de paiement qui se font jour peuvent être tout aussi limitées, à moins qu'ils ne soient étroitement liés au vendeur et qu'ils n'aient accès aux données sur les ventes.

104. Pour que le prestataire de services de paiement assume la responsabilité de reverser aux pouvoirs publics la TVA/TPS sur les importations de faible valeur découlant de ventes en ligne, différentes conditions pratiques et juridiques devraient être réunies : le prestataire de services de paiement devrait pouvoir obtenir du vendeur ou de l'acheteur les informations requises pour collecter et reverser aux autorités le montant de taxe voulu dans la juridiction d'importation, et il devrait exister des dispositions juridiques lui permettant de communiquer ces informations aux autorités fiscales. Le coût de la mise en place et de la gestion de ces éléments fiscaux intégrés dans le système de paiement devrait être répercuté sur le vendeur ou sur l'acheteur. En outre, des dispositions législatives, étayées par des dispositions règlementaires adaptées, seraient nécessaires pour garantir le respect des obligations correspondantes.

105. Le recouvrement et le reversement aux pouvoirs publics de la TVA/TPS par les intermédiaires financiers exigerait que soient modifiés en profondeur les systèmes de collecte et de traitement des données, dans la mesure où ces intermédiaires ne collectent pas pour l'instant les informations requises pour établir et acquitter la TVA/TPS et ne disposent pas des systèmes nécessaires pour étayer le reversement aux autorités des taxes collectées dans les juridictions d'importation. Il est donc peu probable que les intermédiaires financiers puissent contribuer à un recouvrement plus efficient de la TVA/TPS sur les importations de biens de faible valeur.

C.4. Étayer l'application de la législation en améliorant la coopération administrative mutuelle

106. Il est admis que toute réforme visant à améliorer l'efficience du recouvrement de la TVA/TPS sur les importations de faible valeur devra être complétée par une amélioration de la coopération administrative entre autorités fiscales destinée à garantir le respect de

la législation. Cette coopération devrait passer par l'échange de renseignements, qui serait notamment utile pour identifier les vendeurs et les acheteurs, pour vérifier la valeur des ventes/importations, et pour déterminer si le montant correct de TVA/TPS a été collecté auprès des acheteurs et reversé aux autorités fiscales dans la juridiction d'importation.

107. Le Groupe de travail n° 9 travaille sur l'amélioration de la coopération administrative et sur l'échange de renseignements dans le contexte de ses activités relatives aux *Principes directeurs internationaux pour la TVA/TPS*. Les résultats de ces travaux présenteront également un intérêt du point de vue du fonctionnement des régimes de recouvrement de la TVA/TPS sur les importations de biens de faible valeur. Ils porteront notamment sur la contribution que pourraient apporter des mécanismes de coopération administrative et d'échange de renseignements dans le domaine douanier à l'application des régimes de recouvrement de la TVA/TPS sur les importations de biens de faible valeur. L'OMD a élaboré divers instruments et outils étayant les échanges de renseignements (tels que la Convention de Nairobi, le Modèle d'accord bilatéral d'assistance mutuelle administrative en matière douanière et les Douanes en réseau international). Sur la base de ces instruments, les administrations douanières ont conclu des accords/arrangements bilatéraux ou multilatéraux sur l'échange de renseignements.

C.5. Évaluation synthétique des différents modèles de recouvrement

108. Dans la section C.3 de ce rapport, nous avons présenté quatre modèles envisageables de recouvrement de la TVA/TPS sur les importations de biens de faible valeur et examiné leurs avantages et leurs inconvénients, leurs limites ainsi que les conditions à satisfaire pour que leur application soit couronnée de succès en pratique. L'analyse initiale de ces modèles est étayée par des « fiches d'essai » réunies dans l'appendice C.A de ce rapport, qui montrent les conclusions d'une évaluation des résultats probables de ces modèles au regard d'un ensemble de critères d'évaluation fondés sur les Conditions cadres d'Ottawa pour l'imposition du commerce électronique.

109. Il convient d'interpréter avec prudence les conclusions de cette évaluation dans la mesure où les résultats de chaque modèle dépendent probablement de sa mise en œuvre concrète ainsi que des spécificités économiques, juridiques et administratives de la juridiction qui l'applique. En outre, il est fort probable que la solution pour améliorer l'efficience du recouvrement de la TVA/TPS sur les importations de biens de faible valeur réside dans une combinaison d'approches plutôt que dans l'application d'un seul et unique modèle. Il conviendrait donc de réaliser une évaluation approfondie des résultats obtenus à l'aide de différentes combinaisons de ces modèles, plutôt que des résultats de chacun d'eux considéré isolément. Ainsi, un modèle de recouvrement par les vendeurs ne permettra sans doute de garantir un respect effectif de la législation et la réalisation de gains d'efficience administrative que s'il est associé à un régime simplifié d'identification et d'assujettissement à la TVA/TPS. Les modèles suivant lesquels l'établissement et le paiement de la TVA/TPS doivent intervenir avant la déclaration en douane (tels que les modèles de recouvrement par les vendeurs et par les plateformes de commerce électronique) exigeraient que l'on aligne les règles fiscales et douanières pour éviter des phénomènes de double imposition ou de non-imposition involontaire. Ils exigeraient également des systèmes destinés à garantir l'étiquetage approprié des biens taxés pour les contrôles douaniers et une règle d'appoint s'appliquant en cas de non-respect de la législation. Les modèles reposant sur une identification facultative exigeraient également des outils d'évaluation des risques ainsi qu'une coopération administrative internationale appropriés pour réduire les risques d'évasion et de fraude fiscales.

110. Les analyses présentées dans ce rapport et dans l'appendice C.A offrent une vue d'ensemble des avantages et inconvénients potentiels essentiels des principaux modèles envisageables de recouvrement de la TVA/TPS sur les importations de biens de faible valeur. Elles sont destinées à aider les pouvoirs publics et les administrations fiscales à déterminer si l'application de ces modèles pourrait améliorer l'efficience du recouvrement de la TVA/TPS sur les importations de biens de faible valeur dans une mesure jugée suffisante pour permettre de réduire ou de supprimer le seuil d'exonération de la TVA/TPS relatif à ces importations, s'ils le souhaitent.

C.5.1. Modèle de recouvrement classique

111. Le modèle de recouvrement classique, suivant lequel la TVA/TPS est établie à la frontière pour chaque bien de faible valeur importé, se révèle généralement inefficient pour assurer la collecte de la TVA/TPS sur les importations de biens de faible valeur. Tel est assurément le cas en l'absence de système électronique de transmission des données. Les seuils d'exonération de la TVA/TPS relatifs aux importations de biens de faible valeur, qui sont appliqués en conséquence de la complexité du modèle de recouvrement classique, se traduisent par des pertes croissantes de recettes de TVA/TPS et une accentuation des risques de concurrence déloyale entre les vendeur locaux et non résidents. Ces régimes d'exonération sont également de plus en plus exposés au risque de fraude, compte tenu de la croissance exponentielle du volume d'importations de biens de faible valeur et de l'impossibilité pratique de vérifier la valeur de chaque article importé (pour déterminer si elle est inférieure ou supérieure au seuil d'exonération). Cela se traduit par un système dont l'efficacité n'est pas garantie et dont la neutralité laisse à désirer.

112. L'efficience du modèle de recouvrement classique est susceptible de s'améliorer au fil du temps, à mesure que des systèmes électroniques de déclaration ainsi que d'établissement et de paiement des taxes préalables à l'arrivée des biens seront mis en œuvre à l'échelle mondiale pour remplacer les procédures de vérification manuelle et fondée sur des documents imprimés. Ces nouvelles procédures électroniques sont déjà utilisées dans le contexte du transport express, où elles se sont traduites par des progrès considérables en termes d'efficience. L'utilisation cohérente de tels systèmes électroniques permettrait de réaliser des gains d'efficience en matière de discipline fiscale et d'administration, d'accomplir des progrès en termes de certitude et de simplicité pour les vendeurs, et d'offrir des solutions flexibles, fondées sur les mécanismes du marché. Leur application à l'échelle mondiale pourrait permettre de supprimer les seuils actuels d'exonération de la TVA/TPS et de renforcer la neutralité du système. Néanmoins, ces systèmes électroniques ne sont pas encore disponibles pour traiter les importations de biens de faible valeur qui sont acheminés en très grand nombre par les services postaux. Ces procédures électroniques sont encore en cours d'élaboration pour l'environnement postal et ne seront sans doute disponibles qu'à moyen terme.

C.5.2. Modèle de recouvrement par les acheteurs

113. Un modèle suivant lequel il incombe à l'acheteur d'établir lui-même et d'acquitter la TVA/TPS sur ses importations de biens de faible valeur ne constitue probablement pas une solution suffisamment solide pour améliorer l'efficience du recouvrement de la TVA/TPS sur les importations de biens de faible valeur. Un tel modèle pourrait certes simplifier le processus d'acquittement des obligations fiscales pour les vendeurs et créer un environnement plus neutre en théorie, mais il se traduirait vraisemblablement par un acquittement limité des obligations fiscales, tandis que la charge liée au respect de la

législation serait lourde pour les acheteurs et que les coûts administratifs et la complexité du système seraient considérables pour les administrations douanières et fiscales.

C.5.3. Modèle de recouvrement par les vendeurs

114. Un modèle suivant lequel il incomberait aux vendeurs non résidents de biens de faible valeur de facturer, collecter et reverser aux pouvoirs publics la TVA/TPS sur les importations de biens de faible valeur dans le pays d'importation pourrait améliorer l'efficience du processus de recouvrement et, partant, ouvrir aux autorités des perspectives de suppression ou de réduction du seuil d'exonération de la TVA/TPS applicable aux importations. Un modèle de recouvrement par les vendeurs imposerait des charges supplémentaires aux vendeurs non résidents, que l'on pourrait atténuer en complétant ce modèle par des régimes simplifiés d'identification et d'assujettissement à la TVA/TPS et, éventuellement, par un dispositif de traitement fiscal accéléré et un système d'envoi groupé pour favoriser le respect de la législation. En outre, la mise en œuvre d'un tel modèle impliquerait de modifier considérablement les systèmes en place ainsi que d'adapter les procédures douanières et fiscales, afin d'éviter les phénomènes de double imposition ou de non-imposition involontaire. La mise en œuvre de méthodes adéquates d'évaluation des risques ainsi qu'une amélioration de la coopération internationale et entre organismes publics (entre les administrations fiscales et douanières) seraient nécessaires pour étayer le respect de la législation par les vendeurs non résidents suivant ce modèle.

C.5.4. Modèle de recouvrement par des intermédiaires

115. Un modèle suivant lequel la TVA/TPS sur les importations de biens de faible valeur serait collectée et reversée aux pouvoirs publics par des intermédiaires au nom des vendeurs non résidents pourrait améliorer l'efficience du processus de recouvrement de la TVA/TPS sur les importations de faible valeur et, partant, ouvrir aux autorités des perspectives de suppression ou de réduction du seuil d'exonération de la TVA/TPS applicable aux importations, à condition que ces intermédiaires disposent des informations nécessaires pour établir et reverser le montant approprié de taxes dans le pays d'importation. Le recouvrement de la TVA/TPS par des intermédiaires se traduirait par une charge minimale liée au respect de la législation pour les vendeurs, mais aurait un coût supplémentaire qui serait peut-être répercuté sur l'acheteur. Ce modèle pourrait être particulièrement efficace lorsque la TVA/TPS est collectée par des intermédiaires présents dans le pays d'importation (tels que des transporteurs express, des opérateurs postaux ou des plateformes de commerce électronique administrées localement). La connaissance par les intermédiaires des règles et procédures fiscales et douanière locales pourrait être bénéfique tant pour les vendeurs que pour les autorités fiscales.

116. Dans les paragraphes suivants, nous examinons plus spécifiquement le rôle que pourraient jouer les principaux types d'intermédiaires susceptibles d'intervenir dans le recouvrement de la TVA/TPS sur les importations de biens de faible valeur : les opérateurs postaux, les transporteurs express, les plateformes de commerce électronique et les intermédiaires financiers.

117. Dans l'environnement postal, les informations sont collectées et transmises pour l'essentiel sous forme de documents imprimés et les données recueillies auprès des autres parties prenantes sont minimales. Dans ce contexte, la plupart des opérateurs postaux ne disposent pas de systèmes adaptés pour gérer l'établissement et le recouvrement de la TVA/TPS sur les importations de biens de faible valeur. Des procédures électroniques de collecte et de transmission des données sont en cours d'élaboration, mais il faudrait encore modifier

sensiblement le système postal pour qu'il permette d'appliquer un modèle de recouvrement de la TVA/TPS qui soit efficace, efficient et équitable.

118. S'agissant des envois pris en charge par les transporteurs express, des systèmes électroniques de collecte et de transmission des données sont le plus souvent déjà en place, et le recouvrement puis le reversement aux autorités fiscales de la TVA/TPS constitue déjà une pratique courante également. Un modèle suivant lequel les transporteurs express se chargent pour le compte des vendeurs non résidents de collecter et de reverser aux pouvoirs publics la TVA/TPS sur les importations de biens de faible valeur représente une solution efficace et efficiente, à condition qu'il soit associé à des régimes d'assujettissement suffisamment simples et à un traitement accéléré. Compte tenu des relations commerciales existant entre les transporteurs express et les vendeurs, un tel modèle permettrait d'accomplir des progrès en termes de certitude et d'équité. Il convient cependant de noter que les transporteurs express dépendent en pratique de l'exactitude des informations fournies par les vendeurs pour l'établissement des taxes exigibles et le respect des obligations connexes.

119. Les plateformes transparentes de commerce électronique disposent déjà de l'essentiel des informations qui seraient nécessaires pour établir le montant de TVA/TPS exigible dans le pays où sont importés des biens de faible valeur. Certains des plus grands marchés en ligne fournissent déjà ce type de services d'acquittement des obligations fiscales à leurs vendeurs. Un modèle suivant lequel la TVA/TPS sur les importations de biens de faible valeur serait collectée et reversée aux pouvoirs publics par ces plateformes de commerce électronique au nom des vendeurs non résidents pourrait représenter une solution efficace et efficiente et, partant, ouvrir aux autorités des perspectives de suppression ou de réduction des seuils d'exonération de la TVA/TPS applicables aux importations. Néanmoins, de nombreuses plateformes transparentes de commerce électronique devraient encore concevoir et appliquer des modifications considérables de leurs systèmes pour obtenir les résultats voulus en termes d'efficacité, d'efficience et de certitude. Comme pour les transporteurs express, des procédures fiscales et douanières simplifiées seraient nécessaires pour garantir l'efficacité et l'efficience de la collecte et du reversement aux pouvoirs publics de la TVA/TPS sur les importations de biens de faible valeur. Les plateformes de commerce électronique dépendraient également des informations fournies par les vendeurs pour l'établissement des taxes exigibles et le respect des obligations connexes. Lorsque les plateformes de commerce électronique ne sont pas présentes dans le pays d'importation, il faudrait envisager des mesures d'évaluation des risques et de simplification similaires à celles mentionnées pour le modèle de recouvrement par les vendeurs.

120. Les intermédiaires financiers ne collectent pas les informations nécessaires à l'établissement et au paiement de la TVA/TPS, et l'élaboration d'un modèle fondé sur le système de paiement impliquerait de modifier en profondeur les processus de collecte des données. Il est donc peu probable que les intermédiaires financiers puissent contribuer à un recouvrement plus efficient de la TVA/TPS sur les importations de faible valeur.

C.6. Conclusion générale

121. L'évaluation des différents modèles laisse à penser qu'il existe diverses approches envisageables pour améliorer l'efficience du recouvrement la TVA/TPS sur les importations de faible valeur, parmi lesquelles les pays peuvent choisir en fonction des décisions prises par les pouvoirs publics et des spécificités nationales.

122. Les juridictions pourraient opter pour une combinaison de modèles. Ainsi, un modèle optionnel de recouvrement par les vendeurs associé à un régime simplifié d'identification et

d'assujettissement à la TVA/TPS pourrait être combiné avec un modèle de recouvrement par des intermédiaires (qui pourrait notamment permettre aux petites et moyennes entreprises de s'acquitter plus facilement de leurs obligations). Ces deux modèles pourraient être complétés par d'autres mécanismes de simplification, tels qu'un dispositif de traitement fiscal accéléré et/ou un système d'envoi groupé. Pour renforcer le respect de la législation, on pourrait combiner ces modèles avec une règle subsidiaire, selon laquelle la TVA/TPS serait collectée suivant le modèle de recouvrement classique (éventuellement auprès du consommateur final) par exemple si elle n'a pas été acquittée suivant le modèle de recouvrement par les vendeurs ou suivant le modèle de recouvrement par des intermédiaires. Les risques de sous-évaluation ou de fausse description par des vendeurs étrangers des biens importés devraient être pris en considération pour l'évaluation de chaque modèle ou combinaison de modèles.

123. L'application de ces modèles ou d'une combinaison de plusieurs d'entre eux permettrait aux juridictions de supprimer ou d'abaisser les seuils d'exonération de la TVA/TPS, si elles le souhaitent.

124. Il apparaît que toute réforme destinée à améliorer l'efficience de la collecte de la TVA/TPS sur les importations de faible valeur devra être complétée par une évaluation des risques appropriée et une amélioration de la coopération administrative internationale entre autorités fiscales, afin que le respect de la législation soit garanti.

Appendice C.A

Fiches d'essai pour l'analyse des modèles de recouvrement de la TVA/TPS

Les conclusions figurant dans ces tableaux reposent sur les opinions d'un échantillon de fonctionnaires des impôts et d'entreprises. Elles ne recouvrent pas l'ensemble des éléments qui pourraient être nécessaires pour évaluer de manière exhaustive les modèles examinés. Par conséquent, les informations qui figurent dans ces tableaux et les évaluations initiales correspondantes ne sont pas présentées comme définitives ni conçues comme telles.

A. Modèle de recouvrement classique

	Appréciation	Commentaire	Avantages	Inconvénients	Enjeux
Neutralité	**Basse**	Le modèle de recouvrement classique est généralement associé à une exonération de TVA/TPS sur les biens de faible valeur, ce qui crée des risques de distorsions de concurrence sur le marché intérieur.	On améliore la neutralité du système lorsqu'il existe des procédures électroniques de déclaration et d'établissement des taxes permettant de supprimer les régimes d'exonération de la TVA/TPS et de collecter la taxe considérée de manière raisonnablement efficiente sur ces importations.	Les procédures électroniques de déclaration et d'établissement des taxes ne sont pas appliquées de manière généralisée. L'acheminement des biens de faible valeur par les services postaux, en particulier, reste entièrement fondé sur des documents imprimés. Le modèle de recouvrement classique est donc généralement associé à une exonération de TVA/TPS pour les biens de faible valeur, ce qui crée des risques de distorsions de concurrence entre les vendeurs locaux et non résidents.	Les effets de distorsion découlant des seuils actuels d'exonération de la TVA/TPS se sont accentués parallèlement à la croissance exponentielle du commerce électronique. L'élaboration de procédures électroniques de déclaration et d'établissement des taxes peut également permettre la suppression des régimes d'exonération de la TVA/TPS, mais ces procédures ne sont pas courantes. Dans l'environnement postal en particulier, la transition des procédures fondées sur des documents imprimés vers un traitement électronique devrait prendre plusieurs années.
Efficience en matière de discipline fiscale et d'administration	**Basse**	Les procédures fondées sur des documents imprimés et le traitement distinct de chaque envoi se traduisent par des coûts administratifs et liés au respect de la législation importants. L'élaboration de procédures électroniques est de nature à réduire sensiblement ces coûts administratifs et liés au respect de la législation, ainsi qu'à accélérer les procédures douanières.	La mise en place actuelle de systèmes électroniques de déclaration et d'établissement des taxes, en particulier dans le contexte du transport express, débouche sur des procédures raisonnablement efficientes dans certains pays/modèles économiques (essentiellement ceux qui reposent sur des transporteurs express pour le transport/la livraison des biens de faible valeur).	En l'absence de système électronique de transmission des données, les procédures d'importation impliquent généralement que chaque envoi doit être stoppé à la frontière, afin que puissent être effectués manuellement les contrôles nécessaires en matière d'acquittement des obligations fiscales, ce qui passe par des procédures lentes et coûteuses. Le recours à des intermédiaires pour l'accomplissement des procédures et le paiement de la TVA/TPS à la frontière a un coût pour le vendeur/l'acheteur.	Des gains d'efficience des processus pourraient être réalisés à partir de l'approche actuelle, en particulier pour les importations correspondant à des envois internationaux pris en charge par des opérateurs postaux. Les opérateurs postaux de certains pays collaborent notamment en vue de favoriser une généralisation des déclarations électroniques pour les envois postaux.

A. **Modèle de recouvrement classique** *(suite)*

	Appréciation	Commentaire	Avantages	Inconvénients	Enjeux
Certitude et simplicité	**Moyenne**	Les vendeurs sont confrontés à une multitude de procédures douanières et de seuils d'exonération de la TVA/TPS à l'échelle mondiale.	Dans le contexte du transport express, il existe déjà des services d'acquittement des obligations juridiques, qui aident les vendeurs à honorer leurs diverses obligations fiscales et douanières.	Les informations fournies avant l'arrivée des biens sont limitées, en particulier dans le contexte des envois postaux internationaux. Les frais inattendus auxquels se trouvent confrontés certains acheteurs, qui découvrent qu'ils doivent acquitter des taxes et droits à la livraison du bien, se traduisent par un refus de la livraison et éventuellement l'abandon des biens. Le manque d'harmonisation des règles et procédures douanières entre les différentes juridictions est une source d'incertitudes pour les parties prenantes.	L'élaboration cohérente de procédures électroniques destinées à améliorer la circulation des informations entre les parties prenantes améliorerait les procédures douanières en termes de certitude et de simplicité.
Efficacité	**Moyenne**	Les seuils d'exonération de la TVA/TPS applicables aux importations de biens de faible valeur peuvent être réduits ou supprimés, le cas échéant, et des procédures électroniques cohérentes sont mises en œuvre.	Si des systèmes électroniques de déclaration et d'établissement des taxes sont utilisés de manière cohérente et si une circulation appropriée des informations est assurée, la capacité du système de recouvrer le montant approprié d'impôt au bon endroit s'en trouvera considérablement améliorée.	En l'absence de procédures électroniques adaptées, le niveau d'efficience économique des procédures douanières classiques ne permet pas de supprimer les seuils d'exonération de la TVA/TPS.	Les techniques d'enregistrement et d'échange des informations entre les parties prenantes évoluent rapidement. Les autorités douanières et les opérateurs postaux doivent prendre les mesures nécessaires pour utiliser davantage et de manière plus cohérente les nouvelles technologies.
Équité	**Basse**			Le modèle de recouvrement classique est généralement associé à un système d'exonération de la TVA/TPS applicable aux biens de faible valeur, qui peut donner lieu à des actes de fraude par le biais de fausses déclarations ou de sous-déclarations. Il est admis que ces risques de fausse déclaration ou de sous-déclaration peuvent aussi exister en l'absence de telles exonérations.	La coopération entre autorités douanières et fiscales ainsi qu'entre pays peut réduire le risque de non-respect de la législation.
Flexibilité	**Moyenne**	La flexibilité s'est améliorée dans le contexte du transport express, tandis qu'il reste des progrès à accomplir dans l'environnement postal.	Les systèmes électroniques mis au point par les transporteurs express offrent des solutions flexibles.	Les procédures fondées sur des documents imprimés, qui restent fréquentes, manquent de flexibilité.	Des procédures électroniques sont en cours d'élaboration au niveau de l'Union postale universelle (UPU), de l'Organisation mondiale des douanes (OMD) et de l'Union européenne (UE).

B. Modèle de recouvrement par les acheteurs

	Appréciation	Commentaire	Avantages	Inconvénients	Enjeux
Neutralité	**Basse**	Ce modèle serait théoriquement neutre, puisque les ventes intérieures et les importations seraient soumises au même niveau de taxation dans le pays de consommation. En pratique, toutefois, le non-respect de la législation créerait sans doute des distorsions dans la juridiction d'importation. Les petites entreprises étrangères dont les ventes deviendraient assujetties à la TVA/TPS dans la juridiction de destination pourraient se trouver en situation de désavantage concurrentiel par rapport aux petites entreprises locales qui resteraient en deçà du seuil local d'identification à la TVA/TPS et dont les ventes seraient exonérées de cette taxe.	Le vendeur n'aurait aucune obligation en matière de TVA/TPS dans la juridiction d'importation.	Un tel système peut dissuader les acheteurs respectueux des lois d'effectuer des achats à l'étranger (s'ils doivent, par exemple, soumettre une déclaration de TVA/TPS pour acquitter les taxes dont ils sont redevables sur chaque achat). Cela peut aussi influer sur la compétitivité locale, les consommateurs non respectueux de la législation pouvant être incités à effectuer leurs achats à l'étranger.	
Efficience en matière de discipline fiscale et d'administration	**Basse**		Les coûts liés au respect de la législation sont minimums pour les vendeurs non résidents.	Cette option est extrêmement problématique en termes de respect de la législation, puisqu'en théorie, l'ensemble de la population résidente est couverte par cette approche. Cette option est celle qui se caractérise par le plus grand nombre de points de contact parmi toutes les propositions avancées. La concrétisation de cette option exigerait des investissements importants en termes de modification des systèmes et de nouvelles procédures administratives dans la plupart des pays. La charge liée au respect de la législation serait transférée à l'acheteur, qui n'est généralement pas préparé/équipé correctement pour l'assumer.	Il serait très difficile, sinon impossible, à l'administration fiscale de faire appliquer un tel régime de recouvrement.

B. Modèle de recouvrement par les acheteurs *(suite)*

	Appréciation	Commentaire	Avantages	Inconvénients	Enjeux
Certitude et simplicité	**Basse**			L'incertitude concernant les procédures et la complexité des démarches à accomplir pour se conformer à la législation devraient sans doute déboucher sur un non-respect de la législation et, partant, sur des pertes de recettes fiscales. Il est peu probable que les consommateurs finals suivent les biens importés ou qu'ils connaissent les règles en vigueur.	
Efficacité	**Basse**			La probabilité que l'acheteur acquitte lui-même TVA/TPS est très faible. La taxe serait probablement appliquée de manière incohérente (si toutefois elle est appliquée) en raison d'un respect insuffisant de la législation. Il serait difficile, voire impossible, de faire appliquer la législation, dans la mesure où l'ensemble de la population serait potentiellement redevable de la TVA/TPS.	
Équité	**Basse**			L'établissement de la taxe par le redevable ferait peser une charge administrative sur le consommateur. Celui-ci pourrait se soustraire aisément à l'impôt à ne respectant pas la législation.	
Flexibilité	**Basse**	Il est difficile de prévoir si un système électronique de déclaration effectuée par le redevable permettrait aux consommateurs de s'acquitter de leurs obligations fiscales tout en garantissant un recouvrement effectif de la TVA/TPS.			

C. Modèle de recouvrement par les vendeurs

	Appréciation	Commentaire	Avantages	Inconvénients	Enjeux
Neutralité	**Moyenne**	Il faudrait peut-être envisager l'adoption de mesures pour faciliter le respect de la législation par les petites et microentreprises. Les petites entreprises étrangères qui seraient redevables de la TVA/TPS dans la juridiction de destination pourraient se trouver en situation de désavantage comparatif par rapport aux petites entreprises locales qui resteraient en deçà du seuil local d'identification à la TVA/TPS.	Cela pourrait égaliser les conditions de concurrence entre vendeurs non résidents et locaux (au-dessus du seuil d'identification à la TVA/TPS pour les petites entreprises).	Ce modèle de recouvrement repose dans une très large mesure sur l'autodiscipline fiscale des vendeurs. Il devrait donc être associé à une règle d'appoint fondée sur le modèle de recouvrement classique, suivant laquelle en cas de non-respect de la législation, la TVA/TPS sur les importations serait collectée selon la procédure classique. Cela exigerait que les autorités appliquent en parallèle deux méthodes (le modèle recouvrement par les vendeurs et le modèle de recouvrement classique).	
Efficience en matière de discipline fiscale et d'administration	**Basse** **Moyenne (régime simplifié)**		Ce modèle transfère certaines des tâches concernant le recouvrement de la TVA/TPS sur les importations des autorités douanières aux vendeurs non résidents, qui recherchent de plus en plus des solutions facilitées par les technologies permettant de collecter et reverser aux pouvoirs publics de manière rapide/efficiente cette TVA/TPS sur les importations. Suivant un modèle optionnel de recouvrement par les vendeurs associé à un régime simplifié d'identification et d'assujettissement à la TVA/TPS et à une procédure de traitement accéléré, seuls les vendeurs choisissant de le faire s'identifieraient à la TVA/TPS dans le pays d'importation. Cela inciterait les non-résidents à opter pour ce régime de recouvrement par les vendeurs et à s'y conformer. Un système d'envoi groupé permettrait aux vendeurs de ne soumettre qu'une seule déclaration d'importation pour tous les envois de faible valeur qui sont expédiés ensemble (au lieu de devoir en soumettre une pour chaque article importé). L'ensemble des envois serait alors taxé même si, considérés isolément, les biens importés ont une valeur inférieure au seuil *de minimis* applicable. La mise en place de systèmes de « guichet unique » dans des groupes de pays pourrait réduire encore les coûts liés au respect de la législation.	Ce modèle de recouvrement peut imposer aux vendeurs non résidents une charge considérable, ceux-ci étant tenus de s'identifier à la TVA/TPS et de l'acquitter dans chaque pays vers lequel ils exportent, en l'absence de mécanisme simplifié d'identification et d'assujettissement à la TVA/TPS. Cela pourrait avoir un effet contre-incitatif sur les petits opérateurs en matière de respect de la législation. Certains fournisseurs pourraient également décider de ne pas approvisionner les marchés de petite taille. Du point de vue des autorités fiscales, ce modèle de recouvrement se traduirait par une augmentation sensible des identifications à la TVA/TPS et des coûts connexes (notamment si le champ d'application du système est élargi au paiement des droits), ainsi que par des coûts supplémentaires liés à la modification des procédures douanières nécessaire pour supprimer le mécanisme d'exonération et, dans l'hypothèse où un régime de traitement accéléré serait appliqué, liés à la gestion de ce régime et à la réception des données électroniques transmises préalablement aux importations.	Il faudrait réduire la charge que représente pour les fournisseurs l'obligation de s'identifier à la TVA/TPS dans chacun des pays vers lesquels ils exportent. Cela pourrait passer par la mise en œuvre de régimes simplifiés d'identification et d'assujettissement à la TVA/TPS, suivant lesquels le vendeur pourrait déclarer et acquitter la TVA/TPS en ligne dans la juridiction d'importation. En pratique, il faudrait peut-être que la TVA/TPS soit reversée aux pouvoirs publics au moment du paiement des biens (donc avant qu'ils ne soient importés) ou sur la base d'une déclaration périodique. Il pourrait être nécessaire de modifier les règles relatives au fait générateur de la TVA/TPS, et de mettre en œuvre des systèmes sûrs d'identification des colis provenant de fournisseurs non résidents identifiés à la TVA/TPS. Les procédures de contrôle douanier relatives à la sûreté et à la sécurité continueraient de s'appliquer, même en cas de mise en œuvre de procédures simplifiées en matière de TVA/TPS.

C. **Modèle de recouvrement par les vendeurs** *(suite)*

	Appréciation	Commentaire	Avantages	Inconvénients	Enjeux
Certitude et simplicité	**Moyenne Élevée (régime simplifié)**		Une procédure de traitement accéléré encouragerait les vendeurs à s'identifier à la TVA/TPS. Un régime simplifié d'identification et d'assujettissement à la TVA/TPS pourrait réduire la charge liée au respect de la législation pour les vendeurs. Dans le cadre d'un système d'envoi groupé, les frais de traitement seraient réduits.	Les interactions avec les droits de douane et d'accise et les procédures douanières seraient incertaines, par exemple du point de vue des questions juridiques soulevées par la détermination de l'importateur. Un régime simplifié d'assujettissement à la TVA/TPS pourrait nécessiter de modifier en profondeur les systèmes. Une procédure optionnelle de traitement accéléré pourrait imposer aux autorités douanières de modifier les systèmes en place, afin de distinguer les biens concernés par cette procédure de traitement accéléré des autres.	L'existence d'un régime simplifié d'identification et d'assujettissement à la TVA/TPS ou d'une procédure de traitement accéléré n'entraînera pas la suppression des contrôles douaniers en matière de sûreté et de sécurité.
Efficacité	**Basse Moyenne (avec une règle d'appoint et une amélioration de la coopération administrative)**			Ce modèle pourrait ne pas être attrayant (manque d'efficacité) pour les entreprises sans procédure de traitement accéléré. Cette approche repose sur l'autodiscipline fiscale des vendeurs. En l'absence de règle d'appoint, le non-respect de la législation pourrait sensiblement réduire les recettes fiscales.	Dans l'idéal, les autorités fiscales devraient recevoir par avance sous forme électronique des données sur les envois suivant le régime simplifié d'identification et d'assujettissement à la TVA/TPS. L'efficacité du système dépendrait notamment de la fréquence avec laquelle les taxes collectées seraient reversées aux pouvoirs publics : instantanément et pour chaque transaction, ou bien à un rythme mensuel ou bimensuel par lot de transactions.
Équité	**Moyenne**		Il est possible de réduire les risques de sous-évaluation et de fausse description.	Il pourrait demeurer difficile d'assurer le respect de la législation par les non-résidents en l'absence d'amélioration de la coopération administrative internationale.	Dans la mesure où ce régime repose sur l'autodiscipline fiscale des vendeurs, sa mise en application doit être étayée par une solide coopération administrative mutuelle et d'autres mécanismes de contrôle.
Flexibilité	**Moyenne**	Un système de recouvrement par les vendeurs serait nécessairement tributaire des évolutions technologiques.			Il est possible d'améliorer la flexibilité du système si les vendeurs peuvent choisir entre différentes méthodes.

D. Modèle de recouvrement par des intermédiaires

	Appréciation	Commentaire	Avantages	Inconvénients	Enjeux
Neutralité	**Moyenne**		Cette approche égaliserait les conditions de concurrence entre les vendeurs locaux et non résidents (y compris les PME), à condition que les intermédiaires disposent des informations nécessaires pour collecter et reverser aux pouvoirs publics la TVA/TPS sur les importations.	Les services postaux ne sont pas prêts à passer à ce modèle de recouvrement de la TVA/TPS sur les importations de biens de faible valeur. Une transition vers un système de traitement électronique est en préparation, mais elle ne se concrétisera qu'à moyen (voire long) terme. La plupart des intermédiaires financiers ne disposent pas des informations nécessaires pour établir et collecter la TVA/TPS.	Il faudrait que des procédures électroniques efficaces de transmission des données et de vérification soient en place pour l'ensemble des intermédiaires intervenant dans le processus d'établissement et de recouvrement de la TVA/TPS. La réussite de ce modèle dépendrait sans doute de l'existence d'un régime simplifié d'assujettissement à la TVA/TPS et de dispositifs incitatifs tels qu'une procédure de *traitement accéléré*.
Efficience en matière de discipline fiscale et d'administration	**Moyenne**	La gestion d'un système de recouvrement et de reversement aux pouvoirs publics de la TVA/TPS représenterait une charge supplémentaire pour les transporteurs, mais les systèmes d'information requis existent déjà dans la plupart des cas en ce qui concerne les transporteurs express.	Ce modèle se traduirait par des charges administratives minimales pour les vendeurs, celles-ci étant transférées aux intermédiaires. Dans la mesure où seul un nombre limité d'intermédiaires serait probablement impliqué, ce modèle serait globalement efficient pour l'administration fiscale. Les recettes seraient garanties par le biais de transporteurs express connus ou d'opérateurs postaux désignés. Un régime simplifié d'assujettissement à la TVA/TPS pourrait réduire les coûts liés au respect de la législation assumés par l'intermédiaire et rendre le système plus accessible aux PME. Les transporteurs express utilisent déjà des procédures électroniques et pourraient adopter relativement facilement ce modèle de recouvrement de la TVA/TPS sur les importations de biens de faible valeur.	Dans le contexte des services postaux, le processus de recouvrement repose toujours dans une très large mesure sur des documents imprimés et reste tributaire des informations (souvent très) limitées fournies par les vendeurs. Les services postaux ne sont pas prêts à passer à ce modèle de recouvrement de la TVA/TPS sur les importations de biens de faible valeur. Une transition vers un système de traitement électronique est en préparation, mais elle ne se concrétisera qu'à moyen (voire long) terme. Les plateformes transparentes de commerce électronique devraient adapter leurs procédures de collecte et de vérification des données. La plupart des intermédiaires financiers ne disposent pas des informations nécessaires pour établir et collecter la TVA/TPS. Les frais supplémentaires facturés par les intermédiaires pour le recouvrement et le reversement aux pouvoirs publics de la TVA/TPS peuvent alourdir le prix des biens de faible valeur importés. Ces frais devraient toutefois diminuer au fil du temps, parallèlement à l'expansion du secteur. L'adaptation de leurs systèmes peut avoir un coût pour les autorités fiscales et douanières, même si les administrations pourraient sans doute mettre à profit les systèmes déjà en place pour le traitement électronique des envois importés par le biais de transporteurs express.	Lorsque les plateformes de commerce électronique ne sont pas présentes dans le pays d'importation, il faudrait envisager des mesures d'évaluation des risques et de simplification similaires à celles mentionnées pour le modèle de recouvrement par les vendeurs.

D. **Modèle de recouvrement par des intermédiaires** *(suite)*

	Appréciation	Commentaire	Avantages	Inconvénients	Enjeux
Certitude et simplicité	**Moyenne Élevée pour les transporteurs express Basse pour les intermédiaires financiers**		Les transporteurs express disposent déjà de systèmes de déclaration/règlement de la TVA/TPS sur les importations. Certaines plateformes de commerce électronique fournissent déjà des services d'acquittement des obligations fiscales.	Les intermédiaires sont tributaires des informations fournies par les vendeurs. Dans le contexte des services postaux, le processus de recouvrement repose toujours sur les informations (souvent très) limitées fournies par les vendeurs. Les intermédiaires financiers n'ont pas accès aux informations sur la nature et la destination des biens qui sont nécessaires pour établir le montant de la TVA/TPS exigible.	Ce modèle de recouvrement est impossible à mettre en pratique pour les intermédiaires financiers classiques.
Efficacité	**Moyenne Élevée pour les transporteurs express Basse pour les intermédiaires financiers**		Les règles peuvent être appliquées aux transporteurs (transporteurs express, opérateurs postaux) dans la mesure où ceux-ci relèvent de la compétence de l'administration fiscale du pays d'importation. Les transporteurs express utilisent déjà des procédures électroniques et pourraient adopter relativement facilement ce modèle de recouvrement de la TVA/TPS sur les importations de biens de faible valeur. Les procédures électroniques étayeront des stratégies d'audit plus efficaces fondées sur des techniques d'audit assisté par ordinateur appliquées à des fichiers électroniques.	Les intermédiaires ne relèvent pas de la compétence de l'administration fiscale du pays d'importation, mais une assistance mutuelle pourrait jouer un rôle compensatoire à cet égard. Les intermédiaires financiers n'ont pas accès aux informations sur la nature et la destination des biens qui sont nécessaires pour établir le montant de la TVA/TPS exigible.	
Équité	**Moyenne**		Les risques de fraude fondée sur des actes de fausse description et de sous-évaluation sont réduits, si les intermédiaires ont accès à des informations fiables (ce qui n'est pas le cas des intermédiaires financiers). Les procédures électroniques permettraient de recourir à des techniques d'audit assisté par ordinateur et de les appliquer à des fichiers électroniques, ce qui réduirait les risques de fraude et non-respect de la législation.	Dans le contexte des services postaux, le processus de recouvrement repose toujours sur les informations (souvent très) limitées fournies par les vendeurs, qui sont difficiles, sinon impossibles, à vérifier en raison de procédures de vérification manuelle et fondée sur des documents imprimés. Les intermédiaires financiers n'ont pas accès aux informations sur la nature et la destination des biens qui sont nécessaires pour établir le montant de la TVA/TPS exigible.	Les intermédiaires tels que les transporteurs express dépendraient des informations fournies par les vendeurs.

D. **Modèle de recouvrement par des intermédiaires** *(suite)*

	Appréciation	Commentaire	Avantages	Inconvénients	Enjeux
Flexibilité	**Moyenne**	Un système de recouvrement par des intermédiaires serait nécessairement tributaire des évolutions technologiques.		Dans le contexte des services postaux, le processus de recouvrement repose toujours dans une très large mesure sur des documents imprimés et reste tributaire des informations (souvent très) limitées fournies par les vendeurs. Les services postaux ne sont pas prêts à passer à ce modèle de recouvrement de la TVA/TPS sur les importations de biens de faible valeur. Une transition vers un système de traitement électronique est en préparation, mais elle ne se concrétisera qu'à moyen (voire long) terme. Les plateformes transparentes de commerce électronique devraient adapter leurs procédures de collecte et de vérification des données. La plupart des intermédiaires financiers ne disposent pas des informations nécessaires pour établir et collecter la TVA/TPS.	

Appendice C.B

Seuils d'exonération applicables aux importations de faible valeur

Seuils d'exonération de la TVA/TPS applicables aux importations de faible valeur

Ce tableau indique les seuils d'exonération de la TVA/TPS applicables aux articles importés de faible valeur qui sont envoyés par un fournisseur étranger à un acheteur dans un pays donné. Il ne couvre pas les autres scénarios d'importation, tels que l'importation de biens échangés entre particuliers, ou l'importation de biens emportés dans les bagages personnels de voyageurs.

Pays	Monnaie[a]	Seuil[a]	Valeur approximative du seuil en USD[b]
Afrique du Sud	ZAR	100	9
Allemagne	EUR	22	28
Arabie saoudite	s.o.	s.o.	s.o.
Argentine	USD	25	25
Australie	AUD	1 000	861
Autriche	EUR	22	28
Belgique	EUR	22	28
Brésil	BRL	0	0
Canada	CAD	20	18
Chili	CLP	0	0
Corée	KRW	150 000	138
Costa Rica	CRC	0	0
Danemark	DKK	80	13
Espagne	EUR	22	28
Estonie	EUR	22	28
États-Unis	s.o.	s.o.	s.o.
Fédération de Russie	RUB	0	0
Finlande	EUR	22	28
France	EUR	0	0
Grèce	EUR	22	28
Hongrie	EUR	22	28
Irlande	EUR	22	28
Islande	ISK	2 000	16

Pays	Monnaie[a]	Seuil[a]	Valeur approximative du seuil en USD[b]
Israël	USD	75	75
Italie	EUR	22	28
Japon	JPY	10000	87
Lettonie	EUR	22	28
Luxembourg	EUR	22	28
Mexique	USD	300	300
Norvège	NOK	200	29
Nouvelle-Zélande	NZD	400	309
Pays-Bas	EUR	22	28
Pologne	EUR	0	0
Portugal	EUR	22	28
République slovaque	EUR	22	28
République tchèque	EUR	22	28
Royaume-Uni	GBP	15	24
Singapour	SGD	400	310
Slovénie	EUR	22	28
Suède	EUR	22	28
Suisse	CHF	62.5 (pour les biens taxés au taux normal) 200 (pour les biens taxés au taux réduit)	65 (pour les biens taxés au taux normal) 208 (pour les biens taxés au taux réduit)
Turquie	TRY	0	0
Uruguay	USD	50 (livraison normale) 200 (livraison exprès)	50 (livraison normale) 200 (livraison exprès)

Notes : a. Les montants sont indiqués dans la monnaie dans laquelle ils ont été communiqués par les délégués (c'est-à-dire en monnaie locale, en EUR ou en USD).

b. Pour faciliter les comparaisons entre pays, nous avons converti les montants en USD à partir des taux de change du marché à la date du 1er novembre 2014. Il convient de noter que ces taux de conversion n'ont pas été corrigés à l'aide des parités de pouvoir d'achat (PPA).

Les données statistiques concernant Israël sont fournies par et sous la responsabilité des autorités israéliennes compétentes. L'utilisation de ces données par l'OCDE est sans préjudice du statut des hauteurs du Golan, de Jérusalem-Est et des colonies de peuplement israéliennes en Cisjordanie aux termes du droit international.

Source : Questionnaire de 2014 sur les importations de faible valeur. Dans le cas des pays qui n'ont pas répondu à ce questionnaire, les informations présentées reposent sur l'édition 2014 de la publication *Consumption Tax Trends* (situation au 1er janvier 2014).

Notes

1. Le Plan d'action concernant l'érosion de la base d'imposition et le transfert de bénéfices (Plan d'action BEPS) a été lancé en septembre 2013 par l'OCDE et les pays du Groupe des Vingt (G20), collaborant sur un pied d'égalité. Ce projet prévoit 15 actions devant être réalisées d'ici à fin 2015, sachant que certaines d'entre elles devaient être réalisées en 2014.

2. D'après la norme transitoire énoncée au paragraphe 4.13 de l'annexe générale de la Convention de Kyoto révisée : « La législation nationale fixe une valeur minimale ou un montant minimal de droits et taxes ou les deux à la fois, en deçà desquels aucun droit ni taxe n'est perçu. » Il pourrait exister des exceptions limitées pour lesquelles les droits et taxes pourraient s'appliquer indépendamment de tout critère de valeur, par exemple les biens soumis à accises.

3. Les petites entreprises étrangères qui devraient acquitter la TVA/TPS sur leurs ventes dans la juridiction de destination pourraient être désavantagées sur le plan de la concurrence par rapport aux petites entreprises locales qui sont exonérées de TVA/TPS en raison de leur taille, et qui seraient uniquement assujetties à la TVA/TPS sur leurs intrants. Néanmoins, ce rapport porte uniquement sur l'efficience du processus de recouvrement de la TVA/TPS sur les importations.

4. L'Union postal universelle (UPU) a été créée au cours de la seconde moitié du XIXe siècle. La Convention de l'UPU et ses règlements facilitent et régissent la circulation des envois postaux entre les pays membres de cette organisation. L'UPU est devenue une institution spécialisée des Nations unies en 1948.

5. Les déclarations CN22 et CN23 utilisées par les opérateurs postaux pour les opérations de dédouanement ne sont pas des déclarations fiscales. Elles sont essentiellement destinées à la déclaration en douane des envois postaux. Néanmoins, les informations contenues dans ces déclarations peuvent être utilisées à des fins fiscales par les autorités douanières ou fiscales.

6. Accord sur la facilitation des échanges de l'OMC, Décision du Conseil général du 28 novembre 2014, www.wto.org/french/thewto_f/minist_f/mc9_f/nov14dectradfac_f.htm.

7. L'article 9 de la Convention de l'UPU a été modifié de manière à inclure « *le principe de conformité avec les exigences relatives à la fourniture de données électroniques préalables pour les envois postaux* ».

8. Projet de douane électronique, http://ec.europa.eu/taxation_customs/customs/policy_issues/electronic_customs_initiative/index_fr.htm.

9. OCDE (1998), « Conditions cadres pour l'imposition du commerce électronique », Rapport du Comité des affaires fiscales, page 4, www.oecd.org/fr/ctp/consommation/1923264.pdf.

10. Dans ce contexte, le terme « vendeur » recouvre les intermédiaires non transparents, pour lesquels la vente du bien considéré par le vendeur initial à l'intermédiaire puis sa revente à l'acheteur sont considérées comme deux transactions distinctes aux fins de la TVA/TPS.

11. Au sein d'une union douanière, une fois que les biens peuvent circuler librement après leur mainlevée, il peut s'avérer difficile de retrouver leur trace. Cela serait particulièrement ardu pour les juridictions caractérisées par un tarif extérieur commun et un marché intérieur commun, telles que les États membres de l'Union européenne.

12. Dans l'Union européenne (UE), un système de guichet unique a été créé pour les services électroniques et les services de télécommunication, de radiodiffusion et de télévision fournis à des consommateurs finals par des entreprises prestataires de pays non membres de l'UE. Ce système a été mis en place en 2003. En résumé, il fonctionne de la façon suivante. Un prestataire non résident choisit un État membre de l'UE pour s'identifier à la TVA et pour s'y acquitter de l'ensemble de ses obligations liées à cette taxe. Lorsque sont réalisées des ventes à destination d'autres États membres de l'UE, le système applique automatiquement le taux de TVA en vigueur dans le pays de l'UE où réside le consommateur final. Au terme de la période de déclaration, le prestataire non résident présente une déclaration de toutes ses ventes,

réparties par juridiction de l'UE. L'État membre d'identification répartit ensuite les recettes de TVA collectées entre les États membres de consommation concernés au sein de l'UE.

13. Les petites entreprises étrangères qui devraient acquitter la TVA/TPS sur leurs ventes dans la juridiction de destination pourraient être désavantagées sous l'angle de la concurrence par rapport aux petites entreprises locales qui sont exonérées de TVA/TPS en raison de leur taille, et qui seraient uniquement assujetties à la TVA/TPS sur leurs intrants. Néanmoins, ce rapport porte uniquement sur l'efficience du processus de recouvrement de la TVA/TPS sur les importations.

14. Les intermédiaires « non transparents » tels qu'ils sont décrits au paragraphe 27 ci-avant ne sont pas pris en compte dans cette section.

15. www.canadapost.ca/cpotools/apps/cdc?execution=e2s1.

16. Le code des douanes de l'Union a été adopté le 9 octobre 2013 sous la forme du Règlement (UE) No 952/2013 du Parlement européen et du Conseil.

Bibliographie

OCDE (2014), *Relever les défis fiscaux posés par l'économie numérique*, Projet OCDE/G20 sur l'érosion de la base d'imposition et le transfert de bénéfices, Éditions OCDE, Paris, http://dx.doi.org/10.1787/9789264225183-fr.

Annexe D

Principes directeurs internationaux pour la TVA/TPS

Chapitre 3

Détermination du lieu d'imposition pour les echanges internationaux de services et de biens incorporels

Ces Principes directeurs internationaux s'emploient à résoudre les problèmes posés par l'application non coordonnée des systèmes nationaux de TVA dans un contexte international. Ils établissent des normes qui devraient garantir la neutralité dans les échanges transfrontaliers et permettre une imposition plus cohérente des échanges de services entre entreprises (B2B).

A. Le principe de destination

3.1. La neutralité de la TVA dans les échanges internationaux est généralement assurée par la mise en œuvre du « *principe de destination* ». Comme l'explique le chapitre 1, le principe de destination vise à garantir que la taxe sur les services et biens incorporels faisant l'objet d'échanges internationaux est en définitive prélevée uniquement dans la juridiction d'imposition où a lieu la consommation finale. Cela permet de préserver la neutralité du système de TVA lorsqu'il est appliqué aux échanges internationaux. Ce principe est exposé au Principe directeur 3.1.

Principe directeur 3.1

Pour l'application des impôts sur la consommation, les échanges internationaux de services et de biens incorporels devraient être imposés selon les règles en vigueur dans la juridiction de consommation.

3.2. Afin d'appliquer le principe de destination aux services et biens incorporels faisant l'objet d'échanges internationaux, les systèmes de TVA doivent comprendre les mécanismes permettant d'identifier la juridiction de consommation en établissant un lien entre ces fournitures et la juridiction dans laquelle la consommation des services et biens incorporels est censée avoir lieu. Les systèmes de TVA ont besoin de règles relatives au lieu d'imposition pour appliquer le principe de destination, non seulement aux fournitures des entreprises aux consommateurs, qui impliquent une consommation finale, mais aussi aux fournitures entre entreprises, même si elles n'impliquent pas de consommation finale. Les fournitures entre entreprises sont imposées selon le mécanisme du paiement fractionné de la TVA. Dans ce contexte, les règles relatives au lieu d'imposition doivent faciliter l'objectif ultime de l'impôt, qui est un impôt sur la consommation finale. Ces Principes directeurs exposent les approches recommandées qui reflètent le principe de destination pour déterminer le lieu d'imposition des fournitures de services et de biens incorporels faisant l'objet d'échanges internationaux entre entreprises et entre entreprises et consommateurs finals.

3.3. Des règles relatives au lieu d'imposition sont nécessaires à la fois pour les livraisons de biens et pour les fournitures de services et de biens incorporels. La mise en œuvre du principe de destination pour les échanges internationaux de biens est rendue plus aisée par l'existence de contrôles aux frontières nationales ou fiscales. Il est toutefois plus difficile de mettre en œuvre le principe de destination pour les échanges internationaux de services et de biens incorporels. Du fait de leur nature même, les services et les biens incorporels ne peuvent pas faire l'objet de contrôles aux frontières comme c'est le cas pour des biens corporels. Les Principes directeurs dans ce chapitre se concentrent dès lors sur les fournitures de services et de biens incorporels [1]. Ils présentent les approches recommandées qui reflètent le principe de destination, tout en garantissant que :

- la neutralité internationale est préservée,
- les formalités imposées aux entreprises prenant part à ces opérations sont aussi simples que possible,
- la clarté et la sécurité sont assurées tant pour les entreprises que pour les administrations fiscales,
- les coûts de la discipline fiscale et de l'administration de l'impôt sont réduits au minimum, et
- les obstacles à la fraude et à l'évasion sont suffisamment solides.

3.4. Ce chapitre ne doit pas être compris comme demandant aux juridictions de transposer littéralement, comme règles de droit, dans leur législation nationale les Principes directeurs pour la détermination du lieu d'imposition. Ces Principes directeurs visent plutôt à identifier des objectifs communs et à proposer des moyens pour les atteindre afin de promouvoir une mise en œuvre cohérente du principe de destination pour déterminer le lieu d'imposition des fournitures de services et de biens incorporels. Il est reconnu qu'une variété de modèles existe à travers le monde pour la définition et la structure des règles relatives au lieu d'imposition dans les systèmes de TVA. De nombreux systèmes fonctionnent sur la base d'une approche par catégories, dans laquelle les opérations sont divisées en catégories avec un lieu d'imposition spécifique pour chacune d'elles. D'autres modèles recourent à une approche itérative, dans laquelle le principe qui sous-tend la règle pour le lieu d'imposition est décrit en termes plus généraux et où une série de règles sont appliquées de manière consécutive afin de déterminer le lieu d'imposition approprié. Ces différences dans la rédaction légale ne sont généralement pas absolues et des éléments des deux approches peuvent être trouvés dans les deux modèles. La caractéristique clé commune aux différents modèles de conception de la TVA est qu'ils cherchent généralement à mettre en œuvre le principe de destination, en application duquel les règles relatives au lieu de taxation visent à imposer la TVA au lieu de consommation. Ces Principes directeurs ont pour but d'assurer que ces règles de lieu d'imposition sont appliquées de manière cohérente en favorisant une compréhension internationalement acceptée de ce qu'est le lieu d'imposition des échanges internationaux de services et de biens incorporels. Ils visent à établir des méthodes cohérentes et efficaces pour déterminer le lieu d'imposition en vue de réduire l'incertitude, les risques pour les recettes fiscales, les coûts de respect des obligations fiscales et les coûts administratifs pour les autorités fiscales et pour les entreprises.

3.5. Les méthodes utilisées par les systèmes de TVA pour mettre en œuvre le principe de destination pour les opérations entre entreprises ainsi que les méthodes de perception de l'impôt utilisées pour ces opérations sont souvent différentes de celles utilisées pour les opérations entre entreprises et consommateurs finals. Cette différence est due au fait que les objectifs visés pour l'imposition des opérations entre entreprises et entre entreprises et consommateurs finals sont distincts : l'imposition des opérations entre entreprises et confirmateurs finals vise l'imposition d'une charge fiscale définitive tandis que l'imposition des fournitures entre entreprises est seulement un moyen d'atteindre l'objectif ultime de la taxe, qui est d'imposer la consommation finale. Dès lors, l'objectif des règles relatives au lieu d'imposition pour les fournitures entre entreprises est essentiellement de faciliter l'imposition d'une charge fiscale sur le consommateur final dans le pays adéquat tout en préservant la neutralité à l'intérieur du système de TVA. Les règles relatives au lieu d'imposition pour les opérations entre entreprises ne doivent dès lors pas seulement se concentrer sur l'endroit où l'entreprise cliente fera usage de ses achats pour produire les biens, les services et les biens incorporels que les consommateurs finals vont acquérir mais aussi de faciliter le passage de la charge fiscale au consommateur final tout en garantissant la neutralité au sein du système de TVA. Par ailleurs, l'objectif principal des règles relatives au lieu d'imposition pour les opérations entre entreprises et consommateur finals est de prévoir, compte tenu de contraintes pratiques, le lieu où le consommateur final consommera vraisemblablement les services ou les biens incorporels fournis. Au-delà des objectifs différents assignés aux règles concernant le lieu d'imposition des opérations entre entreprises et entre entreprises et consommateurs finals, les systèmes de TVA emploient souvent des mécanismes différents pour faire respecter la loi fiscale et percevoir l'impôt pour ces deux catégories d'opérations. Ces mécanismes de perception différents influencent souvent la conception des règles relatives au lieu d'imposition et les obligations administratives imposées aux fournisseurs et aux clients impliqués dans des opérations internationales. A la lumière de ces éléments, ce chapitre présente des Principes directeurs distincts pour déterminer le lieu d'imposition des opérations entre entreprises et celles applicables aux opérations entre entreprises et consommateurs finals. Cette distinction ne doit pas être interprétée comme une recommandation aux juridictions de prévoir des règles séparées ou de mettre en œuvre des mécanismes différents pour les deux types de transactions dans leur législation nationale.

3.6. En théorie, les règles relatives au lieu d'imposition devraient viser à déterminer le lieu d'utilisation réel pour les fournitures effectuées entre entreprises (en supposant que cela permette la meilleure mise en œuvre du principe de destination) et le lieu de consommation réelle pour les fournitures entre entreprises et consommateurs finals. Toutefois, ces Principes directeurs reconnaissent que les règles relatives au lieu d'imposition sont, en pratique, rarement destinées à identifier le lieu où les fournitures sont réellement utilisées par les entreprises ou réellement consommées par les consommateurs. Ceci est une conséquence du fait que la TVA doit en principe être facturée avant ou au moment même où l'objet de la fourniture est mis à la disposition de l'entreprise ou consommée par le consommateur. Dans la plupart des cas, à ce moment-là, le fournisseur n'est pas en mesure de savoir ou de vérifier où cet usage commercial ou cette consommation finale auront effectivement lieu. Dès lors, les systèmes de TVA déterminent généralement le lieu d'imposition sur la base de critères présomptifs pour le lieu d'utilisation commerciale par l'entreprise ou de consommation par le consommateur final, sur la base des caractéristiques de la fourniture qui sont connues ou peuvent être connues au moment où le traitement fiscal de celle-ci doit être déterminé. Les Principes directeurs de ce chapitre identifient ces critères présomptifs (« proxy » en anglais) pour déterminer le lieu d'imposition des fournitures de services et de biens incorporels, à la fois pour les opérations entre entreprises et entre entreprises et consommateurs finals.

3.7. Aux fins de ces Principes directeurs, les opérations entre entreprises sont supposées celles où le fournisseur et le client sont considérés comme des entreprises. Les opérations entre entreprises et consommateurs finals sont supposées être celles où le client n'est pas reconnu comme une entreprise. Cette qualification peut entraîner un traitement fiscal spécifique aux fins de la TVA ou plus généralement dans le droit national (notamment dans les juridictions qui n'ont pas de système de TVA).

3.8. Les juridictions qui ont mis en œuvre des approches distinctes pour déterminer le lieu d'imposition et/ou des mécanismes de perception de l'impôt distincts pour les opérations entre entreprises et entre entreprises et consommateurs finals sont encouragées à fournir des indications pratiques claires sur la manière dont les fournisseurs peuvent établir le statut de leur client (entreprise ou non). Les juridictions peuvent envisager d'obliger les vendeurs à fournir le numéro d'identification à la TVA de leurs clients, ou un numéro d'identification fiscale, ou tout autre élément (par exemple l'information disponible dans les registres de commerce) afin d'établir leur statut. Lorsqu'un vendeur, agissant de bonne foi et ayant fait des démarches raisonnables, n'est pas en mesure d'obtenir les documents nécessaires à l'établissement du statut de son client, on peut présumer que le client n'est pas une entreprise, auquel cas les règles en vigueur pour les fournitures destinées aux consommateurs finals pourraient s'appliquer. Afin de faciliter l'identification, par les fournisseurs, du statut de leurs clients, les juridictions sont encouragées à envisager la mise en œuvre de systèmes d'utilisation facile qui permettraient aux fournisseurs de vérifier la validité du numéro d'identification à la TVA ou du numéro d'identification fiscale de leurs clients. Lorsque, pour l'ensemble ou certains types de services, les juridictions n'opèrent pas de distinction entre les opérations entre entreprises et celles entre entreprises et consommateurs finals, de telles indications pourraient ne pas être nécessaires.

B. Fournitures entre entreprises – la règle générale

B.1. Définition de la règle générale

Principe directeur 3.2

Aux fins de l'application du Principe directeur 3.1, pour les prestations entre entreprises, c'est la juridiction dans laquelle le client est situé qui est en droit d'imposer les services et les biens incorporels faisant l'objet d'échanges internationaux.

3.9. Généralement, lorsqu'une entreprise acquiert des services ou des biens incorporels dans une autre juridiction, elle le fait pour les besoins de son activité professionnelle. À ce titre, on peut considérer que la juridiction dans laquelle le client est situé constitue un critère présomptif du lieu de l'utilisation professionnelle car elle sert l'objectif de la neutralité en appliquant le principe de destination. Il s'agit de la juridiction dans laquelle le client possède une présence commerciale permanente.

3.10. Dans les Principes directeurs, ce critère présomptif constitue la règle générale pour les fournitures entre entreprises. Les règles spécifiques sont couvertes par les Principes directeurs 3.7 et 3.8. En vertu de cette règle générale, c'est la juridiction dans laquelle le client est situé qui est en droit d'imposer les services ou les biens incorporels ayant fait l'objet d'échanges internationaux. Les opérations sont exonérées de la TVA dans la juridiction du fournisseur, qui conserve le droit de récupérer l'intégralité de la taxe acquittée en amont sur les intrants utilisés pour effectuer ces fournitures internationales (sous réserve des exceptions clairement prévues par la législation en vigueur dans sa juridiction). La détermination du lieu d'imposition ne devrait déroger à cette règle générale que dans des circonstances exceptionnelles ou clairement déterminées[2].

3.11. On trouvera dans la présente section et dans les suivantes des orientations supplémentaires sur la manière dont la juridiction d'un client peut être déterminée.

Principe directeur 3.3

Aux fins de l'application du Principe directeur 3.2, l'identité du client est normalement déterminée par référence à l'accord commercial.

3.12. En vertu du Principe directeur 3.3, l'identité du client est « *normalement déterminée par référence à l'accord commercial* », sachant que les accords commerciaux sont censés refléter les opérations sous-jacentes. L'accord commercial va aider le fournisseur, le client et l'administration fiscale à définir la nature de l'opération et l'identité des parties à celle-ci. Lorsque des fournitures sont effectuées entre des entités juridiques distinctes ayant une implantation unique, la localisation du client sera connue dès lors que l'identité de celui-ci sera déterminée[3]. C'est pourquoi il convient de décrire d'abord « *l'accord commercial* » aux fins de l'application des Principes directeurs et d'expliquer comment les administrations fiscales et les entreprises peuvent appréhender ce qu'est un accord commercial.

3.13. Le terme « *accord commercial* » a été adopté aux fins de l'application des présents Principes directeurs en raison de son caractère général, sans signification technique particulière, et sans référence à une juridiction particulière. Il ne saurait notamment être restreint à la notion de contrat (contrat écrit ou contrat conclu sous une autre forme) et recouvre donc un large champ d'application, comme expliqué plus loin.

Encadré 3.1. **Accord commercial**

Les accords commerciaux sont constitués des éléments permettant d'identifier les parties à une fourniture ainsi que les droits et obligations inhérents à cette fourniture[a]. Ils sont généralement l'expression d'un accord mutuel[b].

Notes :

a. Les accords qui ne se matérialisent pas par la réalisation de fournitures au sens fiscal ne sont pas considérés en tant que tels comme des « accords commerciaux » aux fins des présents Principes directeurs.

b. Il est cependant admis que, de temps à autre, des prestations peuvent être effectuées en l'absence d'accord mutuel, notamment en exécution d'une décision de justice imposant des obligations à une ou plusieurs parties. Dans ce cas, l'accord « imposé » doit cependant être considéré comme un « accord commercial ».

3.14. Pour déterminer le lieu d'imposition selon la règle générale, il est nécessaire de caractériser la nature de la fourniture et de définir l'identité du fournisseur et du client.

3.15. Dans bien des cas, en particulier lorsque les sommes en jeu sont élevées ou lorsqu'il ne s'agit pas d'une fourniture simple, mais d'une fourniture complexe, les parties à un accord commercial cherchent généralement à élaborer des contrats juridiquement valables. Ces contrats précisent en principe les parties à l'accord commercial ainsi que leurs droits et obligations respectifs.

3.16. D'autres éléments constitutifs de l'accord commercial peuvent revêtir de multiples formes : il peut s'agir notamment d'échanges de courriers, de bons de commande, de factures, d'instruments de paiement et de récépissés. Les législations et les pratiques des entreprises diffèrent immanquablement d'une juridiction à l'autre, et le plus souvent pour des raisons non fiscales. Elles peuvent différer en raison des législations nationales régissant les contrats et d'autres exigences commerciales. Elles peuvent aussi différer selon les secteurs d'activité. Il n'est donc ni possible, ni souhaitable de dresser une liste prescriptive ou exhaustive des éléments requis dans un accord commercial. Ces Principes directeurs suggèrent simplement les sources d'information utiles pour les administrations fiscales et pour les entreprises.

3.17. Un accord commercial ne saurait être limité à un document écrit. Dans certains secteurs, on peut trouver les éléments probants dans des enregistrements de conversations téléphoniques ayant débouché sur la conclusion d'accords et portant sur l'offre ou la fourniture de services et/ou de biens incorporels. Ces éléments peuvent également apparaître sous forme électronique (courriels, prises de commande, paiements en ligne, etc.), voire sous d'autres formes encore à mesure que de nouvelles technologies apparaissent.

3.18. Il est admis que les accords commerciaux sont rarement conclus isolément. Il arrive donc que d'autres accords, y compris des accords qui ne sont pas considérés comme des accords commerciaux (notamment des accords ne se matérialisant pas par une fourniture)[4], fassent partie d'un ensemble dans lequel s'inscrivent les fournitures réalisées en vertu d'un accord commercial donné et qu'ils puissent en conséquence faire partie des éléments constitutifs dudit accord.

3.19. À la lumière des paragraphes précédents, l'accord commercial en vigueur au moment où la fourniture est effectuée est l'accord qui préside à l'application de la règle générale.

3.20. Pour alléger la charge qui pèse, dans la pratique, sur les administrations fiscales et sur les entreprises, il est recommandé aux juridictions d'appliquer les Principes directeurs 3.2 et 3.3 en cohérence avec les paragraphes ci-dessus. À chaque fois que cela est possible, les administrations fiscales sont encouragées à indiquer en quoi consistent leurs méthodes et à communiquer aussi clairement et aussi largement que possible sur la législation nationale en vigueur.

B.2. Application de la règle générale – fourniture d'un service ou d'un bien incorporel à une entité juridique ayant une implantation unique (« entité à implantation unique, EIU »)

3.21. En principe, l'application de la règle générale à des fournitures entre entreprises à des entités juridiques[5] ayant une implantation unique (entité à implantation unique, EIU) est relativement simple. Les commentaires figurant dans la section B.4 contiennent des orientations pratiques à cet effet.

B.3. Application de la règle générale – fourniture d'un service ou d'un bien incorporel à une entité juridique à implantations multiples (« entité juridique à implantations multiples, EIM »)

3.22. Lorsqu'un service ou un bien incorporel est fourni à une entité juridique qui compte des établissements[6] dans plusieurs juridictions (entité à implantations multiples, EIM), une analyse est nécessaire pour déterminer la juridiction qui, parmi celles où cette EIM possède des établissements, est en droit d'imposer le service ou le bien incorporel acquis par l'EIM.

3.23. En pareil cas, les juridictions sont encouragées à utiliser une méthode permettant de garantir que le droit d'imposition reviendra à la juridiction où est implanté l'établissement du client qui utilise le service ou le bien incorporel.

Principe directeur 3.4

Aux fins de l'application du Principe directeur 3.2, lorsque le client possède des établissements dans plusieurs juridictions, les droits d'imposition reviennent à celle(s) où se trouvent l'établissement ou les établissements qui utilisent le service ou le bien incorporel.

3.24. Dans ce contexte, « *l'utilisation d'un service ou d'un bien incorporel*[7] » désigne son utilisation par une entreprise dans un but professionnel. Peu importe que cette utilisation soit immédiate, continue, directement liée à une opération de production ou vienne appuyer les activités de l'entreprise d'une manière générale.

3.25. Un certain nombre de méthodes sont actuellement adoptées par les juridictions pour définir quel est l'établissement du client qui est considéré comme utilisant un service ou un bien incorporel et où cet établissement est situé. On peut distinguer trois grandes catégories de méthodes :

- la méthode de l'utilisation directe, qui met directement l'accent sur l'établissement qui utilise le service ou le bien incorporel ;
- la méthode de la fourniture directe, qui met l'accent sur l'établissement auquel le service ou le bien incorporel est fourni,
- la méthode de la refacturation, qui met l'accent sur l'établissement qui utilise le service ou le bien incorporel tel qu'il a été déterminé sur la base des accords internes de refacturation au sein de l'EIM, conformément aux obligations en matière d'impôt sur les bénéfices, en matière comptable et aux autres obligations réglementaires.

3.26. Chacune des méthodes décrites ci-dessus vise à garantir que le droit d'imposer la fourniture d'un service ou d'un bien incorporel à une EIM revient à la juridiction dans laquelle se trouve l'établissement du client qui est considéré comme l'utilisateur du service ou du bien incorporel. Il est probable que chacune de ces méthodes aura ses mérites en fonction des circonstances particulières. Le principe qui doit guider l'utilisation d'une méthode, quelle qu'elle soit, doit être de parvenir à un juste équilibre entre les intérêts des entreprises (fournisseurs et clients) et ceux de l'administration fiscale.

B.3.1. Méthode de l'utilisation directe

3.27. Avec cette méthode, les droits d'imposition de la fourniture d'un service ou d'un bien incorporel à une EIM reviennent directement à la juridiction dans laquelle se trouve l'établissement du client qui est considéré comme l'utilisateur du service ou du bien incorporel.

3.28. Cette méthode peut être particulièrement efficace dans les cas où l'utilisation par un établissement de l'EIM cliente est évidente. Il est alors particulièrement facile au fournisseur et au client de s'assurer que l'accord commercial reflète correctement la situation. Dans ces circonstances, le fournisseur comme le client possèdent donc les informations nécessaires pour justifier du traitement fiscal au moment de la fourniture. D'autre part, l'accord commercial permet à l'administration fiscale de disposer d'une piste de vérification appropriée.

3.29. En revanche, cette méthode peut être plus difficile à appliquer dans les cas où le fournisseur ne sait pas, et ne peut peut-être pas savoir, quel est l'établissement du client qui utilise la fourniture, ou lorsque l'utilisation effective n'est pas connue avec précision au moment de l'établissement de l'accord commercial. En outre, elle n'est peut-être pas la plus appropriée lorsque le service ou le bien incorporel est utilisé par des établissements différents, dans des juridictions différentes (utilisation multiple). Si tel est le cas, cette méthode risque de rendre très compliqué le respect de la discipline fiscale pour les fournisseurs et les clients et d'affecter l'efficience de l'administration et de la perception de l'impôt

B.3.2. Méthode de la livraison directe

3.30. Lorsque cette méthode est utilisée, les droits d'imposition de la fourniture d'un service ou d'un bien incorporel à une EIM reviennent directement à la juridiction dans laquelle se trouve l'établissement du client auquel le fournisseur fournit le service ou le bien incorporel.

3.31. La méthode de la livraison directe peut être une solution efficace pour les fournitures de services ou de biens incorporels qui seront probablement utilisés sur le lieu même de l'établissement auquel ils sont livrés (« physiquement livrés », par exemple dans le cas de services de restauration ou de formation sur place). Si tel est le cas, il est probable que le fournisseur comme le client connaissent la localisation de l'établissement qui bénéficie de la livraison directe au moment de la fourniture et que cela est consigné dans l'accord commercial. Le fournisseur comme le client possèdent donc les informations nécessaires à l'appui d'un traitement fiscal adéquat au moment de la fourniture. D'autre part, l'accord commercial permet à l'administration fiscale de disposer d'une piste de vérification appropriée.

B.3.3. Méthode de la refacturation

3.32. Cette méthode oblige l'EIM à refacturer en interne le coût d'un service ou d'un bien incorporel acquis auprès d'un fournisseur extérieur pour ses établissements, conformément à des accords de refacturation internes. Ces refacturations internes servent de base à l'attribution du droit d'imposer ce service ou ce bien incorporel acquis auprès d'un fournisseur extérieur à la juridiction où se situe l'établissement de l'EIM qui les utilise. On trouvera d'autres informations et orientations concernant cette méthode dans le Commentaire figurant dans la section B.5 ci-après.

3.33. Cette méthode peut se révéler utile lorsqu'un service ou un bien incorporel fourni par un fournisseur extérieur à l'EIM est acquis par un établissement de cette dernière pour être utilisé par d'autres établissements situés dans d'autres juridictions (« utilisations multiples »). Il est fréquent que des entreprises multinationales s'organisent pour acquérir toute une gamme de services, administratifs, techniques, financiers et commerciaux notamment, de façon centralisée afin de réaliser des économies d'échelle. En principe, le coût d'acquisition de ces services ou biens incorporels est alors supporté dans un premier temps par l'établissement qui les a acquis et, conformément à la pratique normalement suivie par les entreprises, refacturé ensuite aux établissements qui les utilisent. Les établissements se voient facturer la part du coût des services ou biens incorporels qui leur incombent en vertu des accords de refacturation internes, en suivant les règles fiscales, comptables ou réglementaires en vigueur.

3.34. Il peut parfois s'avérer difficile, sinon impossible, pour un fournisseur, en cas d'utilisations multiples, de savoir quels établissements de l'EIM utiliseront effectivement le service ou le bien incorporel fourni à cet EIM et de veiller à traiter ces opérations comme il se doit au regard de la TVA compte tenu de la localisation des établissements utilisateurs (voir paragraphe 3.29 ci-avant). Même si le fournisseur savait où le service ou le bien incorporel fournis à l'EIM était utilisé, il pourrait se révéler délicat, en particulier en cas d'utilisations multiples, d'instituer et d'appliquer un système dans lequel la décision du fournisseur concernant l'imposition dépend de la localisation de l'établissement utilisateur.

3.35. La méthode de la refacturation pourrait offrir une solution convaincante pour déterminer le lieu d'imposition de la fourniture d'un service ou d'un bien incorporel à une EIM, en particulier en cas d'utilisations multiples. Le fournisseur se réfèrerait alors à l'accord commercial conclu avec l'EIM pour motiver le traitement, au regard de la TVA, de la fourniture fournie à l'EIM. Il incombe donc à l'EIM cliente d'appliquer le traitement requis, au regard de la TVA, à la fourniture du service ou du bien incorporel par référence à l'imputation de ses coûts, définie sur le plan interne, aux établissements utilisateurs. La démarche consisterait à s'appuyer sur les processus commerciaux et les informations généralement déjà disponibles à des fins comptables, fiscales ou réglementaires, de façon à ne pas créer de coûts de conformité inutiles. Ces processus et informations devraient également faciliter la production des enregistrements comptables adaptés et fiables à l'intention des services fiscaux.

3.36. Les juridictions qui envisagent de mettre en œuvre la méthode de la refacturation devront sans doute se pencher sur certains de ses aspects potentiellement complexes. Ces aspects concernent notamment la question du champ d'application de la méthode, des méthodes acceptables d'imputation des montants imposables à (aux) établissement(s) utilisateur(s) et du moment où les refacturations doivent être effectuées. Ils concernent également l'impact des refacturations internes sur le droit à déduction de la taxe acquittée en amont ainsi que d'autres questions concernant les exigences documentaires et le calcul de la taxe due sur les refacturations internes. Les juridictions pourraient aussi avoir à tenir compte de préoccupations en matière d'administration fiscale, comme le nombre de transactions supplémentaires à vérifier du fait des refacturations internes. Les administrations fiscales qui envisageant de mettre en place la méthode de la refacturation sont encouragées à prendre pleinement en considération ces préoccupations et à donner des orientations claires sur sa mise en œuvre. Les Commentaires figurant dans la section B.5 ci-après analysent plus en détail un certain nombre de ces aspects.

B.3.4. Conclusion

3.37. Chacune des méthodes décrites précédemment a pour finalité de faire en sorte que le droit d'imposer les services ou les biens incorporels fournis à une EIM revienne à la juridiction où se situe l'établissement du client qui les utilise. Les Principes directeurs n'ont pas pour objet de déterminer quelle méthode doit être préférée, ni d'exclure d'autres solutions. Chaque méthode présentant des avantages particuliers dans des circonstances précises. Ces méthodes ne s'excluent pas mutuellement et pourraient être associées en fonction de l'information dont disposent le fournisseur et le client. Il incombe aux juridictions d'adopter la ou les méthodes qu'elles jugent les plus adéquates compte tenu du cadre et des pratiques qui sont les leurs sur le plan juridique et administratif.

3.38. Toute méthode doit en principe viser à :

- faire en sorte que le droit d'imposer les services ou les biens incorporels fournis à une EIM revienne à la juridiction dans laquelle se situe l'établissement du client réputé utiliser lesdits services ou biens incorporels ; et
- assurer un juste équilibre entre les intérêts des entreprises (fournisseurs et clients) et ceux des administrations fiscales.

3.39. Les juridictions sont encouragées à rechercher le juste équilibre entre les objectifs consistant à protéger les recettes fiscales et à maintenir les coûts de la discipline fiscale et les coûts d'administration à un niveau aussi bas que possible et la nécessité de réduire les distorsions de concurrence. Elles sont aussi encouragées à communiquer des informations claires, lisibles et fiables afin de réduire l'incertitude et d'assurer un traitement correct, au regard de la TVA, des services ou des biens incorporels fournis à une EIM, tant par le fournisseur que par le client.

3.40. Les Principes directeurs ont principalement vocation à contribuer à réduire l'incertitude et les risques de double imposition et de non-imposition involontaire résultant de discordances dans l'application de la TVA dans le cadre d'échanges internationaux. Les juridictions sont donc encouragées à adopter une approche permettant de limiter le risque de double imposition ou de non-imposition involontaire. La complexité, l'incertitude et les risques de double imposition et de non-imposition involontaire diminueront si de plus en plus de juridictions adoptent la même démarche.

B.4. Commentaires sur l'application de la règle générale – fourniture d'un service ou d'un bien incorporel à des entités juridiques ayant une implantation unique (« entités à implantation unique, EIU »)

3.41. Aux fins de la présente section, les entreprises auxquelles est appliquée la règle générale sont supposées être des entités juridiques distinctes, qu'elles aient ou non des liens capitalistiques. Ces entités juridiques sont situées uniquement dans leurs juridictions respectives et n'ont aucune présence commerciale ailleurs.

3.42. Conformément à la règle générale pour les fournitures entre entreprises, la localisation du client est utilisée comme critère présomptif du lieu d'utilisation commerciale. L'application de la règle générale conduit à considérer que c'est la juridiction dans laquelle se situe le client qui est en droit d'imposer les services ou les biens incorporels ayant fait l'objet d'échanges internationaux.

3.43. Pour faciliter une application satisfaisante de la règle générale aux entités ayant une implantation unique, son application est envisagée dans cette section du point de vue du fournisseur, du client et des administrations fiscales. Les exemples 1 et 2 présentés à l'annexe 1 de ce chapitre offrent des illustrations relativement simples de la manière dont fonctionne la règle générale. Les exemples 3, 4 et 5 à l'annexe 1 illustrent comment la règle générale est appliquée dans des situations plus complexes.

B.4.1. Fournitures à des entités juridiques à implantation unique – le fournisseur

3.44. Dans le cadre des échanges entre entreprises, on peut raisonnablement supposer que les fournisseurs ont en principe développé des relations avec leurs clients. Cela est particulièrement vrai dans les cas de fournitures de services ou de biens incorporels à caractère continu lorsqu' une seule opération est effectuée, dont la valeur est suffisante pour justifier l'élaboration d'accords commerciaux tels que des contrats.

3.45. Pour le fournisseur, le principal effet de l'application de la règle générale est qu'il est tenu d'identifier et de démontrer qui est son client pour que l'opération soit exonérée de la TVA dans sa juridiction au motif que le client se situe dans une autre juridiction. Une fois démontré que son client est une entreprise et qu'il se situe dans une autre juridiction, le fournisseur exonère cette opération de la TVA dans sa juridiction puisque, conformément à la règle générale, l'imposition doit avoir lieu dans la juridiction où se situe le client.

3.46. Dans de nombreux cas, la situation sera simple et le lieu d'imposition pourra être déterminé par référence à l'accord commercial. La nature du service ou du bien incorporel fourni et la formulation utilisée dans les documents usuels peuvent aussi contribuer à la vérification du caractère international et professionnel de l'opération.

3.47. Pour épargner au fournisseur des coûts de conformité superflus, il est recommandé que ce soit le client qui soit redevable de l'impôt éventuellement dû. On applique alors le mécanisme de l'autoliquidation (quelquefois appelé mécanisme « d'autocotisation » ou « TVA acquittée pour compte ») lorsqu'il est compatible avec l'organisation globale du système national d'imposition de la consommation[8]. Le fournisseur ne devrait donc pas être tenu d'être identifié à la TVA ou de faire une déclaration de TVA dans la juridiction du client.

3.48. La règle générale s'applique à toute situation dans laquelle le fournisseur et le client sont des entités juridiques distinctes, indépendamment du fait qu'elles soient liées, que ce soit sous la forme d'une structure commune de participation, de direction ou de contrôle.

3.49. L'application de la règle générale ne doit pas être tributaire du fait que le fournisseur *(i)* fournit les services ou les biens incorporels à un client qui, à son tour, les fournit à une tierce partie[9], ou *(ii)* fournit directement les services ou les biens incorporels à une tierce partie qui n'est pas le client désigné comme tel dans l'accord commercial ou *(iii)* soit payé par une tierce partie qui n'est pas le client désigné comme tel dans l'accord commercial. Ce point est explicité de façon plus détaillée dans les paragraphes suivants.

B.4.1.1. La détermination du lieu d'imposition n'est pas tributaire de la réalisation d'une opération en aval

3.50. Il est fréquent que des entreprises multinationales centralisent certaines activités d'approvisionnement dans une juridiction afin d'obtenir des avantages économiques en signant un contrat unique portant sur de larges volumes plutôt que de multiples contrats de plus faible valeur. Ces dispositifs sont généralement appelés accords « *globaux* ». La société en charge de la centralisation des achats assure ensuite la fourniture de tout ou partie des services ou biens incorporels aux diverses entreprises apparentées établies dans le monde entier.

3.51. La fourniture subséquente de ces services à des entreprises apparentées fera l'objet d'accords commerciaux séparés conclus entre la société en charge de la centralisation des achats et chacune de ces entreprises. Si celles-ci sont les clients aux termes desdits accords commerciaux, les droits d'imposition sur les opérations en aval reviendront aux juridictions sur le territoire desquelles ces entreprises se situent, conformément à la règle générale. Si ces juridictions appliquent le mécanisme de l'autoliquidation, les entreprises apparentées seront redevables de toute TVA due au taux applicable dans leurs juridictions respectives.

3.52. Il se peut que la société de centralisation des achats fournisse une entreprise située dans la même juridiction que celle du fournisseur initial (voir annexe 1 de ce chapitre – exemple 3). Si l'on applique la règle générale, le lieu d'imposition doit être défini pour chaque opération individuellement de sorte que la détermination du lieu d'imposition de services ou de biens incorporels aux fins de la TVA ne soit pas tributaire d'une opération ultérieure ou de l'absence d'une opération ultérieure. Le fournisseur devrait en conséquence déterminer l'identité du client en se référant à l'accord commercial relatif à l'opération concernée. Lorsque le client est situé dans une autre juridiction, le fournisseur peut prétendre à l'exonération de la TVA. Dès lors qu'il n'y a ni évasion, ni fraude, le fait que le client fournisse ensuite à son tour les services ou les biens incorporels à une entreprise tierce n'est pas, en soi, pertinent, même si cette tierce partie se situe dans la juridiction du fournisseur.

B.4.1.2. La détermination du lieu d'imposition n'est pas tributaire du fait que les services ou les biens incorporels sont fournis directement à une entreprise tierce autre que le client.

3.53. Le fournisseur peut également être tenu, aux termes de l'accord commercial, de fournir directement les services ou les biens incorporels à une tierce partie (voir annexe 1 de ce chapitre – exemple 3). Dès lors qu'il n'y a ni évasion, ni fraude, le client demeure le client tel qu'il apparaît dans l'accord commercial et c'est la localisation de ce client qui détermine le lieu d'imposition. Le simple fait de fournir directement les services ou les biens incorporels concernés à une entreprise tierce ne modifie pas, en soi, cette conclusion. En conséquence, la règle générale doit être appliquée de manière telle que le fournisseur bénéficie de l'exonération de la TVA pour les services ou biens incorporels fournis à un client étranger même si l'entreprise tierce à laquelle ce dernier les fournit à son tour se situe dans la même juridiction que le fournisseur.

B.4.1.3. La détermination du lieu d'imposition n'est pas tributaire de l'orientation des flux de paiements, ni de l'identité ou de la localisation de la personne procédant au paiement.

3.54. Une attention particulière sera peut-être requise en cas de décalage entre les flux de paiements et les flux de services ou de biens incorporels. En principe, c'est le client qui paie au fournisseur les services ou les biens incorporels que celui-ci lui a fournis en vertu de l'accord commercial. Cependant, il peut arriver dans certaines circonstances que ce soit une autre partie qui procède au paiement de ces fournitures. Il est par exemple fréquent que des groupes multinationaux cherchent à réduire leurs coûts en donnant à une société du groupe le rôle « *d'agent payeur* »[10], rôle en vertu duquel elle est chargée de payer les services et les biens incorporels acquis. Dans ce cas, les services ou les biens incorporels fournis par le fournisseur ou par les filiales à l'étranger du fournisseur à des clients situés à l'étranger peuvent être payés par la société-mère du client localisée dans la juridiction du fournisseur bien qu'ils n'aient peut-être pas été fournis à la société-mère (voir annexe 1 de ce chapitre – exemple 5). Lorsqu'on applique la règle générale, le lieu d'imposition doit être déterminé pour chaque opération individuellement. L'orientation des flux de paiements et l'identité et la localisation de la personne qui effectue le paiement ne sont pas, en tant que tels, des éléments à prendre en compte. Les flux de paiement constituent la contrepartie des fournitures effectuées en vertu des accords commerciaux correspondants, mais ne génèrent pas, en soi, de fournitures supplémentaires, et ne modifient pas la nature des fournitures réalisées, pas plus qu'ils ne permettent d'identifier le client ou de définir sa localisation. En conséquence, on considère que le fournisseur procure les services ou les biens incorporels au client identifié dans l'accord commercial et que le lieu d'imposition est le lieu où se trouve ce dernier. Dès lorsqu'il n'y a ni fraude ni évasion, le fournisseur peut donc prétendre à l'exonération de la TVA au titre des services ou biens incorporels fournis à un client étranger même si c'est une tierce partie localisée dans la même juridiction que lui qui procède au paiement.

B.4.2. Fournitures à des entités juridiques à implantation unique – Le client

3.55. Il est recommandé que le client soit considéré comme redevable de toute taxe due en application du mécanisme de l'autoliquidation dès lors que celui-ci est compatible avec la structure globale du système national d'impôts sur la consommation. Selon cette procédure, le client est donc en principe tenu de déclarer le montant de la TVA due sur les services et biens incorporels reçus du fournisseur étranger dans la déclaration de TVA appropriée en tant que taxe collectée. Le taux applicable est celui en vigueur dans la juridiction du client. Le client dispose ensuite du droit à déduction de la taxe dans les limites autorisées par les règles en vigueur dans sa juridiction.

3.56. Si le client peut prétendre au bénéfice de la déduction de l'intégralité de la taxe acquittée en amont sur l'opération concernée, il se peut que la législation locale en matière de TVA n'impose pas la déclaration de la taxe en aval en application du mécanisme de l'autoliquidation. C'est une solution retenue dans certaines juridictions. Les entreprises qui se trouvent dans cette situation devraient s'assurer qu'elles sont bien au fait des obligations en vigueur en la matière dans leur propre juridiction. De même, certaines juridictions peuvent appliquer un type de TVA pour lequel l'application du mécanisme de l'autoliquidation n'est pas imposée car elle ne serait pas compatible avec la nature de la taxe appliquée. Les entreprises qui importent des services ou des biens incorporels de l'étranger devraient s'assurer qu'elles connaissent bien la législation et les pratiques administratives en vigueur dans leur propre juridiction

3.57. Le client est tenu d'acquitter toute taxe due sur les services ou biens incorporels qu'il a importés en vertu du mécanisme de l'autoliquidation dès lors que celui-ci est compatible avec l'organisation globale du régime de TVA en vigueur au niveau national. Le client devrait être redevable de la taxe même *(i)* lorsqu'il fournit à son tour les services ou biens incorporels à une tierce partie ; *(ii)* les services ou biens incorporels ne lui sont pas fournis directement ou *(iii)* ce n'est pas lui qui paie les services ou biens incorporels fournis. Ce point est explicité de façon plus détaillée dans les paragraphes suivants.

B.4.2.1. La détermination du lieu d'imposition n'est pas tributaire de la réalisation d'une opération en aval

3.58. Comme indiqué au paragraphe 3.50, il peut arriver que le client fournisse à son tour les services ou biens incorporels qu'il s'est procurés auprès d'un fournisseur étranger (notamment dans le contexte d'un accord « *global* »). Dès lors qu'il n'y a ni évasion, ni fraude, le lieu d'imposition de ces prestations ou livraisons doit être défini individuellement pour chacune d'entre elles, sans aucune conséquence sur la prestation ou livraison internationale initiale (voir annexe 1 de ce chapitre – exemple 3). La règle générale continue de s'appliquer. On peut penser que le client, qui fournit à son tour à des entreprises liées tout ou partie des services ou biens incorporels, a conclu des accords commerciaux avec ces entreprises. Si les entreprises liées sont clientes du client initial en vertu des accords commerciaux conclus entre eux, les droits d'imposition sur les opérations en aval reviendront aux juridictions où ces entreprises liées sont situées conformément à la règle générale. Si ces juridictions appliquent le mécanisme de l'autoliquidation, les entreprises liées seront redevables de toute TVA due au taux applicable dans leurs juridictions respectives.

B.4.2.2. La détermination du lieu d'imposition n'est pas tributaire du fait que les services ou les biens incorporels sont fournis directement à une entreprise tierce autre que le client

3.59. Comme expliqué au paragraphe 3.53 ci-avant, le client peut, conformément à l'accord commercial correspondant, exiger que les services ou biens incorporels soient fournis directement à une tierce partie. Même si cette tierce partie est située dans une autre juridiction que le client identifié par l'accord commercial, le lieu d'imposition demeure la juridiction où le client identifié dans l'accord commercial se situe. Si cette juridiction applique le mécanisme de l'autoliquidation, ce dernier sera redevable de toute TVA due au taux applicable dans sa juridiction (voir annexe 1 de ce chapitre – exemple 3).

B.4.2.3. La détermination du lieu d'imposition n'est pas tributaire de l'orientation des flux de paiements, ni de l'identité ou de la localisation de la personne procédant au paiement

3.60. Comme rappelé au paragraphe 3.54, les groupes multinationaux chargent parfois un membre du groupe de la fonction d'agent payeur des services ou biens incorporels fournis au groupe (en vertu d'un accord). Ce n'est donc pas le client qui assure au fournisseur le paiement des services ou biens incorporels qui lui sont fournis aux termes de l'accord commercial. Dans ces conditions, l'orientation des flux de paiements et l'identité et la localisation de la personne qui effectue le paiement ne sont pas, en tant que tels, des éléments à prendre en compte. L'opération est effectuée au bénéfice du client désigné dans l'accord commercial correspondant et le lieu d'imposition est le lieu où il se trouve (voir annexe 1 de ce chapitre – exemple 5).

B.4.3. Fournitures à des entités juridiques à implantation unique – les administrations fiscales

3.61. L'expansion des échanges internationaux de services et de biens incorporels est source de complexité accrue tant pour les administrations fiscales que pour les entreprises. Le caractère incorporel d'un grand nombre de services est un obstacle à la réplication de la méthode relativement simple appliquée aux biens (exonération des exportations, taxation des importations). Il importe donc que les administrations fiscales précisent clairement les règles applicables dans leur juridiction, à l'intention des entreprises et des membres de leur personnel chargés de pourvoir au contrôle et à la vérification du respect de la législation, et rappellent qu'elles doivent être appliquées en fonction des faits propres à chaque fourniture.

3.62. En vertu de la règle générale, les fournitures de services et de biens incorporels sont assujetties à la taxe conformément aux règles en vigueur dans la juridiction dans laquelle le client est situé. Cela signifie qu'un fournisseur qui se livre à des échanges internationaux de services et de biens incorporels entre entreprises est exonéré de la TVA au titre de ces opérations dans sa juridiction. L'administration fiscale de la juridiction du fournisseur peut exiger de lui qu'il produise des éléments attestant que le client est une entreprise et que cette entreprise est située dans une autre juridiction. Pour simplifier les formalités imposées au fournisseur, les administrations fiscales sont encouragées à donner aux entreprises des orientations claires sur les éléments de preuve exigés.

3.63. Il est recommandé que le client soit redevable de toute TVA due à l'administration fiscale de sa propre juridiction en vertu du mécanisme de l'autoliquidation lorsque celui-ci est compatible avec l'organisation globale du régime de TVA en vigueur au niveau national. Les administrations fiscales sont encouragées à faire prendre conscience aux entreprises de la nécessité d'acquitter toute taxe due sur les services et biens incorporels « *importés* » d'autres juridictions. Le taux appliqué doit être le taux normal applicable dans la juridiction d'importation compte tenu de la nature des services ou biens incorporels concernés. Si le client dispose d'un droit à déduction intégral de la taxe grevant cette fourniture, il arrive parfois que la législation de sa juridiction en matière de TVA ne l'oblige pas à porter sur sa déclaration de TVA le montant dû en application du mécanisme de l'autoliquidation. En pareil cas, les administrations fiscales sont invitées à faire connaître cette faculté aux entreprises. Les juridictions qui exigent en revanche que la TVA déductible apparaisse sur la déclaration sont également encouragées à faire savoir clairement qu'elle doit être comptabilisée ainsi [11].

3.64. Le mécanisme de l'autoliquidation présente un certain nombre d'avantages. En premier lieu, l'administration fiscale de la juridiction où l'utilisation professionnelle a lieu peut vérifier et garantir le respect des règles en vigueur étant donné que c'est elle qui est compétente pour imposer le client. En deuxième lieu, les formalités sont pour une bonne partie transférées du fournisseur au client et sont réduites du fait que le client a par définition accès à toutes les informations détaillées sur l'opération. En troisième lieu, les coûts de traitement pour l'administration fiscale sont plus faibles également puisque le fournisseur n'est pas tenu de se soumettre à des formalités fiscales dans la juridiction du client (identification à la TVA, vérifications, problèmes de langue et de traduction, etc.). En dernier lieu, le mécanisme de l'autoliquidation permet de réduire les risques de pertes inhérents à la nécessité de percevoir l'impôt auprès de fournisseurs non-résidents et ce, indépendamment du fait que les clients de ces fournisseurs puissent prétendre à la déductibilité de la taxe acquittée en amont.

3.65. Le lieu d'imposition d'un service ou d'un bien incorporel aux fins de la TVA doit être déterminé pour chaque opération individuellement. Tant qu'il n'y a pas évasion ou fraude, la détermination du lieu d'imposition ne saurait donc être tributaire *(i)* d'une opération ultérieure ou de l'absence d'une opération ultérieure, *(ii)* du fait que les services ou les biens incorporels sont fournis directement à une entreprise tierce autre que le client ou *(iii)* de l'orientation des flux de paiements, ni de l'identité ou de la localisation de la personne procédant au paiement. Ce point est explicité de façon plus détaillée dans les paragraphes suivants.

B.4.3.1. La détermination du lieu d'imposition n'est pas tributaire de la réalisation d'une opération en aval

3.66. Comme indiqué aux paragraphes 3.50 et 3.58, il arrive que des entreprises liées à des entités juridiques distinctes situées dans d'autres juridictions fournissent à leur tour à des sociétés apparentées les services ou biens incorporels qu'elles se sont procurés à l'étranger dans le cadre d'un accord « *global* ». Ces prestations ou livraisons doivent être assujetties à la TVA selon le régime de droit commun, et notamment en appliquant la règle générale aux échanges internationaux de services et de biens incorporels (voir annexe 1 de ce chapitre – exemple 3). En conséquence, il est recommandé que :

- l'administration fiscale de la juridiction du fournisseur exonère le fournisseur de la TVA au titre de l'opération, sous réserve que celui-ci puisse préciser l'identité du client et démontrer qu'il est établi à l'étranger.
- l'administration fiscale de la juridiction du client veille à ce que le client déclare toute taxe due au titre de l'opération effectuée par le fournisseur étranger, en application du mécanisme de l'autoliquidation.

B.4.3.2. La détermination du lieu d'imposition n'est pas tributaire du fait que les services ou les biens incorporels sont fournis directement à une entreprise tierce autre que le client.

3.67. Comme indiqué aux paragraphes 3.53 et 3.59, même si tout ou partie des services ou biens incorporels ne sont pas fournis directement dans la juridiction du client, mais dans une autre juridiction, par exemple celle du fournisseur ou d'une entreprise tierce, la règle générale n'est pas remise en cause (voir annexe 1 de ce chapitre – exemple 3). C'est la juridiction du client qui conserve le droit d'imposer les prestations. Prenons l'exemple d'un cabinet comptable qui a conclu un accord commercial avec un client situé dans une autre juridiction, mais peut exécuter une bonne partie des tâches qui lui sont confiées dans sa propre juridiction et également rendre directement ses services à une tierce partie. Dès lors qu'il n'y a pas évasion ou fraude, une telle situation n'empêche pas, en soi, de considérer que le lieu d'imposition est le lieu où se situe le client. En conséquence, il est recommandé que :

- l'administration fiscale de la juridiction du fournisseur ne cherche pas à imposer le fournisseur en se fondant entièrement sur le fait que celui-ci fournit les services ou les biens incorporels directement dans son propre pays, mais l'exonère de la TVA au titre des services et biens incorporels fournis au client situé à l'étranger désigné dans l'accord commercial ;
- l'administration fiscale de la juridiction du client veille à ce que ce dernier déclare toute taxe due au titre des services ou biens incorporels fournis par le fournisseur étranger, en application du mécanisme de l'autoliquidation, même si ces services ou biens incorporels ont été initialement fournis directement par une entreprise tierce sur place.

B.4.3.3. La détermination du lieu d'imposition n'est pas tributaire de l'orientation des flux de paiements, ni de l'identité ou de la localisation de la personne procédant au paiement

3.68. Il est admis dans les paragraphes 3.54 et 3.60 qu'il peut arriver qu'une entreprise tierce procède au paiement des services ou des biens incorporels fournis au client aux termes de l'accord commercial (voir annexe 1 de ce chapitre – exemple 5). Cette entreprise tierce est généralement désignée au sein des groupes multinationaux comme « l'*agent payeur* » et ne peut elle-même bénéficier d'aucune prestation ou livraison. Indépendamment du lieu où se situe cette entreprise tierce, les services ou biens incorporels sont fournis au client désigné dans l'accord commercial correspondant et c'est à la juridiction dans laquelle le client est localisé qu'il revient d'imposer l'opération. En conséquence, il est recommandé que :

- l'administration fiscale de la juridiction du fournisseur n'exige pas de lui le paiement de l'impôt en se fondant entièrement sur le fait que l'entreprise tierce jouant le rôle d'agent payeur se trouve sur son territoire, mais l'exonère de la TVA au titre des services ou biens incorporels fournis au client étranger désigné dans l'accord commercial ;
- l'administration fiscale de la juridiction du client veille à ce que ce dernier déclare toute taxe due sur les services ou les biens incorporels fournis par le fournisseur étranger, en application du mécanisme de l'autoliquidation, même si le paiement des prestations ou livraisons est effectué par une entreprise tierce.

3.69. La méthode exposée précédemment aboutit à un résultat logique puisque les prestations ou livraisons sont assujetties à l'impôt dans la juridiction dans laquelle les services ou les biens incorporels sont utilisés par l'entreprise, conformément au principe de destination et en application de la règle générale, et qu'on ne constate ni double imposition, ni absence d'imposition involontaire dans aucune des juridictions concernées.

3.70. L'annexe 1 de ce chapitre contient des exemples de la manière dont peut être appliquée en pratique la règle générale sur le lieu d'imposition des fournitures de services et de biens incorporels entre entreprises à des entités juridiques ayant une seule implantation.

B.5. Commentaires sur l'application de la méthode de la refacturation conformément à la règle générale – fourniture d'un service ou d'un bien incorporel à une entité juridique ayant plusieurs implantations (« entités à implantations multiples, EIM »)

3.71. Le Principe directeur 3.4 prévoit que les droits d'imposition applicables au service ou au bien incorporel fourni à l'EIM seront alloués à la (aux) juridiction(s) où l'(les) établissements(s) qui utilise(nt) le service ou le bien incorporel est (sont) situé(s). Il est admis qu'il est possible de suivre des méthodes différentes pour déterminer lequel des établissements de l'EIM cliente doit être considéré comme l'utilisateur du service ou du bien incorporel et où celui-ci est situé. On peut regrouper ces différentes méthodes en trois grandes catégories :

- la méthode fondée sur l'utilisation directe, consistant à imposer directement l'établissement qui utilise le service ou le bien incorporel.
- La méthode fondée sur la livraison directe, consistant à imposer l'établissement auquel le service ou le bien incorporel est fourni.
- La méthode de la refacturation, consistant à imposer l'établissement utilisant le service ou le bien incorporel tel que défini en vertu d'accords de refacturation

internes conclus au sein de l'EIM conformément aux dispositions relatives à l'impôt sur les sociétés, aux règles comptables et autres exigences d'ordre réglementaire.

3.72. Les paragraphes 3.25 à 3.40 contiennent une description générale de ces approches et de l'utilisation qui peut en être faite dans la pratique. Les présents commentaires ont pour objet d'examiner plus en détail la méthode de la refacturation sachant que l'administration fiscale est peut-être moins préparée à mettre en œuvre cette méthode que les autres.

3.73. La méthode de la refacturation oblige les EIM à refacturer sur le plan interne le coût des services et biens incorporels acquis à leurs établissements utilisant lesdits services ou biens incorporels, comme prévu dans les accords de refacturation interne. La méthode de la refacturation suppose que la refacturation interne serve de base d'attribution des droits d'imposition des services ou des biens incorporels à la (aux) juridiction(s) où se situe(nt) l'établissement ou les établissements utilisateur(s).

3.74. L'application de cette méthode peut se dérouler en deux étapes :

- La première étape consiste à se référer à l'accord commercial conclu entre le fournisseur externe et l'EIM. Les droits d'imposition applicables au service ou au bien incorporel fourni à l'EIM seront alloués à la juridiction de l'établissement client représentant l'EIM dans l'accord commercial conclu avec le fournisseur.
- La deuxième étape est nécessaire lorsque le service ou le bien incorporel est utilisé par un ou plusieurs établissements autres que celui ayant représenté l'EIM dans l'accord commercial conclu avec le fournisseur. Cette deuxième étape consiste à se référer à la refacturation interne par l'EIM pour attribuer le coût extérieur du service ou du bien incorporel à l'établissement ou aux établissements utilisateurs. La facturation interne sert de base pour l'attribution des droits d'imposition du service ou du bien incorporel à la juridiction dans laquelle se situent l'établissement ou les établissements utilisateurs en considérant que cette refacturation interne du service ou du bien incorporel acquis auprès d'un fournisseur extérieur entre dans le champ d'application de la TVA.

3.75. Les sections suivantes examinent l'application de la méthode de la refacturation du point de vue du fournisseur, du client et de l'administration fiscale. On trouvera à l'annexe 2 de ce chapitre un exemple illustrant comment la méthode de la refacturation pourrait être appliquée dans la pratique.

B.5.1. Première étape : fourniture à l'EIM

B.5.1.1. Le fournisseur

3.76. Comme pour n'importe quelle opération, le fournisseur devra être en mesure d'identifier et de démontrer qui est son client et où il est situé afin de déterminer la juridiction qui détient les droits d'imposition.

3.77. Dans le cadre de la première étape de l'application de la méthode de la refacturation, les droits d'imposition reviennent à la juridiction de l'établissement qui représente l'EIM dans l'accord commercial avec le fournisseur. Les différents éléments de l'accord commercial conclu avec le fournisseur doivent permettre d'identifier et de localiser cet établissement. Une fois démontré que cette entreprise se situe dans une juridiction autre que celle du fournisseur, ce dernier pourra prétendre à l'exonération de cette opération de la TVA dans sa juridiction.

B.5.1.2. Le client

3.78. Si l'établissement du client qui représentait l'EIM dans l'accord commercial se situe dans une juridiction autre que celle du fournisseur, il est recommandé de considérer que c'est cet établissement qui a l'obligation de déclarer la taxe éventuellement due. On applique alors le mécanisme de l'autoliquidation (quelquefois appelé mécanisme « d'autoévaluation » ou « TVA acquittée pour compte ») lorsqu'il est compatible avec l'organisation globale du système national d'imposition de la consommation. Selon cette procédure, l'établissement du client devrait en principe être tenu de porter sur sa déclaration de TVA le montant de la TVA due sur les services et biens incorporels procurés par le fournisseur étranger. Le taux applicable est le taux en vigueur dans la législation nationale compte tenu de la nature des services ou biens incorporels concernés et de l'identité de l'établissement client. L'établissement du client qui procède à la refacturation déduit la taxe en amont, conformément aux règles normales qui garantissent la neutralité de la TVA.

3.79. Si l'établissement client qui représentait l'EIM dans l'accord commercial peut prétendre au droit à déduction intégral de la taxe due sur la fourniture, il arrive parfois que la législation de sa juridiction en matière de TVA ne l'oblige pas à déclarer le montant dû en application du mécanisme de l'autoliquidation.

B.5.1.3. Les administrations fiscales

3.80. L'administration fiscale de la juridiction du fournisseur devra connaître la nature du bien incorporel ou du service fourni ainsi que l'identité du client et la juridiction où il se situe. Si un service ou un bien incorporel est fourni à une entreprise située dans une autre juridiction, il sera exonéré de TVA dans la juridiction du fournisseur. En conséquence, le fournisseur devra conserver toutes les informations pertinentes constitutives de l'accord commercial de manière à démontrer la nature de l'opération et l'identité du client. Si ce client est une EIM, en application de la méthode de la refacturation, l'accord commercial devra contenir des éléments de preuve concernant l'identité de l'établissement qui représente l'EIM dans l'accord commercial ainsi que la localisation de cet établissement. Les administrations fiscales sont encouragées à donner aux entreprises des orientations claires sur les éléments de preuve exigés.

3.81. L'établissement du client qui a représenté l'EIM dans l'accord commercial avec le fournisseur est redevable de toute TVA due à l'administration fiscale de sa propre juridiction en vertu du mécanisme de l'autoliquidation lorsque celui-ci est compatible avec l'organisation globale du régime de TVA en vigueur au niveau national. Les administrations fiscales sont encouragées à faire prendre conscience aux entreprises de la nécessité d'acquitter toute taxe due sur les services et biens incorporels « *importés* » d'autres juridictions, même si ces services ou biens incorporels sont acquis par un établissement d'une EIM.

3.82. Si l'établissement du client peut prétendre à la déduction intégrale de la taxe due sur la fourniture, il arrive parfois que la législation de sa juridiction en matière de TVA ne l'oblige pas à déclarer le montant dû en application du mécanisme de l'autoliquidation. L'administration fiscale doit alors faire connaître cette possibilité.

B.5.2. Seconde étape : refacturation à l'établissement ou aux établissements utilisateurs

B.5.2.1. Le fournisseur

3.83. Le fournisseur externe qui procure le service ou le bien incorporel à l'EIM n'intervient pas dans la refacturation de ce service ou de ce bien à l'établissement utilisateur du client. Cette responsabilité incombe exclusivement à l'EIM client.

B.5.2.2. Le client

3.84. L'établissement du client qui a conclu l'accord commercial avec le fournisseur externe aura acquis le service ou le bien incorporel pour son propre usage ou en vue de son utilisation par d'autres établissements de l'EIM client. Dans le second cas, l'établissement client qui a représenté l'EIM dans l'accord commercial avec le fournisseur externe est tenu de refacturer le service ou le bien incorporel aux autres établissements de l'EIM qui l'utilisent. Aux termes de la méthode de la refacturation, cette refacturation interne du service ou du bien incorporel acquis auprès d'un fournisseur extérieur est traitée comme la rémunération d'une fourniture entrant dans le champ de la TVA.

3.85. Il n'y a pas de refacturation lorsque le service ou le bien incorporel est acquis par un établissement de l'EIM pour son propre usage.

3.86. Ce sont les règles internes de la juridiction qui déterminent si un service ou un bien incorporel acquis par un établissement d'une EIM en vue d'être utilisé par un autre établissement de cette EIM situé dans la même juridiction doit être refacturé. Les Commentaires concernent uniquement les prestations de services et les livraisons de biens incorporels donnant lieu à des échanges internationaux.

3.87. Comme pour n'importe quelle opération, l'établissement de refacturation devra identifier et démontrer qui est l'établissement utilisateur et où il est situé.

3.88. En application de la méthode de la refacturation, les EIM devront élaborer des accords internes qui encadrent et facilitent les facturations internes entre leurs différents établissements. Les EIM et les administrations fiscales utiliseront ces accords internes pour se procurer les informations qui figurent généralement dans un accord commercial. Ces accords internes sont ci-après dénommés « accords de refacturation » aux fins de l'application de la méthode de la refacturation.

3.89. Les différents éléments de l'accord de refacturation devraient faciliter l'identification de l'établissement de refacturation ainsi que de l'établissement ou des établissements utilisateurs au nom duquel ou desquels une refacturation interne est établie, et procurer des informations suffisantes pour attester que la refacturation fait l'objet d'un traitement correct et cohérent au regard de la TVA.

3.90. Dans de nombreux cas, ce processus peut être simple, surtout si les EIM ont adopté un dispositif par lequel certains services ou biens incorporels acquis à l'extérieur sont refacturés en tant que tels à l'établissement utilisateur. C'est le cas lorsqu'il est possible d'isoler des dépenses importantes et de les facturer à l'établissement utilisateur, notamment en lien avec l'installation d'un nouveau système informatique ou une mise à niveau importante. De tels dispositifs s'avèrent très pratiques car ils permettent d'identifier clairement le service ou le bien incorporel qui est refacturé, ainsi que la base de refacturation. Dans la mesure du possible, les EIM sont encouragées à adopter de tels dispositifs pour leurs refacturations internes.

3.91. Il est néanmoins reconnu qu'il n'est pas toujours possible de suivre cette méthode en pratique. Il peut arriver par exemple qu'un service ou un bien incorporel soit acquis en vue d'être utilisé par plusieurs établissements, et il serait trop fastidieux d'en analyser l'utilisation effective par chacun d'eux. Ce cas de figure peut se produire si une entité centrale acquiert des services juridiques ou marketing pour le compte de plusieurs établissements d'une EIM. Une analyse détaillée de ces services et de leur utilisation par chacun des établissements pourrait être difficile ou trop contraignante dans certaines circonstances. En pareil cas, les EIM peuvent recourir à des méthodes de répartition ou de partage des coûts qui comportent un certain degré d'estimation ou d'approximation de l'utilisation effective du service par chaque établissement.

3.92. Les administrations fiscales appliquant la méthode de la refacturation sont incitées à autoriser ces méthodes de répartition ou de partage des coûts lorsque la refacturation directe de certains services ou biens incorporels serait trop fastidieuse, et à donner aux entreprises des orientations claires sur les méthodes qu'elles jugent admissibles.

3.93. Ces méthodes de répartition ou de partage des coûts (clés de répartition) doivent être « *équitables et raisonnables* » en ce sens qu'elles doivent aboutir à des refacturations cohérentes avec l'utilisation que l'on peut raisonnablement escompter des établissements utilisateurs, suivre des règles comptables reconnues et comporter des protections contre les risques de manipulation. Il convient dans la mesure du possible d'utiliser les informations déjà disponibles à des fins comptables, fiscales et réglementaires. Il n'existe pas de solution unique et applicable dans tous les cas. Le caractère « *équitable et raisonnable* » dépend non seulement du type de service, mais aussi de la taille et de la structure de l'entreprise, de son secteur d'activité et de la complexité de l'environnement dans lequel elle opère. Quelle que soit la clé de répartition retenue, elle devrait pouvoir être justifiée et appliquée de façon cohérente, sans entraîner de charge administrative ou de conformité excessive pour les entreprises et les administrations fiscales.

3.94. Les clés de répartition les plus couramment utilisées sont notamment basées sur les critères suivants : les effectifs, la surface des bureaux, le nombre de véhicules de société, l'utilisation de l'informatique, les dépenses publicitaires, le nombre d'écritures comptables, le nombre de factures traitées, etc. Il n'existe pas toujours de clé de répartition directement mesurable, par exemple en ce qui concerne les dépenses juridiques, la maintenance générale des systèmes, etc. En pareils cas, il n'est pas rare de répartir les coûts en fonction de la taille respective des établissements.

3.95. Pour que la méthode de la refacturation fonctionne correctement, il importe de ne pas brouiller le lien entre la fourniture initiale du service ou du bien incorporel à l'EIM (première étape) et la refacturation ultérieure à l'établissement ou aux établissements utilisateurs (deuxième étape). La méthode de la refacturation vise à faire en sorte que les droits d'imposer les services rendus ou les biens incorporels fournis à une EIM soient effectivement attribués à la juridiction où se situe l'établissement utilisateur. En conséquence, l'EIM sera donc tenue de vérifier que les administrations fiscales sont en mesure d'établir avec un degré de certitude raisonnable le lien entre la fourniture initiale et la refacturation, et notamment le lien entre le prix de la fourniture initiale et le montant refacturé, sans devoir opérer une refacturation en procédant transaction par transaction.

3.96. L'établissement de refacturation sera habilité à exonérer la refacturation de la TVA dans sa juridiction sur la foi des informations figurant dans l'accord de refacturation, dans la mesure où l'autre établissement ou les autres établissements seront situés dans d'autres juridictions. Les éléments contenus dans l'accord de refacturation doivent permettre de démontrer quel(s) établissement(s) utilise(nt) le service ainsi que sa (leur) localisation dans une autre juridiction. Il est recommandé que l'établissement de refacturation émette un document équivalent à une facture au titre de la refacturation à l'établissement ou aux établissements utilisateurs.

3.97. Pour garantir la neutralité de la TVA à l'établissement qui effectue la refacturation, les règles générales de déduction de la TVA en amont doivent s'appliquer à cet établissement au regard de la TVA payée sur le service ou le bien incorporel reçu et refacturé. L'application de la méthode de la refacturation doit être sans effet sur le droit de l'EIM de déduire la TVA en amont au titre d'acquisitions autres que le service ou le bien incorporel auquel la méthode de la refacturation est appliquée.

3.98. Il est recommandé de considérer que ce soit l'établissement utilisateur qui a l'obligation de déclarer la taxe éventuellement due sur la refacturation. On applique alors le mécanisme de l'autoliquidation (quelquefois appelé mécanisme « d'autoévaluation » ou « TVA acquittée pour compte ») lorsqu'il est compatible avec l'organisation globale du système national d'imposition de la consommation. Il arrive parfois que la législation de sa juridiction en matière de TVA ne l'oblige pas à déclarer le montant dû en application du mécanisme de l'autoliquidation.

3.99. Lorsqu'un service ou un bien incorporel est utilisé en tout ou partie par un établissement autre que celui qui a représenté l'EIM lors de la conclusion de l'accord commercial, le montant imposable est en principe le montant refacturé qui correspond au prix d'achat du service ou du bien.

3.100. Lorsque le service ou le bien incorporel est utilisé par plusieurs établissements, le montant imposable pour chaque établissement est en principe la fraction du prix d'achat du service ou du bien qui est refacturée à cet établissement, déterminée grâce à une méthode de répartition ou de partage acceptable.

3.101. L'accord de refacturation doit préciser le montant imposable. Le taux applicable est en principe le taux en vigueur en fonction de la nature du service ou du bien incorporel dans la juridiction où se situe l'établissement utilisateur du client. Cet établissement pourra alors déduire la taxe en amont dans la mesure où la législation de sa juridiction l'autorise.

3.102. Lorsque la refacturation d'un service ou d'un bien incorporel acquis auprès d'un fournisseur externe est combinée à un coût interne (dépenses salariales liées à des services fournis en interne, par exemple), il incombe à l'EIM de distinguer le coût du service ou du bien incorporel acquis à l'extérieur des autres coûts, et de démontrer le caractère interne de ces autres coûts si cela est nécessaire pour s'assurer que la méthode de la refacturation est appliquée uniquement au coût du service ou du bien incorporel acquis à l'extérieur.

B.5.2.3. Les administrations fiscales

3.103. Les administrations fiscales sont encouragées à donner des directives claires aux entreprises concernant l'application de la méthode de la refacturation, y compris en ce qui concerne son champ d'application, les méthodes de répartition ou de partage des coûts qu'elles jugent acceptables ainsi que les exigences documentaires, les règles relatives à la déduction de la TVA acquittée en amont, destinées à assurer la neutralité de la TVA pour l'établissement effectuant la refacturation, les règles relatives à la date d'imposition applicables à la refacturation interne et le calcul de la taxe due sur la refacturation interne.

3.104. Conformément aux pratiques de vérification normales, les administrations fiscales devront disposer des documents comptables qui leur permettront, le cas échéant, de contrôler la documentation commerciale en remontant jusqu'aux transactions individuelles, afin de cerner la nature du service refacturé et de s'assurer que le lieu d'imposition, le montant imposable et le taux applicable sont corrects.

3.105. Cette documentation peut inclure un exemplaire de la facture originale émise par le fournisseur externe, la méthode et la clé de répartition utilisées, ainsi que tout autre document ou dossier électronique qui montre comment la TVA a été calculée (exemple : distinction entre la refacturation de coûts externes et la valeur ajoutée interne), la demande de paiement émanant de l'établissement qui procède à la refacturation (document équivalent à une facture), les écritures comptables et les documents attestant le paiement par l'établissement utilisateur.

3.106. Lorsqu'une séparation des coûts externes et des autres coûts est rendue nécessaire, dans le cadre d'une refacturation interne, pour s'assurer que la méthode de la refacturation est appliquée uniquement aux coûts des services ou biens corporels acquis auprès d'un fournisseur extérieur, les administrations fiscales souhaiteront peut-être autoriser des méthodes offrant une certaine marge d'approximation, notamment lorsqu'une présentation détaillée des coûts peut apparaître comme excessive (au vu des faibles montants en jeu).

3.107. En outre, les vérificateurs de l'administration fiscale de la juridiction d'utilisation devront en principe s'assurer que :

- Toute refacturation internationale des coûts externes entre établissements a été traitée comme entrant dans le champ d'application de la TVA ;
- Les établissements ont correctement appliqué la TVA sur cette refacturation, y compris lorsqu'il y a eu compensation [12] ;
- l'établissement utilisateur a appliqué la TVA comme si un accord de refacturation était en vigueur, dans les cas où un service a été acquis par un autre établissement dans une juridiction différente et où l'établissement utilisateur n'a pas été refacturé, alors que cette refacturation était requise.

3.108. Dans la mesure du possible, les administrations fiscales doivent utiliser des informations déjà disponibles à des fins comptables, fiscales et réglementaires, afin d'éviter de créer des méthodologies et des processus uniquement destinés à la TVA.

3.109. Il est recommandé de considérer que l'établissement utilisateur de l'EIM est le redevable de l'impôt éventuellement dû sur la refacturation interne d'un service ou d'un bien incorporel acquis auprès d'un fournisseur extérieur. On applique alors le mécanisme de l'autoliquidation lorsqu'il est compatible avec l'organisation globale du système national d'imposition de la consommation. Si l'établissement utilisateur peut prétendre au droit à déduction intégral de la taxe d'amont ayant grevé la prestation ou livraison, il arrive parfois que la législation de sa juridiction en matière de TVA ne l'oblige pas à appliquer le mécanisme de l'autoliquidation. En pareils cas, les administrations fiscales sont invitées à faire connaître cette faculté aux entreprises. Les juridictions qui exigent en revanche que la TVA déductible apparaisse sur la déclaration doivent pour leur part faire savoir clairement qu'elle doit être comptabilisée ainsi.

C. Fournitures entre entreprises et consommateurs finals – les règles générales

C1. Introduction

3.110. La mise en œuvre du principe de destination exposé au Principe directeur 3.1, destiné à assurer que la taxe sur les services et les biens incorporels est en définitive perçue uniquement dans la juridiction dans laquelle la consommation finale a lieu, est théoriquement plus aisée pour les fournitures entre entreprises et consommateurs finals que pour les fournitures entre entreprises [13]. Les règles relatives au lieu d'imposition les fournitures entre entreprises doivent contribuer à atteindre l'objectif final, qui est d'imposer les prestations dans la juridiction dans laquelle la consommation finale a lieu tout en assurant, dans le même temps, que la charge de l'impôt ne soit pas supportée par l'entreprise qui la paie, sauf lorsque cela est explicitement prévu par la loi (voir Principe directeur 2.1). Pour les fournitures entre entreprises et consommateurs finals, l'objectif est simplement d'imposer la consommation finale dans la juridiction où elle a lieu, la charge fiscale étant supportée par le consommateur final. De même, l'objectif premier des règles relatives au lieu d'imposition des prestations entre entreprises et consommateurs finals est de prédire, avec un degré de précision raisonnable, le lieu où les services et les biens incorporels seront probablement consommés tout en tenant compte des contraintes pratiques. Ces règles doivent être simples et aisées à appliquer pour les entreprises, faciles à comprendre pour les consommateurs et commode à gérer pour les administrations fiscales.

3.111. Auparavant, cet objectif était relativement aisé à atteindre pour les prestations de services entre entreprises et consommateurs finals, lorsque les consommateurs se procuraient les services auprès des fournisseurs locaux et que l'on pouvait s'attendre généralement à ce que ceux-ci soient consommés dans la juridiction où ils étaient exécutés [14]. En conséquence, certaines juridictions ont choisi de mettre en œuvre des systèmes de TVA qui déterminent le lieu d'imposition pour ces services principalement par référence au lieu où se trouvait le fournisseur en présumant que ce lieu était celui où ces services seraient normalement rendus et où les consommateurs se trouveraient au moment de leur consommation. La règle relative au lieu d'imposition basée sur le lieu où se trouve le fournisseur était souvent complété par une règle basée sur le lieu d'exécution, ou sur d'autres critères présomptifs, lorsque la localisation du fournisseur était un indicateur moins fiable pour déterminer l'endroit où les services étaient probablement consommés (par exemple les spectacles ou les événements sportifs). Au fil du temps, des services sont apparus pour lesquels la localisation du fournisseur ou le lieu d'exécution étaient moins souvent utilisés pour déterminer le lieu d'imposition. En conséquence l'application d'autres règles s'est développée notamment par référence à la localisation du client. Dans le même temps, des systèmes de TVA étaient mis en œuvre dans certaines juridictions qui déterminaient le lieu d'imposition par l'application itérative de critères présomptifs multiples. De telles juridictions ont souvent favorisé la localisation du client comme critère présomptif clé pour déterminer le lieu d'imposition à la fois des prestations entre entreprises et entre entreprises et consommateurs finals. D'autres juridictions ont utilisé une règle très large basée sur le lieu de consommation effective pour déterminer le lieu d'imposition. Ces différentes approches ont conduit à un manque de cohérence et de clarté quant à la juridiction qui dispose du droit d'imposer des fournitures de services et de biens incorporels spécifiques.

3.112. La mondialisation de l'économie, marquée par une dépendance croissante vis-à-vis des services numériques, a posé des défis pour ces approches traditionnelles de détermination du lieu d'imposition des fournitures de services et de biens incorporels entre entreprises et consommateurs finals. Les progrès techniques et la libéralisation des échanges ont progressivement permis aux entreprises de fournir des services et des biens incorporels aux consommateurs du monde entier, conduisant à une forte croissance du commerce international de services et de biens incorporels fournis à distance. Ces transformations ont posé des défis pour les systèmes de TVA qui utilisaient des critères présomptifs basés sur la localisation du fournisseur ou le lieu d'exécution pour déterminer le lieu d'imposition. Lorsque les services et les biens incorporels peuvent être fournis à distance aux clients qui peuvent se situer n'importe où dans le monde lorsqu'ils les consomment, la détermination du lieu d'imposition par référence à la localisation du fournisseur ou de l'exécution matérielle est moins susceptible d'indiquer avec précision le lieu de consommation. Les règles relatives au lieu d'imposition basées sur ces critères présomptifs ne sont donc pas susceptibles de conduire à un résultat approprié. En outre, le lieu d'exécution effectif peut être difficile à cerner. Par exemple, un technicien situé dans un pays peut prendre le contrôle d'un ordinateur à distance afin de résoudre un problème en utilisant au passage les infrastructures de communication situées dans différents pays. Dans un tel cas, il peut être difficile d'arriver à une conclusion cohérente sur le point de savoir si le lieu d'exécution se trouve là où se situe le technicien, l'ordinateur ou quelque part entre les deux.

3.113. Pour les fournitures de services et de biens incorporels dont la consommation n'est pas nécessairement liée au lieu où la prestation est exécutée et dans lequel se trouve la personne qui exécute la prestation, une règle fondée sur la résidence habituelle du consommateur constitue l'approche la plus appropriée pour déterminer le lieu d'imposition des fournitures entre entreprises et consommateurs finals. Le lieu dans lequel les consommateurs ont leur résidence habituelle est utilisée par les systèmes de TVA d'un grand nombre de pays comme critère présomptif pour prédire le lieu de consommation de nombreux types de services et de biens incorporels fournis à des consommateurs finals. Cette approche reflète la présomption selon laquelle les consommateurs finals consomment généralement les services et les biens incorporels dans la juridiction où ils ont leur résidence habituelle et établit un lien clair avec un lieu aisément identifiable. Il assure que les services et les biens incorporels fournis par des fournisseurs étrangers à des consommateurs finals sont imposés sur la même assiette et au même taux que les prestations intérieures, conformément au Principe directeur 2.4 sur la neutralité de la TVA dans le commerce international (voir chapitre 2). L'achat de services et de biens incorporels à des fournisseurs établis dans des juridictions à taux faibles ou nuls ne procure dès lors aucun avantage fiscal au consommateur final. Une règle relative au lieu d'imposition basée sur la résidence habituelle du client est également raisonnablement aisée à appliquer pour les fournisseurs, à la condition que des procédures administratives et d'identification simplifiées soient mises en place (voir sections C.3.2 et C.3.3). Cela peut être également raisonnablement aisé à gérer pour les administrations fiscales, à la condition qu'elles soient soutenues par une coopération internationale efficace en matière d'administration et de perception de l'impôt (voir section C.3.4).

3.114. Dans ce contexte, deux règles générales sont recommandées pour déterminer le lieu d'imposition des fournitures de services et de biens incorporels entre entreprises et consommateurs finals :

- pour les prestations qui sont matériellement exécutées en un lieu aisément identifiable et qui sont habituellement consommées au moment et là où elles sont matériellement exécutées en présence à la fois de la personne qui exécute la prestation et de celle qui la consomme (prestations destinées à être consommés sur place), le Principe directeur 3.5 recommande une règle relative au lieu d'imposition basée sur le lieu d'exécution de la prestation.
- pour les prestations qui ne sont pas couvertes par le Principe directeur 3.5, le Principe directeur 3.6 recommande un lieu d'imposition basé sur la résidence habituelle du consommateur[15].

3.115. Ces règles générales permettent une allocation effective des droits d'imposer les prestations de services et de biens incorporels entre entreprises et consommateurs finals à la juridiction dans laquelle on peut raisonnablement présumer que le consommateur final est effectivement situé au moment où il consomme la prestation. C'est le lieu dans lequel le consommateur consomme la prestation destinée à être consommés sur place ou la résidence habituelle où il est présumé consommer un service ou un bien incorporel fourni à distance.

C.2. Fournitures entre entreprises et consommateurs finals – fournitures destinées à être consommées sur place

3.116. Le lieu d'exécution matérielle de la prestation constitue le critère adéquat pour déterminer le lieu de consommation des services et des biens incorporels destinés à être consommés sur place par des consommateurs finals. Aux fins de ces Principes directeurs, les fournitures destinées à être consommées sur place sont les services et les biens incorporels qui sont normalement matériellement exécutés en un lieu aisément identifiable et qui sont habituellement consommées au moment et là où elles sont matériellement exécutées en présence à la fois de la personne qui exécute la prestation et de celle qui la consomme. Tout en donnant une indication relativement précise du lieu de consommation, une règle relative au lieu d'imposition basée sur le lieu d'exécution matérielle est également simple et pratique à appliquer pour les fournisseurs et à gérer pour les administrations fiscales.

3.117. Le Principe directeur 3.5 vise principalement les prestations qui sont immédiatement consommées en un lieu d'exécution identifiable, plutôt que celles qui peuvent être fournies à distance ou qui peuvent être consommées à un moment ultérieur. Ces prestations couvrent par exemples les services à la personne tels que la coiffure, le massage, la physiothérapie, etc.), le logement, les services des restaurants et des cantines, les entrées au cinéma, au théâtre, à des expositions, les parcs et des compétitions sportives [16].

Principe directeur 3.5

Pour l'application du Principe directeur 3.1, c'est la juridiction dans laquelle la prestation est matériellement exécutée qui est en droit d'imposer les fournitures de services et de biens incorporels entre entreprises et consommateurs finals lorsque ces prestations :

- **sont matériellement exécutées en un lieu aisément identifiable**
- **sont habituellement consommées au moment et là où elles sont matériellement exécutées, et**
- **requièrent habituellement la présence matérielle de la personne qui exécute la prestation et de celle qui consomme les services ou les biens incorporels au moment et à l'endroit où ces services ou ces biens incorporels sont matériellement exécutées.**

3.118. La consommation finale de ces fournitures requière normalement la présence matérielle à la fois de la personne qui exécute la prestation, qui est habituellement le prestataire, et de celle qui la consomme. Il résulte donc de l'application du Principe directeur 3.5 que les droits d'imposition sont attribués à la juridiction dans laquelle le consommateur final se trouve au moment où la prestation est consommée et où la personne qui l'exécute se trouve au moment de la consommation finale.

3.119. Les fournitures destinées à être consommées sur place peuvent être acquises aussi bien pour un usage commercial que pour une consommation privée. Les juridictions peuvent dès lors adopter l'approche qui est recommandée pour les prestations entre entreprises et consommateurs finals par le Principe directeur 3.5 en tant que règle spécifique pour des prestations entre entreprises (voir paragraphes 3.165 et 3.166). Une telle approche libérerait les fournisseurs de services destinés à être consommés sur place, qui sont souvent des petites et moyennes entreprises, de la charge administrative qui consiste différencier les consommateurs finals des entreprises au moment de décider du traitement fiscal à appliquer à la prestation [17].

C.3. Fournitures entre entreprises et consommateurs finals – fournitures de services et de biens incorporels autres que ceux couverts par le Principe directeur 3.5

3.120. Le lieu d'exécution matérielle ou la localisation du fournisseur ne donnent pas une bonne indication de l'endroit où a lieu la consommation des services et des biens incorporels pour lesquels il n'y a pas de lien avec un lieu d'exécution matérielle aisément identifiable et qui ne sont pas généralement consommés à l'endroit où ils sont matériellement exécutés en présence de la personne qui exécute la prestation et de celle qui la consomme. Cela comprend, par exemple, les fournitures de services et de biens incorporels qui sont probablement consommés à un autre moment que celui de leur exécution ou lorsque la consommation et/ou l'exécution est probablement continue ou encore lorsque les services et les biens incorporels peuvent être aisément ou fréquemment fournis à distance.

3.121. Pour de telles fournitures de services et de biens incorporels entre entreprises et consommateurs finals, le lieu de la résidence habituelle du consommateur constitue le critère présomptif pertinent pour la juridiction de consommation, dans la mesure où on suppose que ce type de services et de biens incorporels seront généralement consommés dans la juridiction où le client a sa résidence habituelle.

Principe directeur 3.6

Aux fins de l'application du Principe directeur 3.1, la juridiction dans laquelle le client a sa résidence habituelle a le droit d'imposer les fournitures de services et de biens incorporels entre entreprises et consommateurs finals, autres que ceux qui sont visés au Principe directeur 3.5

3.122. Peuvent être considérés comme des exemples de fournitures de services et de biens incorporels qui ne sont pas visés par le Principe directeur 3.5, les services de conseil, de comptabilité, les services juridiques, les services financiers et d'assurance, la location à long terme de biens meubles, les services de diffusion et de télécommunication, les fournitures de logiciels en ligne et leur mise à jour, la fourniture de contenus numériques (films, émissions de télévision, musique, etc.), le stockage de données numériques et les jeux en ligne.

C.3.1. Détermination de la juridiction de résidence habituelle du client

3.123. La juridiction de résidence habituelle du client pour une fourniture entre entreprise et consommateur final est généralement celle dans laquelle le client habite régulièrement ou a établi son domicile. Ces clients ne sont pas considérés comme ayant leur résidence habituelle dans une juridiction où ils se trouvent de manière temporaire ou lorsqu'ils y sont en visite (par exemple en tant que touristes ou participants à une conférence ou à des cours de formation).

3.124. Les fournisseurs devraient pouvoir se baser sur une information disponible ou qui peut être raisonnablement obtenue au moment où le traitement fiscal de la prestation doit être décidé et ainsi prendre en compte les différents types de prestations et les circonstances dans lesquelles ces prestations sont habituellement rendues.

3.125. Les éléments de preuve sur lesquels les fournisseurs peuvent s'appuyer pour déterminer la juridiction dans laquelle se trouve la résidence habituelle du client dépendent vraisemblablement du modèle commercial, du type et du prix des prestations fournies ainsi que du circuit commercial utilisé. Dans le commerce électronique en particulier, où l'activité est souvent constituée de très nombreuses prestations de faible valeur et qui impliquent une communication et une interaction minimale entre le fournisseur et son client, il sera souvent difficile de déterminer le lieu de résidence habituelle du client sur la base d'un accord avec celui-ci. Les juridictions devraient mettre des indications claires et réalistes à la disposition des entreprises sur les éléments qui sont requis pour déterminer le lieu de résidence habituelle de leurs clients pour les prestations rendues à des consommateurs finals.

3.126. Pour les opérations entre entreprises et consommateurs finals, les juridictions sont encouragées à autoriser les fournisseurs à s'appuyer, autant que possible, sur l'information qu'ils obtiennent habituellement de leurs clients dans le cadre de leur activité commerciale normale, pour autant que cette information fournisse une preuve raisonnablement fiable du lieu de résidence habituelle de leurs clients. De plus, si elles acceptent que les entreprises suivent ces principes, les juridictions peuvent envisager l'adoption de règles qui ne remettraient en cause ces éléments de preuve qu'en cas d'abus ou d'utilisation à mauvais escient. Les indications fournies par les autorités fiscales devront tenir compte de la législation et de la pratique dans les juridictions en cause, en particulier en ce qui concerne la protection de la vie privée, tout en conservant les marges de manœuvre des entreprises.

3.127. L'information fournie par le client pourra généralement être considérée comme un élément de preuve substantiel pour la détermination de la juridiction où ce dernier a sa résidence habituelle. Cela peut comprendre l'information obtenue au cours du processus commercial (par exemple le processus de commande) comme la juridiction et l'adresse du client, ses coordonnées bancaires (notamment le pays du compte bancaire) et l'information liée à sa carte de crédit. Les juridictions peuvent exiger que la fiabilité de ces informations soit corroborée par des indices supplémentaires relatifs à la résidence du client. Dans certains cas, de tels indices peuvent constituer la seule indication de la juridiction de résidence habituelle du client. Ces indices seront différents selon le type de commerce en cause et peuvent comprendre un numéro de téléphone de contact, l'adresse IP[18] de l'appareil utilisé pour télécharger des contenus numériques ou l'historique commercial du client (qui peut par exemple comprendre des informations sur le lieu de consommation principal, la langue des contenus fournis ou l'adresse de facturation). Ces indicateurs sont vraisemblablement appelés à évoluer au fil du temps à mesure que la technologie et les pratiques commerciales évoluent.

C.3.2. Perception de la TVA dans les cas où le fournisseur ne se trouve pas dans la juridiction d'imposition

3.128. La facturation, la perception et le paiement corrects de la TVA ainsi que les obligations déclaratives qui y sont associées relèvent traditionnellement de la responsabilité des fournisseurs. Alors qu'il est relativement évident de demander aux fournisseurs de remplir ces obligations lorsqu'ils sont situés dans la juridiction d'imposition, la situation devient plus complexe lorsqu'une entreprise effectue des fournitures qui sont imposables dans une autre juridiction. Selon l'approche traditionnelle, le fournisseur non-résident est tenu de s'identifier dans la juridiction d'imposition et d'y facturer, percevoir et payer la taxe due. Il est toutefois reconnu que remplir ces obligations à l'étranger peut s'avérer complexe et coûteux pour les fournisseurs non-résidents ainsi que pour les administrations fiscales qui doivent veiller à leur application.

3.129. Pour les fournitures internationales de services et de biens incorporels entre entreprises qui sont imposable dans la juridiction où se situe le client en application du Principe directeur 3.2, ces Principes directeurs recommandent l'application d'un mécanisme d'autoliquidation afin de réduire la charge et la complexité administratives pour les fournisseurs non-résidents, lorsque cela est cohérent avec la conception d'ensemble du système de TVA national. Si le client bénéficie d'un droit à déduction total de la taxe d'amont sur cette prestation, il se peut que la législation locale n'impose pas que l'autoliquidation soit réalisée. Le mécanisme d'autoliquidation transfère la qualité de redevable de l'impôt du fournisseur vers le client. Lorsque seules des opérations entre entreprises sont en cause, l'application du mécanisme d'autoliquidation doit donc relever le fournisseur non-résident de toute obligation de s'identifier ou de payer la TVA dans la juridiction d'imposition.

3.130. Un tel mécanisme d'autoliquidation n'offre pas une solution adéquate pour la perception de la TVA sur les prestations entre les entreprises non-résidentes et les consommateurs finals. Le degré de respect des obligations fiscales assuré par un mécanisme d'autoliquidation pour des opérations entre entreprises et consommateurs finals sera vraisemblablement faible, dans la mesure où les consommateurs privés ont peu de raisons de déclarer et de payer l'impôt dû, du moins en l'absence de sanctions concrètes en cas de manquement à ces obligations. De plus, la perception effective de montants de TVA réduits dus par un grand nombre de consommateurs privés impliquerait sans doute des coûts de gestion considérables qui pourraient être plus élevés que le montant des recettes en cause.

3.131. Les travaux conduits par l'OCDE et par d'autres organisations internationales, de même que l'expérience individuelle des pays, indique que, pour le moment, l'approche la plus efficace et la plus effective pour assurer une perception adéquate de la TVA sur les prestations internationales de services et de biens incorporels entre entreprises et consommateurs finals consiste à demander au fournisseur non-résident de s'identifier et de payer la TVA dans la juridiction d'imposition.

3.132. Lors de la mise en œuvre d'un mécanisme de perception de la TVA basée sur l'identification des fournisseurs non-résidents, il est recommandé aux juridictions d'envisager la mise en place d'un régime administratif et d'identification simplifié afin de faciliter le respect des obligations fiscales par les fournisseurs non-résidents. Les meilleurs résultats en matière de respect des obligations fiscales seront vraisemblablement obtenus si les obligations administratives dans la juridiction d'imposition sont limitées à celles qui sont strictement nécessaires pour une perception effective de l'impôt. Une simplification appropriée est particulièrement importante pour faciliter le respect des obligations fiscales par les entreprises qui font face à ce type d'obligations dans de multiples juridictions. Lorsque les procédures administratives et d'identification traditionnelles sont complexes, leur application aux fournisseurs non-résidents de services et de biens incorporels à des clients finals risquerait de générer des obstacles au respect des obligations fiscales ou le refus de servir les clients dans les juridictions imposant de telles obligations.

3.133. Un régime administratif et d'identification simplifié pour les fournisseurs non-résidents de services et de biens incorporels à des consommateurs finals seraient appliqué séparément des régimes administratifs et d'identification traditionnels pour les opérateurs locaux, sans leur donner les mêmes droits (par exemple le droit à déduction) ou les mêmes obligations (par exemple en matière déclarative) que dans le régime traditionnel. L'expérience de ce type de régimes administratifs et d'identification simplifiés montre qu'elles fournissent une solution pratique et relativement efficace pour assurer la perception des recettes de TVA sur les fournitures de services et de biens incorporels entre entreprises et consommateurs finals par des fournisseurs non-résidents, tout en réduisant les distorsions économiques et en préservant la neutralité entre les fournisseurs résidents et non-résidents. De tels régimes permettent aux administrations fiscales de percevoir une proportion significative des recettes fiscales liées aux fournitures aux consommateurs finals dans leur juridiction pour un coût administratif relativement réduit.

3.134. Il est reconnu qu'un juste équilibre doit être trouvé entre la simplification administrative et la nécessité pour les administrations de préserver les recettes fiscales. Les administrations fiscales doivent s'assurer que je juste montant d'impôt est perçu et payé par des fournisseurs avec lesquels elles n'ont peut-être pas de liens territoriaux. Dans ce contexte, la section C.3.3 ci-dessous présente les principales caractéristiques éventuelles d'un régime administratif et d'identification simplifié pour les fournisseurs non-résidents de services et de biens incorporels à des consommateurs finals, qui assurent un équilibre entre le besoin de simplification et celui des administrations pour garantir les recettes fiscales. Ceci est destiné à aider les juridictions d'imposition [19] à évaluer et à développer les structures mises en place pour percevoir la TVA sur les fournitures de services et de biens incorporels entre entreprises non-résidentes et consommateurs finals, afin d'améliorer la cohérence des procédures administratives entre les juridictions. Une plus grande cohérence entre les approches des pays permettra d'améliorer davantage le respect des obligations fiscales, en particulier pour les entreprises qui font face à des obligations administratives dans une pluralité de juridictions, à réduire les coûts de la discipline fiscale et à améliorer l'efficacité et la qualité des processus administratifs en matière fiscale. Du point de vue des administrations fiscales, la cohérence peut également soutenir la coopération internationale efficace dans le domaine de l'administration et du recouvrement de l'impôt.

C.3.3. Caractéristiques principales d'un régime administratif et d'identification simplifié

3.135. Cette section explore les mesures clés que les juridictions d'imposition pourraient prendre pour simplifier la gestion et l'administration d'un mécanisme de perception fondé sur l'identification pour les fournitures de services et de biens incorporels par des entreprises non-résidents à des consommateurs finals.

3.136. Cette section est destinée à aider les juridictions à évaluer et à développer leur système de perception de la TVA sur les fournitures de services et de biens incorporels par des entreprises non-résidentes à des consommateurs finals et à proposer les éventuelles caractéristiques des régimes administratifs et d'identification simplifiés. Elle examine également si le champ de ces régimes administratifs et d'identification simplifiés pourrait être étendu aux échanges internationaux entre entreprises et rappelle que le principe de proportionnalité est le principe directeur pour le fonctionnement d'un mécanisme de perception fondé sur l'identification pour les non-résidents. Elle identifie les mesures de simplification possibles pour chacun des éléments suivants qui sont essentiels à un régime administratif et d'identification simplifié :

- La procédure d'identification à la TVA ;
- La récupération de la taxe d'amont – remboursements ;
- Les déclarations ;
- Les paiements ;
- La comptabilité ;
- La facturation ;
- L'accès à l'information ;
- L'utilisation de tierces parties.

3.137. Cette section reconnaît le rôle important joué par la technologie pour la simplification de l'administration de l'impôt et une bonne discipline fiscale. De nombreuses administrations fiscales ont pris des mesures pour utiliser la technologie pour développer une gamme de services électroniques pour soutenir leurs opérations, en particulier les services en relation avec le processus de perception de la taxe ou les services essentiels aux contribuables. Les raisons en sont assez évidentes : lorsqu'elles sont utilisées efficacement, ces technologies peuvent présenter des avantages considérables à la fois pour les administrations fiscales et pour les contribuables (par exemple, des coûts de discipline fiscale et d'administration plus bas et des services plus rapides et plus accessibles aux contribuables). Toutefois, l'utilisation de technologies ne sera efficace que si les éléments de base du processus administratif et de conformité fiscale sont suffisamment clairs et simples. Cette section se concentre donc principalement sur une possible simplification des procédures administratives et de conformité fiscale et consacre moins d'attention aux aspects technologiques, dans la mesure où la technologie devrait continuer à évoluer au fil du temps.

3.1.1.1. Procédure d'identification

3.138. Des procédures d'identification simples peuvent être un élément incitatif important pour que des fournisseurs non-résidents s'identifient auprès des autorités fiscales d'une juridiction où ils n'ont peut-être pas d'autre lien que la fourniture de services ou de biens incorporels à des consommateurs finals. L'information demandée pourrait être limitée aux seules mentions nécessaires, et pourrait inclure :

- Le nom de l'entreprise, y compris le nom commercial;
- Le nom de la personne de contact chargée de traiter avec les administrations fiscales;
- L'adresse postale ou l'adresse enregistrée de l'entreprise et de la personne de contact;
- Le numéro de téléphone de la personne de contact;
- Le courriel de la personne de contact
- L'URL des sites Internet que le fournisseur non-résident utilise pour son activité dans la juridiction d'imposition;
- Le numéro d'identification fiscal national, si un tel numéro est attribué au fournisseur dans sa propre juridiction aux fins de son activité.

3.139. La façon la plus simple de s'identifier à distance auprès des administrations fiscales est probablement par la voie électronique. Une demande d'identification en ligne pourrait être accessible sur la page d'accueil du site Internet de l'administration fiscale, de préférence dans les langues des principaux partenaires commerciaux de la juridiction.

C.3.3.2. Récupération de la taxe d'amont – remboursements

3.140. Il semble raisonnable que les juridictions d'imposition puissent limiter le champ du régime administratif et d'identification simplifié à la perception de la TVA sur les fournitures de services et de biens incorporels effectuées par des fournisseurs non-résidents sans que ces fournisseurs ne soient autorisés, sous ce régime simplifié, à récupérer la TVA sur leurs intrants. Le cas échéant, les fournisseurs non-résidents pourraient opter pour la procédure administrative de droit commun d'identification et de remboursement de la TVA pour récupérer la TVA sur leurs intrants.

3.1.1.3 Procédure déclarative

3.141. Comme les obligations varient largement selon les juridictions, satisfaire les obligations liées au dépôt de déclarations fiscales dans plusieurs juridictions est un processus complexe qui se traduit souvent par une charge administrative considérable pour les fournisseurs non-résidents. Les administrations fiscales pourraient envisager d'autoriser les entreprises non-résidentes à remplir des déclarations simplifiées, qui seraient moins détaillées que les déclarations requises pour les entreprises locales qui ont droit au remboursement de la TVA sur leurs intrants. Aux fins d'établir quelles sont les mentions obligatoires requises dans le cadre d'une procédure simplifiée, il serait souhaitable de trouver un équilibre entre le besoin de simplicité des entreprises et le besoin pour l'administration fiscale de vérifier si les obligations fiscales sont correctement remplies. Les mentions obligatoires pourraient se limiter :

- au numéro d'identification du fournisseur;
- à la périodicité de la déclaration;
- à la monnaie et, le cas échéant, au taux de change utilisés;
- au montant imposable au taux normal;
- le cas échéant, au(s) montant(s) imposable(s) au(x) taux réduit(s);
- au montant total de la taxe à payer.

3.142. La possibilité de déposer la déclaration par voie électronique dans un format simple et couramment utilisé sera essentielle pour faciliter la bonne discipline fiscale. De nombreuses administrations fiscales ont déjà introduit ou sont en train d'introduire la possibilité de déposer les déclarations fiscales par voie électronique.

C.3.3.4. Paiements

3.143. L'utilisation des méthodes de paiement électronique est recommandée pour permettre aux fournisseurs non-résidents de verser la taxe due par voie électronique. Cela réduit non seulement la charge administrative et le coût du processus de paiement pour le fournisseur, mais cela réduit également les coûts de traitement du paiement pour les administrations fiscales. Les juridictions pourraient envisager d'accepter les paiements dans les monnaies de leurs principaux partenaires commerciaux.

C.3.3.5. Comptabilité

3.144. Les administrations fiscales doivent être en mesure d'examiner les données d'un contribuable pour s'assurer que la taxe a bien été facturée et perçue correctement. Les juridictions sont invitées à permettre l'utilisation de systèmes de comptabilité électroniques dans la mesure où les processus internes des entreprises sont de plus en plus automatisés et les documents papier généralement remplacés par des documents électroniques. Les juridictions pourraient envisager de limiter les informations à fournir à ce qui est nécessaire pour s'assurer que la taxe sur chaque prestation a bien été facturée et perçue correctement, en s'appuyant autant que possible sur les informations disponibles auprès de leurs fournisseurs dans le cadre de leur activité économique normale. Ces informations pourraient inclure le type de prestation, la date de la prestation, la TVA due et les informations utilisées pour déterminer l'endroit où le client final a sa résidence habituelle. Les juridictions d'imposition pourraient exiger que ces documents soient disponibles sur demande dans un délai raisonnable.

C.3.3.6. Facturation

3.145. Les exigences en matière de facturation sont parmi les plus lourdes des systèmes de TVA. Les juridictions pourraient envisager de supprimer l'obligation de facturation en ce qui concerne les prestations rendues par les entreprises aux consommateurs finals qui sont couvertes par les régimes administratifs et d'immatriculation simplifiés dans la mesure où les consommateurs finals ne seront généralement pas en mesure de déduire la TVA acquittée sur ces prestations.

3.146. Si des factures sont requises, les juridictions pourraient envisager d'autoriser que les factures soient émises conformément aux règles de la juridiction du fournisseur ou pourraient accepter la documentation commerciale émise pour des besoins autres que la TVA (par exemple, des reçus électroniques). Il est recommandé que les informations devant figurer sur la facture restent limitées aux informations nécessaires pour administrer le régime de TVA (telles que l'identification du client, le type et la date des prestations, le montant imposable et le montant de TVA par taux de TVA, le montant total imposable). Les juridictions pourraient envisager d'autoriser la facture à être émise dans les langues de leurs principaux partenaires commerciaux.

C.3.3.7. Accès à l'information

3.147. Les juridictions sont invitées à mettre en ligne toutes les informations nécessaires pour s'identifier et se conformer au régime administratif et d'identification simplifié, de préférence dans les langues de leurs principaux partenaires commerciaux. Les juridictions sont également encouragées à rendre accessible via Internet l'information pertinente et mise à jour dont les entreprises non-résidents pourraient avoir besoin à des fins fiscales. En particulier, cela pourrait inclure l'information concernant les taux de TVA et la classification des produits.

C.3.3.8. Utilisation de parties tierces

3.148. Le respect de leurs obligations fiscales par les fournisseurs non-résidents pourrait être encore facilité en permettant à ces fournisseurs de désigner une tierce partie pour agir en leur nom dans l'exécution de certaines procédures, telles que le dépôt des déclarations. Cela pourrait être particulièrement utile en ce qui concerne les petites et moyennes entreprises et les entreprises qui sont confrontées à des obligations dans plusieurs juridictions.

C.3.3.9. Application dans le contexte d'opérations entre entreprises

3.149. La mise en œuvre d'un régime administratif et d'identification simplifié pour les fournisseurs non-résidents est recommandée principalement dans le contexte des fournitures de services et de biens incorporels par des non-résidents à des consommateurs finals. Ces Principes directeurs recommandent d'appliquer le mécanisme d'autoliquidation sur les fournitures de services et de biens incorporels entre entreprises lorsque ces services ou ces biens incorporels sont imposables dans la juridiction où le client est situé en application du Principe directeur 3.2. Toutefois, il est possible que la législation locale sur la TVA ne requière pas l'autoliquidation lorsque le client a intégralement droit à récupération de la TVA sur cette opération. Les juridictions dont les règles générales ne font pas de distinction dans leur législation domestique entre les opérations entre entreprises et les opérations entre entreprises et consommateurs finals pourraient envisager d'autoriser l'utilisation de régimes administratifs et d'identification simplifiés pour ces deux types d'opérations.

C.3.3.10. Proportionnalité

3.150. Les juridictions devraient s'efforcer de mettre en place un mécanisme de perception fondé sur l'identification en ce qui concerne les fournitures de services et de biens incorporels par des entreprises non-résidentes à des consommateurs finals, sans créer une charge administrative en termes d'obligations fiscales qui serait disproportionnée par rapport aux recettes en jeu et qui serait contraire à l'objectif de neutralité (traitement fiscal non discriminatoire) entre fournisseurs domestiques et étrangers (voir aussi le Principe directeur 2.6).

3.151. Cet objectif devrait être poursuivi principalement par la mise en œuvre de mécanismes administratifs et d'identification simplifiés qui soient compatibles entre les juridictions et qui soient suffisamment clairs et accessibles pour permettre aux fournisseurs non-résidents de se conformer facilement aux règles, notamment pour les petites et moyennes entreprises. Afin de réduire les coûts de la discipline fiscale, certaines juridictions ont mis en place un seuil de ventes dans la juridiction d'imposition en dessous duquel les fournisseurs non-résidents seraient dispensés de l'obligation de percevoir et de verser la taxe due dans ces juridictions. Décharger les fournisseurs de l'obligation de d'identifier dans les juridictions où leurs ventes sont faibles en valeur pourrait ne pas entraîner de pertes de recettes substantielles par rapport à l'économie réalisée par ailleurs par l'administration fiscale sur ses coûts de gestion. L'introduction de seuils devrait être examinée avec attention. Un équilibre devra être trouvé entre la réduction des coûts de discipline fiscale pour les fournisseurs non-résidents et les coûts de l'administration fiscale, tout en s'assurant que les entreprises résidentes ne se trouvent pas dans une situation concurrentielle défavorable.

C.3.4. La coopération internationale en vue d'assurer la perception de la TVA lorsque le fournisseur ne se trouve pas dans la juridiction d'imposition

3.152. Alors qu'une simplification s'appuyant sur des mécanismes de perception basés sur l'identification des fournisseurs non-résidents constitue un moyen clé pour améliorer le respect des obligations fiscales pour les fournitures internationales de services et de bien incorporels entre entreprises et consommateurs finals, il est également nécessaire de renforcer la capacité des administrations fiscales à percevoir effectivement l'impôt grâce à l'amélioration de la coopération internationale dans le domaine des impôts sur la consommation.

3.153. Une coopération administrative internationale plus efficace pourrait se concentrer en particulier sur l'échange d'informations et sur l'assistance au recouvrement. La coopération administrative mutuelle est un moyen-clé d'assurer la perception effective de l'impôt sur les prestations internationales de services et de biens incorporels par des fournisseurs non-résidents. Elle sera également utile pour identifier les fournisseurs, vérifier le statut des clients, suivre le volume des prestations et s'assurer que le montant approprié d'impôt est facturé. L'échange d'informations entre les autorités fiscales des juridictions de prestation et de consommation a un rôle essentiel à jouer. Elle pourrait aussi inclure l'usage d'échange spontané d'informations.

3.154. Le chapitre 4, section B de ces Principes directeurs décrit les instruments principaux de l'OCDE en matière d'échange d'informations et d'autres formes de coopération administrative mutuelle qui peuvent aider les juridictions à renforcer la coopération administrative internationale dans le domaine des impôts indirects. Ces Principes directeurs recommandent que les juridictions prennent les mesures nécessaires pour faire un meilleur usage de ces instruments et des autres instruments juridiques disponibles pour la coopération administrative internationale afin d'assurer la perception effective de la TVA sur les fournitures internationales de services et de biens incorporels entre entreprises non-résidentes et consommateurs finals. Une telle coopération pourrait être améliorée en particulier par le développement d'une norme commune pour l'échange d'informations qui soit simple, qui réduise les coûts pour les administrations fiscales et les entreprises en limitant la quantité d'informations échangées et qui puisse être mise en œuvre à brève échéance. Dans ce contexte, le CAF a l'intention de conduire des travaux sur des orientations plus détaillées pour l'échange d'information efficace et d'autres formes d'assistance administrative mutuelle entre les autorités fiscales dans le domaine des impôts indirects.

D. Fournitures entre entreprises et entre entreprises et consommateurs finals – règles spécifiques

D.1. Cadre d'évaluation permettant d'apprécier l'opportunité d'une règle spécifique

Principe directeur 3.7

Les droits d'imposition relatifs à des services ou biens incorporels faisant l'objet d'échanges internationaux entre entreprises peuvent être attribués en se référant à un critère présomptif autre que la localisation du client indiquée au Principe directeur 3.1. à condition que les deux conditions suivantes soient remplies :

a. **L'attribution de droits d'imposition par référence à la localisation du client ne conduit pas à un résultat approprié au regard des critères suivants :**
   - **Neutralité**
   - **Efficience en matière de discipline fiscale et d'administration**
   - **Certitude et simplicité**
   - **Efficacité**
   - **Équité.**

b. **Un critère présomptif de substitution autre que la localisation du client conduirait à un résultat significativement meilleur sous l'angle des mêmes critères.**

De même, les droits d'imposition relatifs à des services ou des biens incorporels faisant l'objet d'échanges internationaux entre entreprises et consommateurs finals peuvent être attribués en se référant à un critère présomptif autre que le lieu d'exécution matérielle indiqué au Principe directeur 3.5 et que la résidence habituelle du client indiqué au Principe directeur 3.6 lorsque les deux conditions indiquées sous a. et b. ci-dessus sont remplies.

3.155. Selon le Principe directeur 3.2, pour les opérations entre entreprises, c'est la juridiction dans laquelle le client se situe qui est en droit d'imposer les services ou les biens incorporels faisant l'objet d'échanges internationaux. C'est la règle générale pour déterminer le lieu d'imposition des fournitures de services et de biens incorporels entre entreprises. Pour les opérations entre entreprises et consommateurs finals, deux règles générales sont établies par les Principes directeurs 3.5 et 3.6 respectivement pour les deux principaux types de fournitures de services et de biens incorporels :

- selon le Principe directeur 3.5, la juridiction dans laquelle la fourniture est matériellement exécutée dispose des droits d'imposition sur les fournitures de services et de biens incorporels destinés à être consommés sur place[20] ;

- selon le Principe directeur 3.6, la juridiction dans laquelle le client a sa résidence habituelle dispose des droits d'imposition sur les fournitures de services et de biens incorporels qui ne sont pas couvertes par le Principe directeur 3.5.

3.156. Il est admis que ces règles générales n'aboutissent pas toujours à un résultat fiscal approprié. Dans cette hypothèse, l'attribution des droits d'imposition par référence à un autre critère présomptif peut être justifiée. Une règle qui attribue des droits d'imposition par référence à un critère présomptif autre que ceux qui sont recommandés par le Principe directeur 3.2 (pour les opérations entre entreprises) ou les Principes directeurs 3.5 et 3.6 (pour les opérations entre entreprises et consommateurs finals) est appelée « règle spécifique ». Une telle règle utilise un critère présomptif différent (comme la localisation d'un bien corporel meuble ou immeuble, la localisation effective du client ou le lieu de l'utilisation et de la jouissance effectives) pour déterminer la juridiction en droit d'imposer une fourniture de services ou de biens incorporels couverte par cette règle. Une telle règle spécifique doit être étayée par des critères précis et son usage doit rester limité. Le Principe directeur 3.7. décrit ces critères et explique dans quelles conditions ils peuvent justifier la mise en œuvre d'une règle spécifique.

3.157. Selon le Principe directeur 3.7, une approche en deux étapes est recommandée pour déterminer si le recours à une règle spécifique peut être justifié :

- La première étape consiste à déterminer si la règle générale aboutit à un résultat approprié sur la base des critères présentés par le Principe directeur 3.7. Si tel est le cas, il n'est pas nécessaire de recourir à une règle spécifique. Lorsque l'analyse suggère que la règle générale n'aboutirait pas à un résultat approprié, l'utilisation d'une règle spécifique peut être justifiée. Il faut alors passer à la deuxième étape.
- Dans un second temps, la règle spécifique proposée doit également être soumise aux critères du Principe directeur 3.7. L'utilisation d'une règle spécifique se justifie uniquement si l'analyse montre qu'elle aboutirait à un résultat significativement meilleur que la règle générale.

3.158. Ces Principes directeurs n'entendent pas indiquer exactement à quelles fournitures de services ou de biens incorporels, ou dans quelles circonstances ou facteurs particuliers, une règle spécifique pourrait s'appliquer. Ils constituent plutôt un cadre d'évaluation permettant aux juridictions d'apprécier l'opportunité d'une règle spécifique dans un environnement technique et commercial en perpétuelle mutation. Les paragraphes suivants décrivent ce cadre plus en détail.

3.159. Le cadre permettant d'évaluer l'opportunité d'une règle spécifique s'inspire de l'objectif global des Principes directeurs relatifs au lieu d'imposition, tel qu'il est décrit au paragraphe 3.3. Selon cet objectif, le cadre d'évaluation pour évaluer l'opportunité d'une règle spécifique s'articule autour des critères suivants :

- Neutralité : les six Principes directeurs sur la neutralité et leurs commentaires (principes directeurs 2.1 à 2.6).
- Efficience en matière de discipline et d'administration : les coûts de la discipline fiscale pour les contribuables et l'administration devraient être réduits autant que possible.
- Certitude et simplicité : les règles fiscales devraient être claires et simples à comprendre de façon que les contribuables puissent anticiper les conséquences fiscales d'une transaction, notamment sur le point de savoir ce qui doit être imposé, ainsi que la date et le mode d'évaluation de l'impôt.

- Efficacité : l'imposition devrait procurer le montant approprié de recettes fiscales à la date voulue et à l'endroit voulu.
- Équité : il faut réduire au maximum les possibilités de fraude et d'évasion fiscales, tout en veillant à ce que les contre-mesures soient proportionnées aux risques encourus.

3.160. Les règles relatives au lieu d'imposition doivent être définies et mises en œuvre de façon cohérente pour garantir un traitement fiscal des transactions internationales conforme à ces critères. Les règles générales définies par les Principes directeurs 3.2, 3.5 et 3.6 constituent les méthodes recommandées pour assurer une détermination cohérente du lieu d'imposition des services et des biens incorporels faisant l'objet d'échanges internationaux. Le recours à des règles spécifiques qui font intervenir des critères présomptifs différents de ces méthodes générales doit être limité dans la mesure du possible, car l'existence de règles spécifiques augmente le risque de différences d'interprétation et d'application entre juridictions, et donc les risques de double imposition et d'absence d'imposition involontaire[21].

3.161. Lorsqu'on évalue l'opportunité d'une règle spécifique en employant le cadre d'évaluation exposé ci-dessus, il est important d'examiner chacun des critères sans oublier qu'ils forment un tout. Il n'est pas possible d'évaluer un critère indépendamment des autres car tous les critères sont liés entre eux. Par exemple, la neutralité, décrite dans les Principes directeurs relatifs à la neutralité, et l'efficience en matière de discipline et d'administration sont complémentaires. De même, l'efficience est tributaire dans une large mesure de la certitude et de la simplicité, qui sont indispensables pour garantir l'efficacité et l'équité. Par conséquent, il est peu probable que l'évaluation de l'application d'une règle principale (ou d'une règle spécifique de substitution) dans un cas de figure particulier aboutisse à un résultat très mauvais au regard d'un ou de deux critères, mais bien meilleur au regard des autres critères. Au contraire, l'évaluation devrait aboutir à un résultat global cohérent.

3.162. En conséquence, il est recommandé que les juridictions mettent en œuvre une règle spécifique pour l'attribution des droits d'imposition de services et de biens incorporels faisant l'objet d'échanges internationaux uniquement si le résultat global de l'évaluation sur la base des critères exposés dans le Principe directeur 3.7 indique que la règle générale n'aboutirait pas à un résultat approprié, et si une évaluation sur la base des mêmes critères suggère que la règle spécifique proposée conduirait à un résultat significativement meilleur.

3.163. Bien qu'un certain degré de subjectivité subsiste en ce qui concerne le concept de « *résultat approprié* » et de « *résultat significativement meilleur* », le Principe directeur 3.7 propose un cadre permettant d'évaluer l'opportunité d'une règle spécifique qui devrait rendre l'adoption d'une telle règle plus transparente, systématique et vérifiable. Il n'est ni possible ni souhaitable de donner des instructions plus précises sur ce que devrait être le résultat de l'évaluation pour toutes les fournitures de services et de biens incorporels. Toutefois, les paragraphes ci-après formulent des orientations supplémentaires et des observations plus détaillées concernant certaines fournitures de services et de biens incorporels pour lesquelles une règle spécifique pourrait être appropriée dans certaines circonstances et conditions. L'évaluation doit être effectuée du point de vue des entreprises et des administrations fiscales.

D.2. Circonstances dans lesquelles une règle spécifique peut être souhaitable

3.164. Il est admis que, le plus souvent, les règles générales sur le lieu d'imposition définies par le Principe directeur 3.2 pour les opérations entre entreprises et par les Principes directeurs 3.5 et 3.6 pour les opérations entre entreprises et consommateurs finals conduisent à un résultat approprié au regard des critères posés par le Principe directeur 3.7.

Toutefois, les paragraphes suivants décrivent certaines circonstances spécifiques dans lesquelles les juridictions pourraient considérer que l'application des règles générales aboutirait probablement à un résultat inapproprié au regard de ces critères et dans lesquelles une règle spécifique pourrait aboutir à un résultat significativement meilleur.

D.2.1. Exemples de circonstances dans lesquelles une règle spécifique peut être souhaitable pour des opérations entre entreprises

3.165. Pour les opérations entre entreprises, la règle générale basée sur la localisation du client peut ne pas conduire à un résultat approprié au regard des critères énoncés au Principe directeur 3.7 et une règle spécifique peut conduire à un résultat significativement meilleur dans des situations où sont réunies les circonstances suivantes :

- un service ou biens incorporel spécifique est fourni à la fois à des entreprises et à des consommateurs finals,
- ce service ou bien incorporel nécessite, d'une certaine manière, la présence physique à la fois de la personne qui effectue la prestation et de celle qui la reçoit, et
- ce service ou bien incorporel est utilisé dans un lieu facilement identifiable.

3.166. Si des entreprises qui fournissent généralement des services ou des biens incorporels à un grand nombre de clients, pour des montants relativement faibles et sur une courte période (services de restauration par exemple) devaient suivre la règle générale basée sur la localisation du client pour les opérations entre entreprises, elles s'en trouveraient soumises à d'importantes contraintes administratives. Un client, entreprise ou un consommateur final, pourrait simplement alléguer qu'il est une entreprise située à l'étranger et demander l'exonération de la TVA. Par conséquent, le fournisseur serait exposé à un risque sérieux de devoir supporter la TVA manquante s'il s'avère par la suite que le client n'est pas une entreprise située à l'étranger (absence de certitude et de simplicité). Par ailleurs, l'administration fiscale aurait plus de mal à mener des contrôles car il peut être difficile de réunir des preuves de la localisation du client (absence d'efficience). Le même type de problème peut se poser concernant les services qui consistent à octroyer le droit d'accès à des événements tels qu'un concert, une manifestation sportive, ou même une foire ou un salon commercial essentiellement destiné aux entreprises. Si un billet peut être acheté à l'entrée du bâtiment où l'événement a lieu, des entreprises comme des consommateurs finals peuvent bénéficier du service. Dans ces conditions, si la règle générale basée sur la localisation du client est retenue, le fournisseur est confronté à la difficulté et au risque d'identifier et de démontrer le statut et la localisation du client. Les critères d'efficience, de certitude et de simplicité risquent de ne pas être remplis. L'équité pourrait être compromise. L'adoption d'une règle spécifique permettant d'attribuer les droits d'imposition à la juridiction où l'événement a lieu pourrait satisfaire aux critères et aboutir à un résultat nettement meilleur au regard des critères énoncés au Principe directeur 3.7. Dans de telles circonstances, les juridictions pourraient considerer l'usage d'un critère présomptif basé sur le lieu de l'exécution matérielle, qui s'appliquerait à la fois aux opérations entre entreprises et entre entreprises et consommateurs finals (voir Principe directeur 3.5).

D.2.2. Exemples de circonstances dans lesquelles une règle spécifique peut être souhaitable pour des opérations entre entreprises et consommateurs finals

3.167. Pour les prestations entre entreprises et consommateurs finals, les juridictions pourraient considérer que les règles générales indiquées aux Principes directeurs 3.5 et 3.6 ne produisent pas un résultat adéquat au regard des critères énoncés aux Principe directeur 3.7 dans certaines circonstances particulières, où elles conduisent à une attribution des droits d'imposition qui sont inefficaces ou qui sont excessivement lourds d'un point de vue administratif (absence d'efficience, de certitude et de simplicité) et/ou ne sont pas suffisamment précis pour prédire le lieu probable de consommation finale (absence d'efficacité et de neutralité). Par exemple, cela pourrait se produire dans les circonstances suivantes :

- la règle générale basée sur le lieu d'exécution matérielle (Principe directeur 3.5) relative aux prestations de services et de biens incorporels destinés à être consommés sur place pourrait ne pas aboutir à un résultat adéquat au regard des critères énoncés au Principe directeur 3.7 dans les cas où l'exécution matérielle se produit dans de multiples juridictions, y entraînant des obligations fiscales (absence d'efficacité, de certitude et de simplicité). Ce pourrait être le cas pour le transport international de personnes par exemple.
- la règle générale basée sur le lieu de la résidence habituelle du client (Principe directeur 3.6) relative aux fournitures de services et de biens incorporels autres que ceux couverts par le Principe directeur 3.5 pourrait ne pas être suffisamment précise pour indiquer le lieu de consommation finale dans les cas où cette consommation se produirait le plus vraisemblablement dans un autre lieu que celui de la résidence habituelle du client (absence d'efficacité et de neutralité). Ce pourrait être le cas par exemple des services et biens incorporels exécutés en un lieu aisément identifiable qui nécessitent la présence physique de la personne qui consomme la prestation, mais pas de celle de la personne qui exécute la prestation, comme la fourniture d'accès à Internet dans le hall d'un hôtel ou dans un café, l'usage d'une cabine téléphonique ou l'accès à des chaînes de télévision payante dans une chambre d'hôtel[22]. Dans de tels cas, il est raisonnable de supposer que les fournisseurs connaîtront ou seront en mesure de connaître la localisation réelle du client au moment probable de la consommation et les juridictions peuvent envisager de prendre la localisation réelle du consommateur au moment de la prestation comme critère présomptif du lieu de consommation.

D.3. Considérations particulières relatives aux fournitures de services et de biens incorporels directement liées à un bien corporel

3.168. Les juridictions choisissent souvent de se baser sur la localisation du bien corporel pour déterminer le lieu d'imposition des fournitures de services et de biens incorporels qui sont liées à ce bien ou à la livraison de ce dernier. L'usage commercial ou la consommation finale de ces services sont dès lors considérés comme étant suffisamment liés avec l'usage commercial ou la consommation finale du bien corporel lui-même que le lieu où il se situe est considéré comme le lieu d'imposition le plus adéquat.

3.169. Les sections suivantes sont consacrées plus particulièrement aux services et biens incorporels liés à un bien immeuble, dans la mesure où c'est un domaine particulièrement complexe où une règle spécifique s'applique déjà dans de nombreuses juridictions à la fois pour les prestations entre entreprises et pour celles entre entreprises et consommateurs finals (sections D.3.1 à D.3.4). Ceci est complété par une section relative aux services et biens incorporels liés aux biens meubles corporels, qui explique qu'une règle basée sur la localisation du bien meuble corporel peut être particulièrement adéquate pour identifier le lieu d'imposition des prestations entre entreprises et consommateurs finals (section D.3.5).

D.3.1. Règle spécifique applicable aux fournitures de services et de biens incorporels directement liées à un bien immobilier

Principe directeur 3.8

Les droits d'imposition des fournitures de services et de biens incorporels faisant l'objet d'échanges internationaux entre entreprises et directement liées à un bien immobilier peuvent être attribués à la juridiction où se situe le bien immobilier.

3.170. Selon cette règle spécifique, les droits d'imposition reviennent à la juridiction dans laquelle se situe le bien immobilier.

3.171. Ce Principe directeur ne contient pas de liste des fournitures de services et de biens incorporels auxquelles une telle règle pourrait s'appliquer, mais identifie leurs caractéristiques communes et établit des catégories de fournitures de services et de biens incorporels susceptibles de remplir les conditions définies dans le Principe directeur 3.7 et pour lesquelles la mise en œuvre de cette règle spécifique pourrait donc être justifiée.

D.3.2. Circonstances dans lesquelles une règle spécifique applicable aux fournitures de services et de biens incorporels directement liées à un bien immobilier peut être appropriée

3.172. Lorsque des services et des biens incorporels faisant l'objet d'échanges internationaux sont directement liés à un bien immobilier, il peut y avoir des circonstances dans lesquelles une règle spécifique permettant l'attribution des droits d'imposition à la juridiction dans laquelle se situe le bien immobilier en question peut être appropriée.

3.173. Cette situation se produit le plus souvent lorsque les services ou biens incorporels relèvent de l'une des catégories suivantes :

- transfert, vente, location ou droit d'utilisation, d'occupation, de jouissance ou d'exploitation d'un bien immobilier ;
- prestations de services qui sont matériellement fournies au bien immobilier lui-même, comme la construction, la modification et l'entretien du bien ; ou
- autres services et biens incorporels qui n'entrent pas dans les deux premières catégories mais pour lesquels il existe un lien ou une association étroite, claire et évidente avec le bien immobilier.

3.174. La seconde condition nécessaire pour mettre en œuvre une règle spécifique en vertu du Principe directeur 3.7 est que cette règle aboutisse à un résultat significativement meilleur que la règle générale au regard des critères énoncés au Principe directeur 3.7. On peut raisonnablement supposer que cette seconde condition est remplie pour les deux premières catégories de services et de biens incorporels mentionnées ci-dessus, mais pour ceux visés par la dernière catégorie, il convient d'effectuer l'évaluation décrite par le Principe directeur 3.7 avant d'envisager une règle spécifique.

D.3.3. Caractéristiques communes des fournitures de services et de biens incorporels directement liées à un bien immobilier

3.175. Les fournitures de services et de biens incorporels auxquelles le Principe directeur 3.8 peut s'appliquer sont désignées par l'expression *services directement liés à un bien immobilier.*

Cette expression n'a pas de signification indépendante, mais vise simplement à rétrécir le champ de la règle spécifique, en stipulant qu'il doit exister un lien ou une association étroite, claire et évidente entre la prestation et le bien immobilier. Ce lien ou cette association étroite, claire et évidente est réputée exister uniquement si le bien immobilier est clairement identifiable.

3.176. Pour que qu'une fourniture soit considérée comme directement liée à un bien immobilier, il ne suffit pas que ce lien avec le bien immobilier soit un aspect de la fourniture parmi d'autres. Ce lien doit être au cœur de la fourniture et constituer sa caractéristique essentielle. Cette exigence est particulièrement pertinente en ce qui concerne les fournitures complexes portant sur un bien immobilier. Si le lien avec le bien immobilier ne représente qu'une partie de la fourniture, ce ne sera pas suffisant pour considérer que celle-ci relève de l'une des trois catégories.

D.3.4. Précisions supplémentaires sur les fournitures de services et de biens incorporels directement liées à un bien immobilier pour lesquels une règle spécifique peut être appropriée

3.177. Le transfert, la vente, la location ou le droit d'utilisation, d'occupation, de jouissance ou d'exploitation d'un bien immobilier englobent tous les types d'utilisation de ce bien, à savoir les fournitures de services et de biens incorporels qui *découlent* de ce bien (par opposition à d'autres circonstances dans lesquelles les fournitures sont *destinées* au bien immobilier). Par conséquent, les termes « *transfert* », « *vente* », « *location* », et « *droit d'utilisation, d'occupation, de jouissance ou d'exploitation* » ne doivent pas être compris de façon restrictive selon le sens que leur donne le droit civil national. Il convient néanmoins de souligner que ces opérations ne sont régies par ce Principe directeur que s'il s'agit de prestations de services ou de livraisons de biens incorporels au sens du droit national, c'est-à-dire qu'elles ne sont pas considérées comme des livraisons de biens mobiliers ou immobiliers[23].

3.178. Les prestations de services comme la construction, la transformation et l'entretien d'un bien immobilier couvrent des services de nature physique, par opposition à des services intellectuels par exemple. Ces services sont matériellement fournis au bien immobilier et visent à le transformer ou à le maintenir en état. En pratique, il s'agira par exemple de la construction d'un bâtiment[24], de sa rénovation ou démolition, de travaux de peinture, voire même de son nettoyage (intérieur ou extérieur).

3.179. En plus de l'utilisation du bien immobilier et de services matériellement fournis à ce bien, il peut exister d'autres fournitures de services et de biens incorporels en lien ou en une association très étroite, claire et évidente avec le bien immobilier et pour lesquelles l'imposition dans la juridiction de ce bien conduit à un résultat significativement meilleur que la règle générale, compte tenu des critères énoncés dans le Principe directeur 3.7. Lorsqu'elles envisagent l'adoption d'une règle spécifique, les juridictions souhaiteront peut-être en particulier prendre en considération, outre l'exigence d'un lien ou d'une association très étroite, claire et évidente entre la prestation et le bien immobilier, la réponse à la question de savoir si cette règle présente un potentiel suffisant pour être gérable et applicable dans la pratique. Par exemple, certains services intellectuels[25], comme les services d'architecture qui portent sur un bien immobilier spécifique et clairement identifiable, pourraient être considérés comme ayant un lien suffisamment étroit avec un bien immobilier.

D.3.5. Services et biens incorporels liés à un bien meuble corporel

3.180. Les exemples de services et de biens incorporels liés à un bien meuble corporel comprennent les services qui sont matériellement exécutés sur un bien meuble corporel tels que la réparation, la modification ou l'entretien du bien ainsi que la location d'un bien meuble corporel particulier, lorsqu'elle est considérée comme un service. Les juridictions pourraient envisager la mise en œuvre d'approches basées sur la localisation d'un bien meuble corporel pour déterminer le lieu d'imposition de fournitures de services et de biens incorporels liés à ce bien meuble corporel. Une telle approche assure que les règles relatives au lieu d'imposition pour ces fournitures reflètent avec une fidélité raisonnable le lieu où leur consommation a vraisemblablement lieu et qu'il est raisonnablement aisé pour les fournisseurs de l'appliquer en pratique, particulièrement pour les opérations entre entreprises et consommateurs finals. Les services et les biens incorporels liés à un bien meuble corporel fournis aux consommateurs finaux, tels que les services de réparation, seront généralement consommés là où le bien se trouve. Les biens meubles corporels expédiés à l'étranger après avoir été l'objet d'un service seront généralement soumis à une TVA à l'importation selon les règles douanières normales au moment du franchissement de la frontière. Cela permet d'allouer les droits d'imposition à la juridiction de consommation lorsque le bien meuble corporel traverse une frontière fiscale. Les juridictions complètent généralement ces règles en octroyant une exemption de TVA temporaire dans la juridiction où la prestation est effectuée et où le bien meuble corporel se trouve temporairement, si ce dernier est ensuite exporté. Ce point se trouve en dehors du champ d'application de ces Principes directeurs[26].

3.181. Pour les opérations entre entreprises, l'application de la règle générale basée sur le lieu du client donnera généralement lieu à un résultat adéquat pour les fournitures de services et de biens incorporels liées à un bien meuble corporel.

Annexe 1

Exemples illustrant l'application de la règle générale pour le lieu d'imposition des fournitures de services et de biens incorporels entre entreprises à des entités à implantation unique

Les exemples figurant dans la présente annexe illustrent les règles énoncées dans les Principes directeurs et n'ont donc pas vocation à être exhaustifs. Le lieu d'imposition de services et de biens incorporels faisant l'objet d'échanges internationaux sera déterminé en fonction des faits propres à chaque prestation.

Exemple 1 : Opération effectuée entre deux entités juridiques distinctes (qu'elles aient des liens capitalistiques ou non)

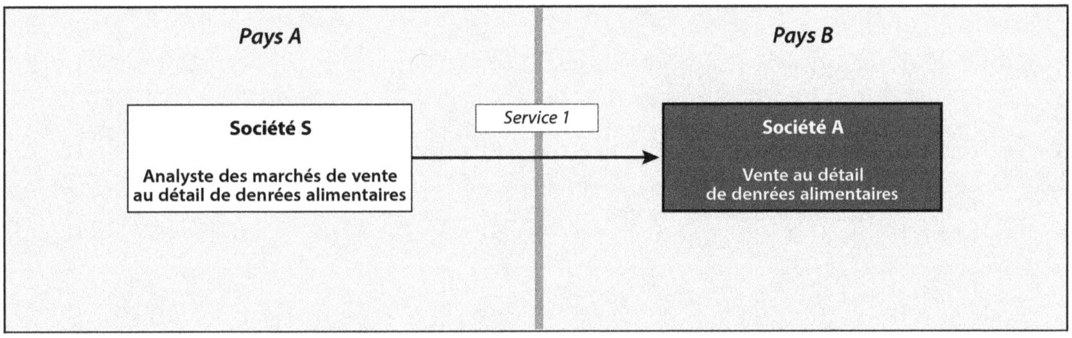

Faits

La société S est une entreprise située dans le pays A, spécialisée dans l'analyse des marchés de vente au détail de denrées alimentaires. La société A est une entreprise de vente au détail de produits alimentaires située dans le pays B. Ni l'une, ni l'autre ne possède d'autres établissements au sens de la TVA. La société A envisage d'étendre ses activités de vente au détail au-delà du pays B et se met en rapport avec la société S. Les deux sociétés concluent un accord commercial aux termes duquel la société S réalisera pour la société A une analyse des conditions du marché dans le pays A. La société A versera à la société S une somme déterminée en contrepartie de l'exécution par cette dernière des obligations lui incombant en vertu de l'accord commercial.

Lieu d'imposition

Selon l'accord commercial conclu entre les parties, la société S sera le prestataire et la société A le client. Un service sera rendu au client par le prestataire moyennant une contrepartie. Conformément à la règle générale pour les opérations entre entreprises (Principe directeur 3.2), le lieu d'imposition sera le pays B, qui est le pays où se situe le client.

Le résultat ne change pas même si le fournisseur et le client sont deux entités juridiques distinctes ayant des liens capitalistiques.

Exemple 2 : Réalisation de deux prestations faisant intervenir trois entités juridiques distinctes

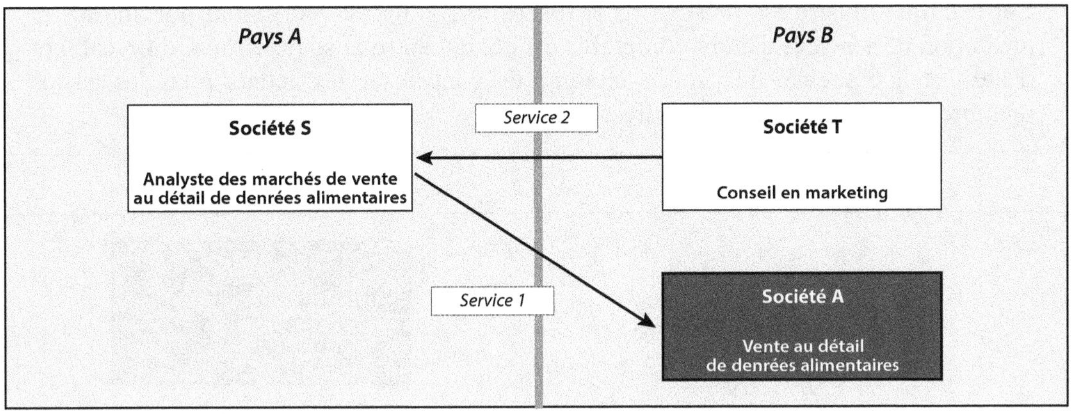

Faits

Comme la société A sollicite ensuite la société S pour conduire également des études portant sur son propre marché dans le pays B, la société S a recours aux services d'une société de conseil en marketing localisée dans le pays B, la société T, qui n'a aucun lien capitalistique avec la société S, ni la société A.

La société T fournit ses services de conseil en marketing à la société S en vertu d'un accord commercial (service 2). Le service 1 rendu au titre de l'accord conclu entre la société S et la société A (tels que décrits dans l'exemple 1, à savoir la réalisation d'une analyse des conditions du marché dans le pays A) continuent de l'être comme dans l'exemple 1.

Lieu d'imposition

En vertu de l'accord commercial, la société T est le prestataire et la société S est le client. Cet accord prévoit la prestation des services moyennant une contrepartie. Aussi, conformément à la règle générale pour les opérations entre entreprises (Principe directeur 3.2), la prestation de services effectuée par la société T est assujettie à l'impôt dans le pays A puisque c'est dans ce pays que le client est localisé. On a affaire à deux opérations distinctes qui sont traitées comme telles

Le résultat, pour ce qui concerne les prestations de services décrites dans l'exemple 1, demeure inchangé.

Exemple 3 : Accord global

Cet exemple illustre les prestations réalisées lorsqu'un accord global portant sur la prestation de services d'audit comptable est conclu entre la société-mère d'un cabinet d'audit et une société du groupe chargée de centraliser les achats pour les autres membres du groupe situés dans divers pays.

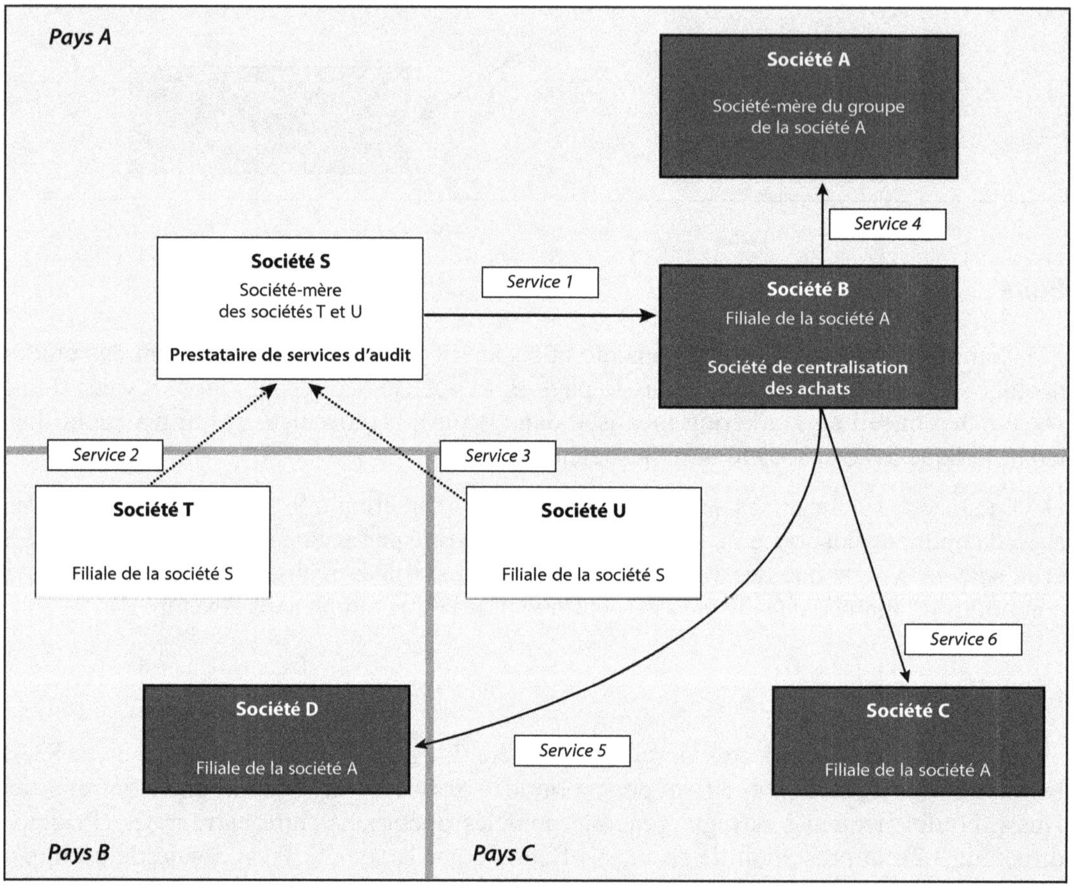

Faits

La société B est une centrale d'achat située dans le pays A. Elle appartient à un groupe multinational détenant des filiales dans le monde entier, dont la société D dans le pays B, et la société C dans le pays C. La société-mère de la société B est la société A, également située dans le pays A.

La société S situé dans le pays A est la société-mère d'un cabinet d'audit international détenant des filiales dans le monde entier, notamment la société T dans le pays B et la société U dans le pays C.

Le groupe de la société A a besoin de services d'audit comptable pour respecter les obligations imposées par la législation à l'entreprise située dans le pays A et à ses filiales localisées dans les pays B et C. Ce contrat global est conclu par la société B pour l'ensemble du groupe; celle-ci conclut donc un accord d'achat centralisé avec la société S portant sur la fourniture de services d'audit comptable à l'ensemble du groupe de la société A. Le paiement sera effectué après exécution de chaque accord commercial.

Les services d'audit comptable sont fournis par la société S à la société B moyennant contrepartie. Si ces prestations couvrent la fourniture de tous les éléments sur lesquels portent l'accord global, la société S n'est apte à exécuter effectivement elle-même qu'une partie de ces prestations, à savoir celles fournies aux sociétés A et B, toutes deux situées dans le pays A. Pour que l'accord puisse être entièrement exécuté, la société S conclut à son tour des accords commerciaux avec ses deux filiales, la société T et la société U, accords aux termes desquels ces dernières fournissent des services d'audit comptable à leur société-mère, la société S. Les sociétés S et T fournissent les services directement aux filiales de la société A, lesquelles, à savoir les sociétés C et D, se situent respectivement dans les mêmes pays que les filiales de la société A leur fournissant les prestations.

La société B conclut des accords commerciaux séparés avec sa société-mère, la société A, et les filiales de cette dernière, à savoir C et D, aux termes desquels elle fournit des services d'audit comptable qu'elle s'est procurés auprès de la société A ainsi que de ses filiales C et D.

Dans cet exemple, on dénombre six accords commerciaux distincts, chacun d'entre eux portant sur la prestation de services moyennant contrepartie.

- La société S est le prestataire et la société B le client aux termes de l'accord de centralisation des achats (service 1).
- Les sociétés T et U sont prestataires et la société S client aux termes de deux accords commerciaux différents (service 2 et service 3).
- La société B est le prestataire et la société A le client aux termes d'un accord différent (service 4).
- La société B est le prestataire et la société D et la société C les clients aux termes de deux accords commerciaux différents (service 5 et service 6).

Le lieu d'imposition sera déterminé pour chaque prestation séparément.

Lieu d'imposition

Conformément à la règle générale pour les opérations entre entreprises (Principe directeur 3.2), le lieu d'imposition du service 1 liant la société S et la société B sera le pays A puisque la société B est établie dans ce pays. Toujours en application de la règle générale pour les opérations entre entreprises (Principe directeur 3.2), le lieu d'imposition des prestations des services 2 et 3 survenues entre la société T et la société U, en qualité de prestataires, et la société S, en qualité de client, est le pays A dans les deux cas. Conformément à la règle générale pour les opérations entre entreprises (Principe directeur 3.2), le lieu d'imposition de la prestation de services 4 survenues entre la société B et la société A sera le pays A puisque la société A est établie dans ce pays. Toujours en application de la règle générale pour les opérations entre entreprises (Principe directeur 3.2), le lieu d'imposition pour la prestation de services 5 survenue entre la société B et la société D sera le pays B car c'est le pays où le client est localisé, et le lieu d'imposition de la prestation de services 6 survenue entre la société B et la société C sera le pays C car c'est le pays où se trouve le client.

Il convient de noter que les services d'audit comptable rendus par les sociétés T et U sont « fournis à » la société S alors qu'ils sont « rendus » directement à la société D et à la société C. Le fait que ces services soient « fournis à » des personnes différentes de celles qui en bénéficient n'a pas d'importance en l'espèce pour la détermination du lieu d'imposition étant donné que celui-ci demeurera le lieu où se situe le client conformément à la règle générale pour les opérations entre entreprises (Principe directeur 3.2) et il ne sera en aucun cas le lieu où les services sont exécutés ou le lieu où se situe la personne pour laquelle ils sont exécutés.

La raison en est qu'à chaque étape de l'exemple choisi, toutes les prestations sont soumises aux règles d'imposition en vigueur dans le pays où le client est localisé et où les services sont réputés utilisés par l'entreprise, conformément au principe de destination mis en œuvre par la règle générale pour les opérations entre entreprises (Principe directeur 3.2). On n'observe ni double imposition, ni absence d'imposition involontaire dans les pays A, B et C. Ainsi, l'impôt perçu dans les pays B et C reflète l'utilisation professionnelle des services dans ces pays, conformément à la règle générale pour les opérations entre entreprises (Principe directeur 3.2) qui considère la localisation du client comme l'indicateur de substitution approprié pour déterminer la juridiction de l'utilisation professionnelle, en application du principe de destination. Il n'y a aucune raison de ne pas s'en tenir aux accords commerciaux par exemple en s'attachant aux interactions entre la société T et la société D ou entre la société U et la société C.

En élaborant cet exemple, on a pris soin d'éviter tout problème lié aux activités de tutelle (« *stewardship* ») qui risquerait de se poser concernant la société A[27]. On pourrait également considérer que la société A, en tant que société-mère, tire avantage des activités d'audit comptable menées dans les pays A, B et C, ne serait-ce par exemple que parce qu'elles recouvrent un examen supplémentaire des états financiers au regard des normes comptables du pays de la société-mère et non uniquement des normes comptables du pays de chaque filiale. On suppose qu'il n'y a pas de problèmes liés aux activités de tutelle dans l'exemple 3 du fait de l'existence du service 4 en vertu duquel la société B fournit des services d'audit comptable à la société A. En outre, toutes les questions concernant l'évaluation à des fins de TVA/TPS et l'identification éventuelle de prestations autres que celles apparaissant dans le schéma sont également écartées.

Exemple 4 : Autre modèle d'accord global – Accord-cadre

Dans cet exemple, la société-mère du groupe qui cherche à se procurer des services d'audit comptable conclut un accord global dit « accord-cadre » avec la société-mère du cabinet d'audit (toutes deux situées dans le même pays) portant sur la prestation de services d'audit comptable dans un certain nombre de pays [28].

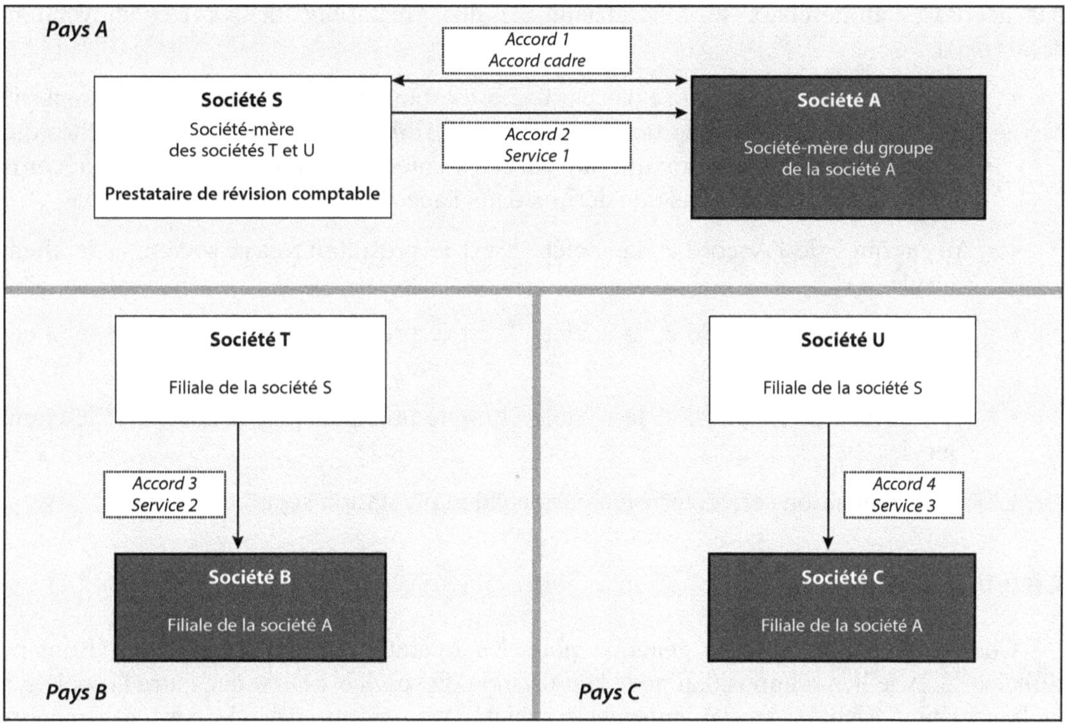

Faits

La société A est une société-mère située dans le pays A. Elle appartient à un groupe multinational possédant des filiales dans le monde entier, notamment la société B dans le pays B et la société C dans le pays C.

La société S est une société-mère située dans le pays A appartenant à un cabinet d'audit international détenant des filiales dans le monde entier, notamment la société T dans le pays B et la société U dans le pays C.

La société A a besoin de services d'audit comptable pour respecter les obligations imposées à ses sociétés par la législation dans le pays A et à ses filiales localisées dans les pays B et C. La société A conclut un accord-cadre avec la société S (Accord 1). L'accord-cadre stipule les définitions, les obligations en matière de confidentialité, les garanties, les échéances et les limites à la responsabilité qui ne s'appliqueront, le cas échéant, que si les membres de la société S et de la société A concluent des accords séparés faisant référence à cet accord-cadre. L'accord prévoit également que les sociétés apparentées à la société A et les cabinets d'audit apparentés à la société S peuvent conclure des accords commerciaux citant en référence les termes de l'accord-cadre. Il n'oblige toutefois pas les membres du groupe de la société A ou du groupe de la société S à conclure des accords commerciaux de ce type.

La société A conclut un accord commercial séparé avec la société S pour l'audit de ses comptes (Accord 2) ; la société B conclut un accord commercial avec la société T pour l'audit des comptes de la société B (Accord 3) ; et la société C conclut un accord commercial avec la société U pour l'audit de ses comptes (Accord 4). Dans chacun de ces accords distincts (accords 2, 3 et 4), figure un article par lequel les parties s'engagent à reprendre les termes de l'accord-cadre (Accord 1). Le paiement sera effectué après exécution de chaque accord commercial.

On dénombre quatre accords distincts dans cet exemple, dont trois seulement constituent des accords commerciaux se concrétisant par des prestations de services moyennant contrepartie.

- L'Accord 1 ne se matérialise pas par une prestation, ne donne pas lieu à contrepartie et ne génère aucune opération. L'Accord 1 définit des conditions et modalités qui ne sont invoquées que lorsque les parties s'entendent pour conclure des accords commerciaux séparés tels que définis dans l'accord-cadre.
- Aux termes de l'Accord 2, la société S est le prestataire et la société A le client (Service 1).
- Aux termes de l'Accord 3, la société T est le prestataire et la société B le client (Service 2).
- Aux termes de l'Accord 4, la société U est le prestataire et la société C le client (Service 3).

Le lieu d'imposition sera déterminé pour chaque prestation séparément.

Lieu d'imposition

Conformément à la règle générale pour les opérations entre entreprises (Principe directeur 3.2), le lieu d'imposition pour la prestation du service 1 survenue entre la société S et la société A sera le pays A puisque la société A se trouve dans le pays A. Toujours conformément à la règle générale pour les opérations entre entreprises (Principe directeur 3.2), le lieu d'imposition pour la prestation du service 2 survenue entre la société T et la société U sera le pays B car la société B se trouve dans le pays B. En outre, et une fois encore en application de la règle générale pour les opérations entre entreprises (Principe directeur 3.2), le lieu d'imposition de la prestation du service 3 survenue entre la société U et la société C sera le pays C puisque c'est dans ce pays que se trouve la société C.

Les trois prestations sont soumises aux règles d'imposition en vigueur dans le pays où le client est localisé, et la localisation du client est le critère présomptif retenu pour déterminer la juridiction de l'utilisation professionnelle, conformément à la règle générale pour les opérations entre entreprises (Principe directeur 3.2). Il n'y a ni double imposition, ni absence d'imposition involontaire dans les pays A, B ou C. Il n'y a aucune raison de ne pas s'en tenir aux accords commerciaux. En particulier, aucune prestation n'étant effectuée en vertu de l'accord-cadre (Accord 1) dans cet exemple, il n'y aucune raison de s'interroger sur le lieu d'imposition.

Exemple 5 : Autre type d'accord global prévoyant des flux de paiements différents

> Cet exemple extrapole à partir de l'exemple 4 en ajoutant des flux de paiements différents des flux de services conformément aux dispositions de l'accord commercial sous-jacent.

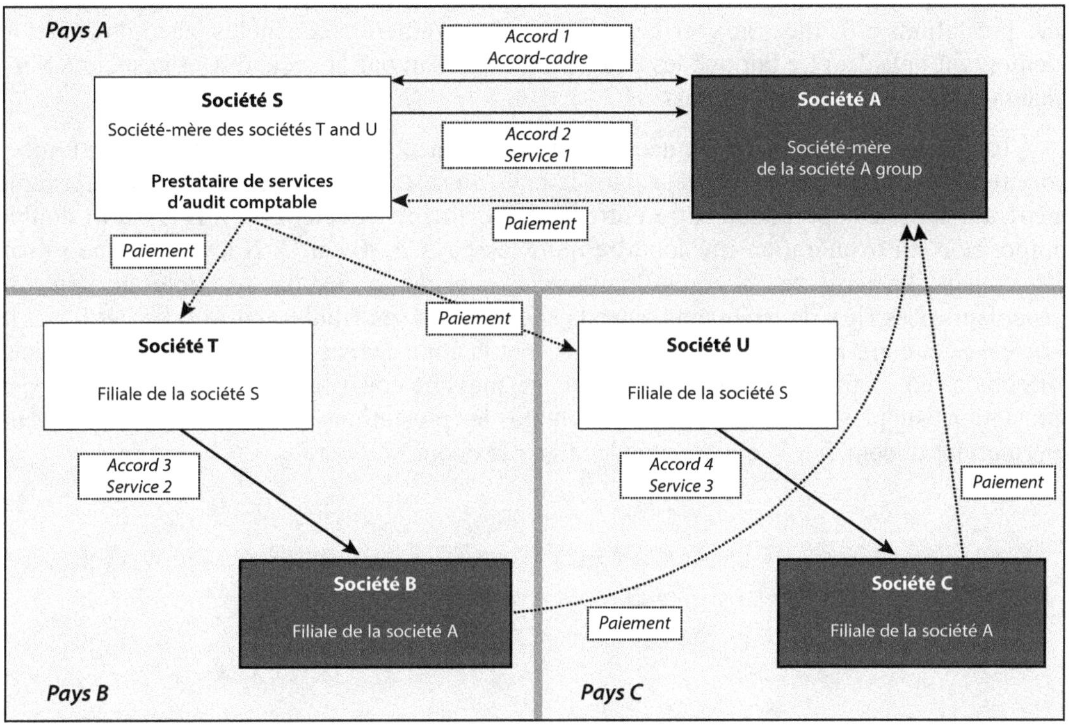

Faits

Cet exemple reprend la situation décrite dans l'exemple 4 si ce n'est que le groupe de la société A a mis en place un système de paiement pour les prestations entre les entreprises du groupe. Le groupe de la société A décide ensuite de réduire les coûts liés aux décaissements en investissant la société A des fonctions d'agent payeur pour tous les membres du groupe[29]. L'accord-cadre dans cet exemple est similaire à celui de l'exemple 4 si ce n'est qu'il prévoit que les services rendus en vertu des accords commerciaux conclus à l'échelon local seront réglés directement par la société A à la société S pour tous les membres du groupe de la société A.

Pour les services d'audit comptable fournis en vertu des trois accords commerciaux conclus par elles, les sociétés S, T et U suivront la procédure habituelle de facturation et émettront des factures respectivement au nom des sociétés A, B et C. Pour ce qui est du paiement cependant, la société S établira un relevé global (à laquelle seront jointes les copies des factures établies au titre des prestations de services exécutées) à l'intention de la société A. C'est au vu de ce relevé que la société A acquittera le montant exigé par la société S et exigera à son tour le jour même le paiement des sommes respectivement dues par B et C. Parallèlement, la société S créditera les sociétés T et U des montants qui leur sont dus le jour même où la société A procédera au paiement des prestations exécutées.

Les flux de paiements prennent la forme de versements ou d'écritures comptables. Les paiements effectués par la société A au profit de la société S représentent la contrepartie des services fournis par S à A, par T à B et par U à C.

Lieu d'imposition

Les conclusions auxquelles on parvient dans l'exemple 4 concernant le lieu d'imposition des prestations effectuées aux termes des accords commerciaux conclus (accords 2, 3 et 4) demeurent valables. Le fait que les paiements transitent par la société A et la société S n'a aucune influence sur ces conclusions.

Toutes les prestations effectuées aux termes d'accords commerciaux sont soumises aux règles d'imposition en vigueur dans le pays où se trouve le client en vertu de la règle générale pour les opérations entre entreprises (Principe directeur 3.2). Il n'y a ni double imposition, ni exonération involontaire dans les pays A, B ou C. Il n'y a aucune raison de ne pas s'en tenir aux accords commerciaux, et de se fier par exemple aux flux de paiements. Les flux de paiements entre la société A et ses filiales, entre la société A et la société S, et entre la société S et ses filiales sont la contrepartie des prestations de services effectuées en vertu des accords commerciaux, mais ne constituent pas en eux-mêmes des prestations supplémentaires, et ne modifient pas les prestations réalisées, pas plus qu'ils ne permettent d'identifier le client ou de localiser le client.

Annexe 2

Exemples illustrant l'application de la méthode de la refacturation dans le cadre de la règle générale pour le lieu d'imposition des fournitures de services et de biens incorporels entre entreprises à des entités à implantations multiples

Fourniture de services de paie

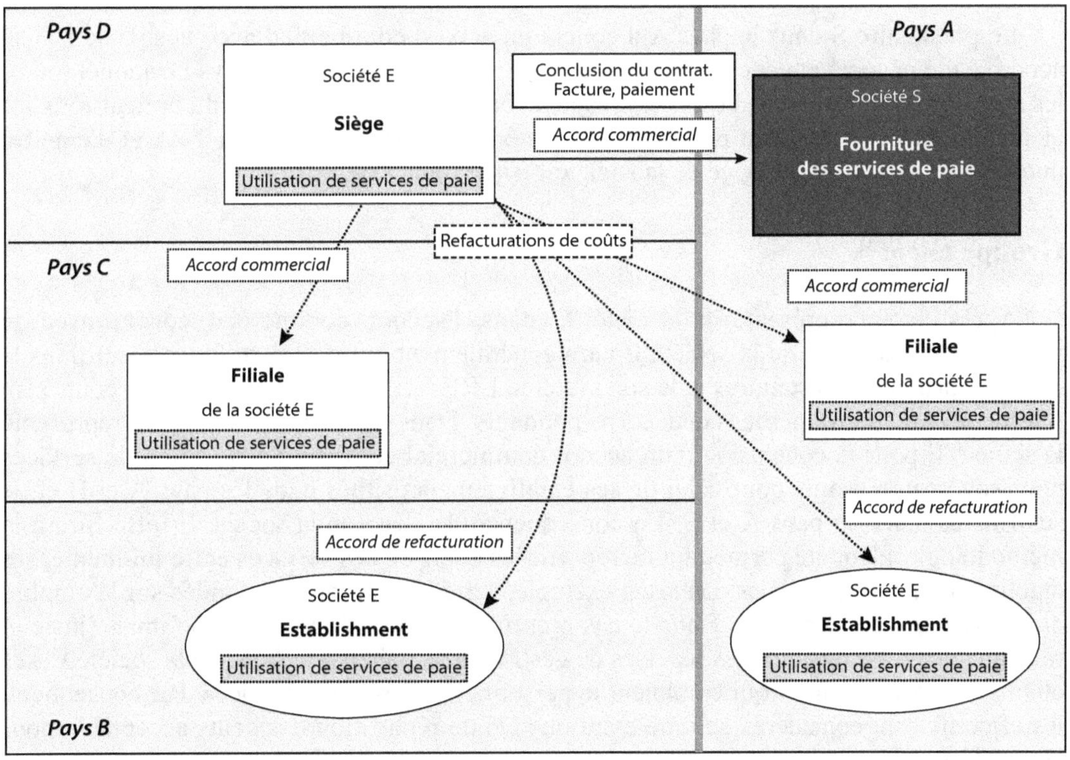

Faits

La société E est une entité établie dans trois pays différents : un siège dans le pays D (« siège ») et des établissements commerciaux (« établissements ») dans les pays A et B. Elle est la société mère d'un groupe multinational qui possède des filiales (« filiales ») dans les pays A et C. Le siège et les établissements de la société E, ainsi que ses filiales, sont tous enregistrés à la TVA.

La société E, représentée par son siège, conclut un accord commercial avec le fournisseur S, situé dans le pays A, portant sur la prestation de services de gestion de la paie. Dans cet exemple, les services de gestion de la paie[30] concernent le personnel du siège de la société E, de ses établissements situés dans les pays A et B, ainsi que de ses filiales dans les pays A et C.

Au siège, la société E a des accords commerciaux avec ses filiales et des accords de refacturation avec ses établissements, qui définissent les conditions et modalités des transactions entre eux.

L'accord commercial qui lie le prestataire S et la société E prévoit une rémunération mensuelle forfaitaire si les effectifs sont compris dans une certaine fourchette. La rémunération des services rendus en vertu de cet accord commercial est payée au fournisseur S par le siège de la société E à réception d'une facture du prestataire S.

La rémunération convenue est de 20 000. Le fournisseur S émet une facture de ce montant au siège de la société E, dont il reçoit un paiement pour l'intégralité de ce montant.

Prestataire

Le prestataire S dans le pays A a conclu un accord commercial avec la société E. Cet accord a été négocié et conclu pour la société E par son siège dans le pays D, auquel toutes les factures sont adressées et qui est responsable du paiement. L'accord contient tous les éléments qui permettent au prestataire d'exonérer ses prestations de la TVA et d'émettre une facture hors TVA au siège de la société E situé dans le pays D.

Groupe client[31]

Après avoir représenté la société E dans l'accord commercial conclu avec le fournisseur S, le siège de la société E aura généralement enregistré ce fournisseur dans le « fichier principal prestataires » de son système ERP[32] et aura créé un centre de coûts afin d'inscrire et de regrouper les coûts correspondants. Dans cet exemple, le siège a représenté la société E pour la conclusion d'un accord commercial couvrant l'acquisition de services pour son propre usage, pour celui de ses établissements situés dans les pays A et B et de ses filiales dans les pays A et C. En conséquence, le siège de la société E réfléchira à la méthodologie adéquate permettant de répartir les coûts de ces services entre lui-même, ses établissements et ses filiales. Dans cet exemple, cette répartition sera fondée sur le nombre de salariés (« les effectifs »). Dans le cas présent, les effectifs donnent une image juste et raisonnable de l'utilisation des services de gestion de la paie par le siège de la société E, ses établissements et filiales qui emploient le personnel visé par ces services. Par conséquent, les effectifs sont considérés comme étant une clé de répartition des coûts acceptable pour ces services.

Les conditions et modalités de répartition des coûts entre les établissements et les filiales seront définies dans les accords commerciaux conclus entre la société E et ses filiales et dans les accords de refacturation conclus entre le siège de la société E et ses établissements.

À réception de la facture du fournisseur S, l'équipe chargée des comptes prestataires au siège de la société E saisira cette facture dans le centre de coûts qui gère les factures qui doivent être réparties en fonction des effectifs pour les prestations ultérieures.

Ensuite, le traitement approprié au regard de la TVA (« codification ») sera appliqué à cette entrée. Le traitement est généralement basé sur un « arbre de décision » qui prend en compte les différents scénarios possibles au regard de la TVA. Dans le cas présent, la conclusion concernant le siège de la société E sera que la facture reçue du fournisseur S ne doit pas faire apparaître la TVA et que le siège doit déclarer la TVA dans le pays D en vertu d'un mécanisme d'autoliquidation[33]. Une fois approuvée, la facture sera traitée en vue de son paiement par le siège directement au fournisseur S, et le siège déclarera la TVA dans le pays D en vertu d'un mécanisme d'autoliquidation. Le siège de la société E dans le pays D déduira la taxe correspondante sur les intrants, conformément à son droit de déduction normal.

À l'étape suivante, le siège de la société E refacturera une partie des coûts des services de paie aux établissements et aux filiales qui emploient le personnel concerné par ces services. Cette action fait généralement partie de la « clôture comptable » périodique, qui peut intervenir en fin de mois, de trimestre, de semestre ou d'exercice comptable. Très souvent, ce processus est basé sur une « table de clés de répartition » gérée par le logiciel comptable, qui indique pour chaque montant ou fourchette de montants le pourcentage à appliquer pour répartir les montants à refacturer, tels qu'ils ont été établis à un stade antérieur du processus. Ce programme de clôture calcule alors le montant par établissement et filiale, crée la documentation correspondante et procède aux écritures comptables.

Dans cet exemple, la clé de répartition est basée sur les effectifs. Le siège de la société E détermine le nombre de salariés de chacun des établissements et filiales concernés, généralement à partir des données budgétaires. Dans cet exemple, les données budgétaires indiquent que le siège emploie 100 personnes, les établissements situés dans les pays A et B emploient respectivement 10 et 30 personnes, tandis que les filiales dans les pays A et C emploient respectivement 20 et 40 personnes.

La table de clés de répartition attribue 50 % au siège dans le pays D, 5 % à l'établissement dans le pays A, 15 % à l'établissement dans le pays B, 10 % à la filiale dans le pays A et 20 % à la filiale dans le pays C. Le système comptable au siège de la société E établit deux factures au titre de la fourniture ultérieure à ses filiales, une d'un montant de 2 000 à la filiale située dans le pays A, et l'autre d'un montant de 4 000 à la filiale située dans le pays C[34]. Conformément à la règle générale pour les opérations entre entreprises (Principe directeur 3.2), ces factures seront exonérées de TVA puisque ces filiales sont des entités ayant une implantation unique situées en dehors du pays D où le siège de la société E est localisé. Le système comptable générera également deux documents internes équivalents à des factures pour l'attribution de 1 000 à son établissement dans le pays A et de 3 000 à son établissement dans le pays B. Selon la méthode de la refacturation, ces documents seront traités de la même manière que s'il s'agissait de factures adressées à une entité juridique séparée, et seront exonérés de TVA puisque les deux établissements sont situés en dehors du pays D où le siège de l'entreprise E est localisé.

À réception des factures, les filiales dans les pays A et C déclareront la TVA via le mécanisme d'autoliquidation. Les établissements dans les pays A et B déclareront la TVA via le mécanisme d'autoliquidation à réception des documents indiquant les coûts qui leur ont été attribués par le siège.

Ce processus se répétera tout au long de l'exercice comptable. Il est possible que, dans certains cas, les clés de répartition restent inchangées au cours de l'exercice comptable, même si les effectifs par entité peuvent fluctuer pendant cette période. En pareil cas, les entreprises effectuent en général un calcul « rectificatif » en fin d'exercice. La répartition des coûts sera alors réexaminée sur la base des chiffres plus précis sur les effectifs, en tenant compte des fluctuations intervenues au cours de l'exercice comptable. Des notes de crédit ou des factures/documents rectificatifs seront alors créés pour couvrir la différence entre le montant effectivement facturé et celui calculé sur la base des effectifs réels. Ces factures ou notes de crédit supplémentaires seront soumises à un traitement TVA similaire aux factures/documents de base.

Administrations fiscales

Le fournisseur situé dans le pays A doit conserver toutes les informations pertinentes constitutives de l'accord commercial de manière à démontrer qu'il a exonéré à juste titre la TVA sur le service fourni au siège de la société E.

L'administration fiscale du pays D doit être en mesure de vérifier que le siège de la société E a dûment appliqué le mécanisme de l'autoliquidation à la facture reçue du fournisseur S. Elle doit également pouvoir s'assurer que le traitement fiscal des refacturations effectuées par le siège de la société E à ses établissements et filiales est correct. Le siège de la société E doit conserver toutes les informations pertinentes constitutives de l'accord commercial avec le fournisseur S. Il doit également conserver les accords commerciaux conclus avec ses filiales et les accords de refacturation conclus avec ses établissements qui décrivent les modalités de répartition des refacturations.

Les administrations fiscales des pays A, B et C doivent être en mesure de vérifier que les filiales et les établissements de la société E appliquent correctement le mécanisme de l'autoliquidation aux refacturations effectuées par le siège. Les filiales doivent conserver toutes les informations pertinentes constitutives de leur accord commercial avec la société E représentée par son siège et les établissements doivent conserver toutes les informations pertinentes constitutives de leur accord de refacturation avec le siège. En particulier, les administrations fiscales des pays A et B doivent être en mesure de s'assurer que les établissements ont déclaré la taxe au bon moment, qui correspond à la date d'imposition prévue par les règles habituelles en vigueur dans leur juridiction (par exemple, date des documents de refacturation internes, date de paiement de la rémunération au siège).

Afin de vérifier les refacturations, les administrations fiscales devront pouvoir consulter tous les documents commerciaux pertinents, en remontant jusqu'au niveau des transactions individuelles, afin d'établir la nature du service refacturé et de déterminer ainsi son lieu d'imposition et le taux applicable.

Notes

1. Dans le cadre de ces Principes directeurs, une fourniture de services ou de biens incorporels a lieu lorsqu'une partie agit pour une autre partie, ou remet quelque chose (autre qu'un bien corporel) à une autre partie, ou s'abstient d'agir pour une autre partie, en échange d'une rémunération. Il est admis qu'une transaction considérée comme une fourniture de services ou de biens incorporels dans un pays peut parfois être considérée comme une livraison d'un bien corporel dans un autre pays. Si tel est le cas, et bien que les présents Principes directeurs ne traitent que des fournitures de services et de biens incorporels, les pays sont encouragés à s'assurer que les règles utilisées pour identifier le lieu où cette livraison de biens corporels sera imposée aboutissent à un résultat qui n'est pas en contradiction avec les dispositions des présents Principes directeurs.
2. Voir le Principe directeur 3.7.
3. Lorsqu'une fourniture est destinée à une entité juridique possédant des établissements dans plusieurs juridictions (entité à implantations multiples, EIM), une analyse plus poussée est nécessaire pour déterminer quelle juridiction, dans lesquelles l'EIM possède des établissements, dispose du droit d'imposer le service ou le bien incorporel acquis par l'EIM. Voir la section B.3 ci-après.

4. Il s'agit par exemple de l'accord de centralisation des achats présenté dans l'exemple 3 et de l'accord-cadre présenté dans les exemples 4 et 5 à l'annexe 1 de ce chapitre.

5. Les entités juridiques peuvent comprendre les personnes physiques et les institutions non-commerciales telles que les gouvernements, les organisations sans but lucratif et d'autres institutions. Le point clé est que de telles entités, en tant que telles ou pour certaines de leurs activités, sont reconnues comme des « entreprises » dans la législation nationale. Une telle reconnaissance peut inclure le traitement aux fins de la TVA spécifiquement ou dans la législation nationale plus généralement (notamment dans les juridictions qui n'ont pas mis en œuvre de TVA). Voir également le paragraphe 3.7.

6. Aux fins des présents Principes directeurs, on suppose que l'établissement comporte une installation fixe d'affaires ayant un niveau d'infrastructure suffisant en termes de personnel, de systèmes et d'actifs pour recevoir et/ou effectuer des prestations. L'identification à la TVA n'est pas en soi constitutive d'un établissement aux fins des présents Principes directeurs. Les pays sont encouragés à communiquer sur la manière dont un « établissement » est défini dans leur législation sur la TVA.

7. Dans ce contexte, le concept d'« *utilisation d'un service ou d'un bien incorporel* » diffère du concept d'« *utilisation et jouissance* » qui existe dans certaines législations nationales, qui peut désigner l'utilisation effective par un client dans une juridiction, indépendamment de la présence d'un établissement client. Voir aussi la section D sur l'utilisation de règles spécifiques pour déterminer le lieu d'imposition.

8. Aux fins des présents Principes directeurs, le mécanisme de l'autoliquidation est un mécanisme fiscal qui consiste à transférer la qualité de redevable du fournisseur au client. Lorsque le client peut prétendre à la déduction de l'intégralité de la taxe acquittée en amont sur cet achat, il est possible que la législation TVA locale ne lui impose pas d'autoliquider. En pareil cas, les administrations fiscales sont encouragées à faire informer les contribuables de l'existence de cette faculté.

9. Aux fins des présents Principes directeurs, la tierce partie est une entité qualifiée de « *professionnelle* ». L'expression « *tierce partie* » fait référence à toute partie autre que le fournisseur ou le client. Elle a ici un sens qui n'est pas nécessairement celui qui lui est attribué dans d'autres contextes, notamment en matière d'impôts directs.

10. Cette société peut être dénommée « agent payeur », « agent de centralisation des paiements », « agent de paiement des factures ». D'autres termes encore peuvent être utilisés. Dans les présents Principes directeurs, le terme retenu est « agent payeur ».

11. Lorsqu'un client omet de déclarer comme il se doit la taxe due en application du mécanisme de l'autoliquidation bien qu'il demeure néanmoins en droit de déduire intégralement la taxe acquittée sur l'opération concernée, il est recommandé de veiller à ce que toutes les pénalités susceptibles d'être appliquées soient proportionnelles à la gravité du manquement à ces obligations dont le contribuable s'est rendu coupable, sans perdre de vue que ce comportement n'a pourtant entraîné aucune perte nette de recettes fiscales.

12. Il y a compensation lorsque les établissements sont liés par des obligations mutuelles, notamment parce qu'ils ont effectué entre eux des refacturations, ont décidé de procéder à une compensation de la valeur de ces obligations et de ne verser que le montant net encore dû par l'un d'entre eux après compensation. Lorsqu'il y a compensation, la TVA doit en principe être appliquée au montant taxable de chaque refacturation et non seulement à la valeur nette.

13. Dans le cadre de ces Principes directeurs, les fournitures entre entreprises et consommateurs finals sont supposées être celles pour lesquelles le client n'est pas reconnu comme une entreprise. Une telle reconnaissance peut couvrir un traitement fiscal spécifique aux fins de la TVA ou plus généralement dans le droit national (notamment dans les juridictions qui n'ont pas de système de TVA). Voir également les paragraphes 3.7 et 3.8.

14. Ce paragraphe se réfère aux prestations de services uniquement et non aux biens incorporels car ces premiers constituaient l'écrasante majorité des prestations rendues par le passé aux consommateurs finals.

15. Selon la règle générale pour la fourniture de services et de biens incorporels entre entreprises, établie au Principe directeur 3.2, et selon la règle générale pour la fourniture de services et de biens incorporels entre entreprises et consommateurs finals établie au Principe directeur 3.6, le lieu d'imposition est donc déterminé par référence à la localisation du client. La localisation du client est déterminée par référence à l'établissement commercial du client pour les opérations entre entreprises (Principe directeur 3.2) et par référence à la résidence habituelle du client pour les opérations entre entreprises et consommateurs finals (Principe directeur 3.6).

16. Les juridictions qui traitent certaines de ces opérations (tels que les services de logement ou les repas au restaurant) comme des livraisons de biens ou d'une autre manière spécifique sont encouragés à assurer la cohérence avec ces Principes directeurs en assurant que de telles fournitures soient imposées au lieu où elles sont exécutées. De même, lorsque des pays traitent la fourniture d'un ticket ou d'un droit d'entrée comme une fourniture séparée, elles sont encouragées à déterminer le lieu d'imposition par référence au lieu où le service sous-jacent est exécuté. Voir également la note de bas de page n°17.

17. Il ne s'agit pas pour autant de demander aux juridictions d'adopter une approche par catégories pour déterminer le lieu d'imposition. Les juridictions qui utilisent une approche itérative peuvent choisir d'utiliser une série de règles appliquées de manière consécutive pour déterminer un lieu d'imposition qui soit en conformité avec le Principe directeur 3.5.

18. Une adresse IP (Internet Protocol) est un numéro d'identification qui est attribué à chaque appareil (ordinateur, téléphone mobile) connecté à un réseau informatique utilisant le protocole Internet pour communiquer.

19. Aux fins de ces Principes directeurs, la juridiction d'imposition est celle qui est identifiée comme le lieu d'imposition au regard de ces Principes directeurs.

20. Les fournitures destinées à être consommées sur place sont les services et les biens incorporels qui sont normalement matériellement exécutés en un lieu aisément identifiable et qui sont habituellement consommées au moment et là où elles sont matériellement exécutées en présence à la fois de la personne qui exécute la prestation et de celle qui la consomme (voir paragraphe 3.116).

21. Ceci ne doit pas être compris comme suggérant que les pays doivent changer leur législation afin de transposer de manière littérale les Principes directeurs 3.2, 3.5 et 3.6 dans leurs lois nationales. Ces Principes directeurs recommandent plutôt quel devrait être le résultat final des règles de territorialité nationales sans indiquer de manière précise comment ce résultat doit être obtenu.

22. Dans ces exemples, les services sont exécutés en un lieu aisément identifiable et requièrent la présence physique des personnes qui consomment les prestations mais pas de celles qui les exécutent. Elles ne sont donc pas considérées comme des prestations « destinées à être consommées sur place » au regard du Principe directeur 3.6.

23. D'autres règles s'appliqueront à ces prestations, même si elles peuvent aboutir au même résultat.

24. Si cette opération n'est pas considérée comme une livraison de biens ou d'un bien immobilier, pour lesquels d'autres règles peuvent s'appliquer, bien qu'elles puissent aboutir au même résultat.

25. L'adjectif « intellectuel » ne concerne pas uniquement les professions réglementées et doit être entendu au sens large.

26. Le traitement des services accessoires à une importation ou à une exportation (par exemple emballage, chargement, transport, assurance, etc.) est également en dehors du champ d'application de ces Principes directeurs.

27. Les dépenses de tutelle sont globalement des dépenses que la société-mère du groupe engage, au titre de frais administratifs et d'autres services fournis aux filiales et autres sociétés apparentées, à son bénéfice en sa qualité d'actionnaire plutôt qu'à celui de chaque filiale ou société apparentée considérée individuellement. Ces frais sont soit pris en charge directement par la société-mère, soit supportées par la filiale puis imputés à la société-mère. Généralement, ils sont traités comme des dépenses devant être imputées à la société-mère : ils doivent en effet être considérés comme des dépenses de surveillance ou des dépenses imputables à l'actionnaire dans la mesure où c'est lui ou le groupe tout entier qui en bénéficie et non une filiale ou une société apparentée en particulier.

28. L'expression « accord-cadre » est employée uniquement pour établir une distinction avec l'accord commercial séparé portant sur la fourniture de services d'audit comptable à la société-mère. Les Principes directeurs n'ont pas pour objet de tenter de définir d'une quelconque manière en quoi pourrait consister un accord-cadre.

29. Il est admis que, dans certains cas, la fonction d'agent payeur peut générer l'apparition d'une prestation distincte, ou de prestations distinctes, entre la société A et ses filiales. Aux fins du présent exemple, tel n'est pas le cas.

30. Les services de gestion de la paie font intervenir différents étapes, comme la collecte des données, la saisie des données principales dans les systèmes informatiques, le suivi des évolutions législatives, le calcul des impôts, l'émission de bulletins de paie, la préparation des écritures comptables, la réparation des fichiers de virement bancaire, l'émission de rapports récapitulatifs, etc.

31. Dans cet exemple, l'expression « groupe client » désigne la société E ainsi que ses établissements et filiales qui emploient le personnel concerné par les services rendus par le fournisseur S.

32. Les systèmes de planification des ressources de l'entreprise (ERP) intègrent les flux de gestion internes et externes et les informations à l'échelle de l'ensemble de l'entreprise, qui englobent les fonctions financières et comptables, la production, les ventes et les services, la gestion des relations avec les clients, etc. Les systèmes ERP automatisent cette activité au moyen d'un logiciel intégré. Leur objectif est de faciliter la circulation de l'information entre toutes les fonctions d'une entreprise et de gérer les relations avec les parties prenantes extérieures, comme les fournisseurs et les clients. Voir Bidgoli, Hossein (2004). *The Internet Encyclopedia*, Volume 1, John Wiley & Sons, Inc. p. 707.

33. Aux fins de cet exemple, on suppose que tous les pays appliquent un mécanisme de l'autoliquidation qui consiste à transférer la redevabilité de la taxe du fournisseur au client. Certains pays n'exigent pas du client qu'il déclare la taxe due en vertu de l'application du mécanisme d'autoliquidation lorsqu'il peut prétendre à la déduction de l'intégralité de la taxe acquittée en amont sur ses achats.

34. Voir section B.4, « Commentaires sur l'application de la règle générale – Entités juridiques ayant une seule localisation », paragraphes 3.41 et suivants.

Annexe E

Incidence économique des options de réponse aux larges défis fiscaux directs de l'économie numérique

Cette annexe est une présentation de l'incidence économique prévue sur les consommateurs, les détenteurs de capitaux (dont les actionnaires) et le travail (la main d'œuvre) de trois options visant à répondre aux larges défis fiscaux de l'économie numérique.

1. La question de politique principale posée dans cette annexe est la suivante : *« Comment la distribution de la modification de la charge fiscale différerait sous les trois options de politique fiscale ? »* Pour répondre à cette question, les sections suivantes fournissent une présentation de l'incidence économique prévue dans des économies à frontières ouvertes, mais avec une attention particulière adressée au fait que les options représentent des changement fiscaux uniquement pour les prestataires étrangers sans un établissement stable (ES) de vente à distance de biens et services numériques vers les consommateurs nationaux. Ces résultats sont résumés en termes de distribution des charges fiscales entre les consommateurs, les détenteurs de capitaux et la main d'œuvre dans les pays producteurs et consommateurs.

E.1. Propositions à analyser

2. Les trois options de changement fiscal sont les suivantes :

- un impôt des sociétés sur le revenu net généré par les ventes à distance de biens et services numériques vers les consommateurs d'un pays par un producteur étranger sans un ES par lequel un tel revenu est attribué sous la loi en cours ;
- une taxe de compensation (« taxe d'accise ») imposée sur les ventes à distance de biens et services numériques aux consommateurs nationaux par les mêmes prestataires ; et
- un impôt à la source sur recettes brutes provenant des ventes à distance de biens et services numériques aux consommateurs nationaux par les mêmes prestataires.

E.2. Description des taxes

3. Le tableau E.1 fournit une présentation brève des caractéristiques générales de trois types d'impôts qui seront inclus dans l'analyse de l'incidence fiscale. Il présente ainsi un cadre de comparaison des différents types d'impôts.

Tableau E.1. **Description des taxes incluses dans l'analyse de l'incidence**

	Impôt sur les sociétés	Taxe d'accise	Impôt à la source
Type de taxe	Impôt sur le revenu net imposé sur les entreprises	Taxe sur la consommation finale	Taxe sur la consommation finale
Base d'imposition	Bénéfice net de l'entreprise (recettes brutes moins les coûts)	Recettes brutes sur les ventes aux clients	Recettes brutes sur les ventes aux clients
Concept géographique	Résidence (où l'entreprise est basée) et/ou source (où l'activité économique est située)	Destination (où se trouve le client)	Destination (où se trouve le consommateur)
Cadre d'imposition	S'applique aux 1) revenus générés dans le pays d'imposition, ou 2) revenus au niveau mondial	Limité aux achats du consommateur final	Limité aux achats du consommateur final

4. *Impôt sur les sociétés.* L'impôt sur le bénéfice des sociétés est perçu sur le revenu net des entreprises, calculé comme la différence entre les recettes brutes et les coûts de génération du revenu. Dans le cas de revenus transfrontaliers, la plupart des pays appliquent un système d'impôt sur le bénéfices des sociétés dans lequel une taxe est imposée sur le revenu attribuable à l'activité économique dans le pays (une taxe « basée sur la source ») ; quelques pays adoptent

des systèmes d'impôts sur le bénéfice des sociétés au niveau mondial qui imposent également les entreprises résidentes sur leur revenu mondial (une taxe « basée sur la résidence »), bien que dans la plupart des cas, l'imposition des profits provenant de l'étranger de filiales étrangères est différée jusqu'au rapatriement par un crédit d'impôt étranger.

5. *Taxe d'accise.* La taxe d'accise est généralement imposée sur la vente de produits spécialement listés, tels que l'alcool, le tabac, l'essence et l'assurance. Elle est en principe conçue comme une taxe sur la consommation finale mais le vendeur est responsable de percevoir et de verser la taxe. Si elle partage des caractéristiques communes avec les taxes de vente, la taxe d'accise ne varie pas selon le prix du produit vendu. Elle est perçue sur une base spécifique, comme l'unité de poids ou le volume des produits vendus. La base fiscale est néanmoins flexible en pratique, et peut inclure la juste valeur marchande des produits vendus ou la recette brute des ventes, comme présenté dans l'option discutée au chapitre 7. Elle peut également être conçue pour imposer une taxe sur une étape unique du processus de production (par exemple la vente de détail dans le pays de consommation).

6. *Impôt à la source.* L'option d'impôt à la source décrite dans le Rapport est une taxe, qui en concept s'appliquerait aux ventes numériques aux consommateurs nationaux par des fournisseurs non résidents sans un ES. Il peut être décrit comme un impôt sur les recettes brutes ou une taxe d'accise sur ces ventes aux consommateurs. L'impôt à la source peut s'appliquer aux ventes aux consommateurs finaux uniquement ou peut s'appliquer également aux ventes numériques entre entreprises[1]. Comme discuté dans le rapport, l'impôt à la source pourrait être perçu par les intermédiaires financiers qui traitent les transactions utilisées pour payer les achats numériques.

E.3. Qu'est-ce qu'une analyse de l'incidence fiscale ?

7. L'analyse de l'incidence fiscale vise à déterminer qui supporte la charge d'un impôt. La charge de l'impôt est définie pour être l'ultime point de l'impôt après avoir reconnu tout transfert d'impôt qui a pu se produire après que l'impôt soit imposé. Le transfert est le processus par lequel les contribuables supportant la responsabilité légale de payer l'impôt (« incidence légale ») modifient leur comportement et, en conséquence, transfèrent la charge fiscale sur d'autres parties à travers la modification des prix des produits ou des intrants. Le point d'immobilisation final de l'impôt représente « l'incidence économique » de l'impôt.

8. La théorie économique de l'incidence fiscale commence avec le principe fondamental que tous les impôts sont finalement supportés par les individus. L'analyse standard de l'incidence fiscale identifie trois catégories d'acteurs économiques pouvant supporter le poids final d'un impôt : les ménages en tant que consommateurs à travers des prix plus élevés des biens et services qu'ils achètent, les travailleurs à travers des salaires réduits, et les détenteurs de capitaux, dont les actionnaires, à travers une rémunération plus basse des investissements de capital.

9. L'impôt sur les sociétés fournit un exemple des mécanismes de transfert d'impôt. Tandis que l'impôt sur les sociétés est de la responsabilité légale d'une société, en réponse à cet impôt, l'entreprise pourrait faire payer aux consommateurs des prix plus élevés pour les produits de la société, diminuer les salaires des travailleurs ou réduire les dividendes payées aux actionnaires sur leurs investissements de capital. L'étendue du transfert dépend des conditions du marché auxquelles est confrontée la société, dont la sensibilité des consommateurs aux changements de prix, la présence concurrentielle et la mesure dans laquelle l'offre de travail et de capital est sensible aux modifications de rémunération et de

retour sur investissement. Les conditions du marché auxquelles est confrontée la société payant l'impôt sur les sociétés détermineront si la charge d'impôt sera principalement répercutée sur les consommateurs et/ou la main d'œuvre et le capital.

E.4. Analyse de l'incidence fiscale

10. Cette section décrit le processus de transfert prévu qui détermine l'incidence économique prévue pour chaque impôt. L'analyse la plus compliquée concernant l'incidence de l'impôt sur les sociétés est discutée en premier.

11. Le montant des impôts à percevoir de la taxe d'accise et de l'impôt à la source est supposé être équivalent à l'impôt sur les sociétés qui serait imposé sur les activités économiques du vendeur à distance vers le pays de destination des ventes. Les résultats de l'incidence dépendent des détails spécifiques de chaque option politique.

E.4.1. Incidence de l'option de l'impôt sur les sociétés

12. Il existe une abondante littérature sur la théorie de l'incidence de l'impôt sur les sociétés, ainsi que de nombreuses études empiriques estimant les paramètres principaux du processus de transfert de l'impôt. Un déterminant important de l'incidence de l'impôt sur les sociétés est le degré de concurrence sur le marché sur lequel se produit le changement fiscal. Les résultats de l'incidence diffèreront entre les marchés parfaitement concurrentiels, sur lesquels les vendeurs prennent les prix du marché comme donnés (au-delà de leur contrôle), et les marchés imparfaitement concurrentiels, sur lesquels les vendeurs ont un certain contrôle sur les prix du marché. Les deux cas sont analysés dans ce document.

13. L'incidence d'une augmentation d'un impôt sur les sociétés dépendra également de la mesure dans laquelle l'augmentation de l'impôt est extensive en termes d'activités du secteur de la société assujetties à l'augmentation. Dans l'analyse standard de l'incidence de l'impôt sur les sociétés, il est supposé que toutes les entreprises contribuables sont assujetties à l'augmentation d'impôt. En revanche, la proposition d'impôt sur les sociétés incluse dans cette analyse augmente l'assujettissement à l'impôt sur les sociétés uniquement les sociétés étrangères sans un ES vendant des biens et services numériques à des clients nationaux, les fournisseurs nationaux de ces services étant actuellement imposés par l'impôt sur les sociétés sur ces revenus. Dans ce cas, l'augmentation d'impôt est analysée plus précisément en tant que taxe « d'accise sélective » s'appliquant uniquement à un groupe sélectionné de fournisseurs vendant sur un marché spécifique. Cette dimension affecte l'incidence de l'augmentation de l'impôt sur les sociétés, comparativement à l'analyse standard d'une augmentation générale de l'impôt sur les sociétés[2].

E.4.1.1. Hypothèses clés

14. L'analyse de l'incidence de l'impôt sur les sociétés par l'extension de l'impôt sur les sociétés aux fournisseurs étrangers sans un ES vendant des biens et services numériques dans un pays sous la règlementation actuelle est basée sur les hypothèses clés suivantes :

- Les biens et services numériques sont vendus par des sociétés étrangères sans un ES dans le pays et par des entreprises actuellement imposables, dont les sociétés nationales et les sociétés étrangères avec un ES.
- Il existe un marché mondial pour le capital ; le travail est substantiellement moins mobile dans le cadre international.

- L'horizon de temps permet à l'analyse des ajustements transfrontaliers en réponse aux changements fiscaux, impliquant des changements sur les marchés des intrants et des produits.
- Toute augmentation du recouvrement de l'impôt sur les sociétés de fournisseurs étrangers de produits numériques sans un ES fera partie d'un changement de l'équilibre de budget de l'impôt sur les sociétés (par exemple, utilisé pour réduire le taux d'impôt général sur les sociétés dans les pays)[3].

15. L'incidence de changements d'impôts dans un pays dépend de ce qu'il se passe pour les taux d'imposition dans d'autres pays. Les taux d'imposition *relatifs* déterminent le degré de transfert à travers les industries dans un pays donné, ainsi que les transferts entre les pays. L'analyse de l'incidence de l'impôt sur les sociétés suppose qu'un nombre significatif de pays imposent ces changements dans une étape coordonnée au niveau global. Elle n'inclut pas une analyse de l'incidence prévue si un seul ou plusieurs pays imposent la modification. Ainsi, il n'y a pas de changements significatifs de l'imposition relative entre les pays résultant de l'action coordonnée. Cependant, tel que ce sera expliqué plus tard, l'importance de la modification de l'impôt peut être différente par pays à cause de différences dans les taux statutaires de l'impôt sur les sociétés.

E.4.1.2. Processus de transfert

16. L'imposition initiale de l'impôt sur les sociétés sur les vendeurs à distance de produits numériques sans un ES augmentera les dettes d'impôt sur les sociétés de ces firmes[4]. Il s'agit de l'incidence légale de l'impôt. Bien que les paiements de l'impôt vers un pays augmentent, les patrons des fournisseurs affectés ne supporteront pas la charge ultime (incidence économique) de l'augmentation de l'impôt. Cela résulte du fait que les contribuables affectés sont supposés répondre à l'augmentation de l'impôt en changeant le niveau de production, la demande d'intrants utilisés dans la production et la distribution et, potentiellement les prix de production, dans un processus qui peut mener à un transfert de l'impôt par une augmentation des prix au consommateur ou par une réduction de la rémunération des facteurs clés de production, le travail et le capital.

17. L'impact initial de l'augmentation de l'impôt sur les sociétés sur les vendeurs à distance de produits numériques sans un ES est la réduction de leur taux de rendement après impôt sur le capital investi dans la production de produits numériques dans le pays de production. Sur le court terme, sans changement du prix avant impôt facturé aux clients ou de la rémunération du travail, le taux de rendement après impôt sur le capital investi dans le pays de production par ces entreprises affectées diminuera du montant de la « part » d'impôt entre les taux avant impôt et après impôt de rendement sur le capital investi dans la production de produits numériques. Par exemple, si le taux de rendement avant impôt est de 10 % et que le taux d'imposition devant être appliqué est de 20 %, le taux de rendement après impôt sera de 8 %.

18. Avec un certain temps pour s'ajuster aux changements, les fournisseurs sans un ES répondront à la réduction du taux de rendement après impôt par d'éventuels ajustements du prix de production, des changements au niveau de la production et des changements dans le prix des intrants. Les types d'ajustements dépendront de la structure du marché à laquelle font face les vendeurs à distance sans un ES de biens et services numériques. Les sections suivantes comparent l'incidence prévue de l'impôt sur les revenus pour deux types de marchés : parfaitement concurrentiel et imparfaitement concurrentiel.

E.4.1.3. Marché parfaitement concurrentiel

19. Sur un marché parfaitement concurrentiel, les producteurs sont considérés comme des « preneurs de prix », réagissant au prix déterminé par le marché au-delà de leur contrôle. Si les fournisseurs à distance sans un ES de biens et services numériques se trouvent sur un marché concurrentiel, l'ajustement à une réduction du taux de rendement après impôt (relativement à d'autres opportunités d'investissement) se réalisera à travers des réductions des ventes des fournisseurs à distance affectés sur le marché sur lequel ils n'ont pas un ES. Sur un marché concurrentiel, d'autres fournisseurs devraient remplacer les ventes réduites par les fournisseurs affectés. Supposant que le capital est mobile entre les industries et les pays, les investisseurs en actions des fournisseurs à distance affectés déplaceront le capital de la production de biens et services numériques pour le marché sans ES et d'autres fournisseurs avec ES modifieront la production et le capital pour produire les ventes de remplacement[5]. Le transfert continuera jusqu'à ce que le taux de rendement avant impôt sur le capital utilisé par les vendeurs à distance affectés augmente suffisamment pour restaurer un taux de rendement après impôt au taux mondial.

20. Le nouveau taux de rendement après impôt au niveau mondial devrait rester relativement inchangé si le capital transféré des vendeurs à distance sans ES représente une part relativement faible du capital mondial[6]. Dans ce cas, le capital transféré supportera une part réduite de la charge de l'augmentation de l'impôt sur les sociétés car le taux de rendement après impôt pour les investisseurs en capital sera presque inchangé. Cependant, avec le transfert du capital vers d'autres utilisations, le niveau de production des producteurs étrangers de biens et services numériques sans un ES sera réduit tandis que la production d'autres fournisseurs augmentera.

21. La réduction de la production par les fournisseurs étrangers affectés résultera en moins de travail employé par les sociétés affectées. Dans la mesure où les producteurs étrangers affectés de biens et services numériques emploient de la main d'œuvre spécialisée, il est possible que leurs salaires soient réduits avec le travail se déplaçant vers d'autres secteurs où ce type de travail n'est pas aussi productif. L'ampleur de toute réduction de salaire devrait varier selon les pays où se situent les fournisseurs étrangers affectés et selon les conditions du marché du travail. Dans la mesure où les salaires sont réduits, la main d'œuvre déplacée supportera une part de l'augmentation de l'impôt sur les sociétés sur les vendeurs à distance sans un ES.

22. Il reste à savoir si le prix des biens et services numériques augmentera, les vendeurs à distance affectés par l'augmentation d'impôt réduisant leur production. La mesure dans laquelle les prix du marché dans les pays consommateurs augmentent dépendra de l'importance de la production des vendeurs à distance sans un ES relativement aux ventes nationales. En supposant que les vendeurs à distance affectés représentent une part significative de la production du marché mondial, le prix des biens et services numériques devrait augmenter et une portion de l'augmentation de l'impôt devrait être transférée sur les consommateurs. La disponibilité d'autres fournisseurs avec des coûts avant impôt similaires et la disponibilité de produits de substitution des biens et services numériques représenteront un facteur dans la détermination de l'ampleur de l'augmentation du prix pour le consommateur.

23. Ainsi, dans le cas d'une concurrence parfaite, l'incidence de l'augmentation de l'impôt sur les sociétés sur les vendeurs à distance de biens et services numériques est susceptible d'être supportée par le travail dans le pays de production et par les consommateurs dans le pays de marché. L'association de prix plus élevés aux consommateurs sur le marché des biens et services numériques et des réductions de salaires pour les travailleurs des pays de

production affectés réduira le revenu réel des résidents dans les pays de production et les pays de consommation. Sans davantage d'informations sur les caractéristiques économiques des producteurs à distance et le marché global des biens et services numériques, les parts spécifiques de l'augmentation de l'impôt sur le travail et le consommateur ne peuvent pas être déterminées.

24. Il convient de noter que le processus de transfert de l'impôt décrit ci-dessus peut s'étendre sur une période significative. Les conclusions sur l'incidence doivent être interprétées comme des résultats de long terme après réalisation des ajustements économiques. Il est également à noter que les producteurs de biens et services numériques, une industrie relativement nouvelle, pourraient réaliser des bénéfices excessifs, au-delà d'un taux de rendement concurrentiel, sur un période de court à moyen terme, même sur un marché concurrentiel résultant d'efficacités de coûts relatives au fournisseur marginal. Dans cette situation, la réduction initiale du taux de rendement après impôt pour le capital investi par les producteurs étrangers affectés ne conduirait pas à une réduction immédiate de leur niveau de ventes et de capital. Ceci car la réduction du taux de rendement après impôt serait encore supérieure à la prochaine meilleure alternative d'investissement du capital. Dans ce cas, le capital supporterait temporairement la charge de l'augmentation de l'impôt. Cependant, sur le long terme (contrairement à l'exemple ci-dessous d'un marché imparfaitement concurrentiel) ces bénéfices excessifs seront éliminés par la concurrence et l'ensemble du capital réalisera uniquement un taux de rendement concurrentiel ; à partir de ce point, l'analyse ci-dessus (en supposant une concurrence parfaite) s'applique[7].

E.4.1.4. Marché imparfaitement concurrentiel

25. L'incidence de l'augmentation de l'impôt sur les sociétés sera différente si le marché des biens et services numériques n'est pas parfaitement concurrentiel. Telle qu'utilisée dans cette analyse, la concurrence imparfaite se réfère à un marché sur lequel les producteurs réalisent des bénéfices excessifs au-dessus du taux de rendement concurrentiel. Dans ce cas, les producteurs affectés sont des décideurs de prix, et non pas des preneurs de prix, et les fournisseurs étrangers affectés possèdent un pouvoir suffisant sur le marché pour décider du prix des biens et services numériques vendus dans les pays de marché. Le manque de concurrence (au moins à court et moyen terme) peut résulter de facteurs uniques de production, dont des biens incorporels, détenus ou utilisés par les producteurs affectés.

26. Dans cette situation, en réponse à une augmentation de l'impôt sur les sociétés des fournisseurs étrangers sans un ES, les fournisseurs étrangers affectés sont moins susceptibles de réduire significativement leur niveau de production ou leur investissement de capital à long terme. Cela est le cas car le capital réalise des bénéfices excessifs au-delà du taux de rendement concurrentiel. En d'autres termes, il pourrait ne pas exister d'investissement alternatif qui pourrait générer un taux de rendement après impôt supérieur au taux de rendement après impôt, comprenant l'impôt sur les sociétés, réalisé par les producteurs affectés. Dans ce cas, l'augmentation de l'impôt sur les sociétés serait supportée principalement par les détenteurs de capitaux propres investis sur les producteurs étrangers affectés de biens et services numériques sans un ES[8].

27. Il existe encore une dimension du processus de transfert qui doit être notée. Étant donné que les taux de l'impôt sur les sociétés diffèrent selon les pays, l'extension de l'impôt sur les sociétés aux vendeurs étranger sans un ES résultera en différentes réductions relatives du taux de rendement après impôt sur le capital dans différents pays. Il est possible que la réduction du taux de rendement dans les pays à fort taux d'imposition puisse être assez importante pour amener le taux de rendement après impôt des fournisseurs

numériques affectés au-dessous du taux de rendement concurrentiel après impôt au niveau mondial[9]. Si cela se produit, il pourrait y avoir un déplacement de ces pays de marché à forte imposition à moins que le prix des biens et services numériques augmente pour compenser les augmentations relatives d'impôt. Dans ce cas, une part de l'augmentation de l'impôt sur les fournisseurs à distance pourrait être supportée par les consommateurs dans les pays à fort taux d'impôt.

28. En résumé, l'incidence prévue de l'augmentation de l'impôt sur les sociétés sur les fournisseurs étrangers sans un ES de biens et services numériques est la suivante :

- Dans le cas d'un marché parfaitement concurrentiel des biens et services numériques, l'incidence d'une augmentation de l'impôt sur les revenus est susceptible d'être supportée par le travail dans le pays de production des fournisseurs étrangers affectés et par les consommateurs dans les pays de marché. Les consommateurs dans les pays de marché sont plus susceptibles de faire face à des prix plus élevés si les fournisseurs affectés vendent un pourcentage significatif sur un marché particulier et qu'il n'y a pas de fournisseurs alternatifs présentant des structures de coûts similaires ni de produits de substitution similaires.
- Si le marché de biens et services numériques fournis par des fournisseurs étrangers sans PE est caractérisé comme imparfaitement concurrentiel, l'augmentation de l'impôt sur les sociétés est susceptible d'être supporté principalement par les détenteurs de capitaux des fournisseurs étrangers affectés.

E.4.2. Incidence de l'option de la taxe d'accise

29. Une seconde option de politique fiscale identifiée pour analyse est d'imposer, à la place de l'impôt sur les sociétés, une taxe d'accise sur les recettes brutes payées par les consommateurs nationaux sur les ventes de produits numériques par les vendeurs à distance sans un ES[10]. Il est supposé que le taux de la taxe d'accise serait calculé afin de lever un montant de revenus équivalent à celui de l'impôt sur les sociétés sur les revenus associés des vendeurs à distance sans ES[11].

30. L'hypothèse standard dans l'analyse de l'incidence des impôts sur la consommation (c'est-à-dire les impôts conçus pour imposer la consommation finale des ménages) est qu'un impôt général sur la consommation, comme la TVA, résultera en des prix plus élevés aux consommateurs.

31. Cependant, d'importantes conditions nécessitent d'être satisfaites pour soutenir cette conclusion. Le plus important est que l'augmentation de l'impôt sur la consommation doit être collecté de manière efficace de tous les vendeurs de biens et services, qu'ils soient des vendeurs nationaux ou étrangers. La seconde est que le même taux d'impôt s'applique à tous les vendeurs du produit. Sous ces conditions, les acheteurs ne peuvent pas éviter de payer l'impôt à travers des prix plus élevés en achetant à un vendeur qui collecte un impôt plus bas (ou pas d'impôt).

32. Cependant, dans le cas de la proposition d'adopter une taxe d'accise équivalente à l'impôt sur les sociétés qui serait imposé aux vendeurs étrangers sans un ES, l'augmentation de la taxe affecte seulement un sous-ensemble de fournisseurs vers le marché national. Ainsi, le degré de transfert de l'impôt dépend des réactions de seulement un petit nombre de fournisseurs, de vendeurs à distance sans un ES, et non des réponses de tous les fournisseurs du marché.

33. Comme dans le cas de l'augmentation de l'impôt sur les sociétés discuté ci-dessus, la capacité des fournisseurs à distance sans un ES à transférer la taxe d'accise sur les consommateurs sera influencée par le degré de concurrence sur le marché des biens et services numériques. L'analyse diffère selon les deux hypothèses de marchés possibles : *1)* le marché est parfaitement concurrentiel, ou *2)* le marché est imparfaitement concurrentiel. Comme dans le cas de l'analyse de l'incidence de l'impôt sur les sociétés, ces situations se distinguent par la présence ou l'absence de bénéfices excessifs.

34. Si les fournisseurs étrangers sans un ES se trouvent sur un marché concurrentiel, l'impact initial de la taxe d'accise sur les fournisseurs étrangers affectés sera une même réduction du taux de rendement après impôt sur le capital investi par les fournisseurs étrangers affectés, comme déjà présenté dans le cas d'une augmentation de l'impôt sur les sociétés. Les fournisseurs étrangers affectés essayant d'augmenter les prix au consommateur, le prix *relatif* de leurs ventes de biens et produits numériques dans les pays consommateurs augmentera. Parce-que leurs clients peuvent choisir parmi des fournisseurs de substitution et/ou des biens et services alternatifs pour lesquels le prix n'a pas augmenté, la capacité des fournisseurs étrangers affectés à transférer l'impôt sur les consommateurs par des prix plus élevés sera limitée. En conséquence, l'impôt n'est pas susceptible d'être transféré par des prix plus élevés comme ça aurait été le cas avec une augmentation de l'impôt sur les sociétés ; tout transfert sur les consommateurs dépendra de la proportion du marché des fournisseurs affectés et de la disponibilité de fournisseurs alternatifs présentant des structures de coûts similaires et la disponibilité de produits alternatifs.

35. Comme dans le cas de l'augmentation de l'impôt sur les sociétés sous concurrence parfaite, le capital devra se déplacer des fournisseurs étrangers affectés vers les fournisseurs de remplacement ou d'autres industries et pays. Avec des marchés concurrentiels de capitaux, le taux de rendement après impôt des fournisseurs affectés de biens et services numériques devra être tiré vers le taux de rendement mondial après impôt inchangé à travers des augmentations de prix des biens et services numériques ou des réductions de salaires de la main d'œuvre spécialisée utilisée par les fournisseurs étrangers affectés ou ils devront sortir du marché. De même que l'analyse de l'impôt sur les sociétés, la taxe d'accise devrait être supportée par le travail dans le pays de production des fournisseurs étrangers affectés et par les consommateurs dans les pays de marché. Comme noté ci-dessus, l'étendue du transfert sur les consommateurs dépendra de la part do marché des fournisseurs affectés, de la disponibilité de fournisseurs alternatifs présentant des structures de coûts similaires et de la disponibilité de produits alternatifs.

36. L'incidence de la taxe d'accise sera également similaire à l'incidence de l'augmentation de l'impôt sur le revenu sur les fournisseurs étrangers affectés des biens et services numériques si le marché est imparfaitement concurrentiel. Lorsque les fournisseurs affectés réalisent des bénéfices excessifs, l'augmentation de l'impôt est susceptible d'être supportée par les investisseurs en capital sur les fournisseurs affectés à travers une réduction de leur taux de rendement, qui excèdera encore le taux de rendement concurrentiel.

37. En résumé, la conclusion est que la taxe d'accise est susceptible d'avoir la même tendance d'incidence économique que l'extension de l'impôt sur les sociétés aux fournisseurs étrangers sans un ES.

E.4.3. Incidence de l'option de l'impôt à la source

38. Une troisième option identifiée pour analyse consiste en un impôt à la source sur les recettes brutes issues des ventes de biens et services numériques par les fournisseurs étrangers sans un ES. Comme dans le cas de la taxe d'accise, le taux de l'impôt à la source

serait fixé pour lever un montant de revenu égal à celui de l'impôt sur les sociétés qui pourrait être payé sur les revenus générés par les ventes à distance vers les consommateurs du pays.

39. L'impôt à la source est un impôt sur les recettes brutes des ventes totales aux consommateurs du pays de produits numériques vendus par des fournisseurs étrangers sans un ES. En d'autres termes, il fonctionnerait également comme une taxe « d'accise sélective » sur la consommation de cette catégorie de biens et services. Car les trois options fiscales fonctionnent comme des taxes d'accise sélectives d'un point de vue économique, l'incidence de l'impôt à la source devrait être identique à la tendance de l'incidence sous l'extension de l'impôt sur les sociétés et la taxe d'accise.

40. Si le marché des biens et services numériques est concurrentiel, alors la charge de l'impôt à la source visant les fournisseurs étrangers sans un ES est susceptible de tomber sur la main d'œuvre spécialisée utilisée par les fournisseurs étrangers affectés et les consommateurs de produits numériques, selon l'importance des fournisseurs affectés sur ce marché particulier et la disponibilité de fournisseurs de remplacement présentant des structures de coûts similaires et la disponibilité de bien et services alternatifs. Dans le cas de marchés imparfaitement concurrentiels, l'impôt à la source sera supporté principalement par les investisseurs en capital des fournisseurs étrangers affectés[12].

E.5. Conclusion

41. Étant donné les hypothèses décrites ci-dessus, les prévisions de l'incidence économique des trois options fiscales à l'imposition des activités liées aux ventes de biens et services numériques par les fournisseurs étrangers sans un ES seraient identiques.

- Dans le cas d'un marché parfaitement concurrentiel des biens et services numériques, l'incidence de l'augmentation de l'impôt sur les sociétés est susceptible d'être supportée par le travail dans le pays de production des fournisseurs étrangers affectés et par les consommateurs du pays de marché, selon l'importance des fournisseurs affecté sur ce marché particulier et la disponibilité de fournisseurs de remplacement présentant des structures de coûts similaires et la disponibilité de biens et de services alternatifs.
- Si le marché est imparfaitement concurrentiel, l'augmentation de l'impôt sur les sociétés est susceptible d'être supporté principalement par les détenteurs de capitaux des fournisseurs étrangers affectés.

42. Il convient de noter une différence au niveau des distributions géographiques des charges fiscales supportées par les détenteurs de capitaux, la main d'œuvre et les consommateurs. Toute partie d'une augmentation de l'impôt sur les sociétés qui sera supportée par des réductions de revenus des actionnaires des fournisseurs étrangers sans un ES se produira dans les pays où se trouvent les actionnaires. La distribution de la charge sur le travail reflètera la distribution géographique de la production par les fournisseurs affectés. En revanche, toute partie de la charge fiscale supportée par les consommateurs sera étendue aux pays de marché dans lesquels les producteurs étrangers sans un ES présentent un pouvoir de marché dans la décision du prix national de biens et services numériques particuliers. Ainsi, la part de l'augmentation totale au niveau mondiale des charges fiscales supportées par les consommateurs, les travailleurs et les détenteurs de capitaux variera selon le pays.

43. Pour terminer, une analyse plus détaillée des caractéristiques économiques des producteurs à distance affectés et du marché particulier de biens et services numériques devra être menée afin de déterminer si la concurrence parfaite ou la concurrence imparfaite, à court et moyen terme est plus pertinente à utiliser dans l'analyse de l'incidence. L'analyse ne se penche pas non plus sur la distribution des charges fiscales par niveau de revenus des ménages. De plus, les résultats de l'incidence pour les trois options de politique fiscale dépendent largement des hypothèses clés liées à la sensibilité des fournisseurs étrangers de biens et services numériques sans ES qui seront assujettis à des options fiscales alternatives.

Notes

1. L'analyse de l'incidence suppose que la taxe d'accise et l'impôt à la source s'appliquent uniquement aux ventes aux consommateurs finaux. Si ces taxes étaient appliquées aux ventes aux entreprises, elles pourraient créer une « pyramide » de taxes avec des effets sur l'incidence au-delà du cadre de cette analyse.

2. L'analyse standard de l'impôt sur les revenus se base sur le « modèle de Harberger » de l'incidence des changements d'un impôt général sur les sociétés. Pour une explication relativement facile du modèle, voir « The ABCs of Corporation Tax Incidence : Insights into the Open-Economy Case », chapitre 2, American Council for Capital Formation, Policy and Economic Growth (avril 1995). Dans cet article, Harberger explique comment son modèle original d'économie fermée doit être modifié pour analyser l'incidence de l'impôt sur les sociétés dans un environnement international. William C. Randolph, « International Burdens of the Corporate Income Tax », Congressional Budget Office, Washington, DC. (2006) fournit une analyse plus détaillée de l'incidence prévue de l'impôt général sur les sociétés. D'autres analyses économiques sur l'incidence incluent Alan Auerbach, « Who Bears the Corporate Tax? A Review of What We Know », Tax Policy and the Economy 20 (2006) et Kimberly C. Clausing, « Who Pays the Corporate Tax in a Global Economy? », National Tax Journal, volume 66, no. 1, 2013.

3. Il s'agit d'une hypothèse simplificatrice. L'hypothèse d'aucun changement des impôts sur les sociétés en général évite la nécessité de considérer d'éventuels impacts macroéconomiques provenant des options fiscales.

4. Pour simplifier l'analyse, il est supposé que les fournisseurs étrangers de biens et services numériques sans un ES ne sont pas imposables sur les revenus relatifs au ventes dans le pays de production. Dans ce cas, la modification de l'impôt sur les sociétés égalisera l'augmentation imposée par le pays du consommateur. Si le fournisseur est sujet à un impôt sur les sociétés dans le pays de production sous un impôt basé sur la résidence avec des crédits pour les impôts payés dans d'autres pays, le changement net des impôts sur les sociétés dépendra de l'importance relative des taux d'imposition dans le pays de production et le pays du consommateur.

5. Un effet de clientèle pourrait se produire par lequel les fournisseurs affectés ne fournissent plus les biens et services dans le pays et dirigent leur production vers d'autres pays, tandis que d'autres fournisseurs avec ES dirigent leur production vers le pays ne présentant pas d'effets économiques autres que la redistribution géographique des ventes.

6. Il est important de noter que l'augmentation moyenne mondiale de l'impôt sur les sociétés est prévue être supportée par le capital au niveau mondial. Cependant, sous cette proposition, cette augmentation devrait être relativement faible.

7. L'incidence fiscale de l'augmentation de l'impôt sur les sociétés, en théorie, peut également être affectée par ce qui se passe pour l'impôt supplémentaire sur les sociétés perçu à partir des fournisseurs étrangers de biens et services numériques sans un ES. Dans cette analyse, il est supposé que toute augmentation de recouvrement de l'impôt sur les sociétés sera compensée par une égale réduction du taux général de l'impôt sur les sociétés afin de maintenir un recouvrement stable de l'impôt sur les sociétés. Il s'agit d'une hypothèse simplificatrice.

8. Un nombre croissant d'études empiriques estiment l'incidence de l'impôt sur les sociétés que soutien cette hypothèse. Pour une excellente revue de la littérature publiée sur le sujet, voir William M. Gentry, « A Review of the Evidence on the Incidence of the corporate Income Tax » Département du Trésor des États-Unis, OTA Paper 101 (décembre 2007). Les études suggèrent que l'impôt sur les sociétés imposé sur des bénéfices « supranormaux » (revenus économique) excédant le taux de rendement normal est supporté principalement par les détenteurs de capitaux.

9. Étant donné l'hypothèse que les recouvrements totaux de l'impôt sur les sociétés restent inchangés résultant d'un ajustement équilibré du budget dans les revenus de l'impôt sur les sociétés, il ne devrait pas y avoir de réduction nette du taux de rendement mondial après impôt. En d'autres termes, à l'exception de cette dernière éventualité, l'investissement de capital dans d'autres secteurs de l'économie ne devrait pas être affecté par l'extension de l'impôt sur les sociétés aux fournisseurs étrangers sans un établissement stable.

10. Dans cette analyse, il est supposé que la taxe d'accise (ainsi que l'impôt à la source) est uniquement imposée aux consommateurs finaux de biens et services numériques achetés à des fournisseurs étrangers sans un ES.

11. Les mécanismes de détermination du montant de la taxe d'accise n'ont pas été spécifiés, mais seraient probablement un taux par industrie plutôt qu'un taux variable par entreprise.

12. Il convient de noter qu'avec les options de l'impôt sur les sociétés et de la taxe d'accise, si le taux de rendement après impôt des fournisseurs numériques affectés est tiré au-dessous du taux de rendement après impôt concurrentiel au niveau mondial, il pourrait y avoir un déplacement depuis des pays de marché de forte imposition à moins que les prix des biens et services numériques augmentent afin de compenser les augmentations relatives d'impôt. Dans ce cas, une part de l'augmentation de l'impôt sur les fournisseurs à distance pourrait être partagée avec les consommateurs dans les pays à fort taux d'impôt.

ORGANISATION DE COOPÉRATION ET DE DÉVELOPPEMENT ÉCONOMIQUES

L'OCDE est un forum unique en son genre où les gouvernements oeuvrent ensemble pour relever les défis économiques, sociaux et environnementaux que pose la mondialisation. L'OCDE est aussi à l'avant-garde des efforts entrepris pour comprendre les évolutions du monde actuel et les préoccupations qu'elles font naître. Elle aide les gouvernements à faire face à des situations nouvelles en examinant des thèmes tels que le gouvernement d'entreprise, l'économie de l'information et les défis posés par le vieillissement de la population. L'Organisation offre aux gouvernements un cadre leur permettant de comparer leurs expériences en matière de politiques, de chercher des réponses à des problèmes communs, d'identifier les bonnes pratiques et de travailler à la coordination des politiques nationales et internationales.

Les pays membres de l'OCDE sont : l'Allemagne, l'Australie, l'Autriche, la Belgique, le Canada, le Chili, la Corée, le Danemark, l'Espagne, l'Estonie, les États-Unis, la Finlande, la France, la Grèce, la Hongrie, l'Irlande, l'Islande, Israël, l'Italie, le Japon, la Lettonie, le Luxembourg, le Mexique, la Norvège, la Nouvelle-Zélande, les Pays-Bas, la Pologne, le Portugal, la République slovaque, la République tchèque, le Royaume-Uni, la Slovénie, la Suède, la Suisse et la Turquie. La Commission européenne participe aux travaux de l'OCDE.

Les Éditions OCDE assurent une large diffusion aux travaux de l'Organisation. Ces derniers comprennent les résultats de l'activité de collecte de statistiques, les travaux de recherche menés sur des questions économiques, sociales et environnementales, ainsi que les conventions, les principes directeurs et les modèles développés par les pays membres.

ÉDITIONS OCDE, 2, rue André-Pascal, 75775 PARIS CEDEX 16
(23 2015 28 2 P) ISBN 978-92-64-25213-4 – 2017

www.ingramcontent.com/pod-product-compliance
Lightning Source LLC
LaVergne TN
LVHW080642011026
849160LV00014B/1296